"十四五"时期国家重点图书出版专项规划

院士风采录丛书

中国科学院
院士述情怀

方鸿辉 编

上海教育出版社
SHANGHAI EDUCATIONAL PUBLISHING HOUSE

淡泊名利　潜心研究
（代序）

（一）

1949年9月27日，作为政务院下设单位的中国科学院（Chinese Academy of Sciences）成立。同年10月19日，中央人民政府委员会任命郭沫若为第一任院长。同年11月1日，中国科学院在北京开始办公，并将这一天定为中国科学院成立日。

中国科学院成立后，同年接收了原北平研究院总办事处及所属的原子学、物理学、化学、植物学、动物学和史学6个研究所，以及静生生物调查所，西北科学考察团，原中央研究院在上海的化学、植物、动物和工学4个研究所，医学和药学2个研究所的筹备处，原北平研究院在上海的生理学、药物2个研究所和物理学研究所的结晶学研究室。1950年后又相继接收了原中央研究院办事处和社会、物理、气象、天文、地质5个研究所，中国地理研究所，以及云南农林植物调查所、原北平研究院植物学所云南工作站、庐山森林植物园、中国西北植物调查所、原国民党政府国史馆、中国海洋研究所。中国科学院还与中央军委气象局共同接收上海徐家汇观象台、佘山观象台等。

上述研究机构合并后改组的17个研究所、台、馆，1个委员会，以及另设3个研究所筹备处，组成了我国自然科学最高学术机构、科学技术最高咨询机构、自然科学与高技术综合研究发展中心。据2020年12月底统计，中国科学院现有直属事业单位137个，其中包括院机关和分院11个、科研单位105个、教育单位3个、管理与公共支撑单位8个、其他单位10个。另外，还有院直接投资的全资及控股企业23个，院级非法人单位130个。上述单位均承担着大量国家重大科技基础设施的建设、运行与管理。中国科学院已组建了完整的自然科学学科体系，其物理学、化学、材料科学、数学、环境与生态学、地球科学等学科整体水平已进入世界先进行列。

中国科学院提出了建设国家创新体系的构想，先后实施"知识创新工程"、"创新2020"和"创新2050"等战略，已取得一系列让世人瞩目的科技成就：

● 从"两弹一星"到载人航天和探月工程，以及载人深潜关键核心科技问题的攻克，为国家安全和战略科技任务作出重大贡献。

● 从成功研制第一台计算机，到建成单精度千万亿次超级计算系统，在计算机技术自主创新中发挥骨干作用。

● 从陆相成油理论，到海相成油探索，为我国摘掉"贫油帽子"并大规模开发油气田提供科学理论支持。

● 从自主研制的氯霉素、青霉素，到原创的青蒿素合成、丹参多酚酸盐、盐酸安妥沙星等，在中国药物的自主创新方面走在前列。

● 从在世界上首次完成人工全合成结晶牛胰岛素，到首次证明诱导多能干细胞、人类基因测序，在生命科学领域中也取得了一系列重要的原创成果。

● 从开创数学机械化证明、有限元方法，到多元复变函数论、辛几何、哥德巴赫猜想研究方面登上世界数学高峰，奠定数学研究国家科学中心的地位。

● 从建成北京正负电子对撞机，到上海光源等一批大科学装置，打造了多学科创新的重要平台。

……

其中，空间技术无疑是高精尖技术的代表。中国科学院牵头组织并成功实施了我国第一个空间科学系列卫星计划，圆满完成了载人航天工程和探月工程的空间科学研究工作，并成功建成"中国空间站"。为建成创新型国家，"天宫""蛟龙""天眼""悟空""墨子"等重大科技成果相继问世。

利用咸水、节约淡水、改良低平原盐碱地和中低产田的新技术，开发了"渤海粮仓"；利用立体化生态养殖新技术，实现陆海统筹，创制鱼、虾、参、贝、藻新品种，建立了"海洋生态牧场"等。

近年来，中国科学院在铁基高温超导、量子通信、中微子振荡、先进核能、干细胞与基因编辑、人工智能等前沿领域，也已跻身国际领先或先进行列；在深空、深海、深地、网络空间安全和国防科技创新等重大战略领域，突破了一批关键核心技术；在机器人与智能制造、新材料、新药创制、煤炭清洁高效利用、农业科技创新、资源生态环境、防灾减灾等方面，一批重大科技成果和转化示范工程落地生根，并取得显著的经济效益和社会效益。

（二）

1954年1月，经中华人民共和国政务院第204次政务会议批准，中国科学院于同年6月开始筹建物理学数学化学部、生物学地学部、技术科学部、哲学社会科学部四个学部,组织全国科学界进行学部委员的推荐,并会同有关部门反复讨论和协商,提出了第一批学部委员名单草案。1955年5月,国务院第十次全体会议批准了中国科学院第一批选聘的学部委员人选,共233人(其中自然科学部分172人,哲学社会科学部分61人)。

1955年6月,中国科学院学部成立大会在北京隆重召开。党和国家领导人周恩来、董必武、陈毅、陆定一、李济深等出席大会并讲话,指出中国科学院学部的成立"是我国科学事业发展中的一件大事",其意义在于"全国科学的学术领导中心已经建立起来",标志着"我国科学事业发展中的新阶段的开始"。

学部是中国科学院的重要组成部分,是国家在科学技术方面的最高咨询机构。其主要职能和任务是:组织学部委员(院士)对国家经济建设、社会发展中的重大科学技术问题、科学技术发展规划、学科发展战略和重大科学技术决策等提供咨询;推动科学技术政策和措施的制订和实施;组织对重要研究领域、研究计

中国科学院学部成立大会于1955年6月1日至10日在北京召开(中国科学院提供)

划和研究机构的学术问题进行评议和指导;组织选举学部委员(院士)和外籍学部委员(外籍院士);开展学术活动,同国内外学术团体进行交流与合作,促进科学技术的发展与普及工作……

学部成立初期,曾组织首批选聘的学部委员参与制订了《1956—1967科学技术发展远景规划》,成为中华人民共和国科学技术发展史上第一个里程碑。1960年后,哲学社会科学部划归中共中央宣传部领导,1977年5月中国科学院哲学社会科学部改称"中国社会科学院"。1986年,中国科学院的89位学部委员建议在中国科学院实行面向全国的自然科学基金,在此基础上成立了国家自然科学基金委员会,为我国基础研究发展奠定了基础。1993年10月,国务院批准"中国科学院学部委员"改称"中国科学院院士"。

中国科学院全体院士大会是学部的最高组织形式,学部主席团是院士大会闭会期间的常设领导机构,由中国科学院院长担任学部主席团执行主席。

中国科学院学部委员会第二次全体会议于1957年5月23日在北京开幕,郭沫若院长作工作报告(中国科学院提供)

目前，中国科学院共设数学物理学部、化学部、生命科学和医学学部、地学部、信息技术科学部、技术科学部等六个学部。

自1955年中国科学院学部成立暨第一次学部委员大会召开以来，1957年、1960年、1981年、1984年、1992年，先后组织召开了第二次到第六次学部委员大会。自1994年的中国科学院第七次院士大会后，院士大会形成了每两年召开一次、在公历逢双年份的6月第一周举行的制度。

根据《中国科学院院士章程》，在科学技术领域作出系统的、创造性的成就和重大贡献，热爱祖国，学风正派，具有中国国籍的研究员、教授或同等职称的学者、专家，可被推荐并当选中国科学院院士。1955年学部成立时选聘了自然科学部分172名（另有61名为哲学社会科学部分）学部委员，1957年增聘了18名学部委员，1980年选举283名，1991年选举210名学部委员。1992年4月，第六次学部委员大会制定并通过《中国科学院学部委员章程(试行)》，经国务院同意后由中国科学院发布，明确学部委员和外籍学部委员的标准和选举程序，学部委员的增选工作步入规范化轨道，形成了学部委员（院士）增选和外籍院士选举每两年一次、在公历逢单的年份进行选举并公布的制度。据2021年统计，共有1499名来自全国各部门、各地区(含香港特别行政区)的学者、专家当选为中国科学院院士(学部委员)；自1994年开始的外籍院士选举以来，已选举了外籍院士158名。

（三）

《中国科学院院士述情怀》是院士风采录丛书之一。对"风采"一词，传统的词义是指人的风度与神采，多指美好的举止态度，也泛指景象和事物的面貌与格调。那么,"院士风采"是否仅指他们的风度与神采呢?其实,我们关注的是院士的精神风貌和人格魅力,以及他们挚爱科学、造福人类、追求真善美的思想境界与行为方式。说得简练一点,是要如实地传播院士们做人做事做学问的"格"与"道"。因此,我们力图客观地展现院士们所坚守的品格——"格物致知"的求索态度、诚实守信的学问风格,在努力探寻自然先定格律的同时,展现院士们为人处世的高雅格调与人格魅力。我们力图真实地告诉读者,院士们在孜孜矻矻探寻日月星辰运动规律和物质组构等自然之道的同时,也处处坚守着诚信为本、实事求是、不忘恩师、开拓创新、以人为本的做人格局、风采、魅力,以及不畏艰辛、锲而不舍地寻找做事做学问的途径、方法、规律、原理与境界,诚所谓有一股"原天地之美而达万物之理"的韧劲,这其实也涵盖着"道可道,非常道"的意蕴。

1918年4月,在柏林物理学会举办的马克斯·普朗克60岁生日的庆祝会上,爱因斯坦说:"在科学的庙堂里有许多房舍,住在里面的人是各式各样的,而引导他们到那里去的动机实在也各不相同。有许多人所以爱好科学,是因为科学给他们以超乎常人的智力上的快感,科学是他们自己的特殊娱乐,他们在这种娱乐中寻求生动活泼的经验和雄心壮志的满足;在这座庙堂里,另外还有许多人之所以把他们的脑力产物奉献在祭坛上,为的是纯粹功利的目的。如果上帝有位天使跑来把所有属于这两类的人都赶出庙堂,那么聚集在那里的人就会大大减少。"但是,仍然会有一些人留在里面,其中有古人,也有今人,有外国人,也有中国人。我们中国科学院的院士们大抵就是留下来的人。为什么呢?

因为院士们都有浓烈的家国情怀,"学成了就要为家乡出力"

的朴素观念。书中陈荣悌院士的《我是怎样回到祖国的》、汤佩松院士的《我是一个中国人》、钱三强院士的《祖国再穷也是自己的》以及唐敖庆院士的《我的事业在自己的祖国》都是情感真挚的述说。在曾经参与"两弹一星"研制的院士们的笔端所流泻的情感更呈现了他们的拳拳报国心,黄纬禄院士的《发扬"两弹"精神,大力协同攀高峰》、陈能宽院士的《中国为什么要搞原子弹》、陈桂林院士的《情系"风云"话人生》、李济生院士的《航天测控 精益求精》以及庄逢辰院士的《我的科研历程》等篇都能让读者感受到院士们坚持国家利益和人民利益至上,坚持以建设现代化强国为己任,为着力攻克事关国家安全、经济发展、生态保护、民生改善的基础前沿难题和关键技术而不懈地拼搏着,凸显了他们的人格魅力与格局。

因为院士们有勇攀高峰、敢为人先的创新精神。书中选编了为人类第一个全合成人工蛋白质——结晶牛胰岛素的科研团队,敢为天下先的自信和勇气的篇章,如钮经义院士《胰岛素合成的回忆》。沙眼衣原体发现者汤飞凡院士的《崇高而严肃的科学事业》、叶叔华院士的《茫茫浩宇追星座》、邹世昌院士的《开辟我国微电子产业的"芯"路》等篇都表明,院士们能面向世界科技前沿,面向国民经济主战场,面向国家重大战略需求,抢占科技竞争和未来发展的制高点。他们敢于提出新理论,开辟新领域,探寻新路径,不畏挫折和敢于试错,在独创、独有上下了苦功夫,在解决受制于人的重大科技瓶颈问题上能强化担当与作为,不断开拓创新,成果丰硕。

因为院士们具有追求真理、严谨治学的求实精神。书中选编的秉志院士近百年前所撰写的《人民的智力与德行紧系国运》已明示了将热爱科学、探求真理作为毕生追求的志向，清晰阐述了"学习和研究科学的人，其存心必须大公无私；对所学必须始终不渝；所见所言必须诚实无欺，丝毫不能虚伪；必须孜孜矻矻，不容懈怠；尤其必须终身不忽，死而后已。人必须具备这五种特点，才可研究科学，否则恐难有成就"。这就是科学大家本应具有的"格"与"道"。院士们始终保持着对科学的好奇，能坚持解放思想、独立思辨、理性质疑、大胆假设、认真求证，不迷信学术权威。还能坚持立德为先、诚信为本，践行"利他"的价值观并在引领良好社会风尚中率先垂范。

因为院士们具有淡泊名利、潜心研究的奉献精神。书中华罗庚院士的《克"三劫"攀高峰》、冯德培院士的《我的科学之路》、裘法祖院士的《六十五年外科生涯的体会和感想》、葛均波院士的《志存高远架心桥》等篇，皆展示主人公静心笃志、心无旁骛、力戒浮躁，甘坐"冷板凳"，肯下"数十年磨一剑"的苦功夫。从事基础研究，就要瞄准世界一流，敢于在世界舞台上与同行对话；从事应用研究，就要有攻坚克难能解决实际问题的能力，力争实现关键或核心技术的自主可控。

因为院士们具有集智攻关、团结协作的协同精神。书中于敏院士的《氢弹研究的团队效应》、赵忠尧院士的《兢兢业业为祖国工作》、张友尚院士的《负笈剑桥分子生物学实验室》、赵玉芬院士的《为生命起舞》等篇，都强调要有学科融合的思维，努力寻找"通感"，倡导团队精神，建立协同攻关、跨界协作的机制。坚持全球视野，加强国际合作，秉持互利共赢理念，为推动科学与技术的进步并构建人类命运共同体贡献中国科学家的智慧。

因为院士们既具有不忘父母、不忘恩师，继承优良师德师风的情怀,也具有传承甘为人梯、奖掖后学的育人精神。如程开甲院士的《抗战中浙江大学物理系与王淦昌先生》、叶笃正院士的《怀念我的老师赵九章先生》、谭其骧院士的《真挚动人的气度宽宏博大的胸襟》、杨振宁院士的《没有任何外国人参加》、李惕碚院士的《何泽慧先生的风格》、徐建中院士的《走上崎岖的小路》、施一公院士《怀念我的父亲》等篇,读来催人泪下。院士们还能破除论资排辈的陈旧观念,打破各种利益纽带和裙带关系,善于发现并培养青年才俊,敢于放手并支持年轻科研人才在重大科研任务中"挑大梁",甘当提携后学的"铺路石"和领路人,让后起之秀脱颖而出。如叶企孙院士的《情系清华》、嵇汝运院士的《高徒出名师》等篇都表明要崇尚学术民主,鼓励不同学术观点交流碰撞,严肃认真地开展学术讨论和评论,勇于学术批评,尊重他人学术话语权,尤其注重鼓励年轻人大胆提出自己的学术观点,且能积极与学界长辈开展平等对话。

还因为院士们能严守科研伦理规范,守住学术道德底线的学问之道,对违背科研诚信、科研伦理要求的,敢于揭短亮丑,秉笔直书。书中邹承鲁院士的《科学研究五十年的点滴体会》、刘新垣院士的《人生乐事是奉献》、蒋锡夔院士的《德为人之本》诸篇都言及主人公反对科研的心猿意马、浮夸躁动、投机取巧,主动杜绝无实质性工作内容的各种兼职和挂名。

当然,院士们有"功成不必在我"的气度与襟怀,能主动打破相互封锁、彼此封闭的门户倾向,反对科研领域庸俗的"圈子",破除各种利益纽带和人身依附关系,在引领社会风气上发挥了表率作用。对此,他们身体力行、言传身教,展示正直学者的做人格局和独立思考的求索之道。郭慕孙院士的《化工的前途》、蒲慕明院士的《对科学哲学的一些看法》、孙鸿烈院士的《我深深眷恋着的青藏高原》以及梁思礼院士的《讲述"向太空长征"的故事》,都表明他们能积极履行社会责任,主动走近青少年群体,传播爱国奉献的价值理念,讲述怎样做人做事做学问的生动故事,开展科普活动,既普及科学思想、科学精神、科学方法,也普及科学知识,以点燃青少年头脑中的创新火苗,引导他们日后投身科技强国的事业之中。

胡耀邦同志在1982年4月给华罗庚学部委员的信中曾亲切且耐人寻味地说道:"几十年来,你给予人们认识自然界的东西,毕竟超过了自然界赋予你的东西。如果自然界能宽限你更多的日子,我希望你能把你一生为科学而奋斗的动人经历,以回忆录的形式写下来,留给年轻人。你那些被劫走失散的手稿中的一些重要的观点和创见,能不能夹在其中叙述呢?完成了它,我认为就是你在科学上的超额贡献了。"

作为院士风采录丛书之一的《中国科学院院士述情怀》,也就渴望寻找并呈现那些"共和国科技脊梁"的院士们所作的"科学上的超额贡献"。呈现在广大读者面前的这本院士的自述集子,不是励志的"心灵鸡汤",只是想给年轻的科研人员和广大青少年朋友提供一种人生的参照,或者说是竖起一根成才的路标。因此,书中既没有假、大、空的言论,也没有权威自居的唬人说教,有的只是院士与读者坦诚的对话,真实讲述他们平凡的人生故事,以及科学道路的坎坷、事业拼搏的艰难。读者除了能真切地读懂他们娓娓道来的故事,在合上书本后还能回味他们"有格"与"循道"人生的苦涩与甘甜。因此,尽管我们只选取了有代表性的90多篇院士的自述文稿,其中的内涵已很丰厚了:院士们从各个侧面道出不少人生哲理，也述说了他们的心声与情感。本书不是院士思想的大集成，但选编者还是尽力期望多视角地展现院士们的风采。大音希声，大道无形，大智之人，不耽于形，不逐于力，不恃于技。期望读者能多多少少领略院士的思维之光，人格风采，成功之道，为人之理。

十分感谢各位院士以及他们的亲属与助手，参与了文稿的审定与确认。也衷心感谢中国科学院学部工作局的钱莹洁、王振宇、缪航主任以及多位老师的鼎力支持。感谢上海市上海中学冯志刚校长、刘茂祥老师悉心组织了部分同学声情并茂地朗读了院士们的文稿。感谢上海教育出版社缪宏才社长、何勇副总编、徐建飞主任对选题的策划与文稿的细致审读；感谢美术编辑金一哲老师的版面设计与书稿的排版；感谢陆弦主任的装帧设计；感谢黄修远老师的音频电子文件的编辑与上传；也感谢马蕾主任、杨周主任和袁青老师等统筹书稿校对、印制等各项工作。

钱三强院士在《居里夫人》一书再版时所写的序言中说道："科学不是为了个人荣誉，不是为了私利，而是为了人类谋幸福。"呈现科学家的风采，传播科学精神与方法，积累科学思想与文化，也只有一个目的，那就是为人类谋幸福。

愿读者与我们有共识。

方鸿辉
2022年8月

目　录

贝时璋　锲而不舍的追求　/ 1

秉　志　人民的智力与德行紧系国运　/ 7

陈桂林　情系"风云"话人生　/ 12

陈翰馥　把握机遇方能"有志者事竟成"　/ 20

陈能宽　中国为什么要搞原子弹　/ 26

陈荣悌　我是怎样回到祖国的　/ 32

陈述彭　锲而不舍　/ 37

程开甲　抗战中浙江大学物理系与王淦昌先生　/ 42

邓子新　我们是那个时代最大的受益者　/ 49

冯德培　我的科学之路　/ 57

傅承义　人民科学家的气节　/ 65

高德利　高考开启的奋斗人生　/ 71

葛昌纯　爱国奉献与钻研创新　/ 79

葛均波　志存高远架心桥　/ 90

郭慕孙　化工的前途　/ 99

何鸣元　绿色化学的真谛　/ 106

何祚庥　科学家的回答　/ 114

侯仁之　择校不如投师，投师要投名师　/ 128

华罗庚　克"三劫"攀高峰　/ 132

黄宏嘉　祖国在等待我　/ 145

黄家驷	用所学的知识为人民服务	/151
黄荣辉	放牛娃成长为院士	/155
黄纬禄	发扬"两弹"精神	/161
嵇汝运	高徒出名师	/165
蒋锡夔	德为人之本	/171
鞠躬	好学人之长处 痛感己之不足	/177
李朝义	从奉献中获得满足	/182
李济生	航天测控 精益求精	/189
李惕碚	何泽慧先生的风格	/198
梁思礼	讲述"向太空长征"的故事	/203
林兰英	为中华民族争气	/209
刘宝镛	与我国的航天事业共成长	/215
刘东生	科学家的责任感	/225
刘新垣	人生乐事是奉献	/229
卢鹤绂	称原子重量的中国人	/234
陆埮	保持奋发的心态	/241
钮经义	胰岛素合成的回忆	/251
潘菽	我的心理学之路	/259
裴文中	"北京人"采掘记	/264
彭一刚	漫步于教学、科研和建筑创作之中	/270
蒲慕明	对科学哲学的一些看法	/281
钱令希	我悟出的求学之道	/288
钱三强	祖国再穷也是自己的	/292
钱伟长	桑榆非晚 奔驰不息	/297
裘法祖	六十五年外科生涯的体会和感想	/304

沈善炯	人生的价值 /314
施一公	怀念我的父亲 /322
孙鸿烈	我深深眷恋着的青藏高原 /331
谭其骧	真挚动人的气度 宽宏博大的胸襟 /340
汤飞凡	崇高而严肃的科学事业 /344
汤佩松	我是一个中国人 /349
唐敖庆	我的事业在自己的祖国 /354
童秉纲	多难明志,不畏曲折 /359
汪德昭	反法西斯斗争的科学战壕 /370
王 迅	我的教师生涯 /377
王淦昌	一次难忘的盛会 /387
王应睐	为祖国生化事业多尽一点力 /394
王竹溪	物理学是一门重要的基础科学 /400
吴宏鑫	掌控无限 研究无涯 /405
吴孟超	在有生之年再做一些有意义的事 /413
吴全德	淡泊名利 求真探美 /424
吴文俊	科学事业的转折点 /434
肖纪美	老得太快 知得太晚 做得太少 /438
谢学锦	大不自多,海纳江河 /444
徐建中	走上崎岖的小路 /450
徐祖耀	随忆两则 /459
许学彦	"东风"载我船舶情 /469
阳含熙	爱护大自然 /477
杨福家	中国是我心中世界开始的地方 /480
杨雄里	细致观察 缜密思考 /485

杨振宁	没有任何外国人参加 /495
姚　鑫	我的科研步履 /504
叶笃正	怀念我的老师赵九章先生 /514
叶企孙	情系清华 /522
叶叔华	茫茫浩宇追星座 /528
尹文英	追求是成功之舵 /534
于　敏	氢弹研究的团队效应 /540
曾融生	音乐能洗净人们心灵中的污浊 /544
张文佑	科研追求的目标 /547
张友尚	负笈剑桥分子生物学实验室 /552
章梓雄	想得深 看得远 /559
赵玉芬	为生命起舞 /567
赵忠尧	兢兢业业为祖国工作 /577
郑国锠	效力祖国何惧艰苦 /587
郑时龄	寻求"德之资"与"才之帅" /592
钟万勰	科研要走独立自主之路 /601
周明镇	后知后觉话专业 /610
周培源	独立思考 实事求是 锲而不舍 以勤补拙 /615
竺可桢	求是精神与牺牲精神 /619
庄逢辰	我的科研历程 /627
邹承鲁	科学研究五十年的点滴体会 /643
邹世昌	开辟我国微电子产业的"芯"路 /652

> 一名真正的科学家必定是忠于科学，热爱科学的。热爱科学，不是为名为利，而是求知求真，要为国家作贡献，为人民谋福利。
>
> ——贝时璋

锲而不舍的追求

我生于1903年，几乎是与世纪同岁的老人。

少年时的感想

我生于浙江镇海北乡憩桥镇。祖父是一位贫苦的渔民。父亲小时候还给人家放过牛，当过学徒、店员，后来到汉口开小店，最后在德商乾泰洋行"买办间"当了一名中国账房。母亲不识字，勤劳节俭，宽容厚道。童年时，常听说乡下渔民出海打鱼，翻船丧生、家破人亡，使我感触很深。母亲为了摆脱"目不识丁"的痛苦，对我上学寄予很大希望。

第一天上学，我拜了孔夫子，接着开笔。老师刘楚臣教"天地日月，山水土木……"，用墨笔描红字本。当时，我很高兴，日常看见的东西都可以用字写下来，这多好！感到读书有用，一定要学好。曾读李白的《春夜宴桃李园序》一文，其中头几句"夫

贝时璋 院士
（中国科学院提供）

"天地者，万物之逆旅也；光阴者，百代之过客也。而浮生若梦，为欢几何？古人秉烛夜游，良有以也。况阳春召我以烟景，大块假我以文章。……"给我印象很深。读了此文后，自己对天地万物人生，有过不少遐想。

1915年，父亲带我到了汉口，进德国人办的"德华学校"上中学。德籍校长办学很严，对学生要求也高。星期六下午放学，星期日晚饭前必须回校。学校备有许多理科书籍，几乎什么内容都有，如天文学、物理学、化学、矿物学、植物学、动物学乃至人体方面的科学等。虽然内容都很浅近，但涉及面较广，还成系统。我从这些书中学到了不少关于理科方面的启蒙知识。那时，我就有了一种愿望，想要知道更多有关自然界的奥秘。

第一次世界大战，德国打了败仗，德籍老师于1917年冬被遣送回国，学校被汉口主管教育的部门接管，改名"汉口第一中学"。后因经费困难，1918年停办了。那年秋的一天，我在汉口的华景街旧书摊上买到一本 E. 菲舍尔著的《蛋白体》，读来很感兴趣。虽然一知半解，但初步懂得蛋白体对生命是很重要的。通过德华学校和汉口一中的三年学习以及自己的一些体验，对理科方面以及与生命有关的科目发生了兴趣。少年时养成广学博览的习惯对以后学业很重要。

走上科研之路

1919年春,我报考了上海私立同济医工专门学校(1917年12月由"同济德文医工学堂"改名),先入同济德文科,后入同济医工学堂医预科。在此期间,给我印象最深的,也是让我受益最多的是当时教解剖学的鲍克斯德老师,他授课不带稿,也不发讲义;讲课时,用图谱和实物相互对照,讲解之细致生动,教学之认真负责,使人无比敬佩。我以后对形态学的兴趣,与鲍克斯德老师讲授的解剖学是有重要关系的。

1921年秋,在同济医工学堂医预科毕业后,我和两位同班同学一起赴德国留学。我家里不富裕,能去留学完全是父母全力支持的,他们倾其所有,凑得800元,才得以让我前往。抵德后,我弃医从理,先后在弗赖堡(Freiburg)大学、慕尼黑(Muenchen)大学和图宾根(Tuebingen)大学学习自然科学,并以动物学为主修科目。当年,我听了许多门有关自然科学方面的课,并参加了实验或野外实习,还自学了数学……这三所大学的学习活动使我受益匪浅。

我是在1923年秋转到图宾根大学的,在动物系代理主任福格尔教授指导下,一边做大量实验,一边准备做学位论文。后在哈姆斯教授指导下对醋虫的生活周期、各个发育阶段的变化、细胞常数、再生等进行了实验研究,写了两篇论文,先后发表于1927年和1928年,后面发表的也是我的博士论文。

1928年3月1日,我获得了自然科学博士学位。毕业后在图宾根大学任动物系助教,并从事一些研究工作。动物系学术活动较多,学术气氛很活跃。当时,动物系与物理系、地质系在同一幢大楼里,各系青年人见面机会多,时常讨论共同感兴趣的问题,使我有机会学到不少新的东西。在学术思想上受到哈姆斯教授很多启示。可以说，在德国学习的这几年，为我今后一生的科学研究奠定了基础。

锲而不舍的追求

1929年秋，我告别图宾根大学回国。在当时的中国要谋一份合适的职业并非易事，但经过一些曲折，1930年终于被聘为浙江大学副教授，并着手该校生物系的筹建工作。在浙江大学，我先后教过普通生物学、普通动物学、组织学、胚胎学、比较解剖学、遗传学、动物生理学等课程，同时又从事了一些科学研究。我前前后后在浙江大学从事教学、科研20年。中华人民共和国成立后，我转到了中国科学院，从事科研和科研组织管理等方面的工作。

在科研工作方面，我前后研究了动物个体发育、细胞常数、再生、中间性、性转变、生殖细胞的重建、染色体结构、昆虫内分泌腺、甲壳类动物的眼柄神经激素等。1939年至1945年，我曾提出分子生物学、生物物理学这些名词，并在1963年提出从分子水平去探讨生命现象的观点。

1958年，在中国科学院领导下，负责建立生物物理研究所，并任第一任所长。在诸项科研工作中，研究时间最长的是细胞重建课题。1932年春，我在杭州郊区松木场稻田的水沟里观察到甲壳类动物丰年虫的中间性，并发现在其性转变过程中生殖细胞的奇异变化，即细胞解体和细胞重建的现象，这一现象是新的细胞繁殖方式和途径的发现，打破了细胞只能由母细胞分裂而来的传统观念。正要进一步作深入研究之时，抗日战争爆发了，浙江大学迁到贵州，那里找不到丰年虫的中间性，此项研究只得暂搁。

贝时璋在做实验
（中国科学院提供）

以后又由于种种原因未能开展，直至1976年后才迎来了"科学的春天"，才有机会和条件，让我与一批年轻的工作人员一起对细胞重建这一课题继续开展较为广泛和深入的研究。我们研究了各类物种、生物体的各个部分、各种生命过程、各种情况和条件下的细胞重建。实验证明细胞重建是普遍现象，发表了论文并编撰了《细胞重建》论文集，这项研究目前仍在深入进行。

在我一生的教学科研生涯中，深深感到科研道路是不平坦的，会遇到种种艰险，但不能在困难面前低头，要勇往直前。研究科学技术要有乘长风破万里浪的精神；要自始至终坚持勤奋学习、刻苦钻研、独立思考、勇于创新，锻炼成为有远见卓识的人，这样就能打开局面，开辟新的航道，做出高水平甚至突破性的发明创造。

另外，一名真正的科学家必定是忠于科学，热爱科学的。热爱科学，不是为名为利，而是求知求真，要为国家作贡献，为人民谋福利。对科学家来说，最快乐的事情是待在实验室里做实验或在图书馆里看书。有时，看书看得出神，连旁边有人叫也听不见；实验做得津津有味，会把时间也忘了。实验做得成功，当然是一种乐趣，是一种愉快；即使实验失败，也不要泄气，总结经验，找出问题，继续前进。只要不嫌麻烦，肯下功夫，有耐心，有毅力，最后总会有收获。

目前，我已不能再到实验室亲自做实验了，但仍坚持阅读书刊，及时了解国内外科技信息和动态。我现在虽然耳朵已聋，视力也越来越差，但我思维仍清晰，还经常写些笔记和短文，力争活到老、学到老、干到老。

（本文选自中国科学院科技创新发展中心网"诵读科学经典，弘扬科学精神"栏目，2020年6月30日由生物物理所提供的《贝时璋：我的一些回忆》）

贝时璋 生物学家。1903年10月10日生于浙江镇海。2009年10月29日逝于北京。1921年毕业于上海同济医工学堂医预科。1928年获德国图宾根大学自然科学博士学位。中国科学院生物物理研究所研究员。曾任浙江大学教授、生物系主任、理学院院长，中国科学院实验生物研究所北京实验生物研究所所长，中国科学技术大学生物物理系主任，中国生物物理学会理事长。作为中国生物物理学奠基人，毕生从事实验生物学工作，主要研究动物个体发育、细胞常数、再生、中间生、性转变、染色体结构、细胞重建、昆虫内分泌腺、甲壳类动物眼柄激素等方面，尤以细胞重建的研究成绩最突出。以"学科交叉"理念创建了浙江大学生物系、中国科学院生物物理研究所和中国科学技术大学生物物理系。组织开展了"核试验放射性本底自然监测""核爆试验对动物本身及其远后期辐射效应监测""生物探空火箭"等研究工作，为中国生命科学和载人航天事业作出杰出贡献。一生发表大量论文，培养了如朱壬葆、姚鑫院士等大批优秀学生。德国图宾根大学于1978年、1988年和2003年三次授予博士学位。国家天文台将1996年发现的国际编号为36015号小行星命名为"贝时璋星"。1948年当选中央研究院院士。1955年被选聘为中国科学院学部委员（院士）。

> 学习和研究科学的人，其存心必须大公无私；对所学必须始终不渝；所见所言必须诚实无欺，丝毫不能虚伪；必须孜孜矻矻，不容懈怠；而尤其必须终身不忽，死而后已。人必须具备这五种特点，才可研究科学，否则恐难有成就。
>
> ——秉 志

人民的智力与德行紧系国运

一国之命运，与人民的智力与德行有极其密切的关系。

所谓"智力"，即知识与技能；所谓"德行"，即精神与道德。一国之人民，若大多数都有较好的知识和精强的技术与能力，其国力必日臻富强。若再有优美的精神与道德，国内之执政者，与社会知识分子，以至于一般普通人民，都光明正大，则国家必为全世界之先进。因此，要使国家命运隆盛与长久，必先努力培养人民的智力与德行。否则，民智低下，在上者利用人民的无能力，肆行无忌，剥削人民，其国家必陷于水深火热之中；野心侵略者，乘势威胁蚕食，终将长驱直入而覆灭之。这是我国今日所犯的弊病。将来的大难是否可以幸免，爱国人民应有所警惕，急行自救之策。

什么是"自救之策"呢？即提倡科学教育。

所谓"科学教育"，包括两种工作：一是普及教育，使人民

秉 志 院士
（中国科学院提供）

都能读、能写、能算，无论男女老少，都有科学常识。二是推进科学研究，培养大批专家，以便国家的自然资源经科学研究都可被利用；国家所有重大问题，都有专门人才可以解决，处于今日之原子时代，国际上发生的变化，都可以应付，而不致科学落后而束手无策。如此，不仅人民的智力增高，而且整个民族的道德也必日新而月进。

为什么这样说呢？因为科学包含德、智两方面的意义与因素。真正伟大的科学家，其知识技能固然超乎寻常之人，而且其道德之高尚，也非普通人所能及。然而，科学家也有真伪之分。真正的科学家，其目的与兴趣，在于发现真理，造福人群。伪科学家则借科学技术，做野心家的走狗，或被唯利是图的资本家所利用，世界上的战祸、人民的疾苦，就是这种人协助政客、财阀所造成的。他们是科学的罪人，是真正的科学家所深恶痛绝、耻于为伍的。

科学的精神包括五方面：公、忠、信、勤、久。我曾在其他地方多次谈过。学习和研究科学的人，其存心必须大公无私；对所学必须始终不渝；所见所言必须诚实无欺，丝毫不能虚伪；必须孜孜矻矻，不容懈怠；尤其必须终身不忽，死而后已。人必须具备这五种特点，才可研究科学，否则恐难有成就。如果人之一生能以公正、忠诚、信实、勤苦、长久的精神处世接物，其道德必高尚纯粹，这种人必受人爱敬，可谓君子、贤人。所以，科学

秉志在办公室（资料图片）

《科学》杂志创刊号封面（资料图片）

的精神能勉励、磨练高尚的人格。真正的科学家都富于这般科学的精神。

科学与文学、艺术、神学等学术不同，在于其所采用的方法，非其他学术所有。我也曾于他处讲述过。因为其特别重要，重为再述，企望全国学习科学的青年注意，明了科学范围。科学的方法有六：

一、观察（observation）；二、实验（experimentation）；三、比较（comparison）；四、分类（classification）；五、演绎（deduction）；六、证实（verification）。

科学之所以是科学，不论是基础科学还是应用科学，因为其所采用的方法与其他学术不尽相同。自然科学都是严格的科学，严格的科学必须充分地采用这六种方法，科学的性质及范围，也都由此决定。

科学的精神，既足以使人成为高尚纯洁的人，其六种方法，更足以使人穷探真理，拥有高深的造诣。因此，科学工作者是德育智育兼备。所以，真正的科学家，其兴趣在寻求真理，其目的在造福人群。有此六种方法,提高思想,增进知识,因而有伟大的成功。一国之内,假如有若干大科学家,他们的力量足以影响社会,使社会日益改进。人民的力量,足以左右其政府,其政府当局,即使不免有贪污腐化,而社会的力量,足以钳制。无形之中,就可以改革进步,而不至于长此无望。

今日中国最急需的是科学的发展。因为科学足以增进人民的实力,倘若一旦人民的思想和技术都大大提高,一国之中,有知识有能力的人日益增多,人民必能监视执权者,使之循纪守法,尽心为公,而不敢肆无忌惮,为所欲为。今日中国人民处在极端困苦的环境之中,就是因为科学落后的缘故。因此,要救目前的危机,只有靠人民自救,我已在上文中说过。自救的途径有二:一是社会群众的努力;二是科学家本身的努力。这是我国今日所刻不容缓的。

所谓社会群众的努力,是指社会人士中有爱国思想者,应有远大的眼光,看清发展科学的重要意义。凡有力量的能慷慨好义,捐巨资以设立研究所,或创办大学,或对已有的研究机构助以一臂之力;或资助专家,培养青年学生。此外,更宜广设初级学校,普及教育和科学常识,国内富人倘能如此争先恐后,此起彼应地提倡科学,其影响所及必能使政治经济都上轨道,国家的隐患可于无形中消灭。这是社会民众所应努力的。

所谓科学家本身的努力,是指科学家应深知目前国家所处的危险,不容漠不关心。凡有专门学识者,应发愤钻研,以学问的成就,救国家的危难。19世纪下半期,普法战争,法国兵败地削,一蹶不振。巴斯德为国家创伤剧痛之深而悲愤万分,誓以其所学,使国家重新崛起,使其民族为世人刮目相看。他奋斗于科学研究,锲而不舍。他所研究的都有伟大创新的成果，足以解决国家人民的困难。法国于民穷财尽之后，又成为实力充足的国家。英国生物学大家赫胥黎曾说："法国付清50亿法郎的巨大赔款，全由巴斯德一人的研究贡献而成。"假如中国能有巴斯德这样的伟大科学家，以其研究贡献而强其国，富其民，甚至造福于全人类，则国家怎会如此堕落？

以上是科学家本身所应努力的。

我国有悠久的历史与自创的文化。现世界各国罕有能与我国相比的。这次抗战，受极大的打击，人民毫无怨言，咬定牙根，与敌死斗，表明我国民族的优秀。我国先哲已立立人，已达达人，国家兴亡，匹夫有责的精神，教导人民各尽所能，为国家服务。因此，要挽回国家民族的厄运，在于社会民众与科学家本身的共同努力。

（本文写于1932年，选自上海教育出版社1996年5月版《中国科学院院士自述》，标题为编者所加）

秉　志　原名翟秉志，满族。动物学家。1886年4月9日生于河南开封。1965年2月21日逝于北京。1908年毕业于京师大学堂。1913年、1918年先后获美国康奈尔大学学士和博士学位。美国Sigma Xi科学荣誉学会会员。历任南京高等师范学校、东南大学、中央大学、复旦大学的教授，中国科学社生物研究所和静生生物调查所所长，中国科学院水生生物研究所、动物研究所研究员。是中国近代生物学一代宗师，近代动物学主要奠基人，为中国培养了大批生物学家。在昆虫学研究、神经细胞生长研究、动物解剖学研究、大脑皮层功能研究、化石研究、鲤鱼实验形态学研究以及生物分类区系调查诸方面均作出重大贡献。1915年与留美同学共同组织了中国最早的群众性学术团体——中国科学社，并刊行中国最早的学术刊物——《科学》。著有《鲤鱼解剖》和《鲤鱼组织》等专著。创办《中国动物学杂志》，任总编辑。1948年当选中央研究院院士。1955年被选聘为中国科学院学部委员（院士）。

> 除了多通道扫描辐射计，我已很少有别的兴趣爱好。别人打趣说我有点像我的福建老乡陈景润，怎么说呢？必须承认，直面这种大工程，必然会有罔顾其他的状态。反正，我是无怨无悔。
>
> ——陈桂林

情系"风云"话人生

研发"中国的眼睛"

1967年7月，我毕业于西安交通大学无线电工程系电子计算机专业，于1970年3月才分配至中国科学院上海技术物理研究所工作。进入技物所后，我抓紧自学以储备知识。我很有幸，赶上了"科学春天"的来临，赶上了"科教兴国"的好时机。

1984年，领导让我担任地球同步轨道气象卫星"风云二号"主体仪器——多通道扫描辐射计课题组的组长。1985年11月又推我为研究室副主任。这一切都迫使我不得不快马加鞭，奋勇前进。

多通道扫描辐射计是用于我国自主研发的"风云二号"气象卫星的主体仪器，世界上只有少数几个国家能够设计制造这种仪器。从接到任务起，我与研制团队成员就开始与时间赛跑了。我们马不停蹄地研制技术方案，先后攻克了上百个技术难题，用了三年时间完成了原理样机的研制。采用望远镜折镜步进扫描，通过 R-C 光学系统视场分离，实现可见光、红外和水汽三波段同时探测的总体技术方案。突破了大孔径（Φ410mm）、轻量化的空间光学系统、高精度（角秒级）空间扫描机构、地球同步轨道辐射制冷器技术等难题，为我国航天事业作出了贡献。

研制成功的多通道扫描辐射计装上了"风云二号"A 星（也称"风云二号"02 星），于 1997 年 6 月 10 日发射成功。我国成了继美国、欧洲共同体之后，第三个拥有静止气象卫星的国家。当我国西昌基地成功发射第一颗"风云二号"静止气象卫星 A 星时，联合国正在举行的气象大会中断了，与会代表三次起立，长时间鼓掌，为中国喝彩。这个消息传到我们研发团队成员的耳朵，大家真切地体会到我们投入的心血成了"国家的骄傲"。这其中的幸福感，实在难以用言语来表达，唯一的感悟就是"事业尚未成功，同志仍需努力"。

1997 年 6 月 17 日，"风云二号"A 星定点于东经 105 度的地球同步轨道。1997 年 6 月 21 日获得第一张可见光云图，1997 年 7 月 13 日获取第一张水汽、红外云图。

多通道扫描辐射计实际上是一台高性能、高分辨率的照相机，它相当于人的眼睛，只不过它是被安装于地球静止轨道的气象卫星之上，位于高空"凝视"地球。初期研发的三通道相当于三只眼睛，能同时探测到可见光、红外和水汽三个波段的信息，而且具有很高

陈桂林 院士
（2012，方鸿辉摄）

的分辨率。由于"风云二号"卫星位于 36000 千米的高空,定点于东经 105 度(以中国中部)为中心的上空,它的视野特别宽广,东到澳大利亚、新西兰、夏威夷,西到马达加斯加岛、阿拉伯半岛,南到南极,北到北极,这个范围大约有 1 亿平方千米。其信息回传速率可以达到大气中生命期为半个小时的中小尺度天气系统及其演变过程,对中小尺度天气系统所造成的灾害性天气的动态监测具有独特的优势,对人类防灾减灾具有特殊重要的意义。

"风云二号"系列静止气象卫星属于我国第一代静止气象卫星,目前共发射了 6 颗,即"风云二号"A、B、C、D、E、F 星,其中两颗是试验星(风云二号 A、B 星),四颗是业务星(第二批的 C、D、E 星和第三批的 F 星)。B 星于 2000 年 6 月 25 日发射成功,A、B 星是有三个探测通道的扫描辐射计,设计寿命为 3 年。从第二批的"风云二号"C 星起,扫描辐射计由三个通道增加到五个通道,在性能上较 A、B 星有较大的改进与提高。"风云二号"C 星、D 星、E 星和 F 星已分别于 2004 年 10 月 19 日、2006 年 12 月 8 日、2008 年 12 月 23 日和 2012 年 1 月 13 日发射成功并投入应用。

F 星是"风云二号"第三批 3 颗卫星中的首发星,经过在轨测试后,F 星已与目前在轨运行的"风云二号"D 星和 E 星,共同形成静止气象卫星"双星观测、在轨备份"的业务格局。每半小时获取覆盖地球表面约 1/3 的全圆盘图像。F 星还具备更加灵活的、高时间分辨率的特定区域扫观测力,能够针对台风、强对流等灾害性天气进行重点观测,在我国气象灾害监测预警、防灾减灾工作中发挥重要作用。

"风云二号"卫星系列既是高科技的产物,也是一项复杂的系统工程。涉及光学、机械、电子技术,材料、关键元器件及应

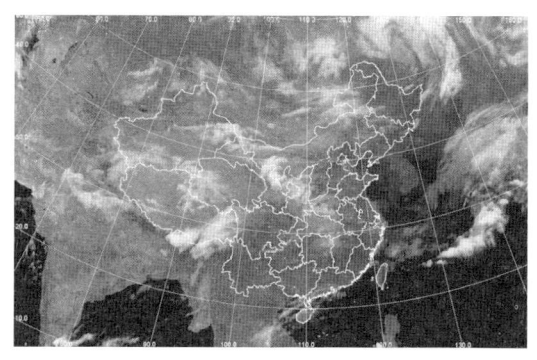

左：2012 年 4 月 14 日 08 时 01 分的云图
右：与发射前的 F 星合影（陈桂林提供）

用技术，体现的是国家综合科技实力。参与卫星、运载、测控、发射、应用五大系统的科技人员成千上万，历经 30 余年，付出了极其艰苦的努力。我们团队所做的工作仅是其中的一个方面。

耕耘与收获

我把"风云二号"A 星的第一张可见光云图照片放得很大，挂在我的办公室墙上，既是自励也是鞭策。自励的是这张云图是我们中华民族自从盘古开天地至今，第一次用自己研发的仪器从 36000 千米的高空看到蓝色星球——地球的第一张美丽相片。鞭策的是"风云二号"所装载的仪器虽然有我们自己的特色，在许多地方做得已令全球同行注目，但在一些基础性、关键性技术上，与国际先进水平相比仍然有差距，还须再接再厉。

应该说，"风云二号"卫星系列的成功，在我国对地观测上确实起到了里程碑的作用，尤其是提高了中国气象人在世界上的地位和话语权。

20 世纪 80 年代初，国外对远距离探测成像技术是严守秘密的。我们尽管能获得一些宏观的参考资料，但真正的核心技术，人家是绝对不会告诉你的。唯一的出路就是自力更生。

我是土生土长的科技人员，无论求学还是后来的研发，都是在祖国的土地上。只有两次去国外开过眼界。第一次是在"风云二号"研发初期的1987年，到瑞士参加一个国际空间展览会，看了人家参展的物品，获得一点宏观的感觉。第二次是"风云二号"A星发射成功后到欧洲与美国转了一圈。美国有的单位，希望我们一定要去。因为我们已经发射了"风云二号"，国际上很想知道我们的技术已经进展到什么地步。起先，他们不太相信我们的能力，反复问："哪些部分是你们自己做的？"当时我坚定地告诉他们："没有一部分不是我们自己做的！"他们露出了钦佩的神色，该刮目相看中国科学家了。知道我们也有比他们先进的技术，便紧紧追问："那个小杜瓦瓶你们是用什么材料造的？"我只能回答："等我回去后，才能具体告诉你。"第二天一大早，他们就堵在了我下榻的旅馆门口，给我送来一份材料，说这份材料还没有发表，是第二代静止气象卫星的，如果有可能的话，请回国后把小杜瓦瓶的材料告诉他们。

一个国家技术落后，是要被人家看不起的。再诚恳地向人家讨教，人家也不会理你的。但是，当你的核心技术掌握到一定程度时，人家就不得不重视你了。确实，高技术是花钱买不来的，只有自力更生，自主开发核心技术，不早点起步，就永远没有成功的可能；尝试过了，失败过了，也才有成功的可能；畏难甚至退缩，就只能乞求和失望。其实，在高技术方面，西方发达国家从来就对我们采取封锁的政策，尤其是在航天技术领域。

"风云二号"气象卫星在重大的灾害性天气过程以及监测自

然灾害方面,发挥了非常特殊的作用。据统计,2006年至2008年影响我国的台风有72个,其中有23个台风是登陆的,所有这些都被"风云二号"抓住,监测预报了,功不可没。此外,对暴雨、沙尘暴、大雾、草原和森林火灾也有很强的监测能力。比如,2006年黑龙江和内蒙古的森林草原大火,"风云二号"不仅提供了持续不断的动态火情监测,还提供了人工影响天气作业的天气分析,为最终扑灭大火立下了汗马功劳。

现在,观众每天都能通过电视节目收看到"风云二号"的云图,通过云图来了解天气形势。除了在防灾减灾应用上,民航、交通、农业、渔业、水利、电力、林业、军队等很多部门或领域也都广受"风云二号"气象信息的恩惠。譬如,"风云二号"的大雾监测能力,交通部门就很需要。从整体上讲,"风云二号"系列与国际上目前正在使用的静止气象卫星技术水平是相当的,我们的赶超势头和进步速度也确实是很快的。

"风云二号"在全球气象卫星观测网中占有重要的位置,对整个东亚,特别是印度洋、青藏高原的卫星观测,过去一直是薄弱的区域,这样的局面现在改变了。"风云二号"卫星所在的位置决定了它是整个地球观测系统中不可或缺的一部分,获得的观测资料对国际气象界乃至地球科学界都是一个贡献。在世界气象组织的空间计划中,"风云二号"已被列为骨干业务卫星之一,承担为全球天气和气候观测的义务。国际上越来越多的国家和地区(如澳大利亚,日本,美国,欧洲、东南亚的一些国家,以及我国的香港、澳门、台湾地区)都在使用"风云二号"的资料,评价也都很积极。

自2008年起,我又开始负责第三批"风云二号"扫描辐射计的研制，在定量观测质量、设计寿命和可靠性等方面都要比第二批"风云二号"有进一步提高，分别提供给"风云二号"F、G、H 星使用，其中首发星"风云二号"F 星已于 2012 年 4 月投入试运行。3 月 19 日《科技日报》头版头条《自主掌控风云路——记中国气象卫星飞天 40 年的艰苦探索》一文中指出：扫描辐射计性能的提升使我国天气预报数字化预测登上新台阶。"风云二号"F、G、H 星将确保未来 10 年我国静止气象卫星应用和发展的需求。

科学研究需要有牺牲精神

我从事科研工作几十年，几乎从未停歇过，即使出差，我也是抓紧时间，完成任务后尽快回到研究所工作。自 1984 年起，28 个春秋过去了，我很少有时间看电影、电视，有时连吃饭都是几分钟解决。除了多通道扫描辐射计，我已很少有别的兴趣爱好。别人打趣说我有点像我的福建老乡陈景润，怎么说呢？必须承认，直面这种大工程，必然会有罔顾其他的状态。反正，我是无怨无悔。

1989 年，正当我与大家完成多通道扫描辐射计初样产品的研制时，我突然觉得耳内轰响，难以站立，甚至走路也得扶着墙。我以为脑内长了什么东西，经医生诊断属突发性耳聋。毕竟那时处于研制的关键期啊！我只能强忍病痛，坚持工作，直到最终不得不住进医院治疗。病情略有好转，立刻出院。如今，我的左耳几乎完全失聪，但多通道扫描辐射计经团队协力，终于完成。

最令我难忘的是，"风云二号"第一颗卫星于 1994 年 4 月 2 日在西昌卫星发射中心进行发射前的最后一次厂房测试，因肼系统泄漏而突然爆炸起火，导致卫星被毁，设备、厂房等也都被损毁。事故中有一位工作人员遇难，包括后任"神舟"飞船总设计师戚发轫在内的 20 多人受伤。火势很厉害，我们当时试验团队的主要力量都在基地，卫星离我们很近，在场的试验队员都受到巨大冲击波的影响，有人被抛出好远。当时我在上海住院，最着急的是同伴们受伤的程度究竟怎样，尽管设备被烧得精光，但只要人员在，一切都可从头再来。同年 1 月，由于在事故前卫星测试时，我的一只眼睛忽然什么也看不清了，经诊断为视网膜脱落，在医生和领导的一再催促下，我回到上海住进了医院。如今，我虽然年逾七旬，右眼视力不到 0.1，依然在科研第一线继续奋斗。

（本文写于 2012 年 4 月，改定于 2022 年 7 月 22 日）

陈桂林　航天遥感探测技术专家。1941 年 12 月 17 日生于福建南安。1967 年毕业于西安交通大学无线电工程系电子计算机专业，1970 年分配至中国科学院上海技术物理研究所工作至今。现任中国科学院上海技术物理研究所研究员、副总工程师，"风云二号"气象卫星副总设计师。长期从事航天遥感探测技术研究。自 1984 年起主持并研制成功"风云二号"静止气象卫星核心探测仪器——多通道扫描辐射计，组织和参加对重大技术问题的攻关，解决了在自旋静止气象卫星五通道（可见光、中波红外、长波红外、红外分裂窗和水汽）同时对地观测的关键技术。主持突破了大孔径(Φ410mm)轻量化的空间光学系统、高精度（角秒级）空间扫描机构、地球同步轨道辐射致冷器技术等难题。自主开发的技术相继用于自 1997 年起陆续发射的 FY-2A、B、C、D、E、F 星，为我国及周边国家和地区提供及时有效的气象服务。撰写重要研究和技术报告 60 多篇。20 年培养了 40 多名博士、硕士生。曾获国家科学技术进步奖一等奖 1 项、三等奖 1 项，国防科学技术进步奖一等奖 1 项，中国科学院科技进步奖特等奖、一等奖、二等奖各 1 项，上海科技进步奖一等奖 3 项等。2001 年当选中国科学院院士。

朗读者 杨逸萱

> 我对专业的追求是执著的,但并非不顾一切。虽说"有志者,事竟成",但毕竟需要机遇,并且要不失时机地把握机遇。
>
> ——陈翰馥

把握机遇方能"有志者事竟成"

我是浙江绍兴人。父亲(陈建功)是数学家,凑巧我也学数学,大学毕业后,又用数学工具研究控制理论。所以,经常会有人问我:"是你的父亲让你学数学的吗?"

1954年我高中毕业时,我问父亲考大学选择什么专业。他回答我:"应该根据自己的志趣选择。"他不仅对我,而且对我的兄弟姐妹,也从来没有谈论过该学什么,或不该学什么,但他对我的学业是很关心的。

1948年,我考入浙江绍兴县立中学初中。那时我贪玩,不爱学习,一学期下来,成绩单上多是六七十分,并且还有一门"公民"课不及格。放寒假了,父亲从杭州回绍兴过年。农历正月初一那天,我们全家男丁都到陈氏祠堂里吃中饭。饭后回家的路上,经过中药店"天宝堂"。父亲严肃地对我说:"你要不要念书?如果不要念,就到'天宝堂'做药店倌。"在这以前我一直懵懵懂懂,从来没有想过将来要做什么,这是他第一次要我认真考虑将来的职业。

我把父亲的话当了真，一想到要在那高大的柜台后面站一辈子，心里着实不情愿。从此，我贪玩的童心渐渐地收了起来。许多年以后，六姑母告诉我，父亲当时对她说："这孩子有潜力，不吓唬他一下不行。"

从初中二年级起，我的学业成绩渐渐上升，特别是数学，学起来饶有兴趣。这时，绍兴县中已并入浙江省立绍兴中学。到了高中，一学期结束后，我的几何作业本，竟被老师要去作为他以后批改作业的标准答案。

陈翰馥 院士
（作者提供）

1952年院系调整，父亲从浙江大学转到上海复旦大学，我也从绍兴转学到上海复兴中学。我对理科感兴趣，学习也努力，但对文科及英语仍提不起精神，勉强应付。一次上地理课时，我与旁边的同学说闲话、开小差，老师突然叫我站起来，考我一问。我不知所措，用浓重的绍兴口音信口回答"澜沧江"，答非所问，口音又特别，弄得同学们哄堂大笑。

高中快要毕业了，听说校领导找了一些同学谈话，有的要保送军工，有的要保送留苏预备部，我很羡慕。没想到有一天，我也被叫去做了这样的谈话。1954年到北京，那年发大水，铁路两边汪洋一片，行车如爬，十分缓慢。但是，我一想到要去苏联学喜爱的数学，仍非常兴奋。

我们在北京俄语专科学校学了一年俄语。上学期在西单石驸马大街上学，下学期搬到魏公村新址。这一年的学习很紧张，但我对未来充满着希望,学习努力自不必说。记得一次父亲来北京开会,我去看他,我对他说:"要学一年俄文,而不能学数学,时间太长了。"父亲说:"年轻时,多学些外国语,一辈子受用不尽。"一年的俄语训练快结束了,到了分配专业的时候,每人领到一个信封,里面纸条上写着所去的城市、学校及专业。我想,我中学里数学成绩优异,每次填写志愿都是数学,我满怀希望能去一所名牌大学的数学系。关键时刻终于到了,我迫不及待地拆开信封。一看傻眼了,竟分配我去列宁格勒水运学院工程经济系。既然国家需要我去学水运经济,那我只好去,但要我与想当数学家的意愿决裂,非常沮丧。

坐火车到列宁格勒,那时卧铺行李架上,也是一个铺位,我的铺位就在这个地方。列车左右摇晃,我睡在上面好像要滚下来似的。就这样,提心吊胆了一个星期,终于到达了目的地。

学校已开学了,同班有一些较年长的苏联同学,他们是海军学校毕业再来上大学的,比一般的中学毕业生懂事多了。学校把我和这些"水兵"安排在一个房间。考试要靠笔记,但第一年上课不能全懂。下课后借笔记、抄笔记就成了头等重要的事情了。最感困难的是经济地理和联共(布)党史。联共(布)党史有书,不用笔记。经济地理就惨了,那么多俄国地名本来就不知道,还要加上经济,每次课后非借同学的笔记不可。当时,还有一门画法几何。由于地理与几何的西文字头是一样的,一次我去借经济地理的笔记,竟把它说成"经济几何"。以后我一说错俄语,"水兵"们总要友善地说我一个"经济几何"。在工程经济系也要学"高等数学",只有这门课,我学得很轻松。"水兵"们有问题经常会问我。但是,我总觉得学得不过瘾,内容太少,讲得不透。

到了第二年，语言关基本过了，不再像第一年那样紧张了，除了要学一般工科院校的工程课，还要结合河运的课程。这些课程自然不像数学那样有严格的推理性，经常感到学得不太得心应手，不是自己的特长，也激不起自己的兴趣。同专业的这一届共有四位中国同学，对专业前景都感到信心不足，大家情绪上多少有些波动。二年级结束后的暑期，我们四人一起到基辅的第聂伯河上实习。我从表兄王耆那里获悉，使馆留学生管理处正在调整留学生的专业，我高兴极了，回归数学的强烈愿望熊熊燃起。我和同学们商量，我们四人都觉得专业设置水平不高，并且也不符合中国情况，决意向留学生管理处申请调整专业。大家公推我从基辅去莫斯科申请。当时，学生每月500卢布生活费，吃饭以后所剩无几。于是，路费四人分摊。到莫斯科的住宿费自然是没有的。我也顾不了这些，想学数学的愿望有力地激励着我，我就只身到了莫斯科。心想，只要找到一所大一点的学校，必可找到同胞。这一招果然应验，我在同学的帮助下，住进了莫斯科包曼高等工学院的学生宿舍。当时苏联交通费极便宜，进地铁才5个戈比，无处不达。我很快找到了中国驻苏使馆的留学生管理处。

接待我的官员叫陈先玉，他很友善，听了我的申诉后，说要进里屋和领导商量一下。我记得，当时的留学生管理处的领导就是现在的外交部钱其琛部长。陈先玉进去商量后出来说："可以考虑。"我当时谈不上有什么阅历，还不懂我国的官方用语，"可以考虑"实际上就是"同意"的同义语。我虽感到有希望，但心里还是忽上忽下的。当时，留学生要求调整专业的人较多，工作量大，留学生管理处的人手不够，陈先玉让我到留学生管理处帮忙，我欣然同意。这样，我每天到留学生管理处上班，所做的工作无非是抄写、核对。我喜欢数学,虽谈不上有什么特殊才能,但学数学所必需的仔细和认真我并不缺乏,这大概有助于我完成留管处的工作。十多天的工作很快结束了,我们改变专业的申请如愿以偿,我的三位同班同学仍留原校,但改学造船,而我转学到列宁格勒大学数学力学系。使我始料不及的是,我在留管处工作结束时,陈先玉挽留我在留管处正式工作。我说我想学数学,陈先玉说,可以上莫斯科大学夜校,这实际上是决定我今后发展方向的关键时刻。但是,我学数学的愿望那么强烈,以至于没有引起我丝毫的犹豫。我告别了莫斯科,满怀希望地进入了古老的圣彼得堡大学,那时称为列宁格勒大学。

俄罗斯的建筑通常高大宏伟,历史悠久的圣彼得堡大学的数学力学系出了那么多著名学者,谁知它竟在华西里耶夫岛上一条不起眼的称为"八条"的街上,在一座古老的住宅楼里,如果你不注意,很难找到它的入口。我真想象不出,国内哪个数学系不比它更有气派?

我在水运工程学院念了两年,进入列宁格勒大学重新再念二年级。老师都是著名教授:菲赫金哥尔茨教数学分析,法捷耶夫教代数,林尼克教统计,伊勃拉基莫夫教随机过程,指导我毕业论文的是做极限理论的彼得洛夫。

一次考微分几何,当时都是抽考题口试,考我的老师叫扎尔格列尔。我答卷后,他表扬了我,给了5分。接着他说了一段使我终生难忘的话:"你是很强的学生,但做一名好学生还不够,要做积极进取的科研工作者。"可惜,我在学生时期未能遵循老师的教诲做到这一点。我只是一名好学生,每门功课都是5分,但没有做出一项足以发表的工作。大学毕业后,彼得洛夫教授正式找我谈话,希望留我做他的研究生。我当然很愿意,但在1961

年，要实现这样的愿望的可能性几乎没有。要是我真的做了他的研究生，可能我就与控制理论无缘了。

我在大学里学了概率论，毕业后又进入中国科学院数学研究所，到概率统计室工作。1962年在中国科学技术大学开了一门专门化课程——极限理论。我那时想，这是我一辈子的专业方向了。但是，老一辈科学家看得更远，钱学森先生和关肇直先生看到当时国际上控制理论的研究正在兴起，并且注意到它对高尖技术及工程应用的重要性，于1962年创建了控制理论研究室。我就成了它的首批成员之一，从此开始了我与控制理论难分难解的大半生。我感谢关肇直先生把我引入这个大有作为的领域。

上述就是我确立专业方向的经历，我对专业的追求是执著的，但并非不顾一切。虽说"有志者事竟成"，但毕竟需要机遇，并且要不失时机地把握机遇。

（本文写于1995年，改定于2022年7月14日）

陈翰馥　控制理论专家。1937年2月10日生于浙江杭州。1961年毕业于苏联列宁格勒（圣彼得堡）大学数学力学系。中国科学院数学与系统科学研究院研究员。曾任中国科学院系统控制研究所所长、中国自动化学会理事长。兼任国际自动控制联合会（IFAC）执委。主要研究随机系统的辨识、适应控制、参数及状态估计、随机逼近和优化及其对系统控制、信号处理等领域的应用，系统开展优化算法及收敛性分析研究。已发表期刊论文220篇，专著8部：《随机系统的递推估计与控制》(Wiley, 1985)、《辨识和随机适应控制》(Birkhauser, 1991)、《随机逼近及其应用》(Kluwer, 2002)及《递推辨识和参数估计》(CRC Press, 2014)，另4部在中国出版。曾获全国科学大会奖、国防科委奖、国防工办奖等，1999年获中国科学院自然科学奖一等奖，1987年及1997年两次获国家自然科学奖三等奖。1993年当选中国科学院学部委员（院士）。也是IEEE Fellow，第三世界科学院院士，IFAC Fellow，国际系统与控制科学院院士。

朗读者 王悦熙

四川成都武侯祠前有一副对联，上面有一句"从古知兵非好战"，我从它联想到，执行独立自主和平外交政策的中国，是不可不"知兵"的。

——陈能宽

中国为什么要搞原子弹

我生长在湖南西部山区，实在是个乡下人。说乡下人，我不是骄傲，也不是自贬，而只是提醒自己：乡下人照例有根深蒂固的乡巴佬的性情——保守，对一切事照例十分认真，这"认真"有时就不免成为"傻头傻脑"。我记得，我们湘西文学家沈从文早就说过那样的话。我的朋友说我有"书呆子气"。我认为他说得对，不是褒，也不是贬。我在小学时就是这样，不足为奇；在中学和大学时，还是这样。这点气质对于学习科学倒不太坏。但是，当我从国外留学回国后，朋友多次问我，你为什么不会跳舞，我只有嘲解：土包子，乡巴佬，有机会再学吧！

慈利是我的家乡，有秀丽的山山水水和勤劳淳朴的人民。谁人不说家乡好呢？因为"土俗淳慈、得物产利"，慈利因此而得名。从我家江垭镇到索溪国家自然保护区不过40千米，到张家界国家森林公园不过70千米，到武陵源、桃花源，都是可望也可即。每忆及故土，不管自己东奔西走于何地何方，都能一念就到，心向往之。记得小时候，我最喜欢在河里游泳，不怕水深流急。长大后，即使有机会在国外的大海里游泳，我也总忘不了家乡清澈的河水，独特的风味。

在中华人民共和国成立后的第15年，1964年10月16日，我国爆炸了第一颗原子弹。全世界为之震惊，海内外子孙为之欢呼。我在现场参加试验，亲眼看到伴随着春雷般的响声和急剧升腾的蘑菇云，参试人员纵情鼓掌，热泪盈眶。我过去翻阅过原子弹爆炸的图片，在实际感触到这样盖世的声色时，还是情不自禁地拿出怀中的笔记本，记下"东方巨响"几个字和一句话的感想——神州日月增光。

陈能宽 院士
（中国科学院提供）

当时的情感是朴素的。现在回想，这一举世瞩目的事件究竟给了我什么启示呢？有一段时间曾听人说："国防科研花了那么多钱，没有搞出什么东西。"似乎中国有没有原子弹，关系不大。"它不能吃，不能穿，不能用，还拖了国民经济的后腿"。这些话使我在回忆过去时，不能只是抒发怀旧之情，而是要思考更多的问题了。

中国为什么下决心搞原子弹？

我认为最根本的理由是中国的国家利益，特别是国家安全利益的需要。虽然新中国从政治上站起来了，但军事上还受人欺负，经济上被人封锁，外交上不被某些大国承认，甚至有人以核讹诈威胁我们，形势是异常严峻的。为了让中华民族自立于世界民族之林，我们被迫下决心解决原子弹的有无问题。

值得一提的是，一些老一辈科学家的献身精神和他们作出的光辉榜样。他们大多数是从事基础研究的，很有造诣，世界知名。如果完全从个人兴趣选择出发，研制核武器对他们的吸引力就不一定处于首位。但是，他们毅然决然以身许国，把国家安全利益视为最高价值标准。这更是国家决策深得民心的历史见证。

中国为什么能很快地搞出原子弹？

我个人体会和认识：一是目标选对了。也就是国家的需要和实际的可能性结合得非常好。说"需要"，中国需要和平，但和平不能没有武器。说"可能"，美、苏、英、法先走了一步，证明原子弹的"可行性"已经解决。我国卓有远见的领导人同德才兼备的科技专家相结合，制定了发展科学技术和研制核武器的规划，加上已探明的铀矿资源、人才的准备、一定的工业与技术基础，都表明我们完全有可能很快搞出原子弹。

二是组织领导集中。当时各级领导都具有权威性，事事有人"拍板"。中央专委以周恩来为首，更是一个具有高度权威的权力机构。全国"开绿灯"，全国"一盘棋"。

三是以自力更生为主。原子弹的研制技术高度保密，所以掌握技术诀窍，必须靠自力更生。我们自力更生的方式是非常生动活泼的。我们的理论与实验相结合，一步一个脚印。对国外走过的路力求知其然，且知其所以然，因而敢于攻关探险，能够少走弯路。我们注意在基础科研、单项技术和元件上下功夫，所以能够做出自己的发明创造来，而所花的人力、物力比国外少很多。

四是全国大力协同。毛泽东为了推动原子弹的研制工作，亲笔写过一句话："要大力协同做好这件工作。"当时，全国各个单位都以承担国防任务为荣，努力协同作战。例如，我们用的高速转镜相机和高能炸药，就是中国科学院等单位协同完成的。

诸如此类的例子很多，还应该提到，我们的科研组织没有"内耗"，攻关人员有献身精神和集体主义精神。我们的理论、实验、设计和生产四个部门的结合是成功的，有效地体现了不同学科、不同专业和任务的结合。当时，人们的献身精神和集体主义精神十分突出。他们夜以继日地奋战在草原、山沟、戈壁滩，即使在城市，也过着淡泊明志、为国分忧的研究生活。事实证明，为了很快地搞好尖端科研与大型经济建设，必须提倡集体主义精神。

中国搞出原子弹究竟有什么效益？

我同意并认为：原子弹确实是一种能用但用不得、确有国家安全后效，但又不应多搞的"特殊商品"。这些后效可以概括为：

第一，军事上不怕核讹诈了。原子弹起到了遏制大国核威胁的作用，哪怕只有一颗原子弹，也不应小看这一点东西的所谓"非线性"威慑效应所起到的自卫作用。所以，我国原子弹的研制成功对和平的贡献是不可低估的。

第二，外交上更加独立自主了。时至今日，世界形势发生了很大变化，转向缓和，开始以对话代替对抗，同时也进入了裁军和核禁试的征途，尖端技术走上了外交舞台。四川成都武侯祠前有一副对联，上面有一句"从古知兵非好战"，我从它联想到，执行独立自主和平外交政策的中国，是不可不"知兵"的。

第三，国际地位提高了。泱泱中华不再被排挤在联合国大门之外，就是明证。中华民族也更加自信、自尊、自豪了，并且能够在安定、和平的环境中从事社会主义建设。在"桃符万象更新"的时候，全国各族人民是不会忘记"爆竹一声除旧"的。

我感到，今天还要强调两点"后效"：一点是由于早先掌握了世界前沿的尖端技术，在新的历史时期，它使国防科技转变到为国家服务时有优势。这里当然包括核能、核技术的和平应用。

在庆祝首次原子弹爆炸成功30周年纪念会后，部分部院领导合影（前右三是陈能宽，中国科学院提供）

另外，它还使中国对于20世纪70年代以来兴起的世界新技术革命，以至于最近更加引人注目的高技术竞争，在若干方面有了一个较高的跟踪起点。今后国防的根本出路，应放在提高国防科学技术水平上。国防科技水平的提高同国家科学技术整体水平的提高是不可分割的。

还有一点是培养了一支精干队伍，他们是宝贵的国家财富，是无名英雄。

上述"后效"连在一起，加上第一颗原子弹爆炸成功以后的第二步棋和第三步棋的成功，我相信能够充分回答某些同志的功过评说。对于国防科技工业战线所取得的重大成就，党中央、国务院、中央军委多次给予高度评价。我个人有幸和国家需要的这项工作联系在一起，虽然只是沧海一粟，但也聊以自慰。

我希望国家和社会要继续理解、关心和支持这支精干的队伍，充分发挥这支队伍潜在的"光"和"热"。这样做，可以稳定、巩固和培养人才，对国防和国家未来的科技事业均具有长远的意义。

（本文写于1995年，标题为编者所加）

陈能宽 金属物理学、材料科学、工程物理学家。1923年4月28日生于湖南慈利，2016年5月27日逝于北京。1946年毕业于唐山交通大学矿冶系，1948年和1950年先后获美国耶鲁大学硕士和博士学位。中国工程物理研究院研究员、高级顾问。曾任美国霍普金斯大学和威斯汀豪斯公司研究员、中国科学院应用物理研究所研究员、二机部第九研究所实验部主任、第九研究院副院长和院科技委主任、核工业部科技委副主任及国防科工委科技委兼职副主任等。长期从事金属物理和材料科学方面的研究，在中国第一颗原子弹、氢弹及核武器的发展研制中，领导组织了核装置爆轰物理、炸药和装药物理化学、特殊材料及冶金、实验核物理等学科的研究工作；组织并参加了聚合爆轰波人工热核反应研究及核装置有关起爆方案的研究等；制定并实施强激光研究发展计划，组织全国科技力量协同攻关，为中国强激光技术在15年内在世界上占有一席之地打下基础。曾获国家自然科学奖一等奖、国家发明奖二等奖、国家科学技术进步奖特等奖（3项）等。1999年由国家颁授"两弹一星功勋奖章"。1980年当选中国科学院学部委员（院士）。

> 1949年中华人民共和国成立了，从国内传来的消息使我非常振奋，认为这是我们建设祖国的极好时机，一定要在学成后回国参加祖国的建设工作。
>
> ——陈荣悌

我是怎样回到祖国的

我对化学发生兴趣，是在初中上学时由化学教师的课堂演示引发的。那时觉得，化学反应就像变戏法一样好玩。上高中时，自己可以做化学实验，更觉得这门课很有趣味，所以在1937年高中毕业后，我就选择了大学化学系。

大学一、二年级的化学课程和实验相当正规，基础课和实验都学得比较扎实。但是，三、四年级的化学课和实验就差了，那是由于处在抗日战争的特殊时期，四川大学从成都搬到峨眉山，无水无电，有机化学和物理化学实验无法正规进行。那时做有机实验时，用酒精灯加热，冷凝水是用手一桶一桶地提起倒在冷凝管里进行回流……因此，实验做得很少。

1942年我做武汉大学研究生时，随邬葆良教授学物理化学，也只限于理论方面，没做什么实验。抗日战争胜利后，我去美国留学，才逐渐把在国内没有学到的功课和实验补了起来。第二次世界大战后的美国得天独厚，基本上没有受到战争破坏，成了当时世界上最富强的国家。我在美国期间,对其工农业发达、交通方便、科技进步、人民生活安定富裕的情况,印象很深。而自己的祖国却异常贫弱,多年来都受帝国主义的压迫和侵略,人民生活很苦。因此,非常希望自己的祖国也能有朝一日建设得跟美国一样富强。

1949年中华人民共和国成立了,从国内传来的消息使我非常振奋,认为这是我们建设祖国的极好

陈荣悌 院士
(中国科学院提供)

时机,一定要在学成后回国参加祖国的建设工作。但是,由于朝鲜战争的关系,美国政府禁止我们回国,没收了我们的护照,如要申请回国,美国移民局曾发了一个通知,大意是说,如有回中国大陆的企图且被证实,将被判刑三年或罚款五千美元,或两者并施。我只好在美国继续学习和工作。但是,我要回国参加祖国建设的强烈愿望,一直驱使着我想方设法离开美国。

1954年,我在芝加哥大学做的研究工作是美国原子能委员会的课题。根据规定,参加原子能委员会的工作人员必须是美国公民,所以美国当局要求我加入美国籍。根据美国1924年通过的移民法,外国人入美国籍,必须在美国驻外国使领馆取得移民签证进入美国才合法。我认为这是离开美国的极好机会,所以同意申请加入美国籍。当时,由芝加哥大学和美国原子能委员会的阿贡实验室联合向美国移民局申请,说我是美国"最需要的人员",作为优先移民对待,不受移民数额限制。这个申请很快得到批准,

移民局把我的护照发还给我，但护照已过期，只能重新办护照。办移民签证时，移民局官员问我去什么地方我说去香港，他说不行，香港离内地太近，你可一下子溜回内地了。他还对我做了思想工作，说美国是天堂，千千万万的外国人都想来美国而不可能，你已在天堂里了，应该珍惜这个机会；又说共产党是讲阶级斗争的，你属于资产阶级，又受过多年美国教育，回内地会被杀头的……我对他的胡说八道一笑置之。

我拿着新护照去外国驻芝加哥领事馆申请入境签证，都被拒绝了。到暑假期间，我去了西德（1990年10月两德统一前，德

陈荣悌拿着新护照去一些外国驻芝加哥领事馆申请入境签证都遭拒绝（陈云华绘）

意志联邦共和国简称联邦德国或西德,首都波恩)领事馆,我说我想去西德旅游,西德领事馆的官员表现很友好,说西德风景很美,欢迎我去旅游,当即发给我两星期的旅游签证。有了西德的入境签证,我就顺利地取得了法国、瑞士和意大利的过境签证(唯有英国不给我过境签证)。于是,我就托旅行社代我订购车船票和预订各地的旅馆。我的计划是先到法国,再去西德转往瑞士,在日内瓦中国驻瑞士总领事馆办好回国手续后,就去意大利乘船取道中国香港回到内地。

当我拿到去纽约的车票和从纽约去法国的船票,正要动身时,我在芝加哥的指导教授斯道特从加州休假回来了,他叫我不要去欧洲,因为美国国会很快就要通过一个特别法案,允许中国留学生不需要去国外办移民签证就可入美国籍了。我听了很紧张,我说我已买好车船票去欧洲,只想去欧洲作短期旅游,办好移民手续即回来,他勉强同意了,并嘱我快去快回。

于是,我立刻动身去纽约,乘法国"自由号"客轮去法国,在 Le Havre(勒阿弗尔,法国北部海滨城市)上岸。旅行社的人来接我,送我到巴黎,住进一家大旅馆。当我走进旅馆时,已有美国驻法大使馆的一个官员在那里等着我。他说,他们今天上午接到华盛顿的电话,知道我今天到达巴黎,他是特地来告诉我,赶快办完移民签证手续后就回美国,不能耽误。我说,既来了欧洲,我应该休假旅游几天,才回美国去。他说,他是奉命行事,要我重视他的话。

发生了这件事,我不得不改变计划了,就先去瑞士办回国手续。我国驻日内瓦总领事馆的同志热情地接待了我,叫我住在一个不引人注意的小旅馆中,以免被绑架回美国。我把我的护照和各种证件都交给领事馆了。他们叫我写自传，还写社会关系和材料。半个月后，总领事馆的同志告诉我说我的回国手续已办好了，但不能乘船经过我国香港地区，否则会被绑架回美国的，只能乘飞机去苏联，经莫斯科回国。

于是，我就乘瑞士航空公司班机去布拉格，再换苏联航班飞抵莫斯科。在莫斯科住了五天之后，又乘国际列车回国。经过九天九夜的长途跋涉，终于在中华人民共和国成立五周年前夕，回到盼望已久的首都北京。

（本文写于 1995 年，标题为编者所加）

陈荣悌 无机化学家。1919 年 11 月 7 日生于四川垫江，2001 年 11 月 15 日逝于天津。1941 年毕业于四川大学化学系，1944 年毕业于武汉大学研究生院。1952 年获美国印第安纳大学博士学位，在美国西北大学做了博士后。南开大学化学系教授。曾任中国化学会理事、国际配位化学会执行理事、国际《配位化学评价》、中国《化学报》《无机化学学报》编委、美国《无机化学评述》顾问等，四川大学、兰州大学、暨南大学等高校的兼职教授。长期从事化学热力学和配合物化学方面的教学和科研工作。20 世纪 50 年代初从事配合物结构与稳定性方面的研究，是国际上研究溶液中配合物化学的早期科研工作者之一。50 年代末提出配位化学中的直线自由能和直线焓关系的定量关系式。80 年代用大量实验结果证明了上述关系在配位化学中的存在。还从事热力学和热化学、结构和配位理论、配合催化理论和应用等方面的研究。出版《配位化学中的相关分析》等专著。先后培养研究生 60 多名，其中博士生 27 名。承担过国家自然科学基金课题 2 项。1980 年当选中国科学院学部委员 (院士)。

陈述彭　锲而不舍

> 学问是双向交流的产物。大不自多，海纳江河。惟学无际，际于天地。三人行必有我师！卢嘉锡院士指出，事业的成功，需要三大要素：一是清醒的头脑，二是伶俐的双手，三是清洁的习惯。
>
> ——陈述彭

锲而不舍

人生如蜉蝣，稍纵即逝。用有限的生命去探索无垠的宇宙，科学工作者必须珍惜一分一秒的光阴。现代科学家的事业是在追踪和超越光速！我们在学习和工作中必须高倍率地聚焦，把毕生的精力和时间，集中在某一个特定的时空坐标上去，发出最强的光和热。

世界文化宝库，浩如烟海。行万里路易，读万卷书难。我们博览群书，但不尽信书，博古通今只是为了濯古来新，去采花酿蜜，去获得启示，去寻求智慧的火花。

当年有幸参加制定我国十二年科学远景规划的时候，我总担心自己年轻无知，半路出家，如果自己走不出误区，岂不误了国家大事。因此，确实花了不少时间，研究地图发展的历史，从中得到三点有益的启发：

第一，关于计里画方的演变，从晋到元，一脉相承，直到清代才与经纬线并行，作为地球表面局部的坐标体系，不能完全认

陈述彭 院士
（中国科学院提供）

为它是历史的糟粕，可以说是现代卫星影像的像元（像素或像元点，Pixel）和空间数据库中的栅格（属性明显定位隐含的空间数据结构，Grid）体系的滥觞。

第二，关于人类认识地球的过程，最初是沿着海岸线开始的，后来一面沿河流伸展到大陆腹地，另一面由内海、海岛扩展到大洋，这有助于我们理解地域差异的客观存在和面向海洋的必然性和必要性。

第三，对地球演化历史旋回的认识，使我们明确了开展对遥感动态监测，建立地理信息系统，加强多维分析与预测模型的必要性。

有了这些粗浅的认识，就可以避免学科的局限性，有助于走出误区，开阔思路。

搞科学技术不可一叶障目，见树不见林。我们的学习和工作只能从某个具体的领域、学科入手，但要从科学的全局着眼，要有从多学科(Multidiscipline)走向跨学科(Interdiscipline)的勇气。在我们了解一门新学科的初期，会产生一时混沌的感觉；在我们深入掌握这门学科的后期，就必然会有一番全新的领悟，感觉到一种跨越极限的、突破窠臼的喜悦，达到"山重水复疑无路，柳暗花明又一村"的新境界。

科学技术的进步是人类文明的积累，垄断和封锁是保护落后的鸵鸟政策，是怯懦者的变态心理，开放、竞争才是自强不息，满怀信心的表现。学习、引进和交流是有利于加速人类文明进步的。我们的餐桌愈来愈国际化了,南美的玉米、辣椒、欧洲的荷兰豆、番茄早已和中国的柑橘、大白菜会聚而五彩缤纷了。勤劳智慧的中华民族,从来不吝啬对世界文明的奉献,我们曾经为祖先的四大发明而自豪,而在信息时代的今天,我们在引进西方科学技术的基础上,有所创造、有所发明,促进产业化,从而在若干领域,跻身世界先进行列,计算机的汉化就是成功的一例。

陈述彭获美国地理学会奥·米纳地图科学金奖(1998,密尔沃基大学,中国科学院提供)

学问是双向交流的产物。大不自多,海纳江河。惟学无际,际于天地。三人行必有我师!卢嘉锡院士指出,事业的成功,需要三大要素:一是清醒的头脑(Clear Head);二是伶俐的双手(Clever Hands);三是清洁的习惯(Clean Habit)。我的理解:首先要保持清醒的头脑，只有承认别人（别的学科）的长处，才能发挥自己（或本学科）的优势。其次要让科学与技术结合，手脑并用，缺乏理论指导的技术可能是盲目的，没有新技术支撑的理论必然是落后的。最后是要重视科研道德，清心寡欲，具备抗干扰、抗腐蚀的能力，才有可能集中精力，作出忘我的奉献。

科学界的先辈甘为人梯，培养后生的光辉事例举不胜举。在贫穷落后、民不聊生的旧中国，如果没有老一辈科学家的辛勤耕耘，是不可能留下一批宝贵种子的。20世纪初建立的地质调查所，不到50年的历史，不足200人的编制，为新中国输送了30多位地学、生物学学部委员（院士）。重点建设好一批科学研究基地、一批高等院校，培养出一批杰出的青年科学家，这是何等重要，何等意义深远。

跨世纪的青年同志们，你们是幸福的一代，同时也是面临更激烈竞争的一代。特别是作为杰出的科学家，祖国和人民对你们寄予的期望就更加殷切，你们正是钱学森院士所要求的领导科技世界的200名元帅的候选人！

21世纪将属于空间时代和信息社会。再以地球科学为例，中世纪的伟大事业是地理探险，需要有超人的毅力和体魄，需要掌握测绘地图，综合洞察自然和社会现象，归纳出宏观规律中蕴含的哲学思维能力，而今天对青年地球科学家的要求则高得多。首先，作为一名现代世界公民，至少必须掌握三种语言，其中包括一种东方语言，另一种西方语言，还有一种则是计算机语言。其次，需要掌握卫星遥感数据分析，熟悉地学信息系统仿真模拟、数字分析模型和预测预报的方法。最后，还需要具备为改善环境、节约资源、谋求区域可持续发展提供服务的知识和实践经验，要有能为决策部门或工程部门提供区域战略（Geo-strategy）或地学工程技术（Geo-technology）的服务能力。吸取西方世界先进的科学技术，弘扬中华民族博大精深的文化精华，为人类文明和世界和平作出巨大贡献。

（本文节选自1995年第一期《中国科学基金》作者的同名文章）

陈述彭 地理学家、地图学家、遥感地学专家。1920年2月28日生于江西萍乡，2008年11月25日逝于北京。1941年毕业于浙江大学史地系。曾任中国科学院地理科学与资源研究所研究员，遥感应用研究所名誉所长。长期从事地理制图、航空相片综合制图和地图编制自动化的实验研究。开拓了中国遥感应用领域，倡导并组织中国地理信息系统研究。发展地球信息科学、推动"数字地球"战略研究，探索"地学信息图谱"新概念和新方法。将科研与教学结合，培养了大批杰出人才。代表作有《地学的探索》《遥感地学分析》《石坚文存》和《地理信息系统导论》等，参加编制了《中国地形鸟瞰图集》《国家自然地图集》《卫星遥感分析图集》等地图集10余种，编写了《地理信息系统导论》等研究生教材，主编《地球信息科学》《遥感信息》两种期刊。曾获国家自然科学奖二等奖2项、国家科学技术进步奖一等奖、航天部科学技术进步奖一等奖，以及中国科学院优秀博士生导师奖、中华绿色科学特别金奖、陈嘉庚地球科学奖、国际岩溶学会首届荣誉金奖等。1980年当选中国科学院学部委员（院士）。1992年当选第三世界科学院院士。

> 科学上的主观很容易漏掉重要的发现。就是这样，王先生一点一滴地教我们科学知识，也授予我们哲理。
>
> ——程开甲

抗战中浙江大学物理系与王淦昌先生

1937年秋，我考入浙江大学物理系。那时，全面抗战开始了，上海、南京先后失守，侵华日军疯狂地向南推进，杭州危急。浙江大学被迫在竺可桢校长带领下，长途跋涉，一路内迁。我们这批刚上了几个月课的一年级新生于11月底由西天目山的临时分校出发，与由杭州出发的校本部会合于建德，继续上课。当年寒假又迁到江西吉安上课考试。后暂时定居于泰和。暑假中，由于战局的发展，我们不得不内迁到广西宜山，1940年又先后转移到贵州的遵义、湄潭、永兴和贵阳的花溪。学校的图书、仪器和加工厂也随校辗转，每到一个目的地，都是边上课边搞实验，从未间断过。就是在这样一路辗转内迁的困难条件下，浙大坚持正常的教学和科研活动，培养出一批优秀人才，实在是难能可贵，可歌可泣。

为了能坚持教学科研，一路上师生们视图书和仪器设备为命根子。记得由江西水运入宜山时，物理系有几箱设备和图书落水受潮。开箱时，看到有些杂志的纸张已粘在一起，师生们都流下了伤心的眼泪，于是就一本一本地弄干、修补。有位外籍教师马利奥特(Mariott)写了一文 *A University on the March*，描述了当时浙大的情况。

程开甲 院士
（中国科学院提供）

在内迁的困难条件下，物理系不间断地开展教学和学术活动，是与张绍忠、王淦昌、束星北、何增禄这样一些勇于探索、献身科学和教学的中流砥柱分不开的。物理系在浙大内迁的过程中经受了锻炼和考验，形成了一个不断向前沿迈进、学术空气浓厚、团结友爱的集体。年长的教师轮流作综合性报告，年轻的教师和学生也参加讨论。这些讲座推动了像量子力学及狄拉克方程、光谱精细结构、β衰变及中微子实验与理论等重要问题的研究。王淦昌先生介绍了中微子和β衰变的实验，束星北先生讲了费米(Fermi)的β衰变理论和量子场论，还组织了对玻尔核裂变理论的探讨。

王淦昌先生深入刻苦地阅读了大量文献资料，掌握着当时的物理前沿动态，经常就新的研究方向提出报告，使系里的学术气氛活跃，思路不断开阔。王先生首先介绍了鲍林(Pauling)的分子轨道理论，强调要用量子力学的方法来分析研究化学键。今天已成为公认的分子轨道理论，当时在国际上也仅有鲍林学派，但王先生抓住了这个前沿,作了有关杂化(Hybridization)的报告,引起浙大化学系师生对近代物理学和化学的交叉学科的重视,这在 20 世纪 40 年代是十分难能可贵的。讲授"近代物理"时,化学系的一些学生和青年教师,包括钱人元先生也经常来听王先生的课。在 β 衰变和中微子研究中,王先生掌握着最新资料,坚持"中微子一定存在,而且是可以测量的"。他反对玻尔认为 β 衰变违反能量守恒的论点,解释了表面上违反能量守恒的现象,恰恰证明了中微子的存在。王先生和束星北先生一致认为费米理论是可靠的,而 β 衰变的能谱则是存在中微子的表现。王先生不仅在讨论和讲课中阐述这些观点,他还一直在推敲怎样去测定验证。经过长期的探索,他于 1941 年写出一篇论文,建议通过测量 ^{7}Be 的 K 俘获终态原子核反冲能量,来验证中微子是否存在。这篇论文当时寄往美国发表。美国的阿伦(Allen)按王先生的方案进行了测试,结果基本验证了王先生的论断。这可算是弱相互作用实验中的一个里程碑,是粒子物理中一个值得纪念的发展环节。这项工作是在 1941 年的抗战烽火中,在遵义的破庙中做出来的。

理论基础雄厚、思路敏捷的束星北先生对王先生是很敬佩的。他曾私下对我说:"王先生熟悉文献资料,他想法很多,可从他那里得到启发和研究课题。"说到这里,应该提一下物理系科研集体可贵的团结友爱、互相帮助、实事求是的精神。例如,在 1942 年十分困难的条件下,要想做实验没有电力是令人苦恼的。作为理论物理学家的束星北先生,就亲自带领物理系的技工,夜以继日地修理了一台破旧的发电机,居然发出了电,保证了实验工作的开展,还使我们听到了国际无线电广播。记得有一次,在讨论研究课题中,王先生深究深挖的劲儿遇到了一些困难,正在因弄不清如何去解决问题而苦恼时，束星北先生却很幽默地笑道："天下本无事，唯王淦昌自扰之。"当年，他们效法玻尔学派研究发展量子力学的精神，"一个集体互相讨论，困难时讴歌弹唱，称为哥本哈根精神 (Copenhagen Geist)"。在科学界，这样的友谊也是少有的。浙大物理系老师的学者风度，相互谅解和帮助，感动着年轻的师生；王先生的刻苦、抓住问题不放的精神，教育了学生，这也是他们研究能取得成功的原因。

王先生能客观地听取年轻学生的想法，循循善诱，支持他们的有可能开拓前景的思路；对不切实际的幻想也指出来并予以劝止，但又不说死。我当时为了想说明 β 衰变中极弱的作用，曾假定有个十分重的重介子传递弱作用，其质量为 205 个质子质量，作用距离极短。王先生对此非常支持，并介绍给当时在湄潭访问的英国学者李约瑟 (Joseph Needham) 博士，请他将这份稿子及信转给英国狄拉克 (Dirac) 教授。李约瑟亲自修改了外文稿。这个设想是很粗糙的，但也和现在的弱电统一论证一样，预言了有很重的中间玻色子传递弱相互作用。不久，狄拉克回信，在信中说："目前基本粒子已太多了，不需要更多的新粒子，更不需要重介子。"当时，王先生不以为然，认为世界上事物那么复杂，多一些粒子也是合理的。因此，我又和王先生合作，索性提出用一个五维空间场来容纳无穷系列粒子的时空，以各种康普顿长度 (Compton Length) 作为五维空间中的一个维来描述。当时，虽然我的信心不足，但王先生和我一起非常认真地写了这篇论文，并在 1946 年《物理评论》(Physics. Review) 上发表。通过与王先生一起工作，使我感受到对科学不仅要有严肃谨慎、一丝不苟的精神，而且还要有超脱开阔的胸怀，对于尚未有根据排斥的观点，应该有一点兼容的精神。

在20世纪40年代，我出于要研究得到一个自能不发散的电子模型，曾与王先生讨论可否研究一下电子的结构理论。王先生劝阻我说："电子结构问题可不是当前能解决的，因为还没有足够的实验材料。"我听了他的劝告，就没有去研究电子结构问题。现在来看，我当时想的这条路是走不通的，王先生是正确的。

1942年在湄潭的破庙中，王先生和蒋泰龙合作开展了以荧光体记录射线径迹的研究。虽然当时的条件十分困难，但王先生记录径迹的想法是很先进的，今天已经成为对粒子径迹测量的主要方法——核乳胶片和大型的气泡室。后来，王先生在苏联杜布纳联合原子核研究所领导的实验组发现反σ负超子，就是利用他设计的丙烷气泡室完成的。可见，成功往往是长期积累的结果，这与王先生上课时经常讲的"罗马非一朝一夕建成的"是一致的。

除了进行科学研究，作为老师，王先生还承担了繁重的教学任务。他的讲课非常生动和形象，还不时插入一些故事和比喻，给人留下深刻的印象。我在1940年至1941年听王先生的近代物理课时，对此深有体会。例如，他讲海森伯(Heisenberg)的交换核力(Exchange force)，常将其比喻成龙吐珠；讲到光电效应，讲密立根(Millikan)光电效应测量中，为了清洗钠表面，在真空管内装入一个刮金属钠表面的旋转刀，他称其为一个真空管内的加工车间(A machine shop in vacuum tube)等。在讲授中王先生还常贯之以哲理。例如，讲到中子的发现过程时，他说，虽然约里奥-居里(Joliot-Curie)早已观察到一个无头的重径迹，但由于主观臆断，认为这是γ射线碰撞粒子的径迹，就错过了发现中子的机会；后来查德威克(Chadwick)仔细地计算了动量、能量的交换关系，证明了这个重径迹必定来源于一个质量和质子相近的中性粒子的碰撞，从而发现了中子。王先生通过这一例子告诉我们，科学上的主观很容易漏掉重要的发现。就是这样，王先生一点一滴地教我们科学知识，也授予我们哲理。

王先生是一名物理学家，他很重视理论的作用，但也十分强调实验是理论的泉源。因此，尽管内迁过程中的条件非常艰难，王先生在讲授近代物理时，仍亲自安排了七八个实验，有验电器 (Electroscope)、象限静电计 (Quadrant Electrometer) 的测试、闪烁 α 测射程 (scintillation of α-particles)、光电管 (photocell)、镭 (Ra) 源、威尔逊云雾室等。这些实验，如象限静电计等的调试很困难，但经过努力我们总算过了关。而对我来说，也是一个很好的锻炼。后来，我在讲物理学时，还不时回忆起测电荷、电压的一套办法。有时，我们年轻人不重视动手，夸夸其谈，王先生就说我们"Verrückt"（德文"发疯"之意），并说实验工作的严格要求对初学者十分重要。这些都给我留下极深的印象。当时听王先生讲这门有理论有实验的近代物理课的，还有解俊民和方蕲等。系主任张绍忠也经常强调学生要认真和"干净"地做好实验。浙大物理系教学中理论与实验相结合的作风，在今天仍应当强调和提倡。

我和王先生自从 1946 年分别后，在 20 世纪 60 至 80 年代又在一起工作。王先生在二机部九院（全称为第二机械工业部第九研究设计院）的工作中，仍对测试工作要求严格。他提出要用水箱回收爆炸产物碎片，要测量坑道安全工作的氡气环境等。可是在动乱年代，王先生受到无端指责。当时有人劝我，要少与"王"接触，说他已经到了十分"危险"的境地了。但是，王先生泰然自若，并没有被压服。1975 年，邓小平开始工作时，王先生非常高兴，曾对我说："邓小平同志这样能干的人，早点出来工作就好了。"从这里也使我看到王先生坚持科学、坚持真理的品德。

这次为王先生八十寿辰写文，感触很多，可惜以往向他学习得不够。但是，从头学起还来得及。

（本文写于 1986 年，2022 年 7 月 20 日由从事核技术研究的程开甲大女儿程漱玉研究员审定）

程开甲 理论物理学家。1918 年 8 月 3 日生于江苏吴江，祖籍安徽徽州。2018 年 11 月 17 日逝于北京。1941 年毕业于浙江大学物理系。1948 年获英国爱丁堡大学哲学博士学位。1950 年回浙江大学物理系，院系调整后到南京大学物理系任教，一直从事理论物理的教学和研究。1958 年与施士元一起创建南京大学核物理教研组、核子教研组，参与筹建江苏省原子能研究所。1960 年奉命任第二机械工业部第九研究院副所（院）长，负责原子弹研制的状态方程和爆轰机理研究。1962 年至 1984 年任核试验基地研究所副所长、所长及核试验基地副司令员，国防科工委科技委正军职常委，1987 年至 2015 年任国防科工委、总装备部科技委顾问。作为我国核武器事业开拓者和核试验科学技术体系的创建者之一，在核武器的研制和试验中作出突出贡献；为保证核武器的安全应用，开创了抗辐射加固研究新领域。出版了中国第一本《固体物理学》专著，提出普遍的热力学内耗理论，证明了狄拉克方程，提出并发展了超导电双带理论、出版了专著 *Study on Mechanism of Superconductivity* 和《超导机理》，创建了凝聚态 TFDC 电子理论。1985 年获国家科技进步奖特等奖，1999 年被授予"两弹一星功勋奖章"，获 2013 年度国家最高科学技术奖，2017 年被授予八一勋章，2018 年获"改革先锋"称号，2019 年获"人民科学家"国家荣誉称号。是第三、第四、第五届全国人民代表大会代表，第六、第七届全国政协委员。1980 年当选中国科学院学部委员（院士）。

> 以学识而非出身论高下的公平选才理念，唤醒了整个社会重视教育、尊重知识、尊重人才的价值观。这是中国现代发展史上一个重要的里程碑。
>
> ——邓子新

朗读者　王悦熙

我们是那个时代最大的受益者

1978年的那个春天，我挑着一根扁担上了火车。扁担前后悬着沉甸甸的篓子，篓子里装的是铺盖卷——我带到大学去的行头。前来送行的父亲和大舅特地上火车陪我坐了一站，从十堰坐到六里坪。我问"为什么"，他们说："让我们也坐一次火车嘛！"来到武汉，抬头看见天上一架飞机飞过，意识到我从此就要走进一个崭新的世界了。

我考上大学，是十里八乡的大新闻，不光全家男女老少激动万分，邻里乡亲也奔走相告。而就在不久前，我还挣扎在因"家庭成分不好"而处处碰壁的人生中。这场回归的高考，乃至国家改革开放的大环境，对我个人命运的改变是翻天覆地的。

小山村里的"土记者"

1957年，我出生在湖北房县，一个当时与世隔绝的小乡村。家里兄弟姐妹5个，我是老幺。

邓子新 院士
（中国科学院提供）

在旧社会，我的家族以纺织业为生，在当地有一点影响，祖上也出过读书人。但到了父母这一辈，都大字不识一个。我上学的时候，家境十分困苦，连2元钱学费都交不起。尽管如此，父母还是尽可能地支持我们读书。

我家成分不好，土改时被划成"富裕中农"，"文化大革命"期间被定性成"漏网地主"。这样家庭出来的子女会有何机遇，哥哥姐姐们已经给我做了"示范"：招工没戏，想当兵连体检的资格都没有……一切理想都没有实现的机会。

18岁那年，我高中毕业回乡务农，各种脏活重活都挑在肩上，是家里的"顶梁柱"。但在我心里，一直有个"跳出农门"的梦想，一直有一种改变命运的渴望。

我以前学习成绩不错，也积淀了一些对文学创作的兴趣。于是，我自发做起了"土记者"，拿个小本本四处采访，农民的新人新事、农村的精神面貌，都是我的采访动机和写作素材，各种过期的报纸杂志就是我的教材。渐渐地，我写出了一点名气，县、镇上有什么干部会议、民兵工作，甚至妇女计划生育典型，都来找我采写和报道。那时候，"土记者"投稿不用贴邮票，我就在稿纸下面垫上七八层复写纸，手腕上攒着劲儿写字，写出一式几份的稿子，天南海北地到处邮寄。人民日报社啊、中央人民广播电台啊，大概都收到过我的投稿。

终于,《郧阳报》采用了我的一篇通信报道,还把我评选为"优秀记者",我自豪得不得了。从此,更是一发不可收,一件芝麻大的事儿也能写出洋洋洒洒几千字。

回想那段白天在生产队干活、晚上在煤油灯下写作的日子,难免觉得天真与好笑。但当时的我,对这些"作品"可是寄予了极大的希望,希望能被伯乐发现,希望能得到一些好的工作机会。

现在想想,我为改变命运作出的种种努力,在当时大多付之东流,但长远来看,正是这些"胆大包天"的行为让我受益匪浅。所谓功不唐捐,大抵如是。

只给我半天的备考时间

村子里信息闭塞,就连恢复高考的消息也很难飞进来。记得有一次,大队书记开完会回来向我们传信儿:"高考虽然改革了,但还要和贫下中农推荐制结合起来。如果两个人同时考上,只能走一个的话,还是要听贫下中农的话,群众推荐谁去,谁才能去。"

后来我才知道,他传达的"精神"跟中央全面恢复高考的精神是相违背的。恢复高考之前,谁能上大学、谁能上中专,都是贫下中农推荐的。到了1977年,大队书记已经连五年后的82级的大学生人选都已确定了,根本不会有我的份。

不管怎样,后来真正得知恢复高考后,人人都憋着一股劲儿,想通过这次考试改变命运。为了准备考试,我身边的贫下中农子弟都得到了特许,可以两个月不去上工。但每天清晨4点,大队书记还是亲自到我家喊我上工,去搞治山、治水、治农田的"三治建设"。那段时间,我每天的睡眠时间还不足三个小时。

就这样,直到高考前夕,我只得到了半天的报考时间,复习功课几乎无从谈起。身边还总是有声音提醒我、"教育"我,让我不要想入非非,老老实实把活儿干好。

在这样的情况下,我心中的绝望不难想象。但不管"希望"多么渺茫,我始终没有放弃。

高考前一天,我还在山上打眼放炮。考试当天早上,妈妈给我炒了一碗饭,算是无声的鼓励。我家没有钟表,我看着天要亮了,就动身出发,带着开山放炮的一身泥土,来到破旧不堪的县一中教室。现在的孩子参加高考,常常是全家人上阵陪考,对比来看,很有意思。

我没有时间复习,但好在长期的新闻写作锻炼,让我在文笔和政治嗅觉上占了优势。结果我的语文和政治考得相对不错,把总分提高了一些。那年的湖北考生达到100多分就可以参加初选。我可能是凭着语文、政治多考了一些分,才成为所在公社6个农业大队唯一被首批初选上的考生。当时,如果还有第二个人被初选上的话,很可能上大学的机会就轮不着我了。

那时节,有很多分数过线的考生因为政治因素又被压了下去。而我在县里写稿子已经写出了名,有县招办的特别关照,才在初选后的群众推荐和政审环节"放了我一马"。倘若没有当初的"土记者",大概也就没有后来的"邓院士"了。

把失去的十年夺回来

在老家,我算是有名的笔杆子,中学老师都劝我学文科。可当高考志愿表摆在眼前时,我发现文科院校寥寥无几,理科院校倒是很多。我想着只要考上就好了,其他还顾得了什么呢?为了增加中榜的机会,我决定选择一所理科学校。

我当时以为天底下只有"数、理、化"三门学科,所以报的也都是这些专业。至于微生物学是什么,我听都没听说过。

那年,华中农业大学在志愿填报结束后临时增添了微生物学专业,因此没有公开对外招生。我们班上的同学好像都是服从分配调剂过来的。开了学我才知道,微生物学可是生命科学的前沿,是当时农大响当当的专业,同学们都感到非常幸运、非常自豪。

跟现在繁华的大学城比起来,那时候的大学条件很差。我们上大学不收学费,家境贫困的学生还能得到一点助学金,但还是常常吃不饱饭。班里有些同学周末回家,就把多余的饭票送给我们。食堂伙食油水少,我这样的小伙子一顿就能吃掉三张饭票。

夏天的武汉是个大火炉,五六个同学挤在一个寝室里,自习时都是满头大汗。热得实在受不了,我们索性卷起一张席子,跑到楼顶上去享受自然风睡觉。

那个年代的大学生爱说一句话,要把"失去的十年"夺回来!因此,不管条件多么艰苦,大家都创造一切机会去学习。没有课本,就由老师们亲自写教材,让写字好看的同学手刻成版,再油印出来。

千千万万"邓子新"要把"失去的十年"夺回来(中国科学院提供)

为了省钱，我把买来的墨水都兑上一半清水，导致笔记本上的字迹多数已褪色。但是直到今天，我翻看这些笔记时，还能依稀记起课上讲授的知识。

当时最困难的是学习外语。在乡下时，我哪里想过要学外语。上大学后才发现原来外语这么重要，而班里那些城市来的同学，好多能讲一口流利的英语。作为为数不多的农村学生，我入学时是班上英语最后一名。

从那时起，我坚持每天早上5点起床学英语。拿着一本《英语900句》，每个星期将15句背得滚瓜烂熟。完全凭着一股毅力，我的英语成绩后来居上。几年后能出国留学，也得益于自己不错的英语功底。

意料之外的宝贵机遇

刚上大学时，我没什么雄心壮志，能离开农村，找到一份差不多的工作，就是我的理想了。是几位恩师让我看到了更加宽广的世界。

我是农村来的学生，按理说毕业后应该回老家的。但我们的老院长陈华癸院士，还有微生物学教授周启老师很看重我，他们赴英国考察归来后，力荐我到英国 John Innes 研究中心攻读学位。

出国学习这样的人生大事，我自己都没怎么操过心，都是老师们为我铺好了路、搭好了桥。我更没想到的是，在英国，我学习的实验室是国际上最前沿的研究中心，我的导师也是世界上很有名望的大师。这些人生中的宝贵机遇，统统都在意料之外。

我这一辈子，遇见了很多恩人、很多贵人，酸甜苦辣都尝过，善恶冷暖都见过。一路走来，每一步都是改变命运的博弈。

高考以前，我因家庭出身不好而处处碰壁；高考中榜后，我的人生从此十分顺利。我收到大学录取通知书那一刻的震撼之感，与我后来在科研上取得重大成果时的喜悦之情，有着同样的分量。

科研是最容易品尝挫折的工作之一。常常一项工作做一年半载，才发现下的功夫都打了水漂。而我早已习惯了在逆境中生存，早已练就了不被困难打倒的意志。在科研中丧气一百次、一千次，最后还是会选择坚持，在失败中逐步走向成功。

40年前，恢复高考和派遣留学生出国的两大举措，开启了改革开放的先河，为个人发展提供了新的舞台和世界，为国家发展提供了优秀的人才和人力资源。而以学识而非出身论高下的公平选才理念，唤醒了整个社会重视教育、尊重知识、尊重人才的价值观。这是中国现代发展史上一个重要的里程碑。

我们是那个时代最大的受益者，也是那个时代的先行者和开拓者，一大批选拔出来的精英人才在科研领域中填补了国内空白，在教育领域中缩短了与世界一流大学的差距。

个人的进步和发展，与社会的进步和国家的发展总是同步的。改革开放改变了千千万万考生的命运，更改变了国家的命运与走向。这些年，我跑过很多地方，见过不少世面，越来越笃信"科教兴国、人才强国"的历史责任，这是真理。我也设立了"邓子新教育基金"，支持家境贫困却渴求进步的青年深造，激励青年学子报效祖国，愿为培养创新人才尽些微薄之力。

希望我们的年轻学子，都能树立起自强精神，怀抱着家国情怀，认识我们国家的历史和发展脉络，把"中国梦"和"个人梦"融合起来，把自己的理想同祖国的前途紧密联系。这一代年轻人，是非常关键的一代人，希望大家能站在自己的历史地位上，肩负历史使命，为国争光，为民造福，重新塑造中国的未来。

我常说："一帆风顺的人不会有大的作为。"今天的年轻人虽然各方面条件比我们好得多，但他们面临的各种竞争非常激烈，也算是一种新的逆境，希望大家不要消沉，用永不放弃的坚持与执著，把中华民族数千年的辉煌在新时代发挥到淋漓尽致，让科学的天空群星闪耀。

（本文写于2018年，改定于2022年7月22日）

邓子新 微生物学家。1957年3月生于湖北十堰房县。1982年获华中农业大学学士学位，1987年获英国University of East Anglia博士学位。现任上海交通大学/武汉大学教授，微生物代谢国家重点实验室主任，中国微生物学会名誉理事长，中国农业生物技术学会副理事长，全球工业微生物学会（GIM）主席。长期从事微生物代谢的分子生物学研究，主攻放线菌遗传学及抗生素生物合成的化学生物学，打开DNA硫修饰新领域，在国内外学术刊物上发表600多篇研究论文。先后获得国家自然科学奖二等奖（2008）、上海市（2004）和农业部科技进步奖一等奖（1994）、教育部自然科学奖一等奖（2015）、二等奖（2007）、"瑞典国王Baudiouin奖"（1997）和俄罗斯国家工程院金质勋章（2020）等。蝉联2005、2006年中国高校十大科技进展和环球科学2007全球十大科学新闻。1990年以来，相继被授予国家级有突出贡献的专家（1991）、霍英东基金会青年教师奖（1991）、首届"中国青年科学家奖"提名奖（1993）、首届国家杰出青年科学基金奖（1994）、"中国青年科技奖"（1994）、上海市十大科技创新英才（2005）、上海市科技领军人物（2006）、上海市劳动模范（2007）、全国五一劳动奖章（2008）、全国先进工作者（2010）、何梁何利基金"科学与技术进步奖"（2012）、谈家桢生命科学成就奖（2017）等。2005年当选中国科学院院士，以后相继当选发展中国家科学院院士（Fellow，TWAS）、美国微生物科学院院士（Fellow，AAM）、英国皇家化学学会会士（FRSC）等。

在解除了各种行政职务并逐步减少社会活动之后，我在余年应能更专心地搞学术工作。从明年起，我预备在研究工作上开始新的探索，可以开始我所希望的第三个创业时期的新旅程。

——冯德培

我的科学之路

1934年夏末，我回到北平协和医学院生理学系工作。第一个困难是没有合适的房间可以给我做实验室，林可胜先生（我国现代生理学的主要奠基人、美国国家科学院第一位华人院士、中央研究院首届院士）只能找到一间远离生理系所有其他实验室，且基本上没有窗子的地下室给我用，这间地下室就成为我创业的基地。我用一部分是买来的、一部分是自己制作的仪器设备，很快搭起了实验室，就开始工作了。我在系里的任务是每年教约6个星期的书，专门教神经肌肉生理，其余时间完全由我自己支配做研究。我被"隔离"在一间孤立的地下室里亦有好处——减少干扰。在不同时期，我的创业思想内容不同。此时我的主导思想，就是要在研究工作中闯出自己的路子，开辟自己的园地。

要达此目的，有没有秘诀呢？我当时没有，现在半个世纪之后也没有，但是有些要求是清楚的。也就是说，你对于所从事的

冯德培 院士
（中国科学院提供）

研究领域要有扎实而又相当宽广的基础知识，你要有较强的观察力和想象力，再加专心致志、坚持不懈的努力和耐力。对于这些要求，我在前两个时期中已有了一定的修养和锻炼。因此，我当时虽然是单枪匹马上阵，仍有充分自信。事实是，当我动手做实验之后，我很快就发现了一些新的现象，其中尤其是高频间接刺激在神经肌肉接头产生的抑制现象，使我感到新鲜。在高频间接刺激下，不但神经冲动对肌肉的兴奋作用受到抑制，而且直接刺激引起的肌肉收缩也受到抑制，并且在神经肌肉接头周围有局部收缩。所观察到的现象立刻把我吸引住了，我断定神经肌肉接头是一个大有开发前景的研究领域，可以大干一番。我当时对此确有很强的信心。所以在《中国生理学杂志》开始发表这方面的文章时，就打出神经肌肉接头研究第一篇的招牌，预示以后还要连续发表一系列文章。实际上，1936年至1941年这六年间，我和共同工作者接连发表了26篇关于神经肌肉接头的文章。那些文章当时就得到世界同行的重视，认为是有不少开创性的内容。后来神经肌肉接头在国际上成了热门的研究领域，但我们的工作仍被认为是先驱。我在国内做的工作所以能取得这个效果，要感谢中国生理学会出版的英文版《中国生理学杂志》，为我提供了必要的媒介。

1941年底，太平洋战争爆发，北平协和医学院被日军接管并关闭，我的研究工作在正活跃的时候被完全中断了。《中国生理学杂志》也被同时停刊。与国家民族所处的危难相比，我的这点不幸遭遇微不足道。相反，我应视作是自己的幸运：回国后短短几年中，我已有机会初步实现了我的老师 A. V. Hill 给我的临别赠言。

在这里我要说一下，新近我的一个研究生向我提的问题。她问："你年轻时在国外工作做得很好，为什么要回国？"这位青年同志是很天真的。她这一问，反映出我国现时的青年人与我们这一辈人年轻时的环境和思想情况是何等不同！也点出了我国当今在培养高级人才方面遇到的新情况、新问题。她希望我多给研究生们讲讲年轻时代自己的经历，这对于我写这篇文章起了促进作用。

一名有理想有抱负的中国科学家，如不愿寄人篱下，要自己创业，他的"英雄用武之地"应该在中国。这就是我青年时代的思想。

在上述我从国外回北平协和医学院任教的一段时间，有两件事需要补记一下：

(1) 我 1936 年为德国评述性杂志——*Ergebnisse der Physiologie* 写了《神经的放热》的评述文章。这篇文章本来是请 A. V. Hill 写的，他却推荐我来写。

（2）北平协和医学院是外国人办的学校，林可胜先生有意愿，要在中国自己的研究机构里也把生理学研究发展起来。1937 年 6 月，他派我去南京，借那里的心理学研究所几间房，开始在中央研究院内筹建一个生理学研究所。我花了一个月的时间拟定了筹备计划，可惜紧接着"卢沟桥事变"发生了，抗日战争爆发了，这一计划告吹了。

北平协和医学院关闭后，我等待时机离开被日军占领的北平向内地转移，这种旅行有冒险的成分，直等到 1943 年始得成行。

我装扮成商人模样，跟着一位朋友，经过曲折的旅程，中间有几段路是坐人推的车和牛拉的车，花了50多天，才从北平到达重庆。我到重庆后，即受到上海医学院朱恒璧院长的热情接待，聘我为生理学教授。不久，我与当时担任军医署署长的林可胜先生也取得了联系。1944年，林可胜先生开始与我商谈战后我国医学研究机构的建设问题，提出在中央研究院内筹建一个医学研究所的计划，先搞一个筹备处，由我去开个头。于是，我开始为这项新任务做准备。首先，我要得到当时在成都的蔡翘先生的支持，把那里的徐丰彦先生请来代替我担任上海医学院生理学教授。

1944年12月1日中央研究院宣布医学研究所筹备处正式成立，任命林可胜为筹备处主任，我为代理主任。当时，这个筹备处一无所有，就在上海医学院内，与该院的生理系保持亲密的合作。实际上，那时我成为上海医学院的兼任教授，而徐丰彦先生则被聘为医学研究所筹备处的兼职研究员。筹备处成立后，一方面我从医学院和大学各系毕业生中吸收了五六位青年开始培养，为以后的发展在人员方面做初步准备。其中有三位现在还在我身边：刘育民和胡旭初现在是生理所的研究员，徐京华是生化所的研究员。

另一方面还有要筹集新研究所的仪器、图书问题。1945年底，我先得到英国 British Council 的邀请访问英国。接着，经过林可胜先生的安排，得到美国 China Malical Board 对我本人和对医学研究所筹备处的资助，我于1946年初转赴美国。到纽约后，我找了以前已认识的洛克菲勒医学研究所所长 H. S. Gasser(他也在 A. V. Hill 实验室工作过)，说明我此次来美国的目的。他告诉我，大战刚结束，美国大多数生理学实验室都还没有恢复正常工作秩序，唯独他的研究所 Lorente de No 实验室是一个例外，这个实验室在战争时期一直继续工作。他说，我可以在 Lorente de No 实验室一面做点研究，一面把洛克菲勒研究所作为基地，进行采购仪器设备及搜集图书的工作，并出访别的实验室。这是一个很友好的建议，Lorente de No 知道我在北京做的是神经肌肉接头工作，对我也非常尊重友好。于是，我在洛克菲勒研究所待了下来。当时在纽约，在哥伦比亚大学医学中心的生理学系、神经学系和药理学系，我也都有熟人，因此，我也常去那里。以前在北京曾跟我工作过的王世浚先生当时在那里的生理学系，在采购仪器、图书方面，他给我许多帮助。

在重庆歌乐山成立的医学研究所筹备处与中央研究院其他研究单位一道，于 1946 年搬至上海，安顿在岳阳路 320 号从日本人处接收过来的自然科学研究所大楼内。我 1947 年夏回到上海。当时，筹备处除了我自己领导的生理学研究室外，还有汪猷先生领导的有机生化研究室。1948 年王应睐先生加入了筹备处，建立了生物化学研究室。这样，在 1949 年 5 月上海解放之时，医学研究所筹备处由生理、生化和有机生化三个研究室组成，总人数不过二三十人。

这里我要插几句。关于解放前夕发生的中央研究院各研究单位是否要搬迁台湾的问题。1948 年底，朱家骅在南京召开了中央研究院最后一次院务会议，讨论这个问题。在上海的各研究单位负责人的意向都是不搬的。在那次会上各位负责人都要表态。轮到我时，我说，研究所是国家的研究所，不应跟什么人跑！这话说得太直率一点，幸亏当时没有引起麻烦，虽然我后来知道，朱家骅曾在会后查问，冯某是不是共产党。上海解放前夕，林可胜先生来我家对我说，他本人由于种种原因要走，你们没有理由要走，不要相信国民党的各种恶意宣传。

中华人民共和国成立后，中国科学院也随之成立了。1950年中国科学院对原属中央研究院和北平研究院的研究单位进行整理。当时我国搬用苏联体制，把医学机构都划归卫生部管辖。我们的单位名叫医学研究所，实际上还只有生理和生化基础研究。我、王应睐和汪猷都主张留在科学院内，科学院领导也不让我们离开，经过协商，大家一致同意把医学研究所筹备处改名为生理生化研究所，我被任命为所长。

在担任了中央研究院医学研究所筹备处代主任和以后担任中国科学院生理生化研究所所长之后，我的地位变了，我的创业思想也不可能像在北平协和医学院时期那么单纯了。这里忆起1947年我回国前，在麻省理工学院访问时，F. O. Schmitt 教授对我说过的一句话。他问我："回中国去准备干什么？"我答："将担任一个研究所所长。"他立即说："那么你完蛋了！"他显然是故意把话说得过分了一点。事实上，当上所长不可能不影响你集中心思搞研究，但在正常情况下也不至于使你无法搞研究。遗憾的是，在中华人民共和国成立后的头30年，大部分时间情况很不正常，问题不在于一个所长应承担的正常科研行政和组织工作太繁重，而在于政治运动太频繁，各种会议又多又长，分散你的心思，消磨你的时间和精力，使你不可能持续地把任何一项研究逐步深入下去或扩展开来。

我当了中国科学院生理生化研究所所长之后，意识到自己对新中国的生理科学的发展是负有特殊责任的。我这个时期的创业思想当然也包括使自己在研究工作上有新的建树，但主要是想把研究所建设好，使之成为我国的生理学和生物化学研究和人才培养中心。

我与王应睐先生有自然的分工，分别负责生理学和生物化学两方面的建设。建设研究所的一项主要工作，就是争取和培养出好的研究人员，在这一点上，王应睐先生要比我幸运得多，他在解放初就已经从国外请来了曹天钦、邹承鲁、张友端、王德宝等生化学家，而我直至1956年底才请到一位神经生理学家——张香桐先生。我建设生理方面的研究队伍主要靠自己培养，这就相当吃力。

在这里我不细谈生理生化研究所的发展与分化历史，只列出这样几件大事：1952年汪猷先生的有机生化大组转移到有机化学研究所去，成为那里的骨干；1958年我领导的生理大组和王应睐先生领导的生化大组分开，成为独立的生理研究所和生物化学研究所；1980年底，生理研究所的中枢神经系统研究室的一半，在张香桐先生率领下，分出去成立了脑研究所。这样，从生理生化研究所派生出了差不多四个重要的研究所。在中华人民共和国成立之初，生理生化研究所总共只有二三十人。现在，仅算生理研究所、生化研究所和脑研究所，就有约100人。我作为一名老一辈中国生理学家，看到比自己年轻几辈的人已经成长起来，特别是许多青年生理学工作者在成长，感到欣慰。在我们国家进行社会主义现代化建设的新时代，他们一定会成长得更快。

在我相继担任医学研究所筹备处代主任、生理生化研究所所长和生理研究所所长期间，我在发展自己的研究工作方面也没有全"完蛋"。解放前夕和解放初期，我和共同工作者关于神经鞘的研究只是继续了我以前的工作，从1961年开始，我试图开辟新的研究方向，很快地在神经肌肉营养性关系的研究上有了新的发现，建立了自己的科研领域，可惜不久后中断。1985年，中国科学院上海分院为一些老科学家举行从事科研工作50年的庆祝大会，我代表老科学家在会上发言时说，所庆50年，实际上不知要打多大的折扣！

　　作为一名中国生理学工作者，我与中国生理学会一样，已经走过60年了。中国生理学会的生命是无限的，我个人的生命是有限的。明年我将满80岁。根据我目前的健康情况，加上一点乐观主义，我假定我还可以工作10年左右。在解除了各种行政职务并逐步减少社会活动之后，我在余年应能更专心地搞学术工作。从明年起，我预备在研究工作上开始新的探索，可以开始我所希望的第三个创业时期的新旅程。

　　（本文选自上海教育出版社1996年5月版《中国科学院院士自述》，标题为编者所加）

　　冯德培　神经生理学家。1907年2月20日生于浙江临海，1995年4月10日逝于上海。1930年获美国芝加哥大学硕士学位，1933年获英国伦敦大学博士学位。曾任北平协和医学院、北平师范大学、上海医学院教授，中央研究院医学研究所筹备处的研究员。中国科学院上海生理生化研究所、上海生理研究所研究员、所长，中国科学院副院长、生物学部主任等。作为神经肌肉接头研究领域国际公认的先驱者之一，中国生理学、神经生物学的主要推动者，在肌肉和神经的能力学、神经肌肉接头生理学、神经与肌肉间营养性相互关系诸方面的研究均取得开创性成果。在创建和领导中国科学院生理生化研究所、生理研究所，培养中国生理学人才以及发展与国际生理学界的学术交流，促进中国生理科学的发展诸方面均作出重要贡献。曾兼任中国生理学会理事长、《生理学报》主编，1981年至1993年连任三届国际生理科学联合会理事、上海市欧美同学会会长等。1948年当选中央研究院院士，1955年被选聘为中国科学院学部委员（院士）。1986年当选美国国家科学院外籍院士和第三世界科学院院士，1988年当选印度国家科学院外籍院士。

> 要把按照科学规律办事看成自己的天职,把坚持真理作为人生追求的最终目标,个人的忍辱负重淡如水,切不可用自己获得的声望和得到的恭维而牟取私利。
>
> ——傅承义

人民科学家的气节

我出身于一个封建家庭。祖父曾在清朝做过湖北襄阳道台,因不得志,不得已提前退休。父亲傅仰贤通俄文,长期从事外交工作并被派驻外使馆,在北洋政府时期曾做过驻列宁格勒总领事。北洋政府倒台后,下旗回国,随即失业。后去东北,在中东铁路局做秘书。"九一八事变"时,仓皇逃回,心脏病发,遂致不起,家道中落。父亲虽为官多年,但有强烈的爱国思想且较开明。我们兄弟姐妹四人从小在爱国思想的教育与熏陶下长大。哥哥傅鹰是著名化学家,担任过北京大学副校长。

我年幼时,家中曾延师诵四书五经,兼习英语算术。14岁入北京育英初级中学,两年后转入汇文高中。因基础知识远高于当时的同龄学生,故每试必列前茅。考入清华大学后,仍觉功课轻松,遂借学校图书馆藏书丰富,能自由选读,反而置正规课程于不顾。我喜欢阅读柯南·道尔的英文版《福尔摩斯探案全集》,更喜欢逻辑推理,勤于演算。不仅如此,在体育运动上也不甘示弱,本来我

傅承义 院士
（中国科学院提供）

身体并不算好，但凭借自己坚韧的意志和不达目的不罢休的决心，经过刻苦锻炼，赢得全校三跳（跳高、跳远、三级跳远）一跑（百米跑）总分第一名。大学四年，基本上以自学为主，而从教师之讲解中获益并不多。虽考试成绩恒能保持在中、上之间，而因不重视教师的启发，走了许多弯路，可谓事倍功半，浪费了许多宝贵时间。事后检查，追悔不及。

在清华大学选修物理学专业也属偶然。因为物理系的教授萨本栋先生与我家有世交，希望能多得到一些教导。果然萨师治学严谨，道德高尚，立德立言，皆堪模范。在清华大学的师辈中，至今他仍留给我深刻的印象。

大学毕业后，我以优异成绩被留校任助教，从事核物理教学实验和研究工作，与黄子卿、赵忠尧合作完成热力学研究和核物理实验方面论文共四篇。抗战爆发后，清华大学南迁，我应邀担任国立西南联合大学的物理学讲师。1939 年，我考取了英"庚款"公费留学，这在当时是全国少数优异学生才享有的殊荣，而地球物理专业仅此一个名额。

不久，第二次世界大战爆发。1940 年与林家翘、郭永怀、钱伟长一行 24 人转加拿大，我进入麦吉尔大学，师从当时最有声望的地球物理探矿学权威基斯教授（D. A. Keys），进修地球物理勘探。这时，灾难深重的祖国正遭受日本侵略者的蹂躏，心情十分沉重，立志发奋读书，报效祖国。除学习地球物理全部课程外,尽可能多地学习地质学。1941年获得了硕士学位。基斯教授对我的成绩极为赞许,推荐我到久负盛名的美国科罗拉多矿冶学院继续攻读博士学位。后因腰脊病发作,由基斯教授推荐到加利福尼亚理工学院研究生院,师从近代地球物理学泰斗古登堡(B. Gutenberg)教授,转攻地震学和地球物理学。

一天,古登堡教授在课堂上讲授地震折射波时指出,这种波虽然已经观测到了,但在理论上一直未得到证明。可是没过多久,我从数学上严密地论证首波的存在,并从物理学上解释了首波与折射地震波之间的分别。这项研究得到古登堡教授高度的赞赏与评价。

1944年,我以优异成绩获得了地球物理学博士学位。随后,有许多家石油公司、地球物理勘探公司聘请我去做技术咨询工作。1946年前后,我发表了一系列有关地震波传播理论的论文,其中发表在美国《地球物理》杂志上的一组论文,系统地研究了地震体波的反射与折射、面波与首波的传播等问题。这些论著在中、外地球物理学界都引起极大的重视。1946年,加州理工学院还加聘我为地球物理系助理教授。几十年来,这些理论一直被作为地震学家入门的向导,一些国际知名的地球物理学家也对它推崇备至,如时任美国总统科学顾问、美国科学院院长弗兰克·普雷斯(Frank Press)先生访华期间曾指名道姓地说道,他就是"在傅承义科学论著的影响下进入加州理工学院学习并从事地震学研究的"。苏联科学院通讯院士 B. U. KeiLissbopok 也曾以极其尊敬的心情讲述他在学生时代如何受傅承义论著影响的启迪。我的系统论著后来被美国《地球物理》杂志在创刊25周年时评为地球物理学经典之作。

在国外学习的7年,由于腰脊病后来未能继续就读地球物理探矿专业，这使我确信有了优秀的成绩和健康的身体才有了为国效力的资本。在外7年，我始终把自己的命运和国家的命运连在一起，爱国是天经地义的。

1947年春天，正当我处于研究事业最旺盛的时期，荣誉、地位、优厚的待遇接踵而至，我收到大学同窗好友赵九章的来信，他希望我回国主持气象研究所的地球物理研究工作。我毫不犹豫，两周后便启程回国，到气象所任高级研究员，到中央大学物理系任兼职教授。当时的中国，满目疮痍，民不聊生，工作条件极为艰难，但我全然不顾，仍一丝不苟地进行研究工作。1948年国民党当局责令中央研究院气象研究所和历史语言研究所迁往台湾。我与赵

傅承义开创了我国地震核侦查学科，受到钱学森重视（中国科学院提供）

九章、陈宗器一起坚决抵制，为新中国的地球物理事业保存了力量。

1950年4月，中国科学院地球物理研究所成立，我仍任研究员。新中国急需大批地球物理人才从事矿产资源勘探和地震研究工作，而旧中国这方面的人才几乎为零。这时，我放下自己心爱

的研究领域，把主要精力投入地球物理教学事业。

1953年，我在北京地质学院创建了第一个地球物理勘探教研室；1956年至1961年创建了北京大学普通地球物理教研室；1964年至1966年创建了中国科学技术大学地壳物理教研室。1973年我兼任了中国科学技术大学地球及空间科学系主任。

十年动乱结束之后，我把主要精力投入科学著述和研究生培养工作。编著了《地球十讲》《地球物理学基础》，主编了《中国大百科全书·固体地球物理学》等。

回想我走过的学问道路，从年轻时起对"教书育人、为人师表"就有切身的感受。中学结束时，本已考取了燕京大学，但我更喜欢清华大学的校风，选择了清华大学物理系，可是在那里我的求知欲仍得不到满足，更不满意教师队伍中的某些不正风气，我和同窗好友王竹溪暗下决心：有朝一日教书育人，一定要立德、立

傅承义与马在田院士合影（1995，中国科学院提供）

言、立身。我时时对学生说：做学问要注意三点——一要博览群书，知识面要宽、要广，这样在遇到问题时才能触类旁通；二要善于归纳、总结，通过总结可以发现问题，解决问题，这是一种重要研究方法；三要独立思考，这是科技人员最重要的品质之一，对于书本上写的东西不可不信，但又不可全信，信与不信都要经过自己独立思考。我认为看书要多"挑剔"，"挑剔"本身就含有创造的意思。在是非问题上要刚正无私，不迎合潮流、不随声附和、不人云亦云，自己认为对的就敢于坚持，即使是一时蒙受不白之冤也不能动摇。作为科学家，就是要把按照科学规律办事看成自己的天职，把坚持真理作为人生追求的最终目标，个人的忍辱负重淡如水，切不可用自己获得的声望和得到的恭维而牟取私利，这样才能保持一个人民科学家的气节。

（本文选自上海教育出版社1996年5月版《中国科学院院士自述》，标题为编者所加）

傅承义 地球物理学家。1909年10月7日生于北京，籍贯福建闽侯。2000年1月8日逝于北京。1933年毕业于清华大学，1941年获加拿大麦吉尔大学物理学硕士学位，1944年获美国加州理工学院地球物理学博士学位。中国科学院地球物理研究所研究员、名誉所长。创建了震源物理研究室，完成中国首次核试验地震观测工作。1973年兼任中国科学技术大学地球及空间科学系主任。长期从事固体地球物理学、地震学和地球物理勘探研究。作为国际地震波传播理论研究的先驱者之一，对地震体波、面波、首波、地震射线及地震成因的理论均有独特贡献。是中国地球物理学会创建人之一。长期主编《地球物理学报》，兼任全国自然科学名词审定委员会委员、地球物理学名词审定委员会主任和《中国大百科全书》总编辑委员会委员等。代表作有《大陆漂移、海底扩张和板块构造》《宇宙的密码》《地球十讲》《地球物理学基础》和《中国大百科全书·固体地球物理学》等。1957年被选聘为中国科学院学部委员（院士）。

> 是什么改变了我的一生,让我有了今天这样的事业和生活?我想,最直接的机缘乃是1977年恢复的高考,是它给了我前行的机会。当然,好学敢拼的个性也给了我不断前进的动力。
>
> ——高德利

高考开启的奋斗人生

我的家乡是在山东省禹城市(1993年"县"改"市")房寺镇,那里曾是鲁西北比较贫困的小镇,如今已是高楼林立、车水马龙,成了全国"千强乡镇"(禹城市为全国"百强县市")之一,在城镇现代化的道路上已走在全国前列。

房寺镇的蜕变,就如同我的人生蜕变一般,由于出现一个节点而陡然向上,最终达到了连自己之前都不曾想象的高度。对我个人而言,这个人生节点就是1977年的高考,是它揭开了我人生奋斗的序幕,让那个昔日房寺镇里的普通青年,成了如今的这个我。

一块哪里需要往哪里搬的"砖"

我的高中时代是在禹城县第四中学度过的。那时,正值"文化大革命",对于很多同龄人而言,那都是一段不愉快的回忆。相比之下,我算得上是一个"幸运儿"。因为当时国家曾在短时

高德利 院士
(中国科学院提供)

间内提倡通过考试选拔青年人才，而不是单纯地依靠推荐渠道。也正因为有了这项利好政策，我才有机会通过1972年底的中考进入高中（1973年初入学），获得了正规学习的机会。

尽管这样的时间持续并不很长，但对我来说，这是一段很值得回忆的时光。由于历史的原因，当时有很多优秀的知识分子被打成"右派"而下放到地方，这当然是一场时代的悲剧，但也正因为如此，使得我所在的禹城县第四中学来了几位业务水平较高的专科教师。在他们的传授和指导下，我获得了对未来高考的一些知识积累。只是"高考"对于当时的我及所有的高中学生来说，还是一个根本无法实现的目标。

1975年春天，我高中毕业了。作为当时全县范围内数理化样样是强项的"五分加绵羊"，我被分配到了镇上从事农业生产，同时兼任兽医助理（在高中的最后一个学期专门接受了兽医学习或训练）。那时的我就像"一块砖"，哪里需要就往哪里搬。在结束了兽医助理工作后，我又去果园工作了一段时间。此后，我便真的去搬砖了——在建筑队负责房寺公社（现房寺镇）办公区的建设，一干就是半年。半年后，由于表现良好，我得到了一个新的机会，那就是在当年秋季开学时，成了一名民办初中的教师。

此后，时钟指到了1977年。这也是"文革"结束后恢复高考的第一年，包括我在内的千千万万知识青年的命运在那一年被彻底改变了。紧接着的1978年,党的十一届三中全会胜利召开了。在此次全会上,党中央作出了把全国工作重点转移到经济建设上来的历史性决议,国家建设与发展重新步入正轨。邓小平同志强调"实践是检验真理的唯一标准",且将"两个凡是"予以彻底否定……现在回想起来,这一切确是历史性的重要转折,深刻地影响了中国社会未来的发展方向,使中国这艘大船由此拨正了航向,向着光明的未来扬帆破浪。

高烧缠绕的高考

恢复高考的消息最早是在1977年的暑假传入我耳中的。当时,我正和其他教师一起进行暑期集中学习。在夏日的燥热中,高考要恢复的"小道消息"也开始在小镇上流传了,不知是真是假,倒让每个年轻人心中都激起波澜。不过,大多数人不敢相信这是真实的。对此,我也只是一笑了之,只当作是一种茶余饭后的闲谈或美好的"期望"。

然而,让大家都没想到的是,仅仅在秋季开学一个多月后,恢复高考的通知便正式传达了。不久前还是令人怀疑的"奢谈",而今成了令人兴奋的"现实"。获得确切消息的我自然万分激动。然而,当我准备报名参加当年高考时,却发现此时距离高考仅剩一个多月的时间了。

"毫无准备!"这就是我当时的感叹与面临的严酷现实。但是,我绝不想错过这个如同千载难逢的人生机遇。怎么办?鼓起勇气,拼力准备,迎战这场关乎人生前途与命运的挑战。

作为一名民办初中教师,我原本想要报一所中等专科师范学校,觉得这样的考试会比较贴近现实,也有较大的把握。然而,在报名的时候，我发现周围的同学都填报了大学本科志愿，很多同伴不解地质疑："你怎么只报中专？"一贯不想"输给别人"的我，在报名现场临时将报考志愿也改成了大学。

我是一个一旦确立了目标，就不想半途而废的人。对我来说，做一件事只求两个结果——要么刚开始就放弃，要么做到最好。对待高考这件人生大事，我也如此。于是，在仅剩的一个多月时间里，我投入了一边工作一边复习备考的紧张生活之中。

那时候，我的日常教学任务挺重：一方面承担着数学、物理、语文、政治、体育等多门课程的教学工作，另一方面还兼任一些繁杂的行政事务。在这种情况下，白天我几乎难以抽时间去复习，只有在夜深人静时才能投入高考科目的复习之中。如此夜以继日的"奋战"与高度紧张，一个多月之后，身体不由自主地垮了下来。就在高考那天，我身体居然发了近40摄氏度的高烧，以至于在高考进行的两天中，我只有靠同伴的搀扶，才能勉强地走进考场。

就在最后一门课程考毕、考生都交完试卷准备走出考场的那一刻，我却情不自禁地狠狠拍了一下桌子，大喊一声："完蛋了！"对我的这一反常举动，周围的考生和监考教师都感到莫名惊诧。其实，这只有我自己才明白，那是难以自我克制的源自心底的真情发泄——我是在高烧下勉强完成了这次高校选拔考试的，真的太无奈，也太沮丧了。

事后，我也比较明白地得知，在这次高考中的反常发挥，试卷上那些比较简单的考题我答错了，反倒是那些有较大难度的部分考题我却做对了。

高考后，我缠绵病榻半个多月才得以康复。这次复习迎考的全过程让我真真切切地体会到什么是"积劳成疾"。从没吃过中药的我，在整整吃了半个多月汤药，才重新"活"了过来，这也许就是我人生事业的"劫后重生"，真是终身难忘。

踏上求学奋斗之路

高考结束后，我离开病床，又恢复了正常的工作。1978年的春节过后，伴随着还未褪尽的年味儿，我竟意外地收到了大学录取通知书。我不但被录取，而且还是被一所重点大学——华东石油学院（中国石油大学的前身）石油开发系录取了。

需要指出的是，当年高考采取的主要是统一录取方式，也就是把考生的分数从高到低排位，重点学校择优录取。其实，华东石油学院并不是我所填报志愿的高校，所学专业也不是我所喜欢的专业。加之当年学校地处矿区，环境也并不理想，周围尽是荒草野坡，住的宿舍是油毡和土坯搭起来的，取暖要靠火墙供热，上厕所也要到室外的公共茅房。因此，到校后的第一天，心中不免有些失落。尽管如此，我的学习成绩却并没有因为内心的失落而落下。在班级中，我的年龄偏小，成绩却排在前几名，因此还被选为班干部（副班长、团支部书记）。就这样，我度过了大学的四年时光。尤其是我虽在一个不太感兴趣的专业领域中学习，但学习数理化基础知识的热情不仅分毫未减，反而越来越高涨。

其实，生活就是这样，即使是在你失意的时候，也会在不经意间为你打开一扇窗。就在我快要本科毕业的时候，一个偶然的机会——西南石油学院（西南石油大学的前身）的老师来华东石油学院招收研究生，让我得以进入西南石油学院，成了该校机械系力学教研室（研究室）的一名硕士研究生。

从本科到硕士，从石油工程学到力学，对我而言，这确是一次跨学科的尝试。由于大学期间我的力学、数学等相关课程学得较少,为了弥补这一缺陷,虽然当时规定只需修满35个学分即可满足毕业要求,但我却整整修了两倍多的课程学分。

硕士毕业后,我选择回到华东石油学院工作。我的本科指导教师、系主任沈忠厚听说我回来了,十分开心,又将我召回了石油开发系工作。就这样,在绕了一大圈之后,最终我还是回到了最初的石油工程专业。如今,有时我也会质疑,或许这就是"天意",是一只无形的手在拨弄着我的命运,还是我一生与石油工程注定的缘分?

石油工程是华东石油学院的王牌专业。在我回校任教两年多后,石油工程首次招收博士研究生,我又成了该专业第一个博士学位获得者。学校(现已改名"石油大学")希望我能够留在北京校区任教。然而,当时我已经成功申请到了清华大学工程力学系的博士后。几经抉择,我还是放弃了教职,选择继续学习深造,在清华大学力学站做博士后研究。作出这样选择的理由很简单,我喜欢学习,特别是喜欢学习数理知识,不愿放弃重要的学习机会。

博士后出站后,我没有选择留在清华大学,而是又回到了中国石油大学(北京)任教。从此,就在石油与天然气工程学科扎下了根。

居安思危、奋斗不止

如今,几十年时光已逝。看着书柜里摆放的奖杯、办公桌上摆满的书籍文件、衣帽架上挂满的各种参会证件,看着身后越来越优秀的年轻一辈,我常常会思考:是什么改变了我的一生,让我有了今天这样的事业和生活？我想，最直接的机缘乃是1977年恢复的高考，是它给了我前行的机会。当然，好学敢拼的个性也给了我不断前进的动力。

毫无疑问，没有高考就没有我的今天。如果高考来得再晚一点儿，现在的我恐怕早已在家乡的那个角落里娶妻生子，过着简单的小日子。虽然也可能会有不少其他的幸福感，但却难以从家乡的小镇走出来，去追寻石油与天然气工程领域更广袤的专业天地了。

应该说，我们是特殊的一代，现在和未来的青年学子们很难再有与我们相同的境遇了。他们生活在一个国家已小康、四海均升平的年代，但越是在这样的年代里，年轻的学子越应该保持一种昂扬奋斗的精神，要居安思危，千万不可懈怠。

天上是不会掉馅饼的，一切得靠人的努力，不奋斗哪来收获或成就？小到一个人、一个家庭，大到一个区域、一个国家，一般都是如此。希望广大青年学子要珍惜现在的良好条件，保持积极向上的奋斗精神，为实现自己的人生价值而不懈努力。

同时，我也真诚地希望青年朋友们不要忘记在忙碌中保持健康的体魄，"德、智、体、美、劳"全面发展，缺一不可。要想奋斗一辈子，身体健康是前提。因此，养成一种良好的生活和工作习惯很重要。我中学时曾染上了抽烟的陋习，大学时就戒掉了；原来爱喝酒，现在也很少喝了。究其变化的原因，主要是因为我还想再健康一点，能健康工作和生活更多年。

回顾自己走过的人生历程，确实很忙但也很充实，甚至连周末或节假日都很少休息，现在每天依然有很多事情要做。因此，风华正茂的青年朋友们，我也希望你们通过不懈的努力奋斗把握好现在和未来的机遇，为自己、为国家、为社会做更多有意义的事情，助力中华民族复兴之梦早日成为现实，让中国成为世界关注和羡慕的美丽国度。

（本文写于2018年，改定于2022年7月16日）

高德利 油气钻探与开采专家。1958年4月16日生于山东禹城。1982年毕业于华东石油学院（中国石油大学的前身）石油开发系并获学士学位，1984年获西南石油学院硕士学位，1990年获石油大学博士学位。先后赴美国、俄罗斯、英国等访学与交流。1992年在清华大学力学站完成博士后研究并被晋升为清华大学固体力学副教授，1993年被评聘为石油大学（北京）石油工程系教授、系主任、石油工程研究所所长等；2001年被教育部评为"长江学者奖励计划"特聘教授。现任中国石油大学（北京）石油与天然气工程国家重点学科负责人、石油工程教育部重点实验室主任、校学术委员会主任等。长期从事油气井工程科学研究与实践，在井下管具力学与控制工程、定向钻井、井筒完整性、深水钻井及工程作业极限等方面取得了重要研究成果。独立或合作发表期刊论文570多篇，出版学术专著6部并主编多部；授权发明专利80余件，登记软件著作权20余项；曾获国家技术发明奖二等奖1项、国家科学技术进步奖二等奖3项及省部级或全国行业协会科技成果奖多项。作为学术带头人的科研团队首批入选教育部创新团队，后又入选国家自然科学基金委员会创新研究群体计划并获2次延续资助（共计9年）。2013年当选中国科学院院士。

> 在研究工作中要培养学生将创新性和系统性相结合，要有敢于和善于突破难关的勇气和能力。
>
> ——葛昌纯

爱国奉献与钻研创新

童年回忆

1934年我出生在上海，原籍浙江平湖。祖父葛金烺为晚清进士，曾任刑部主事和户部郎中，以精通书画辞赋、博学多才而著称。他在家乡创建了葛氏传朴堂，收藏并研究大量的中国古代书画善本。父亲葛嗣浵立志教育事业，生前创办了平湖历史上第一所现代意义的学校——稚川学堂（后改为稚川高等小学堂，又创办稚川初中），培养了不少优秀人才，其中就有后来成为中国科学院院士、全国人大代表的邹元燨先生等。父亲一生努力将葛氏传朴堂的文化发扬光大，藏书一度达到四十余万卷规模，成为浙江三大藏书阁之一，为地方文教事业作出了重大贡献。由于稚川学堂在平湖历史上的重要作用，平湖市政府已决定重建包括稚川学堂和葛氏传朴堂在内的葛家老宅。

在父亲重视培养人才，崇尚传统道德文化的熏陶下，我从小懂得要用功读书，要忠孝仁义，要奋斗创业。

葛昌纯 院士
（中国科学院提供）

抗战初期父亲逝世，正值国难当头，日寇占领平湖，葛宅、葛氏传朴堂藏书楼及其珍藏的数十万卷典籍和稚川学校校舍均被焚毁，全家老少顷刻间流离失散。母亲赵曼影孤身一人带了比我大9岁的哥哥葛昌权和我逃难到上海，姐姐葛昌瑁在7年后才得以重逢。在家破人亡之际，我亲爱的母亲，以中国优秀妇女特有的坚韧顽强精神，忍辱负重，历尽千辛万苦，在最艰难的时期，不忘教育我们要好好读书，发愤图强，最终把我们三个子女全部培育成才。

幼年时代这段家仇国恨的苦难经历，使得岳飞"精忠报国""还我河山"的誓言和富国强民的志向，深深地扎进我的心灵。

求学历程

由于家境困难又多次迁徙，从小学到高中，我不得不经常变换学校，确实影响了学习。但在哥哥引导下，我的学习成绩仍较优秀，还破格跳级多次，并考进了第一流的中学，这不仅对我的基础教育而且对于培育我为人处世的基本素养起了重要的作用。在我的印象中，对我影响较大的有这样三所学校：先是在上海圣约翰青年中学打下了较好的中英文基础。接着又在上海市南洋模范中学打下了较好的数学基础。该校有以赵型（即特级模范教师赵宪初）老师为代表的不少数学教师重在培养学生对数学的兴趣，诸如他把一元二次方程的两个解用歌唱的方式让学生来记忆，使我一辈子难忘。初中毕业时，我取得了全班第一名的成绩。1947年我考上了当时上海录取难度最大（1%录取率）的中学——江苏省立上海中学（省上中）。当时的上海中学集聚了一批第一流的名师，如朱凤豪、余元庆、余元希、徐子威等，他们后来都成了大学教授。譬如朱老师编的《新三角讲义》在上海等地被普遍使用；徐老师每次上课都要把大教室的两块大黑板写得满满的，他们那种认真治学与教学态度使学生都不得不一边仔细聆听一边认真记录，在潜移默化中形成了你追我赶的刻苦和拼搏的学习劲头。毕业后，凡是读文献我仍习惯于笔记，不到10年就积累了半米高的笔记本，这与徐老师们的教导和治学风格有着密切的传承关系。当时，省上中在全国有首屈一指的名声，除了选聘了第一流的教师外，还与1927年至1946年间任命的毕业于南开大学的留美教育硕士郑通和先生，以及时任教育部督学兼中央大学教授、留美教育博士沈亦珍当校长密不可分。沈校长提出以"乐观、进取、牺牲、合作"为办校文化，以"德、智、体、群、美五育并重，以人格陶冶为依归"为教育方针并身体力行，使省上中的教育质量为中外人士所瞩目。校长常在晨会上给学生作演讲，教了我们不少一生受用的为人处世之道。

　　1949年5月，上海解放。短短几个月上海发生的翻天覆地的变化，使我看到了共产党的伟大和新中国的希望。当年，我仅15岁，便报考大学，考取了北方交通大学唐山工学院（唐山交大），成了学校年龄最小的大学生。当时的冶金系云集了一批国内冶金界的著名学者：英国皇家学会会员、系主任张文奇，留美回国的吴自良、章守华、林宗彩、朱觉和当时没有留过学的徐祖耀。现在回想起来，在唐山交大能得到这么多名师的教诲实在是很幸运的。这里给我影响最深的是张文奇、章守华和徐祖耀三位教授。张文奇教授（解放后成了唐山市第一任副市长）不仅讲课深入浅出，由他传授的"有色金属合金"使我至今不忘。由于第一个"五年计划"急需人才，国家规定1952年的大学三年级学生要提前一年毕业。为了将四年本科课程压缩在三年念完，章守华教授承担了我们物理冶金专业最重的教学任务，即两门主课——"钢铁合金及热处理"和"压力加工"的教学，他的勤奋敬业精神是我一生的楷模。在以后到北京钢铁学院（后改名为北京科技大学）工作后，我还常去他家求教，每次总见他在伏案学习。徐祖耀教授以刻苦自学著称，当时教我们"冶金原理"，令我受益匪浅。多年后，他到上海交大工作，在马氏体相变研究方面取得了卓越成就并当选中国科学院院士。在这些名师的教诲和熏陶下，我不但学到了如何从冶金学和材料学角度分析和处理技术问题的观点和方法，也学到了如何为人处世、学风严谨，以及敬业奉献的精神。

　　解放初期的唐山交大，不仅有以茅以升校长为代表的严师、以罗忠忱教授为代表的名师们培育起来的严谨学风和优良传统，而且有着浓厚的政治气氛。我在这里不仅受到了比较系统的马列主义、毛泽东思想和中国革命史的教育，而且通过充满激情的"抗美援朝"运动和两次参军参干运动，从思想上摆脱了为个人和家庭学习的狭隘人生观的束缚，初步树立了革命的人生观和世界观。1950年底我加入了中国新民主主义青年团（1957年5月，改名为中国共产主义青年团），在这所共产主义大学校里我的思想水平得到了进一步提高。

锻炼成长

大学毕业以后，我被分配到正在新建的重工业部（后为冶金工业部）钢铁工业综合试验所（后改名为钢铁研究总院）冶金研究室工作，室主任是留美归来的我国合金钢专家孙珍宝教授，他曾在美国工厂工作过，是一位很重视应用和实践的冶金学家。他认为像我这样刚毕业的大学生应首先到工厂去实习和工作。于是，自1953年初起直到1954年国庆前，我一直在抚顺钢厂（当时我国最大的特殊钢厂）各车间实习，与工人师傅一样倒班和操作。与工人同吃、同住、同劳动，这一年多的生活，使我与工人朋友以及冶金工业产生了深厚的感情。作为技术骨干，我参加了当时冶金部钢铁局组织的由钢铁工业综合试验所、中科院金属所参加的钢坯高温快速加热研究。在研究过程中，除了完成苏联专家建议的钢坯快速加热试验任务外，我还把研究的对象从钢坯扩展到钢锭，并研究了避免造成钢锭高温快速加热时产生裂纹的条件，包括钢种、钢锭尺寸和决定钢锭中残余应力的浇注工艺参数。根据这项研究，抚顺、大连等特钢厂都把钢坯高温快速加热纳入操作规程，大大缩短了钢坯的加热保温时间并节约了能源。在抚顺钢厂工作的后期，我还参加了以耐热钢为主体的一系列新钢种的试制研究。

这一年多在生产第一线的实习和科研，使我走上科研道路的第一步就感悟到科技对生产力的巨大推动作用，也从此致力于要用科研去解决国民经济中的实际问题。回北京后，我接受了筹建压力加工研究室和所里最早的、很有特色的锻钢和轧钢实验车间的任务。之后，在短短两年内，我和孙国英、赵量一起完成了774厂的一批磁性合金的国产化研究课题，还和何忠治同志完成了热轧硅钢坯通过脱碳提高硅钢片磁性能的研究。也由此于1956年我被推选为冶金部社会主义建设积极分子大会的代表,并在同年劳动节前夕被光荣批准为中国共产党党员。从此,更坚定地要把自己的一生献给壮丽的共产主义事业。

1958年初,我参加冶金部第一批下放干部去河南郑州郊区的农村插队,既了解了我国人口多、底子薄,人民群众渴望摆脱贫穷落后面貌的基本国情,也增强了与劳动人民的情感,还更深刻认识到浮夸风对社会主义建设的严重危害。1959年我被调到新成立的粉末冶金研究室,从事耐高温涂层和粉末冶金新材料的研究。20世纪60年代末到70年代初,我又先后三次被下放到"五七"干校、云南草坝和河南淮阳等地。我在草坝曾经一度带领我们小队承担起点炮炸山和排除哑炮的任务。艰苦环境下的这种劳动锻炼,虽然是以时间和精力为代价的,但我更多地愿意将这些经历视作是对我意志的磨练,是我一生宝贵的精神财富,促使我在后来的科研攻关中,不管多苦多累,都能毫不退缩,勇往直前。

为打破超级大国的核垄断而钻研创新

在我的前半生中,最难忘的一段人生经历是1960年至1985年期间,作为我国浓缩铀-235复合分离膜专题负责人,我带领团队研制成功用于生产浓缩铀-235的一系列复合分离膜。

分离膜是用于浓缩铀-235的气体扩散法的核心元件。不论是制造原子弹、氢弹还是建造核裂变反应堆都需要用铀-235,但铀-235在天然铀中含量只有0.7%,为此,必须采用当时核大国唯一已工业化的气体扩散法来浓缩,而此法的技术核心就是分离膜。制造分离膜是一项技术难度极大、涉及多学科的尖端技术。

当时只有英、美、苏三国掌握了这一技术，被核大国列为重大国防机密，严禁扩散。苏联甚至称分离膜为"社会主义阵营安全的心脏"。1960年苏联拒绝向我国供应分离膜，使我国核工业面临夭折的危险。

在这种形势下，中央于1960年4月分别向中国科学院和冶金部下达了研制分离膜的紧急任务，由中国科学院冶金研究所负责研制甲种分离膜，由冶金部钢铁研究总院负责研制乙种分离膜。这两种膜在当时都是必需的、缺一不可的。

在国家最需要的时候，我挺身而出，接受了粉末冶金研究室核心组成员和分离膜专题负责人的任务，在以陆达同志为首的院党委和以研究室书记兼主任蒋伯范同志为首的核心组领导下，与全室的战友（包括二机部原子能院615所和部分从中南矿冶学院来钢铁研究总院参加会战的同志）在基本没有资料和设备，以及国家物质基础又十分薄弱的条件下，在钱皋韵研究员（现为中国工程院院士）为首的615所的密切合作下，为振兴中华，不怕剧毒，不怕苦、脏、累，刻苦钻研，不分昼夜地为分离膜研制而拼搏。经过无数次的实验、推导、计算、总结，攻克了一系列技术难关，终于在1964年研制成功我国第一种浓缩铀用分离膜——乙种片状复合分离膜。在1965年至1967年期间，我担任乙种分离膜生产总指挥，负责完成全部生产量的任务，满足了制造原子弹、氢弹、核潜艇和核反应堆的急需。国务院国防工业办公室和中共中央国防工业政治部先后于1963年和1967年发来的贺信指出："实验证明乙种分离膜性能良好，能够满足生产使用需要。这就为我国自力更生地发展原子能事业作出了重要贡献。""这一任务的完成是你们所取得的巨大成果，是对我国国防工业建设作出的重要贡献。"中国核工业集团有限公司（下简称"中核公司"）和核工业理化工程研究院的"应用证明"指出："葛昌纯同志……负责研制的乙种、丁种、戊种和己种分离膜，解决了我国铀浓缩扩散机的关键元件生产问题，所制成的复合分离膜的综合物理性能超过了苏联同类元件的水平，为我国的'两弹一星'事业作出了重大贡献。"1985年"乙种分离膜的制造技术"获国家发明奖一等奖（葛昌纯为第一发明人）。2020年又获中核公司授予的"核工业功勋奖章"和"核工业功勋人物"荣誉证书，荣登"核工业功勋榜"。

当年参加分离膜研制人员的平均年龄不到25岁，技术骨干都是新中国成立前后国家培养出来的，大家发扬"热爱祖国、无私奉献、自力更生、艰苦奋斗、大力协同、勇于登攀"的"两弹一星"精神，显示了这支年轻队伍在党的领导下无坚不摧的勇气和能力。

从任务带学科的角度看，乙种分离膜是我国研制成功的第一种纳米复合多孔薄膜材料和器件，也为我国纳米复合多孔功能材料的研究奠定了理论和技术基础。在完成这项任务中，同志们研究开发和创造了一系列制备纳米金属、合金和陶瓷粉末的先进工艺、成型和烧结技术以及纳米粉末和材料的检验方法，其中不少设计思路与技术途径至今仍具有先进性和应用价值。在完成乙种分离膜的研究和生产任务中，我们分离膜研究团队与我本人曾多次得到院、部和国家的奖励。虽然我们从荆棘丛生中一路走得很艰辛，但日后获得的鲜花与掌声也不少。譬如，1962年因乙种分离膜工作，我被评为全院先进工作者；1965年又被评为全院先进个人，被树为全院标兵；1966年国庆节，受国务院邀请我被作为

王承书与葛昌纯在天安门城楼留下珍贵的镜头（张爱萍摄，作者提供）

作出重要贡献的科技工作者，登上了天安门城楼观礼，见到了毛主席、刘主席、周总理、朱总司令等党和国家领导人，并在观礼前，张爱萍总长还为在分离膜事业上作出贡献的王承书与我摄下了珍贵的照片。

1985年在乙种分离膜运行正常20年之后，国防科工委和国家科委批准这个项目为国家发明一等奖，发明者共有属于上述三个单位的葛昌纯、王恩珂、赵施格、钱皋韵、蒋伯范、赵维橙等28位，我是第一发明人。在完成乙种分离膜研制任务中，我和我室战友们创建了我国第一个纳米材料实验室。作为专题负责人，我分析推导了复合分离膜的一系列特性参数和结构参数之间的关系式，提出了一条独特的制造复合分离膜的工艺路线。乙种分离膜的研制成功为专题组后续研制成功的丁种、戊种和己种复合分离膜奠定了坚实的理论基础和技术基础。1978年我作为第一完成人的"戊种分离膜的制造技术"获得冶金部科技成果二等奖。虽然为分离膜项目我倾注了大量心血，但能为国防现代化贡献自己一分力量感到无比的欣慰和自豪！这段人生艰苦、精彩、很有意义。

严格要求、崇尚实践、以身作则、教书育人

1986年调入北京科技大学后，我曾开过三门课，其中两门是研究生课程——"现代陶瓷基础"和"特种陶瓷"。在教学中，我注重以学科新的科研成果充实教材，培养学习兴趣。我一贯严格要求学生，主张要全面发展，要把革命精神和科学思维结合起来，引导他们不仅要学会做事，更要学会做人；要树立正确的世界观、人生观和价值观；要弘扬"热爱祖国、无私奉献、自力更生、艰苦奋斗、大力协同、勇于攀登"的"两弹一星"精神；要培育勤奋、严谨、创新、求实和崇尚实践的学风。既要学生能打好专业理论基础、掌握好外语和计算机应用能力，又引导他们能迅速进入学科的前沿；既要求学生多读各类专著、读懂文献，更要重视提高广义的动手能力。在研究工作中注重培养学生将创新性和系统性相结合，有敢于和善于突破难关的勇气和能力。36年来，我先后培养了42名博士，73名硕士，相继发表论文500余篇，获国家专利55项。科研领域涉及核反应堆关键材料、粉末冶金和先进陶瓷等。令我欣慰的是，研究生毕业后都得到用户单位的好评，在不同岗位上发挥着骨干作用。我的第一位博士生李江涛于1995年毕业，7年后他已35岁，作为优秀人才被中科院理化技术研究所引进，他曾表述："导师那种干事业一往无前的勇气和精神，他那种面对困难所表现出的不达目的誓不罢休的钢铁意志,既是导师事业有成的基石,也是我终身学习的要素。"

掐指算来,自 1952 年大学毕业至今已半个多世纪了,我这一生基本上是在材料研究第一线摸、爬、滚、打。由于种种原因,坎坷和险阻远多于走过的顺境,但是即使在最困难的时候我也没有灰心过或失望过。在德才兼备干部路线和"科学十四条"培养"又红又专"科技人员方针的指引下,我始终严格要求自己,刻苦学习;在服从国家需要,完成各项任务中努力磨练和提高自己。爱国奉献、钻研创新是贯穿我科研生涯中的一根主线,也是我的科研生命不竭的驱动力。在未来的岁月中,我将继续发扬"爱国奉献、钻研创新"的精神,努力为祖国和人民再献绵薄。

(本文写于 2004 年,限于篇幅,割爱了原文中的"为发展我国的粉末冶金事业而钻研创新""留德期间的钻研创新""在先进陶瓷和粉末冶金领域钻研创新""永恒的爱"等小节,改定于 2022 年 9 月 2 日)

葛昌纯 粉末冶金和先进陶瓷专家。1934 年 3 月 6 日出生于上海,原籍浙江平湖。1952 年毕业于北方交通大学。1985 年前在冶金部钢铁研究总院从事科研,1986 年至今在北京科技大学从事粉末冶金和先进陶瓷研究。创建了我国第一个纳米材料实验室,研制成功用于生产浓缩铀的复合分离膜,是国家发明奖一等奖"乙种分离膜的制造技术"的第一发明人。在液相烧结基础研究、粉冶高速钢、还原铁粉生产技术改造、以羰基法提镍和制备纳米粉体、氮化硅陶瓷的粉体制备工艺、非氧化物烧结助剂和陶瓷刀具的研究开发、燃烧合成先进陶瓷以及纳米陶瓷和以核聚变关键材料为代表的多种功能梯度材料的研究方面取得了一系列创新成果。发表论文 500 余篇。2001 年当选中国科学院院士,2004 年当选世界陶瓷科学院院士。

> 我深深感悟：求实求是，人生不可无求；勤勉勤奋，学问源自于勤；戒骄戒躁，淡然得意之事；坦诚坦荡，坦然失意之时。
>
> ——葛均波

志存高远架心桥

志存高远　情系祖国

1987年，我考取了上海医科大学（现复旦大学上海医学院）心血管内科博士研究生，师从著名的心血管疾病专家陈灏珠教授，从此跟中山医院结下了不解之缘。我的博士研究生课题是"超声造影对心肌梗塞的应用价值"。那段艰苦的求学生涯，至今记忆犹新。

那时候我在做氟碳类超声造影剂的动物实验，好几个月的时间都耗在学校九号楼地下室。我是北方人，可每天工作到很晚，上海冬天那种刺骨的阴冷还是让人招架不住，一件旧军大衣陪伴我度过了那些难忘的日子。当时，超声心肌造影剂即使在国际上也绝对是领先的课题，实验条件十分简陋，做实验必须事事亲力亲为，虽然那已经是将近二十多年前的事，可那段"与狗共眠"的日子迄今仍历历在目。

陈灏珠和姜楞教授对我的教诲没齿难忘，从实验课题的选定，到整个实验步骤的实施，到医学文献的检索（那时候查文献可不像现在这样方便，网络尚在传说当中），导师们都毫不吝啬地将知识与方法传授给我。心血管病研究所的同事们也都关心、帮助我这个穿中山装的山东学生，超声心动图室给我提供检测仪器，中心实验室的姚瑞明老师经常陪我一做实验到半夜三更，而他家住在虹口区。

葛均波 院士
（中国科学院提供）

1990年，经国家教委考试挑选，我有幸被派往西德（两德于1990年10月统一。之前，德意志联邦共和国简称联邦德国或西德）美因兹大学进行博士生联合培养学习，于1993年获得美因兹大学医学院医学博士学位，又经国家教委及中国驻联邦德国使馆批准，继续留在德国深造。1993年又前往德国埃森大学医学院继续博士后研究，1995年任埃森大学医学院心内科血管内超声室主任。

我赴德第一年即在《德国心脏病杂志》上发表了《腔内超声准确性及可行性研究》。1997年，在分析资料时无意中发现一例心肌桥患者血管内超声图像上有低回声或无回声的半月形暗区，引起了我的兴趣，于是找出了原来所有患者的血管内超声图像重新进行分析，发现所有心肌桥病人都存在相似的"半月现象"。我就对此加以总结，论文被 *New England Journal Medicine*、*Circulation*、*Eur Heart J* 等杂志引用。现在初步统计，在旅居德国的9年里，我发表了200多篇论文，主编专著2部，参编专著8部。

对于我来说，已经达到了出国的初衷——学习与深造。

其实，国外优厚的生活条件并不是我所追求的，因为我很清醒，自己是一个中国人，我是国家公派留学生，我代表我的祖国，即使付出所有努力，也难以回馈国家对我的培养。因此，那时候我心里总有一种按捺不住的冲动，无论我在德国心血管学术领域中做得多好，都好像是寄居在别人的家里。故土难忘啊！从五岁上小学起，一直到博士都是在念书，我可不可以为我的国家、为我的母校做一些事情呢？特别是1997年我前往印度Madras参加"亚太介入性心脏病学会会议"的时候，与会学者总是把我当成日本人或者韩国人，我觉得我的回国之路不能再拖延了。

1999年，中国驻德大使馆了解了我的情况，让我回国一个月考察。在这期间，北京、南京等很多大医院都跟我取得了联系。可是，当我踏进中山医院的大门时，就知道自己已经不用选择了。三号楼虽历经风雨还是那样典雅，九号楼的身姿让我心潮澎湃。是中山医院培养了我，这里就是我的家，没错。更没有什么能阻挡得了我的归心似箭，尽管当时德国向我提供了极具诱惑力的待遇予以挽留。

其实，我在德国的学习与工作都是比较顺利的。赴德10个月之后，导师艾倍尔教授就非常认可我的业绩，并亲自陪我去劳工局等部门申请从医执照、工作许可证件。恩遇艾倍尔先生确实让我非常感动，以至于在我向艾倍尔提出想回国工作的愿望时，他听了先是一愣，随后脸涨得通红，甚至有点恼怒了："简直不可思议，我为你办妥了一切，你的主任职位甚至连德国专家都想竞争的，可是你现在却要放弃，离开我……你好好考虑一下，明天再找你。"

虽然我觉得对不起老师，但第二天，我还是对艾倍尔说："我十分感激您，艾倍尔先生。如果没有您为我创造的条件，我不可能有这么多的成绩。让我作个比喻吧，如果您有一位漂亮的女儿，总不希望她一直陪伴着您，希望她嫁个好人家，是吗？女儿未来的荣耀也将是您的光荣。因此，您一定不会反对我回祖国去效力的。"艾倍尔先生回答："我昨天回去与太太商量过了，您在我家住了三年多，我太太也实在舍不得你走。不过，昨天终于想通了，我想自己想得太多了，我得为你想一想，我将保留你的办公室，如果你今后遇到不如意的事，仍然可以回这儿。"我前往辞行的那天，艾倍尔夫人在一旁不停地流泪，令人十分伤感。果然，在2002年我重返德国访问时，艾倍尔先生依然为我保留着那间办公室，连电话机都按原样摆放着。

求实创新　勇往直前

1999年4月，我回到了魂牵梦绕的祖国。中山医院就像慈爱的母亲，拥抱了我这个游子。一回到医院，我就被推上了上海市心血管病研究所副所长、心内科副主任、心导管室主任的位置，还被聘为国务院"长江计划"特聘教授。

可是，工作局面一打开，面对的种种困难确实比想象中严重得多，一时间我甚至"打过退堂鼓"：在德国的生活多安逸呀，干吗要回来找罪受？但这时，导师陈灏珠教授的支持与激励，还是让我坚持了下来，并咬紧牙关埋头刻苦，不断取得骄人的成绩。

在回国后的一年多时间里，我就成功实施了国内首例经桡动脉的门诊病人冠脉造影，国内首例带膜支架植入术治疗斑块破裂，上海市第一例切割球囊治疗冠心病，上海市第一例冠状动脉腔内照射治疗技术，并成功进行了上海地区首例颈动脉支架植入术以治疗脑缺血。我在主持心导管室的工作后，着手改革，克服重重困难，使心导管手术量直线上升。

记得回国后，作为心血管病研究所副所长，我曾跟心脏外科主持工作的王春生副主任促膝长谈：像我们这样规模的心脏外科，为什么不开展心脏移植呢？我们已经做了大量动物实验，可就是缺一个人拍板将其应用到临床。我当即给当时的上海医科大学校长姚泰教授写了一封信，并抄送杨秉辉院长，我认为我们医院已经具备了心脏移植的临床条件，破釜沉舟也一定要做这个手术！失败了由我葛均波承担一切责任！

2005年5月，中山医院第一例原位心脏移植成功了！那天晚上，心脏外科医生们都喝醉了，都流泪了，几代人的梦想成真了！那天晚上，我因为严重的椎间盘突出躺在康复科的病床上，虽然不能赴庆功宴，但心中感慨万千。要做事就一定不能犹豫，更不能怕承担责任。其实，跟整个中山医院和心研所的发展相比，我个人的得失又算得了什么？

中山医院心内科是国内医学界的知名品牌，可是多年来没有自己的学术会议。2000年，初生牛犊不怕虎的我，以医院为后盾，联合南京医科大学第一附属医院心内科，扯着"中山"的大旗举办了首届"东方国际介入心脏病学会议"，吸引了整个华东地区乃至全国的心脏介入科医生，会议期间的论文报道、手术演示，取得了意想不到的成功。现在，这个会议基本上每年举办一次，影响范围早已超出华东地区，辐射全国，近两年已经转播到美国、意大利、印度、新加坡、马来西亚等国家和中国香港等地区，成为知名的品牌会议。

也正是以中山医院为后盾，我连年申请到了国家863计划"药物涂层支架在冠心病应用的研制和开发"首席专家，国家重点发展规划课题（973）子项目负责人、国家自然科学基金等数项课题，上海市卫生局重大项目首席专家，国家211工程项目负责人，上海市临床医学中心项目负责人之一，总计科研经费达2500万元。其中自身骨髓干细胞治疗缺血性心脏病的临床和实验研究成绩喜人，并通过上海市卫生局专家论证后认可。我们牵头的国内第一个心血管病介入多中心随机对照临床试验RACTS在 *Journal of Cardiovascular Pharmacology* 上发表，成了国内第一篇在国际杂志发表的多中心随机对照临床试验，也是国内第一次在全球冠脉介入界大会TCT作为 *Late Breaking Clinical Trial* 上公布研究结果的临床试验。

针对传统药物支架镀层材料因不可降解等缺陷，导致血管持续性炎症反应和内皮化延迟，可引发高死亡风险的支架内血栓形成的问题，我成功地研制出生物可降解聚乳酸材料，及以此为载体的国产药物支架。2006年被评为国家"863计划"新材料领域两项优秀研究成果之一，使支架内晚期血栓发生率从1.3%降到0.87%、支架植入后双联抗血小板疗程由至少12个月缩减至6个月，显著降低医疗费用和出血风险。产品出口俄罗斯、新加坡等十余个国家，在全国超过900家医疗机构临床应用，使年均8万例冠心病患者获益。项目获得2010年上海市技术发明奖一等奖和国家技术发明奖二等奖。课题"心肌桥的基础和临床研究"对心肌桥的病理、血流动力学、影像学诊断特征、血管内超声诊断特征和临床药物治疗等方面进行了系统的研究，通过上海市科研成果鉴定，认为有关成果已达到国际领先水平。

经过3年左右骨髓干细胞移植方面的动物实验及体外试验，在2003年5月起开始进行心肌梗死患者经冠脉自体骨髓单个核细胞移植的临床研究。此外，还发现基质细胞衍生因子-1在大鼠心梗后细胞归巢中的重要作用；提出并验证了影响归巢的"侧支循环"理论即移植区存在侧支循环更利于移植细胞的归巢；通过研发"空间定位聚集磁性颗粒装置"，把磁靶向治疗概念引入心梗的干细胞治疗，并在细胞分化方面提出并验证了"梗死心肌硬度依赖性干细胞分化"理论。

求实勤勉 架设心桥

2005年10月20日，对我来说是一个具有特殊意义的日子。在这天召开的经导管心血管治疗(TCT)会议上，第一次通过卫星向远在美国华盛顿的主会场直播了上海中山医院心导管室的三个手术病例——室间隔缺损(这也是TCT第一次直播室间隔缺损介入手术)、冠脉支架内再狭窄和左主干CTO病变手术，都获得了圆满成功。这也是第一次中国的手术转播至美国TCT会议现场。

三个病例中尤以CTO病变最为引人注目。当我介绍该例患者的冠脉造影结果时，主会场的所有观众都对这个极具挑战性的手术表示出极大的兴趣，其中也不乏怀疑的目光，因为CTO病变是目前冠脉介入治疗中的难点。手术中，我曾试图使用引导钢丝通过左主干闭塞段，但多次尝试均无法确定钢丝是否在血管真腔内，遂采用对吻引导钢丝技术：经右冠远端供应前降支的侧支血管，把一根导引钢丝经侧支血管置入间隔支，然后逆行操作，引导钢丝通过左主干闭塞段，该引导钢丝遂作一定向标记，经左指引导管顺行放入另一引导钢丝，通过左主干闭塞处至前降支远端。

在观看一个个高度精密细致的步骤和手法时，当时主持会议的美国加州Scripps医院介入心脏科主任Teirstein教授连声感叹：

"中国人是怎么想的，怎么会想出这样的做法！"

2006年8月，受到哈佛大学Brigham and Women's Hospital心内科的邀请，我又通过电视电话会议的形式进行两院间的学术交流。

在多年的不懈研究中，我带领的科研团队首次发现，心脏钠通道基因突变与扩心病有关，在一房室传导阻滞伴扩心病家系中找到了一个新的SCN5A基因突变位点(C→T)。通过临床观察还发现未发病的突变携带者运动后的心电图会发生改变。研究揭示了SCN5A突变可能影响钙平衡，从而造成心肌损伤导致扩心病，而心电图表现则有助于高危人群的早期检出。

2007年，我被提名并最终当选为ACC国际顾问委员会委员(International Governor)，是唯一来自中国的委员。ACC国际顾问委员会由30名来自世界各地的心血管专家组成，每个国家任命一名。ACC国际顾问委员会委员的遴选标准非常严格，除必须是ACC会员外，对在国际上发表论文的数量和质量也有一定要求。所以，能当选ACC委员是对心血管领域研究者的一种至高的荣誉和肯定。ACC成立国际顾问委员会的目的，旨在让学术能够超越国界，让全世界的心血管专家紧密联系在一起。正是出于这样一种促进交流合作的目的，作为心血管医师，我想应该把我国的医疗情况让国外同行了解，而且还要把国外一些先进的指南、经验带到国内，这是在架设一座心的桥梁。

我国正处于一个迅速发展的时代，20年前我在做学生的时候，很少遇到心肌梗死，但是目前不少年轻人都出现了心肌梗死。最令人遗憾的是，在西方国家冠心病发病率降低的时代，我国的冠心病发病率却呈明显的上升趋势，不但给患者带来很多痛苦，还给社会造成很大负担。如何提高我国医疗整体水平呢？我想通过国际学术交流，信息的沟通，借鉴和学习一些先进的理念和技术，避免再走无谓的弯路。我非常愿意架设这座心的桥梁，让中国与世界的学术沟通更快、更顺畅。

屈指数来，回国已十数年了。我深深感悟：求实求是，人生不可无求；勤勉勤奋，学问源自于勤；戒骄戒躁，淡然得意之事；坦诚坦荡，坦然失意之时。

我愿携手心血管界的专家学者们，不断去攻克医学难题，营建更壮观的基础科研与临床实践的平台，与时俱进地引领生命健康事业，顺风顺水地前行。

（本文写于2012年10月，改定于2022年8月29日）

葛均波 心血管医学家。1962年11月8日生于山东五莲。1984年获青岛医学院医学学士学位；1987年获山东医科大学硕士学位；1988年考入上海医科大学攻读心内科博士研究生，1990年被派往西德美因兹大学联合培养，1993年获美因兹大学医学院医学博士学位，同年到埃森大学医学院做博士后研究。1995年任埃森大学医学院心内科血管内超声室主任。1999年回国，现任复旦大学附属中山医院心内科主任、心导管室主任、上海市心血管病研究所所长、复旦大学干细胞组织工程研究中心主任，教育部长江学者奖励计划特聘教授，复旦大学生物医学研究院教授，2013年起任同济大学副校长。长期从事心血管造影和介入医学临床与基础研究。先后承担数十项国家和省部级科研项目。已发表SCI收录的通讯/第一作者论文150余篇。已主编卫生部《内科学》全国统编教材、*Intravascular Ultrasound*等中英文学术著作6部。以第一完成人获国家科技进步奖、国家技术发明奖等省部级以上科技奖励10余项。现兼任中华医学会心血管病学分会候任主任委员、亚太介入心脏病学会主席、美国心脏病学会Fellow (FACC)和国际顾问、欧洲心脏病学会Fellow（FESC）、中德医学会名誉会长、全球华人心脏保健网主席、国际心脏病大会顾问委员会委员、德国埃森大学客座教授、美国哥伦比亚医学中心Daniel L. Macken客座教授等。2011年当选中国科学院院士。

> 一个发展中的国家在走向发达的途径中,仅能在有限程度上依靠引进技术。模仿技术一般仅能改进。只有用自己的知识库针对自己的资源和国情,才能达到技术上独立的目标。
>
> ——郭慕孙

化工的前途

1956年我从美国回来,发现没有一条路用领导人的名字命名,我国领导人也不主张祝寿。我十分赞赏这种不讲名、鞠躬尽瘁为人民的精神。在当前经费紧张的情况下,为了我70岁组织活动,我感到十分不安。人的年岁总要增长的,何况我没有充分做出有益的工作,对化冶所(化工冶金研究所)的贡献也极为微薄,更觉得惭愧。因此,对中国科学院为学部委员(院士)70岁后逢10逢5举行庆祝活动,我只能理解为对"马不该停蹄"的一种鞭策。英文中有一个词 noblesse oblige(位高则任重),是法文外来词,意思为"带有义务的权利"。

所领导要我说几句话,并指出过去我为国际化工会议讲过"化工前沿",在学部大会上讲过"化工的跨学科发展",在国外也曾对化工中"片"和"局"的发展作过演讲。我想还是对"化工的前途"提些看法。年纪大的人能提供一些基于综合经验积累的见解,但也会讲出过了时的话,请谅解。

郭慕孙 院士
(中国科学院提供)

化学工程是从工艺中归纳出来的学问，最初所归纳的内容为化学加工中的物理过程，将之系统化为"单元操作"。我们往往将单元操作的起源追溯到美国 MIT 的 Walker 教授于 1923 年出版的《化工原理》。但最早采用单元操作这一概念的倒是英国工程师 G. E. 戴维斯 (George Edwards Davis，1850—1907)。他在 1901 年就写了一本化工手册，将工艺按单元归类，在 1904 年与他的学生 Swindin 写了第二版，我起先不知道这一历史，直至 1984 年英国拉夫堡大学 (Loughborough University) 邀我去作第七届 Davis-Swindin 纪念演讲，才明白。

将工艺作如上的归纳，单元操作的经验性仍很强。进一步的理性分析，形成了更基础的三个组成部分，即动量、质量和能量的传递。在很长一段时间，化学反应却孤立在外，未突破动力学的范畴，直到 20 世纪 50 年代中期才逐步与三个传递结合，先形成宏观反应动力学这一分支，然后再与反应器中的流型等因素结合，成为一种化学反应器的学问，即化学反应工程学。于是，化学工程中的科学成分大为增强了。

20 世纪 60 年代初，草拟我国第二次全国科学规划时，我们将化学工程的基础部分，写成"三传一反"。虽三传一反不能被理解为化学工程的全部内容，但至少代表了其核心部分；由于化学工程所处理的对象为物质，而物质脱离不了 G、L、S(气、液、固)

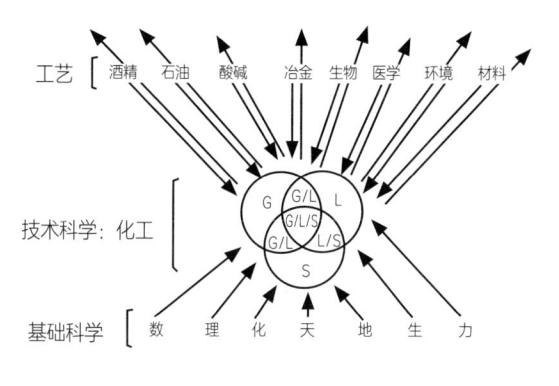

"三传一反"学科结构示意图

三态,我们可将化学工程形象地用三个交叉重叠的圆周来代表,形成单相、两相和三相共七个区。各区都有三传一反的内容。

学科结构如此明确之后,化学工程的内涵有了迅速发展。但纵观其历史和现状,化学工程始终处于技术科学的"桥梁"位置:一方面,它从不同工艺中不断归纳而扩大充实;另一方面,它以不同基础科学为后盾,加强其科学内容。也就是说,化学工程的输入,一方面,来自多种工艺;另一方面,来自各门基础自然科学:数、理、化等。于是,它形成一种独特的知识库(knowledge base)。

从历史角度看,最早输入化工学科的工艺有酒精、酸碱、石油工业。在20世纪50年代,叶渚沛先生很有远见地看到冶金与化工相结合的生命力,创办了化工冶金研究所。他采用了化学工程的解析方法,探讨了强化高炉炼铁的问题,将他的研究结论概括为"三高"措施:高压炉顶、高风温和高湿度。叶先生的经验指出,工艺与学科相结合,开始于工艺向学科输入,继以学科向工艺反馈,反馈的 knowledge base 会超越原来的工艺知识,如三高理论。也就是说,工艺与学科之间的知识反馈,导向反馈的 overshoot(超越)。

郭慕孙(左)在香港科技大学作报告(2004,中国科学院提供)

化工冶金中的超反馈远不止"三高"。概括一点,我们可以看到从矿石中提取金属已形成了三类工艺。第一种基于 S,将固体矿石通过熔融而分解,然后继以金属的化学分离和提纯,高炉炼铁是这种工艺的重大典型。李约瑟在总结中国古代冶铁技术时指出,中国的道路不同于世界其他文明。一般国家先发展熟铁法,因其冶炼温度较低,然后继以全部熔融的高炉法。但在中国,由于陶瓷、青铜工艺的早期发达,一跃而采用高炉炼铁。化冶所在我国首创了第二种基于 L 的冶金工艺,将矿石溶解于水中,如此摆脱了一切由高出 1000℃ 的温度所带来的困难。第三种工艺基于 G,将矿石分解至气相,从中分离和提纯金属。这一思想起源于一个世纪以前 Bunsen 在考察火山气体中含 HCl 时,注意到

Fe_2O_3 可随 HCl 气流迁移。Münster 大学的 Schafer 教授在 1964 年将元素在气相中的化学迁移写成 *Chemische Transportreaktionen* 专著。目前，这一学问主要应用于稀土金属的提纯和半导体工艺。继人类以 S 和 L 法提取金属，我们是否该探索和开创 G 法于一般金属的提取？工艺至工程、工程至工艺的超反馈模式，已是化学工程的历史事实。化冶所在创立化工冶金的实践中也获得了建立边缘科学的经验。

就在科学院内部，生物已成为冶金的后继者。在 1977 年全国科学技术规划中提出了生物化工之后，虽有若干年的潜伏期，但经过院(特别是中科院化学部、生物学部)领导的支持，已逐步形成了第二个化工边缘学科，慢慢在发挥科学院中化工和生物相结合的综合性优势。生物与化工相结合的超反馈效果很多，如生化反应器。对生物界，"反应器"犹如一外来语，但对化工界，生物中的不同速率过程(rate processes)，都可采用习用的化工概念进行解析，创造工艺和设备。目前固定化酶、大规模细胞，甚至组织培养的工艺化，都代表着生物和化工不相同基础知识（knowledge base）的结合。

其他从化工中获取超反馈效益的还有医学。例如，人工脏器的制造，服药在体内各部位的分散和吸收，潜水病的处理等；又如，材料科学，也向化工索取知识，进行超细粉末、光电材料、记录材料的制备，微电路的刻蚀等。

要使化学工程在国民经济中发挥作用，除了明确的学科结构，在实施中还需要考虑三个因素。

第一是"才"。有了人才，才可进行化工研究，但化工实践也造就了人才，起到超反馈作用。在当前情况下，发挥人才的作用重在有明确的方向、自己的努力和献身的精神，在英文中可用三个 D 字表达，即 Direction、Diligence、Dedication。

第二是"材"。化工是处理具体物质的工艺，材可包括资源、设备、硬件和任何其他用于试验研究的材料。

第三是"财"。研究必须有经费，但研究成果可造成财富。后两者也都具超反馈作用。

三"cai"是否都能够超反馈，重在组织。这是目前最大的薄弱环节。组织者也属"才"的范畴，对他们特别要求第三个 D，但是在提出这一要求的同时，必须有政策承认他们的贡献，保护他们的权利，充实他们的业务能力。

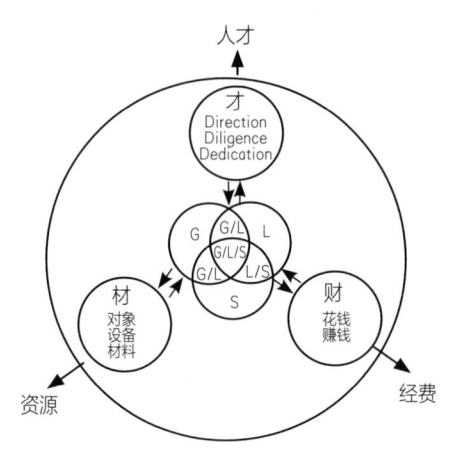

学科结构与"才""材""财"三因素

一个发展中的国家在走向发达的途径中，仅能在有限程度上依靠引进技术。模仿技术一般仅能改进。只有用自己的知识库（knowledge base）针对自己的资源和国情，才能达到技术上独立的目标。30 多年来，化工冶金的实践已为边缘科学创立了先例，生物化工也正在复制这一模式。我们的实践已充分说明了边缘科学的超反馈作用，也指出了基础研究对创造独立自主的技术的作用。但是，这一经验还不是我们充分认识到的可贵的历史遗产。

今天是更重要的纪念日——儿童节。儿童是生命中最富好奇心、进取心和创造心的时代。作为研究工作者，我们要尽一切可能保住这三"心"。除非返老还童在科学上成为可能，与在座的各位比较，我更远离了这三"心"，自己感到心有余而力不足。是将科学困于工艺或将科学用于工艺，是值得我们深思的历史争端。希望是在后继者的手中。

祝各位在研究工作中节节上升。

（本文选自 1990 年 6 月 1 日发表的演讲《祝七十岁谢词：侃化工》）

郭慕孙 化学工程学家。1920 年 5 月 9 日生于湖北汉阳，原籍广东潮阳。2012 年 11 月 20 日逝于北京。1943 年毕业于沪江大学化学系。1946 年获美国普林斯顿大学硕士学位。中国科学院化工冶金研究所研究员、所长、名誉所长。作为中国流态化学科研的开拓者、中国颗粒学会名誉理事长，早年发现"液－固"和"气－固"两种截然不同的流态化现象，分别命名为"散式"和"聚式"流态化，现已定为工程化学术语；后将散式流态化理想化，提出了描述流体和颗粒两相流最简易的"广义流态化理论"，可适用于颗粒物料的受阻沉降、浸润和洗涤、移动床输送等工艺。对气体和颗粒的聚式流态化，于 20 世纪 50 年代即指出其接触差、能耗高的缺点，相继研究稀相、快速、浅床等其他流态化方法，逐步形成"无气泡接触体系理论"。上述理论已应用于金属提取等资源开发。1997 年设立了"中国颗粒学会青年颗粒学奖"。2008 年被美国化学工程师协会评选为化学工程百年开创时代 50 位杰出化工科学家之一。1982 年和 1990 年两次获国家自然科学奖二等奖，1989 年获国际流态化成就奖。1980 年当选中国科学院学部委员（院士）。1997 年被聘为瑞士工程科学院外籍院士。

>　　长亭外，古道边，芳草碧连天。
>
>　　晚风拂柳笛声残，夕阳山外山。
>
>　　李叔同的词是一幅意境悠远的田园画。自然与生命之美的核心就在于这个"碧"字，这也是绿色化学的真谛。
>
> ——何鸣元

朗读者　王悦熙

绿色化学的真谛

探究化学奥秘之梦

　　1940年，我生于苏州。爷爷是位私塾先生，家父原是学纺织的，后受爷爷影响也当过教师。成长于教师之家，让我们兄弟姐妹六人从小就沉醉于书香的芬芳。兄弟姐妹六人我排行第四，我常常觉得排行居中有助于养成独立自由的性格。生活虽不富裕，看书却不愁。连吃饭时，我们也常在饭桌前放着书，边吃边看，酷爱读书已成了从小养成的习惯。

　　苏州是座千年古城，百代翰墨让苏州的一石一木，都濡染上了浓郁的文化气息。尤其是我就读的江南名校——苏州中学，对学子自有影响久远的熏陶。家住在离苏州中学不远的干将坊，古城古巷古宅，粉墙黛瓦庭院深深。每天清晨去上学，沿着被岁月踩磨得光滑而圆润的石子铺就的小巷，西行到乐桥后，又从人民路向南，经饮马桥达三元坊，就到了与千载文庙连成一体的苏州中学。上课前钟声未鸣，校园处处可闻书声琅琅，令人感到勃勃向上的生机。50年后，我重回苏州中学校园时，看到此情此景宛然如昔，胸中涌起阵阵兴奋与激动，禁不住感慨一生之学业始于此，一生之事业基于此！

在少年时代，我最初的爱好似乎是文学。入高中后，首位化学老师是孙心慧，他讲课条理清晰、法度严谨，平时虽不苟言笑，但对学生体贴入微，久而久之使我渐渐也喜欢上了化学。继孙老师之后授化学课的是许楠英老师，许老师授课语言精练，鞭辟入里，以元素周期表提纲挈领向学生展开整个化学殿堂的辉煌，并处处关联着自然界。可以说，是许老师的化学课使我对自然界的格局和规律以及和谐与平衡有了朦胧的意象，时而会升腾起一种想探究化学奥秘的愿望。

何鸣元 院士
（2007，方鸿辉摄）

苏州中学求学三年后，我被录取到了华东纺织工学院，那是在1957年。上大学的那段时间，正赶上饥饿年代。所幸的是，大学图书馆里有书，一捧上书也就不再理会其他。我所选的专业是化学纤维，大学期间得到了一些肤浅的理解。

锲而不舍的"催化"之路

1961年，满怀憧憬的我被分配到石油科学研究院工作。领导让我参加航空煤油的研制，后来又让我去测试特种燃料在高温高压下的性能，主要是研制设备，建立方法。我觉得自己的兴趣似乎不在这个领域。

1962年我想报考研究生，可是刚把这一想法向领导汇报，立即就遭到严厉的批评——不安心本职工作。我有些惶恐。后来从事气相色谱分析，建立了一些方法，也解决了一些问题。1969年被下放到"五七"干校去劳动，一年后被召回研究有关汽油烃族组成分析，建立了一些后来得到行业普遍应用的方法。对于化学来说，反应和转化始终是最核心最引人入胜的部分，我不由自主地想到将色谱分析和催化反应过程结合起来。"催化色谱"，可以说是把我引领到催化化学领域的门径。

令我始料不及的是不久开展的"文化大革命"，我也被当作"白专"典型予以批判，大字报在大院里似乎有铺天盖地之势。好在自己有一些定力，一时又不触及皮肉，于是"躲进小楼成一统，管他冬夏与春秋"。虽然做不了多少自己想做的事，但还可以读一些自己想读的书。读书写笔记，其中就包括一些催化的书籍和期刊文章。

伴随"科学春天"的来临，1980年国家公开选拔公派留学生，我有幸参加并通过教育部组织的统一考试，以访问学者的身份去美国研究与学习。

最初，我在美国西北大学做载持有机金属配合物研究。感觉国外大学的学术环境和学术气氛很契合我自小养成的独立自由的性格，科研能力也得到进一步提升，多篇论文相继在《美国化学会志》等刊物上发表。

两年后，我转入得克萨斯大学，继续以访问学者的身份进行催化化学的相关研究。这一年，我完成了5篇论文，发表在美国《催化杂志》等刊物上。应该说，此时我已逐渐了解在催化化学的有关领域中什么是科学的前沿。

1984年初,我被单位召回,有幸被安排在闵恩泽大师的手下从事催化基础研究。院里新成立了基础研究部,我被委任为研究部主任。闵先生说:"我们不能再亦步亦趋,学别人的东西走别人的老路了,我们必须从导向性基础研究上来实现创新。"我想,那就从催化材料着手。我们带领一群年轻人,开始探索自主创新的道路。

19世纪90年代,美国人提出了催化加工石油的方法,引领了全世界炼油技术的方向。一百多年过去了,认识仍在不断深化,技术仍在不断进步。从开采石油的油井到汽车的油箱,姑且称为"从油井到油箱"这一过程,其中包括了万千的变化,而庞大的石油加工装置控制着许许多多精细入微的变化历程。譬如,在高温高压下石油的油气组分通过催化剂的表面孔道,定向转化成不同馏分或不同分子,最后成为我们所需要的产品。具有不同晶体结构和细微孔道结构的分子筛材料,则是制造催化剂的核心组分。

物质是由分子构成的,分子是由原子构成的。分子的大小尺度与不同晶体结构分子筛材料的孔道结构可以相互匹配。催化剂颗粒很小,但是一个催化剂颗粒就其丰富的内涵来说,可以看作是一个巨大的星球。那里沟壑纵横,云岭起伏;那里山川绵延,风光无限。我们全神贯注于分子筛材料的孔道及其化学环境。微观世界的奥秘,使孔道这有限的空间中包容了无限的天地。主体的环境和客体的分子之间,不仅是经典意义上的传输、吸附、反应转化、脱附和再传输,化学环境和分子之间的多重的错综复杂的作用和影响,给分子的反应带来万千的变化,涉及催化剂特征、催化活性中心、催化作用机理、孔道传输行为、纳米尺度和限域空间的影响等。尽管目前人们仍然所知甚少，但确定无疑的是，认识在不断地深化，创新在不断发现新的空间。

我们的团队研制成功一种新型的 Y 形分子筛，新品种的催化剂兼具优异的选择性和稳定性，很快用到多个工业装置。1994 年，获得中国石化总公司创造发明奖一等奖，第二年获得国家创造发明奖二等奖。为我国独创的多产丙烯的 DCC 工艺技术开发的 ZRP 系列分子筛，其超高的水热稳定性独步世界，1995 年被国家科委评选为我国十大科技成就之一。

绿色与可持续发展化学

20 世纪 80 年代提出的"绿色化学"及随后的"可持续发展"观念，让我们明白：必须既满足当代人的需要，又不对后代人满足其需要的能力构成危害。这是人类一个世纪以来最深刻的警醒，已被全球广为接受。这一观念的形成，应首先归功于著名的环保运动先驱、生物学家卡森，她于 1962 年出版的曾引起轩然大波的不朽名著《寂静的春天》，描绘了农药污染世界，造成"鸟语不再，唯余空山"的可怕景象，引发了人类对于发展观念的争论。卡森一度遭受来自化工行业某些人从学术到人身的攻击和诋毁，但她"以人为本"的科学情怀以及学术贡献还是被载入了人类认识世界的史册，而且随着人类认识的深化，卡森已备受尊重和怀念。

可持续发展观念形成的根源可追溯于化学与化工。我就职于炼油化工行业，制造的催化剂虽加快并扩大石油化工产品的生产，但也增大了对环境的污染。看到与之相关的不同事故的接连发生，不禁陷于苦恼，这是无可回避的有机化学家的责任，换句话说，也是化学家的耻辱。

美国在1990年颁布了污染防止法案,并确立为国策;日本制定了以环境无害制造技术等绿色化学为内容的"新阳光计划";欧洲和拉美地区也纷纷制定了绿色化学与技术的科研计划。世界环境与发展大会召开之后,中国政府也编制了《中国21世纪议程——中国21世纪人口、环境与发展白皮书》,郑重声明走"经济与社会持续协调发展"的道路。中国科学院化学部确定了《绿色化学技术——推进化工生产可持续发展的途径》的院士咨询课题。在闵恩泽院士带领下对国内绿色化学的现状和发展趋势进行了大量调查研究的基础上,闵先生同一大批负责任的科学工作者联名建议国家科委将绿色化学与技术研究列入国家"九五"基础研究规划。1997年,国家自然科学基金委与中国石油化工集团公司联合资助的"九五"重大基础研究项目——"环境友好石油化工催化化学与化学反应工程"启动,由闵恩泽先生亲自率领。绿色化学革命拉开了序幕。

2000年10月,国家"973"项目之一的"石油炼制和基本有机化学品合成的绿色化学"立项,科技部任命我为这个项目的首席科学家。

我们首先从能源化学着手,推动量大面广的汽油、柴油等清洁燃料的生产,同时对基本有机化学品的绿色化学展开基础研究。而清洁燃料的生产,列在首位的依然是催化剂和催化工艺技术的开发研究。从绿色化学的角度看,依靠传统技术生产的汽油、柴油,存在严重的污染。我国规划到2010年使汽油、柴油质量与国际接轨,这对催化裂化、加氢、烷基化和异构化等石油炼制技术的绿色革命提出了较高的要求。时不我待,任务紧迫。按照闵恩泽先生的倡导，必须从导向性基础研究出发，从源头上根除污染。同样，对于有机化学品的合成，也应该从源头上把关。我国已有的多种有机化学品的生产技术，不少是从国外引进的老工艺，生产过程中要排放大量废物，有的还使用有毒有害的原料、催化剂或溶剂等。因此，加强导向性基础研究，实现我国基本有机化学品合成的科学与技术跨越，也正当其时。

作为国家绿色化学项目的首席科学家，我曾组织石油化工科学研究院、北京大学、四川大学、厦门大学、中国科学院过程工程研究所、北京石油化工学院等一批科研院所的80名专家教授，编写了《石油炼制和基本有机化学品的合成的绿色化学》专著，介绍了我国近年来在绿色化学方面的科技成果以及新的科学思想，同时提出了我国绿色化学的发展目标。要实现这一目标，还必须动员全民的力量。

听说有这样一则故事：一位环卫工人每天半夜起来清扫街道，可是无论他怎么辛苦，清扫干净的街道第二天很快就脏了。越积越多的垃圾终于使他顿悟。于是，他除了清扫的工作，每天还在街头尽其努力告诉路人两句话"清洁的街道是多么的美丽，街道的清洁需要共同的努力"，并将这两句话写在小旗上后插在车上。渐渐地，干净的街道变成了常态。我想，面对中国经济、资源、环境现状，我们应该学学这位环卫工人。

我时而也给同学们介绍绿色化学的发展和原则，授课结尾时常会在屏幕上引用李叔同的词句：

长亭外，古道边，芳草碧连天。
晚风拂柳笛声残，夕阳山外山。

这是一幅意境悠远的田园画，读来仿佛看到满视野的绿色。

自然与生命之美的核心就在于这个"碧"字，这也是绿色化学的真谛。百年前，诗人对未经工业化摧残的生态环境的描述可概括为"天涯何处无芳草"；百年后的今天，世界发生了触目惊心的变化，再过百年又将如何，会不会变成"天涯何处觅芳草"？世界的未来，取决于人类是否能幡然醒悟，达成共识，共同构建可持续发展的和谐环境与社会。

让我们共同努力吧！

（本文写于2008年6月，原标题为"实现化学梦的脚步"，改定于2022年7月16日）

何鸣元 化学家。1940年2月8日生于上海，籍贯江苏苏州。1961年在华东纺织工学院应用化学专业毕业后进入石油化工科学研究院，先后担任基础研究部主任、副总工程师、总工程师。现任华东师范大学教授。长期从事催化材料与炼油化工催化剂研究，发明了一系列沸石合成与改性的新方法并开发出多种炼油催化剂。申请国内外专利200多项，150多项已授权。获国家发明奖二等奖、三等奖各一项，中国石化总公司发明奖一等奖、科技进步奖一等奖等若干项。其中ZRP系列分子筛于1995年被国家科委评为我国十大科技成就之一。在国内外著名刊物发表研究论文200多篇。多次应邀在国际学术会议作大会报告或邀请报告。曾任第15届国际沸石分子筛大会副主席，第16届世界石油大会分会主席，国际学术刊物 *Applied Catalysis A: General* 编委。2000年由国家科技部聘任为绿色化学课题的国家重大基础研究项目首席科学家。2001年获何梁何利基金"科学与技术进步奖"。2002年起任国际催化理事会理事。2007年被选为国际沸石分子筛协会副主席。1995年当选中国科学院院士。2011年当选中国科学院学部主席团成员，2012年获中国催化成就奖，同年被法国教育部授予棕榈叶骑士勋章。2019年获中国分子筛协会终身成就奖。

> 物理学的根本奋斗目标之一,是不断地追求物质世界的统一。爱因斯坦和海森伯都研究过统一场论。
>
> ——何祚庥

科学家的回答

问:您认为在未来科学技术的哪个领域将率先获得突破?

答:介观物理学。

问:您认为事业成功需具备什么条件?

答:思考+勤奋+数量级的估计。

问:您的业余爱好是什么?

答:哲学、政治、经济、历史、文艺、戏剧、象棋+太极拳。

问:您认为哪一本书对您的影响最大?

答:《实践论》+《矛盾论》。

问:您的人生格言是什么?

答:向一切成功者和失败者学习思想方法。

问:您在科学道路上遇到哪一件事给您的印象最深?

答:我的学长于敏同志说:"我经常注意前辈科学工作者们思考问题的方法。"

问:您最近从事什么工作?

答：暗物质和超对称粒子。

物理学的根本奋斗目标之一，是不断地追求物质世界的统一。爱因斯坦和海森伯都研究过统一场论。15年前，人们在建立了量子色动力学、弱电统一理论的基础上，提出过一种强、弱、电三种相互作用统一的大统一理论。然而，这样的大统一理论也失败了。几年前，有些人突发奇想，试图建立一种"包罗万象"的最终理论，亦即所谓的超弦理论。在实践面前，这一理论也已摇摇欲坠。所谓"包罗万象"的理论只能是"空洞无为"的理论，这再一次说明了认识发展的辩证法。现在，人们总结了历史经验，开始进行一种新的最小的超对称大统一理论的探索。有迹象表明，这一新的追求已成为诸如粒子物理、核物理、天体物理、宇宙论物理等许多领域共同奋斗的目标，领导当代物理学发展主导的共识。许多物理工作者纷纷调整他们的科学工作。这一探索是怎么一回事？这一追求能成功吗？

最小的超对称大统一理论，是在总结和分析了大统一理论失败原因的基础上而提出的一种新的想法。

首先要介绍什么是大统一理论？

自20世纪70年代以来，量子色动力学理论在解释粒子强相互作用种种现象上获得了巨大成功。1968年提出的弱电统一理论，在解释粒子间弱相互作用和强相互作用方面也获得了巨大的

何祚庥 院士
（中国科学院提供）

成功。量子色动力学之所以成功，其原因是引进夸克（又称层子）和规范场论；弱电统一理论获得成功的原因，也是由于引进了夸克，再加上带有真空破缺机制的规范场论。既然弱相互作用和电磁相互作用能在引进夸克或层子观念再加上带有真空破缺机制的规范场论的基础上实现两者的统一，那么人们能否在夸克观念基础上，对带有破缺机制的规范场论进一步加以扩展，从而实现强、弱、电的更大统一？这就是自20世纪80年代以来，人们普遍关注的大统一理论的基本思想。

为什么这一理论竟能获得许多物理工作者的赞赏？其原因是：(1) 有相当多的大统一理论工作者比较仔细地计算了强、弱、电三种相互作用耦合常数随能量转移尺度的变化，发现这三种耦合常数竟然在能量为 10^{15} GeV 尺度上相交于一点，这使人们看到在理论上确有统一的可能。(2) 由当时称为 SU_5 对称的大统一理论出发，可算出决定 Z^0 和 $W^{\pm}$ 粒子质量比值的一个参量 $\sin^2\theta_w$，并和实验结果相当符合。(3) 这一理论能预言质子的寿命是 10^{30} 年，预言宇宙间必定存在数量可观的磁单极子，以及一大批暂时还难看到的寿命极短、质量极重的粒子。(4) 有趣的是，这一理论似乎能解释宇宙间核子数和光子数之间比值，这就为粒子物理的研究和宇宙论的研究找到一座桥梁，在"宇宙之大"和"粒子之小"之间也能够找到某种"统一"。一时很多人都被这一令人振奋的前景所鼓舞，有大量的实验方案、理论分析都为这一前景而奋斗！

可惜，好景不长。首先是质子寿命的测量值并不是 10^{30} 年，而是至少大于 10^{32} 年。其次大统一理论所预言必然存在的磁单极子，屡经高灵敏度实验装置的探索并没找到。为了解决这一困难，人们不惜修改宇宙论，说宇宙演化早期有一个暴胀阶段，即在早期宇宙膨胀得极其迅速而冷却，以至于磁单极子来不及产生。这一新的暴胀宇宙论预言宇宙的总质量等于一个和哈勃常数相关的临界质量，约为现在观测到的宇宙质量的10倍，而其余90%未能观测到的暗物质质量就猜测为是中微子的质量。理论计算表明，如果中微子具有8eV的静止质量，就能够解释宇宙中何以还有这90%的尚未观察到的质量。于是，在国际科学界就掀起了测量各种中微子静止质量的浪潮。然而，正当人们在热衷于弥补大统一理论这些漏洞的同时，却有一些理论工作者根据已测得精度更高的强、弱、电相互作用耦合常数的实验数据，又重新计算了这三种耦合常数随能量转移的变化，结果发现这三种耦合常数在能量尺度为10^{15}GeV时，并不相交于一点，而是在8倍标准偏差外，分别相交在三点。这就从根本上动摇了大统一理论。与此同时，早年人们通过精确计算而算出的$\sin^2\theta_W$的数值，也和最新高精度的实验值不符，相差达到10倍标准偏差以外。

为了弥补大统一理论的这些漏洞，人们引进了"超对称"。超对称是探索中的一种对称性，其特点是认为玻色子（指整数自旋的粒子）和费米子（指半整数自旋的粒子）之间有某种破缺了的对称性。因而，现已观测到的粒子，均有其超对称的伴侣，并具有$R=1$的量子数，而已知粒子却只具有$R=0$的量子数。这样，拟议中的粒子物理中的家族，就立刻增加了一倍。可是，这些新增加的粒子家族，大都有一个特点，即它们的重量均极重，寿命亦较短，以至于在目前的超高能对撞机上，无法观测这些粒子。但是，当人们引入这些新添加的超对称粒子后，立即产生两个后果：(1) 上述的三个耦合常数将在10^{16}GeV的范围重新交于一点，这就使理论上的统一有可能复活，而且质子衰变寿命得以延长到

10^{34}年以上，从而跟目前实验下限不矛盾；(2) 由这一超对称的大统一理论又能精确地算出$\sin^2\theta_w$的数值，这跟目前高精度的实验值相当符合。于是，旧事重提，强、弱、电三种相互作用的统一又远景在望了！

为什么这一新的超对称的大统一理论，还要加上"最小"的形容词？

这是因为迄今实验上还没找到任何一个"超对称"粒子，现在却忽然引进了一大族，这未免"畅想"得太过分。为谨慎起见，仅仅引进了为保持理论上的自洽性所需要的"最小"的添加。这就是最小的超对称的标准模型的由来。而它的进一步扩展，就是最小的超对称的SU_5的大统一模型。

但是，这一理论也含有不可避免的太多的磁单极子，这样也必须同时引进暴胀宇宙论。于是，就预言了宇宙中必然存在着暗物质，亦即某种在原则上不能发光的物质。所以，很多实验物理学家又转过来从事宇宙中可能存在的暗物质的探索。随着对暗物质研究的不断深入，人们发现仅将质量很小的中微子作为热暗物质的候选者还不足以完整地解释由早期宇宙到星系团、星系的形成及其在大尺度上的分布。为了能符合目前天文学上的观测数据，还必须有冷暗物质参与。例如，质量为100GeV以上但又是中性不带电的稳定粒子便是组成冷暗物质可能成分的一种。有趣的是，上述最小的超对称的标准模型及其大统一理论，却能提供这样的粒子。上面曾经提到，由于引进了超对称，因而在其理论中便不可避免地要引进大量不稳定的质量极大的超对称粒子。但是，在所引进所有的超对称粒子中，必有一种相对最轻且又是中性的稳定粒子的存在。因为这些超对称粒子必然带有$R=1$的量子数，这样便使得它们不能转化为通常人们所熟知的夸克、轻子或中间玻色子等粒子，而它们必将在宇宙空间中稳定地存在。这就成为冷暗物质的最佳候选者。

近年来，宇宙背景辐射高精度观测的实验，亦即称为COBE的观测实验表明，宇宙中的确存在满足普朗克黑体分布的宇宙背景辐射，其温度是2.72K，且偏离黑体辐射的量仅为10^{-5}这样小的相对数值。为了从理论上解释这样的"偏离"，一个最佳的模型是：宇宙中将有10%常见物质，30%热暗物质(亦即有质量的中微子)，60%冷暗物质。超对称的中性粒子恰好填补了所需的空缺。这就是当前基于最小的超对称标准模型所提出的关于宇宙组成的可能的图像。

有趣的是，近来在10米望远镜对远河外星云(Z=3.3)的观测中，发现氘和氢的丰度比为$2.5×10^{-4}$，这意味着过去已得到确认为10%的观测质量，其中仅包含2%的常见物质，其余均为探索中的暗物质，很可能是中性的超对称粒子组成的暗物质。因此，宇宙中可能存在着暗物质的假说，已不仅仅是暴胀宇宙论的猜测，而是已有观测根据作为科学的基础。

为验证这一新的理论，日内瓦西欧核子中心前一时期正在酝酿将其质心能量达180GeV的正负电子对撞机方案提高到220GeV，以寻找由这一理论所预言的质量约为110GeV带电超对称的希格斯粒子。这一行动也促使人们进一步思考：能否在实验上真正看到这种假想中的超对称粒子？

早在35年前(亦即在1957年)，已故著名物理学家、中国科学院学部委员张文裕教授就提议在云南落雪山上将由其首建的云雾室扩建为一个大云雾室，以观测高能宇宙线中种种物理现象。

这一建议立即得到时任中国科学院原子能研究所所长、著名物理学家、中国科学院学部委员钱三强教授的大力支持和关注，并由当时的研究员、后当选为中国科学院学部委员的肖健教授主持并负责建造。在大家共同努力下，这一大云雾室终于开始运转，且性能良好。1972年，在时任云南落雪山高山观测站站长霍安祥教授（当时是助理研究员）的主持、领导和组织下，在大云雾室里竟记录到一个质量至少大于10GeV或很可能大于40GeV、寿命长于0.5×10^{-8}秒，但飞行速度并未达到极端相对论的带电重粒子。这一新的发现曾引起了人们的广泛注意和许多理论工作者的思索：这一粒子能纳入当时已知的粒子家族吗？已故的著名理论物理学家、中国科学院学部委员朱洪元教授反复研究了这一新发现的事例，力图对这一新发现的事例作出合理的解释。但是，反复计算的结果总是表明，这样一个重粒子事例毕竟不可能由宇宙线中极高能量的粒子碰撞到大气层中的氧、氮等原子核上产生。因为要产生这样一个极重的粒子，必须在质心系中至少有超过此粒子静止质量数倍的高能质子。假如这一新产生的重粒子在质心系内速度很小，但经过坐标变换到实验系后，就必然落在极端相对论的区域。这也就是说，在实验系中这必然是高速飞行的重粒子，而不是像云雾室中所测到的那种以较低速度但仍接近于光速而飞行的粒子。

　　为什么仅仅从运动学的角度就不能给予合理的说明？我们都感到困惑！是不是这一粒子只是云雾室记录到的某种极端相对论的粒子，还是由于偶然的统计涨落而造成的假象？科学论文是发表了，但只限于记录观测到的事实，一句也没有涉及其理论解释。正是基于上述原因，虽然这一事例是重要发现，属于首次观测到的稀有现象，新华社记者也赶到现场采访，准备重点报道，但是当时主持这一工作的霍安祥站长却坚决谢绝，反对在报纸上突出报道这一事例。我国某些理论工作者最近做的计算表明：如果认为在宇宙中存在着冷暗物质，存在着尚未观测到稳定的中性超对称重粒子，那么只要存在某种加速机制，将这中性超对称的重粒子加速到适当能量，再撞击到原子核中的质子上，就能将这一稳定的飞行速度接近于光速的超对称粒子，激发成带电的但寿命并不很短的另一超对称的重粒子。这样，云南站大云雾室的事例就能自然地得到解释，而且几乎是唯一在运动学上可能的解释。

如果科学发展的未来，确实证实了有超对称粒子的存在，确实证明了宇宙中尚存在未被观测到的暗物质，确实表明了暗物质的成分之一是这种超对称粒子，那么云南站大云雾室所发现的寿命较长的带电重粒子的事例，就是为上述图像的建立所提供的第一个证据。至少，这一事例为人们对物质可能存在形式的探索，提供了有兴趣的线索。

我们必须以极大的注意力关注这一重要的线索。

上文作者成稿于1996年5月。2022年7月18日，何祚庥院士发来的审稿附言如下：

这是26年前的一篇"自述"。这篇"自述"是对那一时期"未来科学技术"将在哪个领域"率先获得突破"问题的回答。我的回答是"介观"物理学。但真正参与讨论的却不是"介观物理学"，而是微观物理学。这一"回答"不长，却扼要地"回答"了在那一时期对微观物理学，亦即对粒子物理学如何进一步开拓创新的一些想法，当然也包括"我"的一些想法。那一时期的"Leading Concept"就是努力设法寻找一个是否真的存在超对称量子数 R=1，并且看来是质量最小而且是中性的不带电的稳定的超对称粒子。

为此，我们曾与中国的一大批宇宙线专家合作做了一个"L3+C"装置，利用在 CERN 的丁肇中的 L3 大探测器，试图找寻这种 R=1，但理论上属寿命较长的或完全稳定的中性超对称粒子。这个实验进行了多年。很抱歉，什么也没有找到。所得到的最佳科学结果是，比较精密地测量了来自空中的 $\mu^\pm$ 子谱。这是当时对 $\mu^\pm$ 子谱的最佳测量！

何祚庥在家里办公（中国科学院提供）

在粒子理论的研究方面，不能说超对称的粒子理论毫无进展。有两项中国学者从事的工作：一项是罗民兴院士以严格的重正化群（renormalization group）的计算证明了大统一理论中量子色动力学和弱电统一理论里耦合常数超高能量延伸并不真正相交在一点！这一计算直接表明，如要真正实现强、电、弱三种相互作用的大统一，必须引入某些新粒子，其最简单的延伸是引入超对称的 $R=1$ 的各类粒子。另一项是吴岳良院士构建的"最小"超对称的粒子模型。后来吴岳良又将这一"最小"的超对称的粒子模型，扩展到能把引力子也包含在内的，但也是最小的超对称的，是强、电、弱以及引力在内的"超大统一"的理论模型。只是，在实验上都是在高能加速器中绝对看不见的、各式各样的超对称粒子。

总之，当代粒子物理学的实验，一再反复证明了早在30年前杨振宁教授已提出的重大见解——The Party Is Over!

盛宴已不再风光！这是对粒子物理学来说的。但物理学特别是"介观"物理学，亦即凝聚态物理学，却真正得到了巨大的发展。在粒子物理学中许许多多有关"新粒子"的预言，在高能加速器里，在宇宙线里，一个也没有看到，却在凝聚态物理学里不断得到体现。一个又一个"新粒子"（实际上是一种多体运动的运动形式）却陆续地被制造并发现了出来！令人眼花缭乱，耳目一新！

太抱歉了。我已大大落后于时代！本来就不太懂得凝聚态物理学，现在就更不能对凝聚态物理里的这些"新粒子"作全面的总结。还是请凝聚态物理学家向朋友们做比较详细的介绍吧！

不过，作为一名长期在理论物理学领域的好奇探索者，自然也不会睡着。近十几年来，特别是近几年来，我正转向，去开拓一个新的科学领域——经济物理学。

近年来，在经济学研究里，涌现了一股"物理热"。不过，在我来看，这只不过是将数学、物理学里常用的研究方法转移至经济学的研究，并不是真正探讨或研究经济学里的"物理运动的规律"!

对经济学或政治经济学的研究，是否还应找出或发现其中包含的物理运动的规律？这并不完全是一个仅由物理学来回答的问题。其中还涉及一个深刻的哲学问题。这也就是在自然辩证法里首先探讨过的一个哲学问题，各种运动形式的相互关系问题。其核心在于，在自然界里有哪些"基本运动形式"？它们之间的相互关系又如何？

这首先是恩格斯在《自然辩证法》的巨著里给予了讨论和回答。《自然辩证法》中文版有多个不同的译本。在 2018 年，为纪念马克思诞辰 200 周年，《马克思恩格斯著作特辑》专门出版了一本《自然辩证法》的新译本，已由人民出版社编印出版。下面，凡有关恩格斯的译文，均引自这一新译本，并附上页码，使引文有据。

恩格斯在《自然辩证法》的巨著里，曾深刻地探讨过自然界一共有 5 种"运动的基本形式"："在自然科学的历史发展中，最先产生的是关于简单的位置变动的理论，即天体和地上物体的力学，随后是关于分子运动的理论，即物理学。紧接着，几乎同时而且在有些方面还先于物理学而产生的是关于原子运动的科学，即化学。只有在这些关于支配着非生物界的运动形式的不同知识部门达到高度的发展以后，才能成功地阐明各种显示生命过程的运动进程。"（第 132 页）至于最后，当然是意识或思维的这种运动形式。恩格斯曾深刻地问道："终有一天我们肯定可以用实验的方法把思维'归结'为脑中的分子运动和化学运动，但这样一来难道就穷尽了思维的本质吗？"（第 155 页）而人类社会的或经济的运动形式，当然是比上述"五种运动形式"更为高级一些的运动形式。

与恩格斯的论述同样重要的,还有王竹溪老师在他的巨著《热力学》(第二版)一书中对19世纪出现的"唯能论"的批判。他指出:"在19世纪中叶的统计物理学的发展曾受到唯能论者的反对。唯能论者满足于热力学的理论,认为只要用能量的概念就可说明自然界的一切现象,而没有认识到热力学的局限性。""唯能论者的首领奥斯特尔德在《自然哲学讲义》一书中说道,'我们的意识过程本身是能的,并且把这种特性刻印在一切外间现象上面'。"对于奥斯特尔德的这句话,王竹溪老师引用列宁的话作了严厉的批判:"这是纯粹的唯心论,不是我们的思想反映外间世界中的能量底转化,而是外间世界反映我们意识底'特性'!"但是,所有这些论述并不意味着我们不应去探索研究在意识或思维这种运动形式中,必然包含着的"能"的运动过程。也就是人们还必须首先关注或发现意识以及社会经济活动里的"功"或"能量"的活动的过程。而且,这也是恩格斯对这一经济学和物理学的相互关系的问题,首先作了如下的探索。

恩格斯鲜明地提出,"运动的量度——功"(第161页)。需要注意的是,这里的"运动"一词,并不单指物理的运动形式,而是适用于一切的运动的形式。

接着,又指出:"功是从量的方面来考察的运动形式的变换。"(第173页),亦即"功"这个概念,将适用于一切的运动形式和各种运动形式的变换。如用现代物理学的术语来说,变换也就是相变,其当然包含从低级运动形式转化为高级运动形式及其相反的相变。

极其重要的是,恩格斯还在一个注解中,对"功"和社会经济运动形式中的"劳动"作了进一步的讨论。恩格斯指出:"'功'(Arbeit)这个词及相应的观念来自英国工程师。在英语中,实际工作叫作 work,经济学上所说劳动叫作 labour……在德文中情况却不是这样……"而且,"只有克劳修斯(何注:这是一位物理学家)尝试保留 work 这个用语,至少和 Arbeit 这个词并用。"(以上这些摘录均参见 176 页)后来,恩格斯来又注意到:"功——这个范畴被热力学理论从经济学搬到了物理学……可是这样一来它就被赋予完全不同的规定。"而反过来,又会有"有些人在有些地方甚至恨不得把热力学的功这个范畴也搬回到经济学中去"。(上述引文均参见 301—302 页)

尽管恩格斯并不十分认同这种"搬回",但这并不意味着在现代经济学的研究中,这是不值得去尝试的一种探索。所以,近几年来,我又开始了一个新的尝试,亦即尝试将物理学里的"功"或能量的概念重新搬回到经济学或政治经济学中研究。为此,自 2013 年以来,我先后对上述指导思想作了诸多探索,并总结在《何祚庥论马克思主义经济学》的第一版和增订版中。最近,又写成"何祚庥:加快培养复合型新人才"一文,刊登在一个内部刊物 2022 年的《学部通讯》第 3 期的第 52—57 页,其中心思想是将上述《何祚庥论马克思主义经济学》一书,总结为"四座桥":

第一座桥:引入物理学中"功"的理念,为经济学里关于价值的基本理念和物理学中最基本的计量单位(能量)架起一座可互相沟通的"桥"。

第二座桥:以信息创造知识为媒介,用效率的概念为劳动价值和边际效用之间搭起一座可互相沟通的"桥"。

第三座桥:将社会经济的发展当作是随历史(即时间 t)不

断演变和发展的进程，为不同时期经济和社会之间架起可供联系的"桥"。

第四座桥： 用常微分方程理论中常用的"时间消去法"，为"知识 × 劳动 = 效用"的"新劳动价值论"和用"序数论"定义的"边际效用论"之间搭起一座可互通的"桥"。

正是通过"四座桥"的建设，我尝试将马克思主义政治经济学和新古典主义经济学统一成为"世界上只有一个经济学"。当然，这仅仅是一个开始。

何祚庥 粒子物理、理论物理学家。1927年8月24日生于上海，原籍安徽望江，祖籍江苏扬州。1951年毕业于清华大学。1956年进入中国核工业部原子能研究所。1958年赴苏联莫斯科核子研究所学习和研究。1960年回国参与氢弹的轻核理论组。先后在中国科学院原子能研究所、二机部九院、中国科学院高能物理研究所、理论物理研究所任研究员。主要从事理论物理学、科学史、自然辩证法、哲学、政治经济学等方面的科学研究并取得多项重要成果。在物理学方面，对弱相互作用，特别是μ俘获问题作了深入研究，发现了一系列新的选择法则；首次提出 Chew-Mandelstam 推导的方程有严重错误；对层子模型进行了合作研究；对复合粒子量子场论构建了一个新的理论体系；对宇宙论中的暗物质问题，如中微子质量等进行了创造性的有价值的研究。在科学史、自然辩证法、哲学、政治经济学等方面，曾先后探讨了有关中国古代元气学说方面若干重要问题，并着重探讨了粒子物理和宇宙论研究中有关马列主义哲学问题，曾先后探讨了粒子的可分性、场的可分性、真空的物质性、宇宙的有限和无限等问题，澄清了对这些问题认识上的一些模糊观念。近来又在量子力学和认识论问题方面进行了大量工作，澄清了对"波包扁缩"问题，EPR 佯谬问题等一些错误观念。在科学方法论、教育经费、科技政策、社会经济、政治、和平与裁军等研究方面也取得重要成果。1980年当选中国科学院学部委员（院士）。

> 《贡献给今日青年》中有顾颉刚的一段话，主要是鼓励青年到民间去，唤醒民众，不要空谈救国，对我很有影响。
>
> ——侯仁之

择校不如投师，投师要投名师

1931年9月1日是我在通县潞河中学最后一个学年的开始，准备毕业后遵照父亲的意愿去学医。上课仅两周，震撼祖国大地的"九一八"事变爆发了，日本侵略军袭击沈阳，阴谋毕露。这就立即激发起广大学生的抗日爱国运动，我校同学首先发起全市的抗日宣传活动，我被派去参加抗日演讲。随后又开始了校内的军事训练，但是随着寒假的到来，抗日救亡运动就被"不抵抗政策"压制下去。

寒假中我有家难归，沮丧之余，有一天我走出校门，步行50里，直奔北平外城杨梅竹斜街的开明书店，取到了预订的1932年1月号《中学生》杂志。这一期特辟了一个专栏，题作《贡献给今日青年》，其中有顾颉刚的一段话，主要是鼓励青年到民间去，唤醒民众，不要空谈救国，对我很有影响。还有一篇专论，是宋佩韦所写的《东北事变之历史的解答》，又使我开始认识到学习历史的重要意义。

春学期开始后，毕业班的同学们都在考虑自己未来的计划，我也和正在天津读中学的弟弟写信讨论自己的出路。出乎意料的是，他主张我继续升学，但不是去学医而是去学历史，并且提出了鲁迅和郭沫若弃医就文的例子作为说明。陈昌佑校长在了解这些情况后，就建议我去投考顾颉刚正在任教的燕京大学历史系，并且说根据我的学习成绩，可以保送我去先期参加燕大的特别入学考试，只考英文和国文，还可以申请入学奖学金。

这样，我就决定按期前往燕京大学应试。英文的考试我已难回忆，

侯仁之 院士
（中国科学院提供）

可是中文考试我却终生难忘。当时主考的是位年轻的女老师，她在黑板上写下两道作文题：一道是白话文试题"雪夜"，另一道是文言文试题"论文学革命与革命文学"。当时，我虽是理科班学生，面对这两道题目，却也得心应手。因为我在初中一年级时，偶然阅读了女作家冰心的《超人》这本书，其中《离家的一年》这一篇深深触动了我，从此引发了我对新文学的爱好，曾经广泛涉猎过当时文学研究会、创造社、太阳社以及开明书店的一些出版物。因此，得以比较顺利地完成这两篇作文，并且满怀信心地交了卷。只是后来我才知道，当初亲临现场命题的年轻女老师，就是冰心女士。现在她已是90多岁的高龄，是我所经常怀念的启蒙老师。她依然十分关怀青少年的成长，仍在不断地写作中。

在我进入燕京大学之后，我师从顾颉刚教授，获益最大的除去古典地理著作的学习之外，还积极参加了他所主持的以研究我国沿革地理为主的"禹贡学会"。尤其重要的是他所发起的黄河

后套水利考察，使我在野外实践中更引发了对现实问题探讨的兴趣。当时日寇的入侵日益迫近，顾师还利用业余时间组织人力，编写宣传抗日的说唱读物，深入民间传播。因此，在 1937 年 7 月北平沦陷之后，他被迫转往内地。燕京大学是美国教会创办的，得以继续维持，我也得以作为研究生继续攻读硕士学位。当时，我在思想上还曾受清初朴学大师顾炎武"经世致用"这一学说的影响，认为应该及时进行有益于抗战胜利后重建家园的研究。这时，我的指导教师洪业（号煨莲）教授对我深有了解，根据他的深思熟虑，建议我以续修顾炎武的《天下郡国利病书》为题，结合当时的资料来源，就以山东一省为限，进行清初以来有关地方兴利除弊的研究，完成了硕士论文《续〈天下郡国利病书〉山东之部》，并由燕京大学哈佛燕京学社出版。在此书的写作过程中，业师又进一步指出我应该加强地理学的训练。

一天早上，他把我叫进他很少让人进入的书房，开头一句话就大声对我说："择校不如投师，投师要投名师。"随后他又放慢了声调对我说："哈佛大学是名校，却没有地理系。英国利物浦大学不像哈佛那样有名，可是那里地理系的奠基人却是一位名师，对中国十分友好，学校已决定送你去那里深造。"他当时讲的这位名师就是罗士培（P. M. Roxby）教授。后来知道好几位中国地理学家如张印堂、邹豹君、涂长望、林超等都是出自他的门下。只是 1939 年欧战的爆发，延缓了我的行期。相继而来的太平洋战争，不仅使燕大遭受了日寇的封闭，我个人也因为参加地下抗日活动而被日本宪兵逮捕入狱。直到抗日战争胜利后，我才得以前往利物浦大学。可那时罗士培教授已经退休，继任的是当代著名历史地理学家德贝教授（Sir Clifford Darby）。此后三年，正是在德贝教授的理论指导下，我得以顺利完成关于北京历史地理研究的博士论文，并决定立即回国。当我回到北京的第三天，欣逢10月1日中华人民共和国的开国大典，我有幸身临其境，终生难忘。其后，我先在燕京大学历史系任教，又到清华大学建筑系兼课，随后还担任了"北京都市计划委员会"的委员。1950年6月，我在《新建设》杂志上发表文章，建议教育部把所公布的大学选修课"中国沿革地理"，更新改造为"中国历史地理"，这不仅是名称的不同，而且在学科性质上有着本质的区别。同时，我又根据北京城市规划中一个专题项目的要求，完成了《北京海淀附近地区的地形、水道与聚落》的研究报告，并公开发表在1951年6月出版的《地理学报》上。

1952年夏经过院校调整，我转入北京大学地质地理系。从此以后，我才有可能从理论到实践上继续努力，为建立具有中国特色的历史地理学作出自己的贡献。

（本文写于1995年，标题为编者所加）

侯仁之 历史地理学家。1911年12月6日生于河北枣强，原籍山东恩县。2013年10月22日逝于北京。1936年毕业于燕京大学。1949年获英国利物浦大学哲学博士学位。北京大学教授。在历史地理学的理论探讨、城市历史地理、沙漠历史地理的研究中，开辟了新途径、新领域；阐明了历史地理学应是现代地理学重要组成部分；为沙漠治理和城市规划建设提供基础知识；特别对北京城的起源、发展以及历代水源的开辟和城市规划的特点，作出了系统的研究和科学的阐述，具有重要现实意义。代表作有《历史地理学的理论与实践》《历史地理学四论》《北京历史地图集》等。获何梁何利基金"科学与技术成就奖"、美国地理学会乔治·大卫森勋章、美国国家地理学会研究与探索委员会主席奖等。1980年当选中国科学院学部委员（院士）。

> 钻研并不是迷信，并不一定大学毕业才能钻研，也不是非有齐全的条件不可。实际上，真正肯钻研的人在什么场合都可以钻研。
>
> ——华罗庚

克"三劫" 攀高峰

各位老师、各位同学：

今天我非常高兴回到母校。刚才蔡校长说，今年是我们母校建校58周年，我是这所学校的第一班学生。那个时候，我们初三班只有8位学生，现在我们的学校这么大了。刚才蔡校长已经讲了我们学校的情况，这使我感到莫大的鼓舞。

今天对同学们讲点什么呢？要我讲的话，实在没有准备，同时我也觉得没有什么可以讲的。好多人、好多地方叫我给他们谈谈我的经历，可是我没敢说。为什么我在旁的地方不敢说呢？因为如果说错了的话，没有人更正。在这儿，有好多位差不多和我同时代的，也有很多位都知道我的底细的，所以我讲得不对的时候，可以给我提出更正，对我个人帮助可以大一点。

现在大家称"文化大革命"是一场浩劫。如果从"劫"字谈起，那么我这一辈子碰到过三次"劫"，我准备讲一讲我怎么度过这三场"劫数"的。这样，同学们也可以对比一下，把现在的环境

华罗庚 克"三劫" 攀高峰

与我从前的那个环境对比，看究竟哪个环境更有利于我们的发展，如果今天的环境确实比我们以前的那个环境好，大家就可以更有信心地走到前面去。这就是我讲话的目的。

我不是要在这儿宣扬自己，而是让我的经历给同学们作借鉴。

先说第一个"劫"。这一"劫"就是从我们这所学校开始的。你们现在叫金坛县中了。我们当时叫金坛初中，最高班是初中三年级。在国外有时人家问我什么学历，我总是给人家说，我的最高学历就是初中，金坛县初中毕业。人家问我有什么文凭，我说，我有一张文凭，就是初中毕业文凭，除此之外，没有了。一直到去年才发生了变化，法国给了我荣誉博士称号，发了博士证书，现在总算有头衔了，是博士了，以往却没有。我初中毕业是多少岁呢？我只有15岁。后来又到上海进了一年职业学校。尽管那所学校给了我免交学费，不过还是交不起饭费，后来只好回家待着。

我的家现在找不着了，就在大桥那边，现在叫南新桥，从前叫大桥。大桥头不是开了大河了吗？我们家住在桥东，大河一开，桥东五户人家，都到了河里，现在这地段已成为河面了。看，这是多么大的变化！桥东原有五户人家，我的老朋友老胡同志还记得：桥一下来是搭在桥上的窑货铺，然后是水果铺，再下来就是我家那个小铺子；走过去还有一家米行和一家烟店。一开河，五家的屋基都下水了，所以估计起来，我们那个家还应当在水中间

华罗庚 院士
(中国科学院提供)

一点。

谈到上学,现在没有考上学校的同学还会有其他学习的机会,像电视大学啊,函授大学啊,以及其他的职业学校。可是,我们那个时候没有这种方便。同学们现在有书借阅,你们学校的图书馆有不少书啦!那个时候,我只有一本大代数,一本解析几何,还有一本很薄的50页的微积分,我就啃这么几本书。在这种情况之下,我当然也不知道有社会主义、共产主义,只感觉我们应该为国家出一点力,争一点光。我就这样开始钻研学问了。也许有人要说这是笑话,念了几年书就谈钻研了,那不是笑话?

钻研并不是迷信,并不一定大学毕业才能钻研,也不是非有齐全的条件不可。实际上,真正肯钻研的人在什么场合都可以钻研。这是1925年到1926年的事情。我记得,后来在十八九岁的时候,我又有机会回到这所学校里面来了。到这所学校来做什么呢?当会计兼庶务。那时我的老师王维克,预备提拔我一下,打算开一个初中一年级补习班,让我去教书。但刚有一个计划,不幸我的母亲在那年死了,我也生了重病,在床上躺了六个月,腿就坏了。要是在今天,我的腿是不该坏的。现在都知道,如果生病睡在床上睡久了,不翻身会发生组织坏死,所以不管疼不疼要翻几个身。那个时候我们既请不起医生,也没有哪一个人告诉我这个常识,所以病后起来,就不会走路了。本来嘛,不生病,身体好,还可以多参加一些体力劳动,可是我的腿坏了。我们家里原不宽裕,我一生病,那就更穷了。亏得那位王维克老师,在我身体好些后,还是让我参加工作,让我在那个补习班教了一个月的书。结果有人告了他的状,说王维克校长任用不合格教员华罗庚。王维克校长是法国留学生,做初中校长,未免委屈,他一听

华罗庚 克"三劫" 攀高峰

有人告状，就不干了。在这种情况下，我也没有办法再留下了。亏得继任的校长韩大受先生为人很好，他说："旁人上任要带会计来，我不带，就让你干，不过书万万不能再教了，因为前任校长就是为了你任课而被告了一状的……"这样，我总算当了一名会计。有了一点办法，我就继续钻研下去。

不久，清华大学找我去任职，那大约是1931年。到了清华，他们碰到一个困难：怎么安排我的工作？这是个麻烦，因为要在清华当一名助教，应当有大学毕业的资格，否则又是不合格的教员。后来，清华安排我当数学系助理。所谓助理，就是管理图书，管管公文，打打字，办点杂事。助理已经很不错了，我能继续抓紧学习。过了一年半，他们让我教微积分。这一关是非常难过的。为什么呢？因为没资格呀！清华的教授还为此特别开会通过，让我教微积分。这等于说，清华大学承认我了，我可以抵得上大学毕业生了。

华罗庚总算当了一名会计，有了一点办法，就继续钻研下去（陈云华绘）

从初中毕业到当大学教师，我前后大约用了6年半时间，通常初中到大学毕业要用8年。从这一点，同学们可以看到，学习要自己努力，努力就可以很快上去。

到1936年，我就到英国去了。1938年我从英国回来，因为

135

那时候抗战了,有好多事情要做。回来后,清华就让我直接当教授了。从助教到教授,前后又是7年。现在有的人,身在研究机关,自己是大学毕业生,环境很好,又有书,又有杂志,又有导师……但就是对赶世界先进水平没有信心。要知道,到2000年还有20年啊,能不能赶得上呢?

　　从我的经历里面,同学们可以算一笔账,只要有一点简单的算术知识,就可以得出解答。

　　以上是我早年碰到的困难。同学们可以想一想,在旧社会,没有书,没有钱,没有老师,甚至没有灯光,电灯黄黄的,仅一点儿光,看不清。今天,我们有这么好的环境,我请同学们对比一下,一方面要珍惜现在的环境,另一方面要加强信心。现在很多人没有信心,能不能赶上世界先进水平啊?"四个现代化"能不能搞得成功啊?从我的体会讲,我觉得有信心,赶得上。不过做懒人不行,要加倍努力,才赶得上。

　　现在,再讲我生平第二个"劫"。抗日战争期间,我从英国回来,当时后方条件很差,回到昆明以后,吃不饱,饿不死。那个时候,有句话叫"教授教授,越教越瘦"。记得有这么个故事——教授在前面走,要饭的在后面跟,跟了一条街,前面那位教授实在没有钱,回头说:"我是教授!"那个要饭的就跑掉了,因为连他们也知道,教授身上是没有钱的。

　　在那个时候,日本人封锁我们,国外的资料,甚至杂志之类都看不到。不但封锁,而且还轰炸。在那种困境之中,许多教授不得不改行了,有的还被迫做买卖了,他们跑仰光,去买点东西到昆明来卖。我住在昆明乡下,我住的房子是小楼上的厢房,下面养猪、马、牛,晚上牛在柱子上擦痒,楼板就跟着摇晃。没有电灯，就做一个油灯来用。油灯是什么样的呢？就是一个香烟筒，放个油盏，那儿没有灯草，就摘一点棉花做灯芯。就是在这种微弱的灯光下，我从1940年到1942年完成了我的《堆垒素数论》，后来又跨到了矩阵几何。

抗战胜利了，我到美国去了，当上了"洋教授"。我当"洋教授"也比较困难。别人是又有博士头衔，又有大学毕业证书，我什么都没有。在这种情况之下，人家还是让我当了教授。所以同学们可以看到，第二次在昆明的艰苦环境里，由于坚持不懈，有了成果，人家还是不得不承认的。

第三"劫"是"文化大革命"时期，当然不能幸免。1979年，外国又来邀请我去讲学。有的老朋友很关心，也有点担忧。他们说，这次华罗庚出国，可能要摔跤，可能要露底了。为什么呢？因为"文化大革命"时期，我图书馆也不能进，十几年不上图书馆了，还能不落后吗？不但如此，我到各处跑，搞统筹优选，还有"四人帮"一直跟在后面监视攻击。那时很忙，不可能有时间搞其他理论研究了。所以有些人就关心我这一次出去了，是不是跟人家讲"统筹"讲"优选"去啊？在国外，不想讲统筹优选，对他们最好是我讲了以后，他们不懂，愈不懂，我就愈有学问。从前爱因斯坦讲那个"相对论"啊，了不得。为什么了不得？全世界只有七个半人听得懂，这是了不得吧？可是，我们走的路与他不同。自从"文化大革命"以来，我们的方法就是要人家懂，不但要大学生和中学生懂，并且还要工人师傅懂。为此，我们推广"优选法"。我们这里就有优选小分队来过。镇江地区优选小分队也有我们学校的校友，赵福庚同志就是我们的校友。在镇江地区的就有节约焦炭的能手毛师傅，人家的焦铁比例总是1:6、1:7、1:8，

1974年冬，华罗庚在广西深入车间讲解优选法（中国科学院提供）

可是，毛师傅的炉子焦铁比例是1:18。大庆有位杨师傅也在我们小分队，是镇江地区的。在那个时候，环境那么困难，一方面我们要推广统筹优选；另一方面背后还要防"四人帮"的冷箭，虽然时刻提防，我还是被射了不少，甚至在1975年被射倒过。所以，有些朋友的关心、担忧是很自然的。但是，他们不知道我有一个上算的地方，就是"外通里国"。

什么叫"外通里国"？就是外国知道我的名字，有书出版就寄一点给我。这样，我不通过图书馆，也可以知道一些国际行情。而且，他们不了解，我始终没有放弃理论研究。好在那时候，我身体还很好，白天紧张地搞优选法，有时上午跑四家厂，下午跑三四家厂，一天跑七八家厂。尽管这样紧张，我没有放松理论研究。我的理论研究是晚上进行的。做我的助手也真不容易，说不定晚上一点钟二点钟被我叫醒，来考虑考虑这个问题怎么搞，所以他们是很辛苦的。不过，那个时候搞了理论研究还不敢说。因为如果哪一天我们暴露出来，等一会就要说：你看这个华罗庚，用统筹优选做幌子,他实际上念念不忘半夜搞他的理论研究。这种人后来一看形势变了,他又改一个手法,说华罗庚就只搞统筹优选,不搞理论研究。反正这种人理论不多,实际也不高,但他有一种本领——手里有一根棍子,你搞理论他就打你的理论,你搞实际就打你的实际。那时期,我头上的帽子当然不少喽,"唯生产力论"的帽子戴过了,"以目乱纲"的帽子也戴过了。但你说你的,我干我的。我只知道统筹优选对人民有利,我要搞;我只知道,没有理论就搞不出优选来,所以理论也要搞。

华罗庚撰写的一系列专著都成为经典数学著述(中国科学院提供)

不过,我们刚出国的时候,心里终究也不很踏实。为什么呢?因为十几年中虽然是搞了一些理论研究,但毕竟遭到了损失,许多手稿也抄的抄了,偷的偷了,而且研究成果大部分没有写下来,或者只写了一点草稿,在脑子里像散沙一样,像乱麻一样。如果出国以后,立刻叫我上台讲演的话,我还真有点担心。亏得去了以后开了两个学术性会议,会议后刚好暑假到了,有三个月时间。

我们就利用这三个月时间，把研究成果部分整理了一下。整理好之后，我给了他们一个单子，单子提了十个方面。一般讲演，提出几个专题就够了，拿自己最擅长的专题就够了。可是，我们提了十个方面。这是什么意思呢？是不是要在外国人面前炫耀一下，表示学问广、精、深，数学的十个方面都可以讲？这不是我的想法。我的想法是，到一个地方去，与其讲我自己所擅长的，不如讲我自己所短缺的。讲自己擅长的好不好？我在这儿跟同学们讲一下哥德巴赫猜想问题好不好？好？为什么呢？大家都听不懂。你们会得出个什么结论呢？华罗庚的话，大家都不懂，一定是有学问的。可我自己有收获没有？我自己没有，得不到东西。

所以我的想法是，提出十个方面来，好让人家自由选择。让他们选，他们一般都是选他们最好的东西，最拿手的东西。好，我就到你那儿讲你们拿手的东西。中国古代有一个说法，切忌班门弄斧。可是，我的看法是反过来的——弄斧必到班门！你要耍斧头就要敢到鲁班那儿去耍。在旁人面前耍，欺负人家干啥？你到鲁班面前耍一耍，如果他说你有缺点，一指点，我下一回就好一点了；他如果点点头，说明我们的工作就相当有成绩了。从前还有相类似的话："不要到孔夫子面前去卖四书。""不要到关老爷面前去耍大刀。"我的想法相反，你这个耍刀的人，就是要到关云长面前给他对两刀。对两刀，他当然不会一刀劈你下马，可是，我们与他对两刀有好处。俗话说，下棋找高手。找一个比我差的人，天天在那里赢他的棋，赢得每天哈哈大笑好不好？好是好，但你的水平提不高。如果你找高手下，每一次都输给他，输半年下来，你的棋艺能够没有长进吗？所以，我主张弄斧到班门，下棋找高手。

华罗庚（前中拄拐杖者）与他的学生们（不少学生后来都成了中科院院士，中国科学院提供）

这一次，我跑了四个国家，几十座城市，做了好多次报告。反映怎么样呢？我给跟我出去的同志说，你们向上面汇报，第一，人家给我讲的好话，你少吹点，如果要说一点的话，最好是有书面根据的。为什么呢？因为外国人对学问是很严肃的，是不瞎吹瞎捧别人的。不过，我们也不得不防备一点，因为我这个70岁的老头子到那里去，人家大都是我的学生辈，你又是借了新中国的威信，又是科学院的副院长，人家捧一两句会不会呀？我想是会的。所以，我们情愿估计我们的差距比人家大一点，而不要估计我们比人家好。我们经常说，我们的文章达到了世界水平，可能某篇文章达到了世界水平，可整个加起来呢，我们的差距还是很大的。因为差距是指面上的差距，不是说我们有几个个别的人，他的数学很好，或者他的某一门学科很好，我们中国的科学就很好了。我们是一个面上的差距，是整个学科的差距。所以领导再三强调，要提高我们整个民族的科学文化水平。实际真正的水平是整个民族科学文化水平。当然也不排斥我们有若干个特殊的人先搞好,搞得好。这次我在国外,也同国内一样,"人民来信"多得很。我只想给大家念一封信。有一位美国的学者,在荷兰听了我的报告,他是这样写的:"您的演讲,是真正令人赞叹不已的。您向大家证明了,好的学者即使是在最恶劣的逆境中,仍然可以做出出色的成绩,您使我们这些生活在安逸和稳定环境中的人们,只能感到羞愧。"这个人我并不认识,他给我写了这封信。这说明了什么呢?说明即使是像"文化大革命"这样的浩劫,也不能把我国人民压倒。由于我们能够坚持工作,结果还是做出了成果,这个成果还得到世界上学者的承认。而现在是"四害"除掉了,我们的日子是一天比一天好过了,同学们想一想,现在环境这样好,我们应该不应该有信心呢?我想,你们是会作出让人欣慰的回答的。

华罗庚当选美国科学院外籍院士时在院士签名册上用中文签名(1984,中国科学院提供)

那么，我们是不是还会有困难呢？困难肯定有的。不过，现在看起来，就是有困难，也绝不会比从前我们遇到的困难更严酷。就是再有困难，我们还是可以克服的。我们应该有勇气，有志气。对我个人讲，是不是还会有困难呢？当然是会有困难的。除了其他困难，眼前就有一个：自己有成果了，满足于现在的成果，甚至骄傲自满；国外有名声了，国内也有了，我可以歇口气了，可以不要学习了；而且我这个人年纪大了，就指导指导人家搞研究，自己少吃点苦吧！如果这样想，那就是一个危险，这是自己造成的困难。比如，今天我在这里跟同学们见面，以老同学的资格给大家谈自己的经历，就很容易产生满足的思想。所以我要警惕。满足的思想是不能有的。因为学问是没有止境的，科学是实事求是的，是精益求精的。科学每前进一步，都需要付出更大的劳动。所以，我顺便在这儿给同学们把自己的思想暴露一下，讲了之后，对我自己可能是有好处的。

为了经常提醒自己，我给自己写了几句话，叫"树老怕空，人老怕松。不空不松，从严以终。"像我这样的年龄，是很容易"松"下来的。当然，并不是说年纪轻的人就不会松呀！年轻人如果要松起来，对不起，我就要以老学长的资格打他的手心啦！总之，搞科学、做学问，要"不空不松，从严以终"。要很严格地搞一辈子工作，为人民服务一辈子。我常常对自己说，以前三次"浩劫"，都没有把我打垮，说不定很可能最后从我自己的思想上，在已经有收获的时候，自己打垮了自己。我一定要警惕。

今天一点准备都没有，就和同学们谈谈心。一方面，也鼓励鼓励同学们，我们的前途是光明的，我们的目的是能达到的，我们的"四化"是能够实现的；另一方面，我也把自己的思想谈一谈，我个人也要注意防松、防空。讲得不妥当的地方,好在咱们都是前后同学,可以提意见。

(本文为作者1980年第三次回母校时的演讲)

华罗庚 数学家。1910年11月12日生于江苏金坛,1985年6月12日逝于日本东京。1924年毕业于金坛县立中学初中,入读上海中华职业学校一年,因贫失学后在家乡小杂货店当学徒。在此期间自学数学。1929年在金坛中学任庶务会计,开始发表论文。1931年经熊庆来教授推荐到清华大学,从管理员、助教到讲师。1934年成为中华文化教育基金会研究员。1936年赴英国剑桥大学做访问学者。1938年受聘任国立西南联合大学教授。1946年赴美国任普林斯顿数学研究所任研究员。1948年在美国伊里诺伊大学任终身教授,同年当选中央研究院院士。1950年回国后历任清华大学教授,中国科学院数学研究所所长,中国数学会理事长,中国科学技术大学数学系主任、副校长,中国科学院应用数学研究所所长,中国科学院副院长,中国科学技术协会副主席以及全国人大常委会委员,全国政协副主席。是当代自学成才的杰出学者,蜚声中外的数学家,中国理论数学(解析数论、典型群、矩阵几何学、自守函数论与多复变函数论等方面)研究的创始人、开拓者。论文《典型域上的多元复变数函数论》被国际学术界称为"华氏定理""布劳威尔-加当-华定理""华-王(元)方法"。也是应用数学为国民经济建设服务的先驱,提出适合中国国情的统筹法、优选法,并普及推广到全国26个省、自治区、直辖市。发表学术论文200余篇,著有10部专著(其中8部被译成俄、日、德、匈、英等国家的文字在国外出版)、10余部科普作品。相继被选为美国科学院外籍院士,第三世界科学院院士,德国巴伐利亚科学院院士;法国南锡大学、美国伊利诺伊大学、中国香港中文大学等校的荣誉博士。被列为芝加哥科学技术博物馆中88位世界数学伟人之一。1955年被选聘为中国科学院学部委员(院士)。

> 作为科技工作者，我们真要兢兢业业，不断进取，自主创新，在科学技术上非得做出点真正有价值的工作不可。
>
> ——黄宏嘉

祖国在等待我

颠沛流离中求索

我的籍贯是湖南临澧，但生在北京，在那里念的小学。后随父母去南京，就读于中央大学附中。抗战期间又随父母到四川，就读于扬州中学内迁组成的四川合川二中。1940年考入国立西南联合大学，一年级在四川叙永学习，从二年级起在昆明学习。

父亲黄右昌是我最佩服的学者。清光绪年间，父亲12岁就考中秀才，在湘西一带传为佳话；17岁中举人，被清廷送往日本早稻田大学求学；23岁回国戊申（1908年）部试第一。民国初，他27岁时应蔡元培之聘，任北京大学教授兼法律系主任，历18年。后去南京国民政府任立法委员、大法官。虽然有了官衔，但父亲的情趣仍在于治学，以诗人著称。父亲的治学风范对我起了潜移默化的影响，虽然我后来选择了与他完全不同的专业。

我在四川读书时的一个假期，跟父亲学写中国古文和旧体诗，进步很快。因此，父亲希望我去学文学，传他的"衣钵"，但我

黄宏嘉 院士
（2002，方鸿辉摄）

担心学文学毕业后不易找到饭碗。我也不想学理，因为理科毕业生的出路多数是当中学教师。当时，工程师的待遇相当好，所以我想学工。但我从初中到高二的求学岁月是在抗战的颠沛流离中度过的，课程没有读全，英语成绩平平，数学特别不好，觉得很难考上工科大学（当时工科对数理等课考分要求最高）。因此，权衡各种因素，我选择了农科专业作为考大学的目标。

在四川合川二中上高中时，大代数课是由扬州中学内迁的数学老师汪桂荣先生教的。由于抗战中逃难，我耽误了三角和小代数课的学习，一上来就学大代数，很是惶恐。可是，出乎我的意料，汪桂荣老师循序渐进、一丝不苟的教学方法，尤其是他平易近人又和蔼可亲的面容，很快打消了我害怕数学的心理，反而对数学产生了兴趣，期末成绩已达中上。于是，我改变了念头，决定高中毕业后报考大学工科。

1940年报考国立西南联大，报的专业是机械系，觉得机械才是纯粹的工科。一年级读完后，由于对电磁学特别感兴趣，我从机械系转入电机系电讯组。1944年在我四年级下学期时，日本侵略者封锁了我国所有对外运输的通道，唯一剩下的滇缅公路也在缅北被切断了。因此，当时的国民政府决定征调所有大学1944级毕业班学生到中、美、英联合部队中担任翻译官，以打通滇缅公路为目标。我从昆明飞越喜马拉雅山到印度东北，被分到原始森林中的缅北战区 22 师 66 团 3 营，就这样上了前线，这段服兵役的经历一直到日本投降为止。我们那批 1944 级提前毕业的同学全都被授予了学士学位，虽然我们并没有读完大学规定的全部课程。

战后复员回到重庆，一时没有工作，恰好重庆国际广播电台招考一名英语播音员，我抱着好奇的心理去投考，被录取了。工作是每晚 9 时播半个小时英语新闻，待遇与当年大学助教差不多，有很多自由支配时间可以用于复习丢掉几乎两年的功课。

1946 年，我在西南联大时的老师马大猷先生将我调到战后刚刚恢复的北京大学物理系当助教，那里的环境当然更适合读书了。在此期间，我通过了官费去美国留学的考试，这大概是官费留学考试的末班车。1947 年，我转到上海交通大学电机系当助教，做朱物华先生授课的助手。朱先生的严谨治学和教学的精神给我留下了深刻的影响。

"我的祖国在等待我"

1948 年我去了美国，入密歇根大学留学。1949 年 8 月获硕士学位。我不算特别用功，但成绩不差，在复变函数班上我不花太大力气，从小考到大考始终保持第一名，把全班的美国同学都抛到后头。那时，国内形势在留学生中产生了不同的反响，多数是抱着"等等看"的态度。我当时思想上有矛盾，但回中国大陆，这一点是明确的。但我没有读完博士就回去，觉得蛮可惜，而且我已申请到密歇根大学（University of Michigan）和里海大学(Lehigh University)的全额奖学金，经济上没有任何问题。最后，我还是作了马上就回国的选择。由于少年时代是在抗日战火中度过的，在我思想中孕育着强烈的也是很自然的爱国心，总觉得"我的祖国在等待我"！

为了取得美国的许可，我撒了谎，说是去欧洲旅游。到了香港，我通过香港大学的曹日昌博士得到去天津的一艘运煤火轮的露天票。当时，大陆海岸已被封锁，我们这艘火轮乘黑夜通过台湾海峡，刚好是1949年10月1日夜晚，在海上度过了第一个国庆节。

我于1949年底到达北京。1950年分配到北方交通大学任教，级别是讲师，待遇是400斤小米。1957年中国科学院电子所创建不久，我兼任电子所研究员，国家科委301工程技术副主任。1963年至1964年我写的《微波原理》两卷本由科学出版社出版。现在来看，这部书的缺点之一是贪大求全（两卷共约100万字），反而冲淡了主题。1964年，我被调到中科院上海光机所，相继担任研究员、理论研究室主任、所学术委员会副主任。由于受多种原因的影响在光机所我没有做什么工作，虚度了十多年的宝贵时光。

黄宏嘉（左）与研究生在上海科学技术大学做实验（1984，中国科学院提供）

1979年，我被调到上海科技大学任副校长。1980年当选了中国科学院学部委员（院士）。1989年被聘为美国麻省理工学院电磁学科学院院士。1991年被授予美国欧罗理工大学名誉科学博士学位。

兢兢业业　不断进取

改革开放后，我经常出国参加学术会议，都很顺利，只有一次例外。1988年，当时西德的卡尔斯鲁厄大学（发现电磁波的赫兹教授所在的大学）召开纪念赫兹发现电磁波100周年学术报告会，邀请了多位不同国家的特邀演讲人，我荣幸地成为其中之一。也许是命运的安排，偏偏在开会的前几天，我突发胆囊炎，被送进医院开刀。出院后，知道德国朋友格劳教授已代表我在会上宣

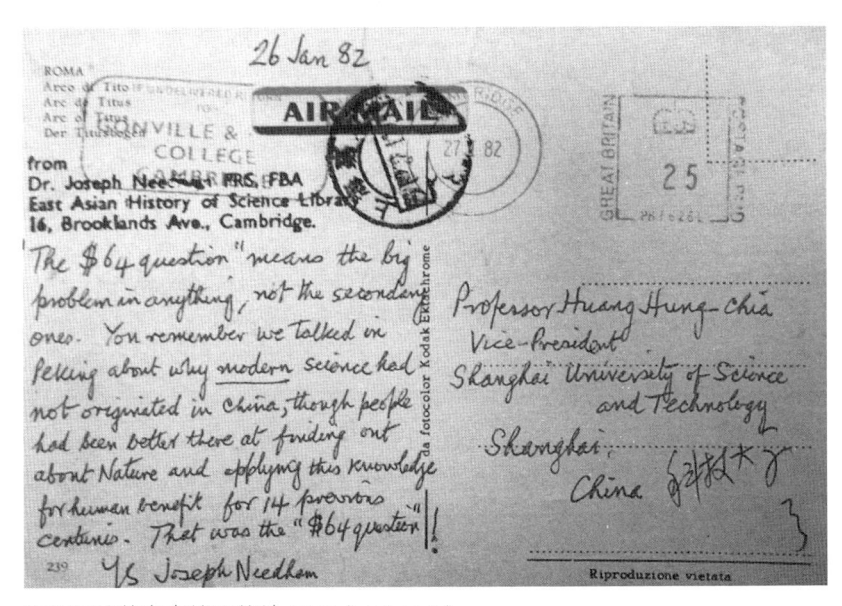

李约瑟给黄宏嘉的明信片（1982年6月26日）

读了我的论文。论文很快又在西德出版，但我毕竟失去了亲自参加这样百年一遇盛会的良机，真是我平生最大憾事之一。

李约瑟博士（Dr. Joseph Needham）在 1982 年 6 月 26 日给我的明信片中曾写道："……你记得我们在北京曾讨论过：虽然在先前的 14 个世纪中，中国人发现自然规律，并将这些知识造福于人类，但是为什么现代科学并没有起源于中国？这正是问题的关键所在！"这几句话的确耐人深思。作为科技工作者，我们真要兢兢业业，不断进取，自主创新，在科学技术上非得做出点真正有价值的工作不可。

（本文写于 2002 年 4 月，原标题为"兢兢业业 不断进取"）

黄宏嘉　微波电子学家。1924 年 8 月 5 日生于北京，原籍湖南临澧。2021 年 9 月 22 日逝于上海。1944 年毕业于国立西南联合大学。1949 年获美国密歇根大学硕士学位。1992 年获美国欧罗理工大学名誉科学博士学位。上海大学教授、校长、名誉校长，兼任国际无线电联盟场与波委员会委员兼中国主席。在微波理论方面发展了耦合波理论，领导的研究组于 1980 年在我国首次研制成功单模光纤及具有国际先进水平的八种特种光纤。论文选集《耦合模与非理想波导》1981 年由美国纽约理工（原布鲁克林）学院出版，专著《耦合模理论》1984 年由荷兰科学出版社出版，专著《非常不规则纤维光学的微波方法》1995 年由 John Wiley & Sons 出版。1990 年以来获美国发明专利 3 项、中国发明专利多项。1980 年当选中国科学院学部委员（院士）。1989 年被聘为美国麻省理工学院电磁科学院院士。

> 中国同胞在抗日战争期间是在极艰苦的环境下生存的,而我们在这里过着这样舒服的生活,我们有义务回祖国去服务,把我们的技术用在祖国的建设事业上。
>
> ——黄家驷

朗读者 明卓然

用所学的知识为人民服务

从4岁起,我就由母亲教认字和读浅易的书。6岁进私塾前,我已认识1000多字。私塾办在家祠,同学共五人,是几位堂兄和我的三哥,我的年龄最小。当时县里已有小学,离我家很近,小学的学生与我有些来往。我常向他们借一些新书,如《学生杂志》《新青年》之类,接受一些新思想,就渐渐不满足于在私塾读古书了。13岁时,正值五四运动,我们兄弟几人都要求上洋学堂。经过几个月的筹备,1920年端阳节,我们以看赛龙舟为名,雇了一条小船不辞而别,五人同赴南昌。我被录取当时最难考的省立二中,受到乡里亲友们的称誉。

亲戚家的一位兄弟,在天津南开中学读书,暑假回乡谈起南开中学办得如何好。我在江西读了一年中学,就随他北上天津去投考。不料到上海时,洪水冲断了铁路,修复后到达天津时,考期已过。只好先到北京汇文中学上了半年选修班,重点补习英语。次年春季,我考上了南开中学的二年级下学期。我在南开读完初

黄家驷 院士
（中国科学院提供）

中和高中一年级，中文、英文、数学三门重点课都名列前茅。

1924年，我到北京的大哥家度暑假。当时，离高中毕业还有两年，我未曾考虑过将来要学什么和要考什么学校，可是大哥告诉我，已代我在协和医学院报了名。我没有任何思想准备，连考什么科目也不知道，但终于被大哥说服，抱着试试看的态度参加了考试。我被录取了，我的专业就这样被确定了下来，这也就成了我终生的事业。

我读书比较用功，自学能力也较强。上中学时，对数学特别感兴趣，经常是老师还没有教，我已把习题都做完了。学校未开三角课，我在初中三年级暑假自学了全本三角教材。我的英文也得益于课外。我常看英文课外读本，初三英文老师曾要我们自己命题作文，我翻译了沈从文一篇几千字的小说，引起老师和同学们的惊讶。在燕京大学读医预科二年级时，老师写出博士学位考试的全部30道物理笔试题，启发我们对物理学的思考。初看这些题目没有一道会做的，却引起我的很大兴趣。我时常吃饭时在想，睡觉时在想，与同学散步时也在想。想出一个答案，就写了出来，再想另一道题。两个多月后，物理老师问起那些题目，全班没有人能解出其中的任何一道，而我答出了27道。老师大加赞扬，劝我弃医学理，专攻物理学。但我并不认为自己有什么特殊的才智，只是勤于思考而已。

我在学生时期是埋头读书不问政治的。但"九一八"事变日本占领东三省，触动了我的爱国心，认识到中国这样软弱将导致亡国。于是，就积极参加了北平协和医学院林可胜教授组织的医疗救护队，认为这是爱国医务人员的神圣职责。我在上海"八一三"事变发生的次日，上海医院组织医疗队赴无锡组建伤兵救护医院，我担任了副队长。返回时，上海已被日军占领。我不愿在日军刺刀下讨生活，也不愿在租界内龟缩，就积极参加学校的内迁，先至昆明，再至重庆。不久，我考取了清华官费留学，随美国密歇根大学亚历山大教授研修胸腔外科。1945年，抗日战争胜利刚刚两个月，我急急忙忙离开美国，乘坐极不舒服而又常出事故的美军运输机，经过三天三夜飞行，回到祖国。回国之前，许多中国同学给我开欢送会，我在会上当众表示："中国同胞在抗日战争期间是在极度艰苦的环境下生存的，而我们在这里过着这样舒服的生活，我们有义务回祖国去服务，把我们的技术用在祖国的建设事业上。出国前，我已做了八年医生，这次深造后回国，一定身价百倍。现在国内公教人员生活很苦，但开业医生赚钱很容易。因此，自己开诊所对我是一个极大的诱惑。为了防止我会有一天意志不坚定，走向开业的道路，今天特意在你们面前表明态度，如果我会去走开业之路，请你们毫不客气地提醒我，把我拉回来。"

当时，中国的胸外科还在萌芽时代，只能做些腹外科手术。我带着在国外购置的手术器械和麻醉剂，细心而又大胆地开展各项胸科手术。我是上海医学院的外科教授，但我常到其他一些医学院和医院去帮助他们开展胸外科工作。当我看到经我治愈的病人、听我讲课的青年学生，或跟我学胸外科的年轻医生时，我会感到由衷的喜悦。我看到胸外科的工作已在上海扎下了根，这些青年人的成长，将使胸外科开出灿烂之花。但是，好景不长，做事越来越不顺利。

X光片、碘油等物资渐渐短缺，物价飞涨民不聊生，越来越多的病人因交不起住院费而被拒于医院门外。连我这样当教授的人，也不得不终日愁米愁盐，领到薪水就得去同银元贩子打交道。

解放后，陈毅同志曾对我们说："你们能用自己的知识全心全意地为人民服务，党和人民是不会忘记你们的。"这句话是我永远难忘的。中华人民共和国建立以来，我国医学科学已经有了一个很大的发展，但总的来看，同先进国家相比仍然十分落后，差距很大。我们已在各自的岗位上，做了力所能及的工作，如今虽年迈而壮志未已，但求有生之年能为"四化"建设、振兴中华，吐尽最后一根丝。

希望寄托于未来，寄托于青年。我们应该大力培养并尽可能多地吸收各个学科的人才参加医学科学研究工作，以适应医学科学现代化建设的需要。

（本文写于1995年，标题为编者所加）

黄家驷 医学家。1906年7月14日生于江西玉山，1984年5月14日逝于北京。1930年毕业于燕京大学，获理学学士学位。1933年毕业于北平协和医学院，获医学博士学位。1943年获美国歇根大学医学院硕士学位和美国外科专家证书。作为美国胸腔外科学会创始委员、美国亚历山大胸腔外科学会会员和国际胸外科学会会员，被列入美国《世界名人录》。历任上海第一医学院副院长兼中山医院院长、中国医学科学院院长、名誉院长，中国医科大学、中国首都医科大学及中国协和医科大学教授、校长、名誉校长。兼任中国科学技术协会副主席。毕生从事并主持医学教育和医学科学研究。1945年在上海医学院附属中山医院和中国红十字会第一医院创建了胸外科，率先在控制压力麻醉下进行了大量患者开胸的肺叶切除术、食管切除术等；组建上海胸科医院，是中国胸外的奠基人之一。晚年致力于生物医学工程学的奠基工作，还撰写了医学院校使用的《外科学》经典教材（经裘法祖院士提议，自第4版后更名为《黄家驷外科学》）。1955年被选聘为中国科学院学部委员（院士）。

> 我认为，不要把搞科研仅仅看成是一种谋生手段，没有兴趣、志向、刻苦和积累是搞不出什么创造性研究成果的。
>
> ——黄荣辉

朗读者　明卓然

放牛娃成长为院士

我一直很想写一写我是如何从一个放牛娃成长为一名院士的。苦于没有时间，一直未能成文。这次借中科院学部办公室约"自述"稿之机，把我永远不能忘却的经历简要自述一下。

穷则思变

我生在福建惠安一个非常穷苦的农民家里，祖祖辈辈地无一垄，房无片瓦，父亲靠给人家当雇工或长工来养活全家。

我出生后，父亲在海上被日本鬼子抓去台湾当劳工，后冒着生命危险逃回家乡，只得带领全家四处流浪，之后在前黄村落了户，继承了一点土地。那年代，饭都吃不饱，根本谈不上让我上学。中华人民共和国成立前，我家祖祖辈辈没有人上过学。1949年解放了，我家分得土地，我也能上学了。

那时，只靠父亲一人劳动，兄弟姐妹又多，家庭生活十分困难。由于没有钱交伙食费，每星期我必须自己从家里挑上几十斤白薯

黄荣辉 院士
（中国科学院提供）

和柴草步行40多里地到学校，由学校帮我们这些穷苦农家子弟蒸白薯，也只能顿顿吃白薯，用大酱当菜。为了攒钱让我交注册费，母亲舍不得让兄弟姐妹吃一个鸡蛋，把积攒起来的鸡蛋拿去卖。而我自己也尽量利用寒暑假，到地里拾白薯、花生，积攒起来去卖，以便凑足每学期的注册费。由于家庭困难，再冷的冬天我也只穿两件破烂的冬衣，直到高中毕业前，我还从来没有穿过一双买的鞋，是一双木拖鞋伴我度过了中学时代。中学时，我只好与一位同窗好友合盖一条被子，上学用的文具只有靠有时帮经济富裕家庭的子弟背诵书而获得一点劳务费来购买。然而，生活的艰辛并没有使我在求学的道路上有任何退却，反而激励我更勤奋，只用四年就念完了小学。无论在小学或是初中、高中，我的学习成绩一直名列前茅。这段艰苦的求学生活至今难于忘怀。

1959年，我以优异的成绩考上了北京大学地球物理系。9月初，我挑起一支扁担，一头担着麻袋做行李袋，另一头担着家里唯一的一床被子，穿着我一生中第一次新买的鞋，坐上北上的火车，历经11天，才到达北京，迈入了北京大学这一引导我认识现代科学的校门。

努力拼搏

乡巴佬的我走进美丽的北京大学校园，就像刘姥姥进大观园，对一切都感到新鲜，都觉得那么美好。党和学校有关部门给了我最高助学金，每到冬、夏，还有冬衣、夏衣补助，领导还经常问寒问暖。这使我暗下决心，只有努力学习才能报答党和人民对我的培养。正是这样一种纯朴的信念，使我战胜一个又一个困难。

在北京大学地球物理系，我学的是气象专业。在6年的学习生活中，我脑海中一直在思索一个问题：如何用现代的数学物理概念来解释千变万化的天气与气候。

从北京大学地球物理系毕业后，1965年考入了中国科学院地球物理研究所硕士研究生，我幸运地能在叶笃正教授指导下，从事大气动力学的研究。

当我学完研究生基础课程，满怀希望走进研究所时，"文化大革命"爆发了，我的学业和科研也就不得不中断了。1968年，按规定我与同学们都下放到农场劳动了一年多。从农场回到研究所后，我又幸运地参加了我国卫星气象学的研究。从此，步入了大气科学的研究旅程。

黄荣辉挑起一支扁担，迈入了北京大学（陈云华绘）

党的十一届三中全会后,迎来了"科学的春天"。经过严格的考试,作为第一批留学生,我被派遣到日本东京大学地球物理系留学,在国际著名大气动力学家与数值预报专家岸保勘三郎教授指导下,从事大气动力学的研究。这个研究室历史悠久、设备先进、图书资料充足,并拥有世界上最先进的计算机,还曾培养了许多国际上著名的大气动力学研究人员。我能有机会到这个研究室深造,实在是机会难得。根据大气动力学的发展动向,我选择了既是当时国际大气科学研究领域的前沿又是十分困难的研究课题——行星波动力学。这是一个关系到两周以上大气环流和短期气候变化的关键性动力学课题。为了尽量利用东京大学先进的计算机来研究这个动力学问题,我每天早出晚归,工作达14小时以上。

　　从观测事实出发,应用波在缓变媒质中传播的理论,我设计了一个34层数值模式,并利用这个模式来研究地球大气准定常行星波的三维空间传播之两支波导理论。由于我在行星波动力学的研究中取得了一定进展,我的导师多次挽留我在日本继续这项研究,并亲自到我国驻日使馆要求延长我的留学期限。当时,美国大气科学研究中心一位著名气象学家也邀请我去该中心继续作这项研究,我都予以婉言谢绝,按时回了国。由于我在准定常行星波动力学方面作出系统而有创造性的研究成果,东京大学在1983年授予我理学博士学位。

　　从日本留学回国之后,一方面把我所从事的行星波动力学研究继续下去,为我国短期气候变化的研究与预测作了一些贡献;另一方面在研究生院开设当代大气动力学课程,培养有一定特色的研究生,这也是我人生科学事业中最重要的一件大事。

当时，我们一家四口挤居在筒子楼一间14平方米的居室，两个孩子晚上都要在家里做作业。于是，我每天吃完晚饭，就到研究所去看书，作研究。待孩子睡熟后，才回来"接班"——可坐在孩子们做作业的位置。不管刮风下雨，从不间断。为了把行星波理论应用到东亚大气环流与短期气候变化机制的研究，我放弃了节假日休息。为此，有的学生不理解："黄老师，你这样生活有什么意思？"其实，我自有志趣和信条，我认为能与 x、y 打交道，是其乐无穷的，搞科学研究就是我最大乐趣；在科学园地里耕耘，还可以忘掉一切烦恼。我认为，不要把搞科研仅仅看成是一种谋生手段，没有兴趣、志向、刻苦和积累是搞不出什么创造性研究成果的。

我特别感谢我的两位恩师——叶笃正先生与岸保勘三郎先生对我的无私关怀与培养，是他们教给我如何去发现和探索新的科学问题，如何以严谨的科学态度去论证和解释所发现的问题。

1984年，我被越级提拔为研究员，1986年获得国家级有突出贡献中青年科学家称号，并获得了国家"五一劳动奖章"。说实话，对名誉我是很淡薄的，我认为最重要的是要为科学发展扎扎实实作点贡献，为国家、为人民解决一点实际问题。

从1987年起，在参加并主持"我国长江黄河流域旱涝规律、成因与预测研究"重大研究项目时，在对我国旱涝成因作深入分析基础上，我曾提出了西太平洋暖池的热状态及其上空的对流活动对东亚大气环流与短期气候变化会起重要作用的理论，并且把这种理论用于实际的旱涝预报，为我国旱涝的季度与超季度预报提出了一个新思路。

继续努力

1991年我被选为中国科学院学部委员（院士），之后我除担负不少行政事务外，还主持灾害性气候预测方面的重大项目。我指导着一个结构合理的研究梯队，如何带领好这支队伍，在国际上作出具有我们自己特色的研究，为国家大气科学的发展作出更大的贡献，是摆在我人生道路上的重要使命，我要以更大的努力去为大气科学的发展而奋斗。

（本文写于1995年，改定于2022年8月12日）

黄荣辉 气象学家，大气物理学家。1942年8月17日生于福建惠安。1965年毕业于北京大学地球物理系。1968年从中国科学院大气物理研究所研究生毕业后留所工作，先后担任助理研究员、研究员。1983年获日本东京大学理学博士学位。相继担任大气物理研究所副所长、国家气候研究委员会常务副主任。长期从事大气环流理论、气候动力学和热带海-气相互作用的研究。提出准定常行星波在球面三维大气中的传播特征和准定常行星波沿两支波导传播的理论，研究了热带西太平洋暖池的热状态及暖池上空对流活动在东亚夏季大气环流与气候异常中的重要作用，并提出影响我国夏季气候异常的大气环流异常型及其理论。在旱涝预报研究，长江三峡工程对库区气候环境的影响及我国气象卫星红外探测原理及反演的研究诸方面也做出成果。已在国内外学术刊物上发表了140多篇学术论文，著述有《中国气候灾害的分布和变化》《灾害性气候的模拟和预测》《长江黄河流域旱涝规律与成因研究》（第二作者）以及《大气科学概论》等。1991年当选中国科学院学部委员（院士）。

殷切期望有更多的青年同志参加到这个行列中来,在"自力更生、艰苦奋斗、大力协同、无私奉献、严谨务实、勇于攀登"的航天精神鼓舞下,把我国的导弹事业发展得更加宏伟壮丽!

——黄纬禄

发扬"两弹"精神

我于1957年调入国防部第五研究院工作。该院是负责导弹研制的单位。

导弹和原子弹(统称"两弹")两个项目是周总理亲自领导制定的"我国十二年科技发展规划"中列入的。以当时我国的人力、物力、财力、技术水平、工业基础等方面,都很难开展这项高科技工作,但老一辈革命家毛主席、周总理、聂(荣臻)老总、陈(毅)老总等高瞻远瞩,下决心一定要搞上去。毛主席认为,在国际上你没有这些东西,说话就不能算数。陈老总认为,有了这些东西,他作为外交部部长说起话来腰杆子就硬得多。当时有人觉得国家经济力量薄弱,对能否研制成功感到怀疑,陈老总则表示"当掉裤子也要干"的决心。

老五院是在1956年成立的,是一直在聂老总关怀和教导下成长起来的。在"三年困难时期",不少科技人员因营养不良得了浮肿病,聂老总亲自向各大军区征集鱼、肉、黄豆等副食品供应我们。同志们深受感动,纷纷表决心,一定要出色完成任务。

黄纬禄 院士
(中国科学院提供)

机构成立之初，人员很少，专业也不对口，因为国内大专院校过去并未设立关于导弹方面的专业，只能从各单位先调集一批专业相近的老科技人员作为骨干队伍开展工作。到1960年进入了大批的大专毕业生，壮大了我们的研制力量。当时，基建跟不上形势发展的需要，住房非常紧张，大多数同志只能住在帐篷里，少数人虽能住进宿舍，但18平方米的房间，要放上4张双人床住入8个人，条件真的很艰苦。可大家毫无怨言，认为能到老五院从事国防科研工作，是人生的无上光荣。

我也是半路出家加入这支光荣队伍的，只能跟着大家边干边学。我是负责控制系统工作的，我们曾从仿制苏联的一个废型的导弹得到启蒙。虽然是废了型的导弹，但对我们还是有参考价值的，苏联提供了实物资料，并派来一批专家指导帮助。专家们工作认真，严格按资料规定的条文办事。上级要求我们一定要把技术学到手，要虚心向专家学习，打好基础。那时，大家为了迅速掌握理论知识以圆满完成任务，都夜以继日地刻苦学习。夜晚办公室、图书馆灯火通明。部、所领导怕同志们加班过久影响健康，劝大家早些回去休息，可没有一个人肯早点回去休息的，反而备受鼓舞，干劲更大。通过仿制，我对导弹控制系统初步入了门，我们的研究所也培养出一支具有自行设计能力的科技队伍。1960年，苏联单方面撕毁合同，并撤走了专家，这对我们的工作造成了一定的困难,但由于领导的坚强决心,同志们的不懈努力,终于胜利地完成任务。

我在控制系统研究所工作了13年,参加研制过四个液体导弹型号的控制系统。从简单到复杂、从近程到远程,也算是从无到有、从小到大走了一遍。回忆在型号研制过程中,每到关键时刻,每遇关键飞行试验,周总理都要亲自听汇报,经常作重要指示,如"严肃认真,周到细致,稳妥可靠,万无一失"的十六字指示深入人心,我们全体研制人员一直把这一指示作为座右铭,时刻不忘。聂老总经常来第一线进行指挥,如仿制完成的第一发导弹的飞行试验,两弹结合的飞行试验(即用我国自行设计的第一个型号的导弹运载我国自行设计的第一批原子弹头,在预定目标区的上空爆炸,这是世界上第一次在自己国土内所进行的试验)以及其他新型号的第一发飞行试验,聂老总都是不辞辛劳、不顾危险地在靶场统帅着试验大军作战。老一辈领导光辉的典范和难忘的事例,令我永记不忘。

1970年,我被调去负责固体导弹的研制。第一个型号就是潜艇水下发射的弹道式导弹,它是装在核动力潜艇上的。毛主席对这项工程有一个重要批示:"核潜艇一万年也要搞出来。"意思就是不管遇到多么大的困难,最后一定要把它研制出来。这个型号完全是由中国人自己研制出来的,我是该型号的总设计师。由于导弹的发射由潜艇在水下进行,所以有很多关键技术要突破。在科技人员的共同努力下,技术难关被一个一个地攻克。通过陆上各项飞行试验的成功,最终在1982年10月海上潜艇发射的飞行试验取得圆满成功。为此,得到中共中央、国务院、中央军委的贺电嘉奖,并获得国家科技进步奖的特等奖,全体研制人员感到极大的鼓舞。潜艇发射导弹型号的研制成功，使我国成为世界上第四个掌握这一技术的国家。

我从事导弹研制工作30余年，在这一段生涯中，既享受过成功的喜悦，也饱尝了失败的辛酸，往往在失败的痛苦教训中，通过这些教训才获得了走向成功的途径，深感"失败乃成功之母"的哲理。

我非常热爱这一事业。我认为，它是祖国国防现代化的重要组成部分，也是提高我国国际地位的一个重要因素。祖国强盛起来，我们中华民族在世界上才会受到应有的尊重和爱戴，再也不会受别人欺压和蹂躏。因此，我也殷切期望有更多的青年同志参加到这个行列中来，在"自力更生、艰苦奋斗、大力协同、无私奉献、严谨务实、勇于攀登"的"两弹"精神鼓舞下，把我国的导弹事业发展得更加宏伟壮丽！

（本文写于1995年，标题为编者所加）

黄纬禄 自动控制、火箭技术专家。1916年12月18日生于安徽芜湖，2011年11月23日逝于北京。1940年毕业于中央大学电机系，1947年获英国伦敦大学帝国学院硕士学位。中国航天工业总公司高级技术顾问、研究员。曾任中国人民解放军通信兵部电子科学研究院研究员、国防部第五研究院二分院设计部主任，七机部第一、第二研究院副院长，七机部总工程师，航天部科技委副主任，第二研究院科技委主任等。中国固体战略导弹的奠基人之一，被誉为"巨浪之父""东风-21之父""航天老总"。1957年后主持液体战略导弹控制系统试制及改型设计，解决了远程多级火箭液体晃动、弹性弹体稳定、级间分离及各种制导、稳定方案的理论和工程技术问题；20世纪70年代后主持研制潜地和地地固体机动战略导弹获得成功，突破了水下发射、三轴稳定平台在运动基座上的调平及瞄准、导弹射击诸元的适时计算、陆上机动车的研制发射等系列关键技术。获国家科学技术进步奖特等奖、求是基金会"杰出科学奖"。1999年获国家"两弹一星功勋奖章"。1991年当选中国科学院学部委员（院士），也是国际宇航科学院院士。

> 我深信中医药确实是祖先几千年积累而成的医药宝库,不能受传统观念的束缚,应力求进一步发展,事实说明中草药是有广阔发展空间的。
>
> ——嵇汝运

高徒出名师

幼年的梦

我出生在民国初年的旧中国。当时,医学卫生异常落后,国民的平均寿命只有三十多岁,被欧美称为"东亚病夫"。祖父母生有五个儿子,除了我父亲以外,四位伯父叔父均未永年。当时,肺痨被认为是不治之症,前辈家人不少被肺结核病夺去了生命。小学毕业前,母亲又因伤寒症不治去世,使我童年心灵受到很大创伤,幻想长大后能创制良药,普治国人的顽疾。

我高中就读于松江高级应用化学科职业学校(松江二中前身),毕业后考入中央大学(南京大学前身)化学系,所学的化学与药物靠近了一步。毕业后不久,又考上中英文教基金(原称"中英庚款")公费留学,就读于英国伯明翰大学化学系,获得了博士学位。由于论文研究、设计与合成的一些化合物有神经系统作用,校方因而聘我为药理系博士后研究员,继续进行神经系统药物研究,终于实现了幼年研习药物的愿望。

然而，母亲去世前的一幕幕情景依然经常浮现在我眼前，殷殷报国之愿驱使我早日回国，为我国病家贡献新药。我谢绝了国外师友的挽留，辞别了国外优越的工作和生活条件，回国并踏进了中国科学院上海药物研究所。

嵇汝运 院士
（中国科学院提供）

从现场吸取科研营养

"绿水青山枉自多，华佗无奈小虫何！千村薜荔人遗矢，万户萧疏鬼唱歌。"

回国时，正值国内开展一场消灭血吸虫病的群众运动，我响应国家的号召，参加血吸虫病研究委员会，投入防治血吸虫病的研究。

为了获得第一手资料，我奔赴重灾区的安徽贵池乡间，在农村卫生院学习医务人员的治疗经验，观察病人的症状，访问水乡病家，体会"小虫"对病家的折磨。

在20世纪六七十年代，我还随卫生工作队赴上海郊区，调查"小虫"在郊区的流行情况，采集农民粪便，孵化化验，决定治疗的对象。当时，浙江医务人员发现吃南瓜子能减轻患者症状。于是，我组织科研人员一起钻研，终于提取出一种新氨基酸，称为"南瓜子氨酸"的有效成分。进一步研究后，我们完成了其人工合成，便可大量制取，供临床试验，而不再使患者食用大量南瓜子来治病了。试验阐明这种氨基酸确能抑制血吸虫的生长发育，改善急性血吸虫病患者症状，再配合其他药物可治愈患者。

中草药发展空间广阔

疟疾是多发性寄生虫病，虽已有多种抗疟药用于治疗，但疟原虫已经产生抗药性，特别是恶性疟原虫对多种药物都不敏感。我国科学工作者已从中草药青蒿中提取了青蒿素，具有快速抗疟作用及较低毒性的特点，但治疗后患者会有部分复发。我参加的研究小组将青蒿素的结构进一步改造，合成了一大批化学上类似的物质，经动物试验发现其抗疟活性超过了青蒿素，从中选出"蒿甲醚"深入研究，最终通过新药审评，送昆明制药厂大量生产，并在国内外广泛用于临床治疗。

石杉碱甲是我们研究所从民间应用的中草药千层塔中分离出来的一种成分，药理研究证明它有提高学习与记忆的功能。我们经过几年探索，终于用化学方法将其成功制备。临床试验表明数百例老年记忆衰退患者及百多例老年阿尔茨海默病患者，服药后能明显改善记忆，而其毒副作用低于国外已有的其他药物，受到国内外药学界的重视，也相继试验并获得了一些有特色的合成方法，并证实了我们的研究结果。

青蒿是中医常用的药物，千层塔也是来自民间的草药。从中草药中成功地开发出有效用的新药，使我深信中医药确实是祖先几千年积累而成的医药宝库，不能受传统观念的束缚，应力求进一步发展，事实说明中草药是有广阔发展空间的。

寻找药物作用的规律

药物探索很大程度上还依赖经验，新药开发存在一定盲目性。

国外统计，要试验几万种化合物，才能从中找出一种实用药物，这样做耗费大量人力物力。我深信，药物的化学结构与药性之间，必然存在一定的内在规律，这些规律有待人们去探索。

沐浴改革的春风，药物研究应怎样转变观念，用上现代化的理论和方法，闯出新的途径？

我们先从量子化学出发，探索药物构效关系，将药物所多年来合成与开发的系列药物进行计算，进而开展基于受体生物大分子三维结构的药物设计。因为药物应先与细胞里的蛋白质等大分子结合，才产生生物作用。因而，我们模拟生物大分子的三维结构，进行探索设计，虽然还在边学边做，看来方向是准确有效的。

我国的医药生产，过去很大程度上是仿制国外现成的药品。在我国向国外开放、恢复关贸总协定席位后，必须更加重视知识产权，不能继续仿制专利产品，尤须提高效率，尽快创制一批有我国特色的药物。在这样的形势下，近年来我们正试图结合定量构效关系、量子化学、分子力学、计算机图形学及辅助分子设计等技术，探索新药分子设计的途径。我希望在有生之年，继续为救死扶伤、提高人民的健康水平而努力。

培养优秀的年轻人才

中国的新药研究需要大量优秀的年轻科学家参加。在半个多世纪的科研生涯中，我一直注重人才的培养，特别注意培养他们独立思考与独立工作的能力。我执教研究生班的基础课程，每次上课前认真备课，写好讲义，在教材中不断补充最新的前沿学术动态。

世界的科技发展正在日益加速，年轻一代会比上一代人有更大创造力。我认为,培养的学生必须胜过自己,教育才是成功的。每当发现一名学生比我强,比我更有建树时,我心中充满着兴奋和快感。现在已有许多学生成了一些单位的领导或科研骨干,还有一些出国深造后在海外获得长足的进展,使我认识到不是名师出高徒,而是高徒出名师,其间有着辩证关系。

嵇汝运在阅读与思考(作者提供)

我担任着好几所大学的兼职教授,为本科生或研究生讲课。

我还觉得普及科学知识,也是科技工作者应尽的责任。因此,我曾编写过给中学生阅读的科普书籍,如我曾写过一本《你了解生命吗》的科普读物,作为"中学生文库"之一,由上海教育出版社出版,并多次重印。

此外,我还不时地受到邀请,为中小学生作科普报告,并结合科技节参加中学生或中专生的课外科研活动。因为我深信10

年或 20 年后，他们中不少人有望成为我国知名的科学家。

（本文写于 2001 年 12 月，原标题为"与药物相伴"）

嵇汝运　药物化学家。1918 年 4 月 24 日生于上海松江，2010 年 5 月 15 日逝于上海。1941 年毕业于国立中央大学化学系。1947 年考取留美公费实习生，先在美国 NOPCO 化学公司试验室实习，半年后转入英国伯明翰大学化学系主修生物化学。1950 年获伯明翰大学博士学位后任该校药理系博士后研究员。1953 年回国后相继任中国科学院上海药物研究所研究员、副所长。兼任亚洲药物化学联合会执行委员，中国药学会副理事长，中国药学会上海分会理事长，上海市分子科学研究会副理事长等，任《国外医学药学分册》副主编，还任 *Drug of the Future*、《化学学报》《药学学报》等十几本杂志编委。长期参与或组织领导多种新药的研制。从中草药提取具有肯定药理作用的有效成分做结构修饰，合成了一系列化合物，从中寻找高效、低毒、结构新颖的药物。通过量子化学和计算机程序寻找到化学结构与药理作用间关系的规律，创立了药物与生物学的理论。培养了陈凯先、蒋华良等不少优秀学生。出版了《分子药理学》《神经药理学》《基础药理学》《药理学概论》等多部专著。获国家发明奖、国家自然科学奖等多项奖励。2006 年获何梁何利基金"科学与技术进步奖"。1980 年当选中国科学院学部委员（院士）。

中国传统认为，谦虚是一种美德。因此，有时我想：哲学家和科学家似乎都应该谦虚一些。他们没有权利把人类看作是这宇宙中最重要的成员，更没权利去污染和破坏我们绿色的大地母亲。

——蒋锡夔

德为人之本

做正派的好人

1926年我生于上海，在上海和杭州长大。祖上是南京巨富，外祖父也是杭州有名望的民族资产阶级。虽然我的父亲是个十分正直的诗人、学者，但不善理财。母亲原为中学教员（曾为杭州师范第一届第一名毕业生），但我家在抗战前仍属当时的大富人家。因此，我1955年底回国后在北京化学所工作后不久，便懂得要说："我的家庭出身很坏。"但我始终不认为"出身坏者的思想品质也一定会坏"。

记得1964年，我奉令去上海嘉定外冈社会主义学院学习了近一年，被要求天天彻底否定父母亲和自己，把他们和自己都说成是坏人。我因不能全盘接受这种可悲的观点而好几次与"指导员"展开了激烈的争辩。当时，我承认自己确实受到资产阶级家庭有害的影响，应该通过学习而改进，但我始终认为我的父母和自己都是很正派的好人，我们未做过违背自己良心的事。因此，当最后几百位学员被要求每人交上一份好多页的学员总结时，我拒绝交这样一份符合他们要求的总结。

我为何要这么做？因为我尊重事实，敬爱我善良的父母。他们信仰伊斯兰教，同时也继承了儒家的道德观念，在这方面对我从小就有严格的要求。以后，我又有机会接触到佛教、耶稣教中善良的东西，这就使我成为一位有信仰、爱憎分明、表里一致的人。

蒋锡夔 院士
（2003，方鸿辉摄）

确实，人民的眼睛是雪亮的。刚解放时，人民政府去走访了解杭州蒋庄附近的老百姓，他们一致说我父母是忠厚老实的好人。父亲是汉口春源桐油行的老板，但"三反""五反"时，职工们对父亲非常客气，对经理们却斗得很狠。

追求真理

我自幼喜欢幻想，随着年龄的增长，大部分幻想逐步转化为理想，那就是：热烈地去追求真理、美和高尚的品德，热烈地希望自己能为祖国的昌盛作出贡献。

我年轻时，常会借用德沃夏克的《新世界交响曲》旋律来唱自己编的歌词："在那辽远的天边有一颗明亮的星，它是我的理想，它永远照着我的命运。"我对祖国的感情有很大一部分与日本帝国主义的侵略有关。记得"卢沟桥事变"后的那年夏天，我与姐姐、表兄妹们在西湖小舟上天天高唱《义勇军进行曲》。"八一三"事变后我们赶回上海租界，当时，我还不到11岁，就已养成每天细读报纸的习惯，而且还常常想象，假如我抓了一个日本鬼子和一个汉奸，我一定先杀那个汉奸，这种痛恨敌人的感情加上民族自豪感便变成强烈的爱国思想，希望自己的祖国有一天能强大起来。在大学时期便决定要出国深造，以后回来为祖国献身。正是这种当时许多年轻人都有的正义感，使我参加了反对腐败政权的学生运动，也使我若干年后婉言谢绝了美国移民局官员主动为我办理移民手续、给我找一个美貌妻子的建议。

"三严"与"三敢"

我年轻时常常追求美的东西，但我只会听听音乐，看看家中父亲收藏的书画或文学著作，却不能用文字来描绘人世间令人惊叹的美，不能用语言来表达自己的感情，因为我根本没有我父亲那种对文学的天分。他是一位了不起的诗人，是学界泰斗马一浮先生的学生和至交。

我也许是较多地继承了母亲善于科学思考的能力，加上我又有十分强烈的好奇心，在念初中时就常常和表哥一起自己动手做化学实验，惊叹许许多多瞬间的变化。同时，对当时的死读书的教育制度已有了批判性的见解。到了高中，我又对生物学和人类历史感兴趣，譬如读了韦尔斯著的《生命之科学》和《世界史纲：生物和人类的简明史》。以后又对哲学和心理学发生兴趣，大学前三年我大部分时间是在啃那些心理学和不太好懂的哲学。直到四年级我在图书馆查到了鲍林的共振论研究策略，才开始对化学产生了兴趣……所以，虽然在1947年秋天，我还为我的恩师陈联盟教授代课执教物理化学的热力学部分,但我去华盛顿大学时倒是选修了有机化学,因我对反应机理和结构性能关系有着强烈的兴趣,这就"预定"了30年后我会投身于物理有机化学研究的命运。在我以后数十年的科研生涯中,我也经常注意把"三严"(严肃的态度、严密的思想方法、严格的工作方法)和"三敢"(敢想、敢做、敢于自我否定和坚持真理)辩证地结合起来,并以此教导愿意攀登科学高峰的青年朋友们。

以德为先

时代的教育和家庭的教养,使我一贯认为德为人之本。无论对自己还是对他人,我始终强调要德才兼备,以德为先。因此,对我的学生,除了在业务上量才而教外,我更注意和他们谈如何

蒋锡夔与合作者计国桢(右)及研究生在探讨问题(中国科学院提供)

做人的道理和要求，希望他们热爱祖国并树立追求真善美的理想。我常对自己的两个儿子说："至少有一件事值得你们为自己的父亲骄傲，那就是在'文化大革命'期间，我宁愿死也不愿承认自己是特务。"当然，我深爱着自己的小家庭，不愿去死。以后的经历也告诉我，一个真正关心自己同事、光明磊落、赏罚分明的人，他一定能受到周围人的尊敬。我做基础研究是祖国的需要，是为了要为祖国争光。正如我当初回国后为了祖国的需要，抛弃了自己的兴趣而全心全意地去领导国防尖端技术——氟橡胶和氟塑料的研制一样。

永远谦虚

回顾几十年来，在科学思想和科学原则方面，我深信小平同志反复强调的"实事求是"和"实践是检验真理的唯一标准"的原则。科学的思想方法是一种动态、多因素分析、综合的思想方法，它必须建立在一个"动态有机总体"的基本概念上。例如，决定一个健康人之生命过程的因素，绝非只是肝，或肺，或心，或胃，或大脑，或某一豆大的内分泌腺体，而是综合所有因素（或方面）的有机总体的正常运行。自然科学的思想方法还要求我们懂得，各个因素的权重是随情况或条件而变化的，决不能预先指定某一因素为"主要矛盾"。我们过去很多工作上的失误，往往就是某些同志不全面地、教条式地运用了只有一个"主要矛盾"的简单化思想方法。

最后，我还想谈另一点体会。像许多幼童一样，我幼时常常看着满天星星而试图想象天外是否还有天。自初中学了数学以后，又试图去"真正"理解无限大和无限小的"直观意义"。数十年后，我开始相信，我那有限尺寸的大脑是永远也不能真正懂得这两个"符号"或"概念"的。中国传统认为，谦虚是一种美德。因此，有时我就想：哲学家和科学家似乎都应该谦虚一些。他们没有权利把人类看作是这宇宙中最重要的成员，更没权利去污染和破坏我们绿色的大地母亲。

（本文写于 2003 年 6 月）

蒋锡夔 有机化学家。1926 年 9 月 5 日生于上海，祖籍江苏南京。2017 年 8 月 1 日逝于上海。1947 年获圣约翰大学理学士学位，1952 年获美国华盛顿大学有机化学博士学位。1952 年至 1955 年在美国凯洛格公司从事科研。1956 年至 1963 年在中国科学院化学所从事以有机氟化学为主的研究工作。1963 年后在中国科学院上海有机化学所任研究员、所学术委员会主任。1978 年创建了中国科学院第一个物理有机化学研究室。曾根据机理推论发明了氟烯与三氧化硫的反应，合成了新型化合物 β- 磺内酯。科研领域主要为自由基化学和单电子转移；有机氟反应机理及新型反应；微环境及溶剂效应；疏水亲脂作用等。特别是有机分子簇集和自卷以及各种取代基的自旋离域效应的工作，达到国际领先水平。培养了不少硕士、博士和博士后。曾被邀请在国外大学或国际会议作过 100 多次成功的学术演讲。发表论文 170 多篇，其中 70 余篇发表在 20 种国外学报上，包括在 JACS 上发表了 7 篇。2002 年获得了已空缺四年的国家自然科学奖一等奖。1991 年当选中国科学院学部委员（院士）。

鞠躬　好学人之长处　痛感己之不足

> 回顾一生，总结出了两条：一是对科学的生命有更上一层楼的追求；二是能锐察新生事物，好学人之长处，痛感己之不足。后一条的关键在"痛感"两字上。一个人承认自己的不足并不困难，但是否切肤就未必了。
>
> ——鞠　躬

好学人之长处　痛感己之不足

1929年11月，我出身于上海一户知识分子家庭，原籍安徽绩溪。父亲索非（笔名）长期在出版界工作，也写作、行医。他的朋友，经常来我家做客，主要是文学界的著名作家，按理说我应该被他们熏得文采夺目，显然我不是一块文学料，一点文味都没有被熏出来。我从小受到父亲教诲并因之崇拜的倒是医学家、科学家。

我是湘雅医学院27班的学生。老师和同学们都知道我是一位很用功的学生，按现在流行的称呼应该叫作"夜车族"。但在进入湘雅以前，我实实在在是一位不用功的顽皮学生。在中、小学期间，虽然也考过第一名或第二名，却也有过留级的"光荣"历史而不得不转学。我至今说不清，是湘雅的什么魔力使我一夜之间判若两人。是医学本身对我的吸引力？是湘雅当时艰苦的环境（抗日战争后不久，长沙当时连电灯都没有）？是湘雅的学术

鞠 躬 院士
（中国科学院提供）

空气？……

在我入学伊始，凌敏猷院长的训话，说湘雅引以为荣的是所培养的学生绝大多数是在学术、医疗机构工作，而不是为追求金钱而开业，至今仍萦回耳际。我曾与父亲谈起过湘雅的宗旨，父亲回应："你走对了路。"也许正是这种教育，让我提高到一种境界——产生一种献身精神。湘雅的学风、老师们的严谨，对我一生学术上的追求起了决定性的作用。

毕业时，我选择了基础医学研究，选了三个专业：生理学、微生物学及病理学。命运却把我安排在解剖专业。毕业的那年，军委卫生部委托中央人民政府卫生部到湘雅招一名毕业生从事解剖学专业，但同班同学中无一人选择搞解剖学。解决问题的方法很简单，谁解剖学考分最高就挑谁。悔不该当初对解剖学的考试太认真了。于是，就有幸不幸地被挑中了。

在解剖学中，我最喜欢的是胚胎学及神经解剖学。并不是因为我对这两门学科有多少了解，主要是因为我觉得这两门学科比较"神秘"，比较难。由于当时胚胎学、组织学已同人体解剖学在建制上分属两个教研室，我被分配在后者，因此神经解剖学就成了我的志向了。经过在北京中国协和医学院高级师资班一年的培训后，我被分配到西安第四军医大学解剖学教研室，一干30年。1983年至1985年转组织胚胎学教研室，1985年组建了神经生物学研究室，1989年建立了神经科学所，1992年扩建为中国人民解放军神经科学研究所，我任所长兼神经生物学研究室主任。

初到第四军医大学解剖学教研室时，由于设备简陋、资料贫乏又无人指导，加上各种政治运动，我苦读了近10年，硬板凳坐得把坐骨结节下的皮都磨破了。经历一些幼稚的科研设计及无效的尝试，直到20世纪60年代初才逐渐悟出一些道理，能独立做一些研究工作。但接着就是史无前例的"文化大革命"。在此期间，科研工作遭受很大的冲击，我的研究工作完全停顿下来了。记得1973年我在图书馆里（当时已允许到图书馆看书了）看到国外杂志上用辣根过氧化物酶追踪神经束路的文章，不知辣根过氧化物酶为何物（此法1969年首先用于周围神经研究，1971年用于中枢神经系）。一直到1977年下半年，我才有可能重新做研究，着实拼了命地赶。

鞠躬在做动物手术（2002，作者提供）

早年，我主要从事脊髓和脑干间联系、下丘脑与脑下垂体后叶关系，以及终纹床核等研究。20世纪80年代末至今集中进行两方面的研究：

一、脑下垂体前叶的直接神经调节。按哈里斯（Harris）的经典学说，哺乳动物脑下垂体前叶是受体液调节的，不受神经纤维的直接调节。我有一名学生在一个偶然的机会，发现猴垂体前叶腺细胞周围有比较多的神经纤维，引起了我的注意，就组织力量逐步深入开展研究。关键性的发现有：垂体前叶内的神经纤维可与腺细胞形成突触；神经纤维及其突触的数目可活跃地随机体内分泌状态的变化而改变；刺激神经纤维可从正、负两方向调节腺体的分泌，从而证实了我们提出的垂体前叶受神经体液双重调节的假说。

二、脊髓创伤（截瘫）的治疗，这是一个全人类的梦想，我确信没有理由不能实现，我们正从理论及应用两方面集中力量进行研究。

我出国深造的机会不多，1985年10月至1986年6月在瑞典卡罗林斯卡学院(Karolinska Institute)随T. Hokfelt教授做了八个月的研究工作，随后去牛津大学药理系访问了一个月；1986年7月至1987年1月在美国索尔克生物研究所(Salk Institute for Biological Studies)的W. Swanson教授实验室工作了六个月。两次外出总共15个月，时间虽不长，对我影响却很大，开了不少窍。邀请我访问牛津的是*Neuroscience*杂志的责任主编A. D. Smith教授。在牛津我作的报告是我在西安进行的有关下丘脑对垂体后叶投射的研究。就在作完报告后驱车请我吃饭的路上，他邀请我任*Neuroscience*杂志的编委，我因此成为*Neuroscience*编委中第一位中国学者，并担任编委至今。

我的业余爱好不少，但无一成嗜。爱运动，但最近因身体欠佳被剥夺打网球的权利。喜古典音乐，但一样乐器都不会，总梦想70岁后买一架钢琴，到了70岁，老骥又不肯伏枥，买钢琴80岁以后再说吧。听音乐也仅类似"五柳先生"，好听音乐不求甚解。曾经常指挥合唱团，自己也上台演唱。我发现，凡会大声歌唱者，自我感觉必定良好，而我的自我感觉则每况愈下。爱跳交谊舞，不甚精，属"古董派"。喜欢摄影，有些自鸣得意的作品，但恐无一摄影家会引起共鸣。

回顾一生，未必悟出什么真谛，但总结出了两条：一是对科学的生命有更上一层楼的追求；二是能锐察新生事物，好学人之长处，痛感己之不足。后一条的关键在"痛感"两字上。一个人承认自己的不足并不困难，但是否切肤就未必了。

（本文写于1995年，改定于2022年9月15日）

鞠躬　神经生物学家。1929年11月22日生于上海，原籍安徽绩溪。1952年毕业于湘雅医学院。第四军医大学教授，中国人民解放军神经科学研究所所长。作为中国现代神经解剖学奠基人之一，主要从事束路追踪、神经内分泌学、大脑边缘系统及化学神经解剖学的研究。早年从事中枢神经系的束路学及免疫组织化学研究。近年与团队成员在哺乳动物脑下垂体前叶腺细胞周围发现了相当数量的神经，经十多年的研究，提出并证实了"脑下垂体前叶受神经和体液双重调节"的假说，这是对目前通行半个世纪以上的体液调节学说的一种挑战，并集中精力从理论及应用两方面研究脊髓损伤的修复。1995年获"八五"全军后勤重大科技成果奖，1996年获解放军专业技术重大贡献奖、何梁何利基金"科学与技术进步奖"等。曾获军队科学技术进步奖一等奖3项。在国内外杂志上发表论文460多篇。1991年当选中国科学院学部委员（院士）。

> 大脑创造了人间的一切文明。从现在开始,发掘你的大脑的潜能,塑造你的大脑的智慧,时刻准备着用你那充满潜能和智慧的大脑去创造人类的新文明。
>
> ——李朝义

从奉献中获得满足

1934年我出身于重庆一户富裕的大家庭。全家有14位兄弟姐妹,我排行第八。我4岁那年抗日战争爆发,由于国弱民穷,重庆作为当时的"陪都",却没有任何防空设施,一个堂堂大国只好听凭日本侵略者的飞机肆意轰炸,我家的几处住房先后被炸弹夷为平地。为安全起见,母亲只好带着我们几个年幼的兄弟姐妹迁居到乡下的一所别墅里。家里请了一位姓杨的家庭女教师,帮我们补习功课。到上高小时,抗日战争总算结束,我们又迁回城内。

我初中曾就读于重庆广益中学,学校坐落于重庆南岸风景区南山之巅,整个校园被参天的松树林覆盖,到处郁郁葱葱,奇花异石,鸟语花香,环境安静而幽雅。校长杨芳龄是一位有名望的教育家,他很重视学生的全面发展,除了教学水平堪称一流以外,足球和垒球运动也普及了,每个周末还要举办音乐演唱会或唱片欣赏会。我家兄弟中有7位都先后进了广益，可见家父对这所学校的信任。高中转到了离家更远的清华中学，那也是重庆的一所一流学校，校风甚严，学习空气极浓，毕业的学生一般都能考上清华、北大等国内名校。在那里我只读到高二上学期，朝鲜战争爆发了，战火很快燃烧到鸭绿江边。同那个时代的许多热血青年一样，我瞒着父母，报名参加了中国人民解放军军事干部学校。同时参军的还有我的七哥朝礼和十弟朝杰。他们一个进了通信兵学校，另一个进了坦克兵学校。我却意外地被分配到沈阳中国医科大学去学习军医。

李朝义 院士
（中国科学院提供）

我们学医的有六百多位同学，都是从全国各大城市来参军的中学生。当时朝鲜战场战事正紧，沈阳作为一个重工业中心，已受到敌机轰炸的威胁。出于安全考虑，学校暂时从沈阳迁到了黑龙江北安。那里的生活条件异常艰苦，冬季的气温达零下40摄氏度，伙食以粗粮为主，一二十个人挤在一张大炕上睡觉，翻身都有困难。刚参军时，家里还不时寄来一些零用钱，后来部队要求我们断绝同剥削阶级家庭的一切经济联系，每个月只发给我们8毛钱的生活费。北安是当时志愿军的后方基地，那里有许多志愿军的后方医院，每一场战役过后，从朝鲜前线都有大批志愿军伤员被运送回来。我们奉命同当地老百姓一起组成担架队，常常在半夜冒着零下40摄氏度严寒，用担架把伤员一个一个地从火车站抬到医院去抢救。由于美军在朝鲜战场上惨无人道地大量使用火焰喷射器和凝固汽油弹，我们志愿军的伤员中烧伤患者占了大多数。许多战士被烧得半炭半肉，面目全非，惨不忍睹。不少女同学从未见过这种场面，被吓得昏厥。在战争的条件下，我们这六百多个人既是担架队员，又是一个活动的血库，随时准备着去医院为受伤战士输血。我们这一批学生兵大多数是从南方各大城市参军的富家子弟，突然间离开父母，离开舒适的家庭，来到如此艰苦的环境，确实是一种严峻的考验。那段日子对我的一生，甚至对我后来所从事的科研工作，都有很大的影响。那种环境锻炼了我的意志和性格，也培养了我的爱国情怀。

1956年我大学毕业，朝鲜战争已经结束。我被分配到中朝边境上一个刚从朝鲜回国的志愿军部队里当军医，那个部队就是朝鲜战场上赫赫有名的"万岁军"。我去那里报到时，部队发给我一把手枪和10发子弹，我的肩上也正式佩戴了中尉军衔。这一身军官的着装和腰间佩带的"五一"式手枪，使我第一次有了军人的体验。在我工作的师卫生营里，只有我一个人是从正规大学毕业的医生，因此领导对我特别信任，把一切重担都压在我身上。什么病我都得看，既要看内科，也要动手术，紧急情况下还要为产妇接生。此外，我还要负责治疗所有的疑难重症患者。作为一名刚刚跨出校门的年轻医科学生，我感到责任重大，形势逼迫我不得不加紧学习来提高自己的业务水平。在那段时间里，我如饥似渴地读了许多书，也成功地挽救了一些危重病人的生命，在医术上我确实受到了非常全面的培育与锻炼，整个卫生营的工作水平也有了很大的提高。我不断受到伤病员和家属的表扬，医院领导对我的工作十分满意，部队领导也给了我各种奖励。

1958年我国开始实行学位制度，按照当时苏联的学位体系，第一次在全国范围内公开招收四年制副博士研究生。我向部队提出了报考研究生的请求，很快得到了部队领导的积极支持，还破例地给了我一个月假期，让我备考复习。在部队的积极支持下，我以优异的成绩被上海复旦大学录取，我的导师是著名的神经生理学家卢于道教授。那一年所有新入学的研究生都要下放到农村去接受锻炼，与农民同吃、同住、同劳动。我被安排到上海郊区的一户贫农家里。那户农民全家三代人，只有两间小破屋，他们在羊圈里给我用芦席围出一个3平方米的空间，又用门板给我搭了一张床。农忙时我们每天早上六点半就要同农民一起下地干活，直到傍晚七八点钟才收工。农民们这样起早贪黑地干活，每天平均只有1毛钱的收入。在同他们一起生活的一年中，我才真切地感受到中国的农村有多穷，中国的农民有多苦！一年以后，在卢先生的提议下我被调回学校，参加有关气功和经络原理的科学研究。我的毕业论文是关于中医气功神经机理的研究，发表在《中国心理学报》上。这篇论文论证了人的主观意识能够控制某些自主性神经系统的活动，证明中国传统医学用气功强身治病是有科学依据的。卢先生与我亲如父子，是他带我进入了脑和意识科学这个神秘的天地，他对我的关心、爱护和专业上充分的信任让我至今念念不忘。在老师言传身教的影响下，我学会了要用同样的感情去对待我今天的学生。1985年卢先生去世，当时我在国外，未能出席复旦大学为他举行的追悼会，是我终生的遗憾。

1961年研究生毕业，我有幸进入中国科学院这个最高科学殿堂，这是我数十年科学生涯的起点。那个时候我们国家的科研经费很少，仪器设备也很落后。说来可笑，我研究视觉是从苍蝇、蟑螂开始的，因为这些"实验动物"不花一分钱，随处都可以抓到。我们做单细胞电生理实验需要三种电子仪器：高输入阻抗电子放大器、动作电位声音指示器和神经脉冲信号分析器。因为实验室没有资金买这些贵重仪器，我就到旧货市场上去买些处理品电子元件，参照国外仪器的图纸，自己动手焊接装配成这三种实验仪器。我最初的几篇关于苍蝇和蟑螂复眼视网膜电活动的科研论文就是用这些自制仪器完成的。土仪器陪伴了我十几年，一直到后来过渡到研究猫的视网膜和外膝体的电活动时还在继续发挥作用。1980年10月德国马普学会生物物理化学研究所的所长奥托·克罗兹费尔德教授来我的实验室参观，看到我们正在用这样的仪器设备做与他们实验室完全相同的课题——外膝体神经元对复杂自然图像的反应，大为惊讶，因为我们是用自己设计的神经信号分析器代替电脑，来对神经细胞的复杂反应进行定量分析的。

1981年我作为中国科学院与德国马普学会的交换学者，被选派到奥托的实验室工作。奥托不仅治学严谨，而且为人谦逊厚道。记得在我到达哥廷根的那一天晚上，他们全家人特意穿了德国的传统服装在家里迎接我，以后每次逢年过节我都成了他们家里的座上宾。我们常常一起在实验室工作到深夜，后来又一起在国际刊物上发表了几篇有影响的论文。他还常常在周末邀我同他的家人一起出去旅行和野餐，我们成了很好的朋友。

1989年，我把两个女儿留在国外继续完成她们的学业，自己带着妻子一起回到了魂牵梦绕的祖国。在我回国两年以后（1991年），奥托教授来信告诉我说他的两名学生——萨克曼和内尔因发明膜片钳技术和发现细胞膜上存在离子通道而获得了诺贝尔生理学或医学奖，也遗憾地告知他患上了肺癌，将不可能接受我的邀请如约前来中国访问。是年12月10日，他抱病出席了瑞典国王和王后在斯德哥尔摩为当年诺贝尔奖获得者举行的颁奖仪式。1992年，他以65岁的年龄过早地离开了人世，当时正在德国上大学的女儿李琳代表我们全家参加了他的葬礼。

1989年以后，我又先后去过美国普林斯顿大学、德国柏林自由大学、加拿大麦基尔大学、比利时鲁文基督大学、日本九州工业大学和法国国家科学研究中心作短期访问和合作研究。通过这些访问，我结识了更多的国外同行与科学家朋友，基本上了解了世界各主要实验室的工作特点和最先进的实验技术。令我特别高兴的是，我一生中最有影响的一些工作都是回国以后在自己的实验室内完成的。在这期间，我从中国科学技术大学和北京大学等国内名校招收了几位十分出色的研究生，其中有现任美国路易斯维尔大学心理系副教授的何子江、英国伦敦大学学院讲师郭昆、美国洛克菲勒大学助理教授李武、美国约翰·霍普金斯大学助理教授邱芳士。在我回国以后的十多年中，一直得到中国科学院和国家自然科学基金委员会的多项重大基金项目的资助。我现在拥有五间设备齐全的实验室，可以毫不夸张地说，我们实验室的仪器设备和实验技术条件已经达到了发达国家一流大学和研究所的水平。我们有充足的科研经费，可以开展我们感兴趣的任何科研工作，研究人员的居住条件和生活水平也有了根本的改善。

回想自己成长的历程，首先该感谢我们伟大的祖国，把我从不懂事的普通中学生培养成为一个人民的科学家。比起国家在我身上倾注的心血和给予我的荣誉，我做的那些工作实在微不足道。我将用有生之年继续为发展祖国的科学事业和培养新一代科学人才而尽力。我并坚信，我们的祖国一定会成为一个举世瞩目的科技强国。

我还要回答年轻朋友常常会问的下述 5 个问题。

人生格言：认认真真做人，勤勤恳恳做学问。

治学格言：从探索中寻求乐趣，从奉献中获得满足。

业余爱好：音乐和艺术。

影响最大的一部书：《鲁滨逊漂流记》。

走上科学之路的最大动力：探求自然奥秘的好奇心。

当然，我还想强调：大脑创造了人间的一切文明。从现在开始，发掘你的大脑的潜能，塑造你的大脑的智慧，时刻准备着用你那充满潜能和智慧的大脑去创造人类的新文明。21 世纪是属于你们的！

（本文写于 2005 年 3 月，原标题为"从探索中寻求乐趣"）

李朝义　神经科学家。1933 年 6 月 5 日生于重庆，2018 年 8 月 11 日逝于上海。1956 年从中国医科大学毕业后入伍，在中国人民解放军步兵第 0134 部队担任军医。1961 年从复旦大学研究生毕业后进入中国科学院上海生理研究所工作，1999 年加入中国科学院脑科学研究所，后转入中国科学院神经科学研究所，是该所高级研究员。兼任国际脑研究组织（IBRO）亚太地区委员会理事、《中国神经科学杂志》主编。先后在德国马克斯-普朗克生物物理化学研究所、美国普林斯顿大学、比利时鲁文基督大学、加拿大麦基尔大学、日本九州工学院、法国国家科学研究中心任客座科学家。还受聘担任复旦大学、中国科学技术大学、华中科学技术大学、暨南大学和第三军医大学兼职教授或荣誉教授。是中国科学院重大交叉前沿研究项目"脑和意识研究"首席科学家。主要从事视觉中枢研究，对视网膜、外膝体和视皮层神经元的非传统感受野进行了系统研究。至 2019 年 4 月已在国内外刊物上发表研究论文 90 余篇，获得 20 项中国发明专利授权。曾获中国科学院自然科学奖二等奖（1991 年）、国家自然科学奖二等奖（1997 年）、何梁何利基金"科学与技术进步奖"（2000 年）。1999 年当选中国科学院院士。

> 中国航天测控事业的道路是一代航天人完全靠自己走出来的。每前进一步，都会遇到各种各样的困难，需要我们不断开拓进取，奋斗不息，百折不挠，为我国航天测控事业的发展作出新的贡献。
>
> ——李济生

航天测控 精益求精

1943年5月31日，我生于山东济南，所以家人给我起了个"济生"的名字。我4岁丧母，12岁时父亲也病故了。从此，我在姑母家上学和生活。也许由于父母早逝的原因，我性格偏于内向。小时候，常常一个人看书或者将玩具拆了又装，装了又拆；常常一个人夜晚坐在院子里抬头看明亮的月光和闪烁的星星，每每遐想联翩。

1957年10月4日，苏联成功发射了人类第一颗人造地球卫星。3个多月后，美国也发射了人造地球卫星。夜晚，看着别国的卫星在天空翱翔，我就想，什么时候咱们国家也有自己的卫星呀？所以，我很想学天文。后来，果然如愿以偿。

1961年，我考入南京大学天文系，以后又选择了天体力学专业。1963年我的姑父、姑母因病相继去世。此后，我依靠国家的助学金完成了学业。1966年大学毕业时，正值全国进行无产阶级

李济生 院士
（中国科学院提供）

"文化大革命"，我们不能如期毕业，只能"留校闹革命"。到1967年底才开始分配工作。当时，全国陷入一片无政府状态，原定的"毕业生分配方案"已全部作废。经与"江苏省革命委员会"商定，我们班的同学可分配到南京、镇江、无锡、苏州和北京、上海等有关单位。正值此时，听说酒泉卫星发射基地的同志正在南京招收大学毕业生去搞人造地球卫星。我喜出望外，便主动找到负责招收的同志，要求到卫星发射基地去。就这样，我于1968年2月14日到了地处戈壁滩的酒泉卫星发射基地，成了我国航天队伍的一员。

戈壁滩可真是"遍地不长草，风吹沙石跑"的地方。站在戈壁滩上，周围是一望无际的沙丘，只有那不见头尾、排列整齐的电线杆还算有些"活气"。每天吃饭时碗里总会有些沙子做"胡椒面"，也很难吃到新鲜蔬菜，脸上、嘴唇一层层掉皮，但每每想到人造卫星，心里也就无怨无悔，安心地待下去了。

到了基地，本想很快就可以"搞人造卫星"了，可那时正值"四人帮"当道，虽然1968年正值我国第一颗人造地球卫星"东方红一号"的准备工作如火如荼，但是知识分子要"接受工农兵的再教育"比搞人造卫星更重要，就让我们到野战军或工兵部队"不定期"下放，直到工农兵说"合格了"，才能回来。就这样，我们一直到1969年4月才回到"搞人造卫星"的队伍中来。

我在大学时学的是天体力学专业，主要学习天体运动和人造卫星轨道计算的基础知识，但是从来没有见过电子计算机，更没有学过"软件"。所以，当第一次看到带有数据和软件的黑色穿孔纸带时，还不知那是什么东西。那时，软件不是用高级语言（如FORTRAN等）而是直接用机器语言编写。当时，我国航天事业刚刚起步，人才和设备都特别缺乏。单位只有两台"108-乙"晶体管计算机，运算速度为每秒8万次。那时的计算机都是单用户的，我领受的一项重要工作就是给每个人分配计算机使用时间，称"机时"。两台计算机日夜忙于"东方红一号"卫星的准备工作，不可能有很多"机时"供我们新学员学习。我只好仔细阅读计算机指令手册，揣摩老同志编写的软件，对自己练习编写的软件先进行"纸上作业"。

记得第一次分配给我的"机时"只有7分钟，第一次运行就很顺利地算出了正确结果，当时真是又高兴又吃惊（电子计算机算得真快）。"东方红一号"卫星的轨道计算方案是紫金山天文台研制的，软件是当时的西北计算所编写的。1969年5月，紫金山天文台的人员撤走，卫星"精轨"计算的任务就交给了我。作为一名刚刚跨入"搞人造卫星"队伍的新人，我能得到组织的信任，参加我国第一颗卫星的发射试验并负责很重要的工作，确实感到压力很大。从此，我就在戈壁滩通宵达旦地沉浸在学软件、推导卫星轨道计算公式之中。

1970年4月24日，"东方红一号"卫星发射成功，我荣立了三等功，感到非常幸福和自豪。1970年5月，"东方红一号"卫星电源耗尽，我们由酒泉卫星发射基地回到地处秦岭山麓的西安卫星测控中心，马上又投入我国第二颗卫星"实践一号"的测控任务准备中。当时,西安卫星测控中心刚刚安装了我国自行研制的"DJS-8"计算机,领导指定我为"精轨"计算方案和软件设计的技术负责人。从此,便同"卫星精密轨道计算"结下不解之缘。

1975年,我国准备发射返回式遥感卫星。根据第一颗返回式遥感卫星的轨道设计,其轨道倾角为63度,而当时我们使用的卫星轨道计算公式存在一个63.4度的"临界倾角"奇点问题,即卫星轨道倾角为63.4度时,计算公式中某些项的分母值就成为"0",导致无法计算。63度与63.4度太接近了,考虑到卫星发射时可能的入轨偏差,有可能使卫星的轨道倾角接近于"临界倾角",会造成很大的轨道计算误差,这样就会给卫星回收参数的计算带来很大的偏差,卫星就不能准确回收。"临界倾角"问题成了发射我国第一颗返回式遥感卫星的"拦路虎"。我和同事们共同协作,查阅国外参考资料,推导新的轨道计算公式,重新编写轨道计算软件,开发了"以交点周期为步长进行积分的轨道计算方案",解决了"临界倾角"难题。

1975年11月26日,我国第一颗返回式卫星发射成功,三天后顺利返回至我国四川省遂宁地区。中国航天实现了又一次跨越,成为世界上第三个掌握卫星回收技术的国家。

1975年,我国又成功发射了三颗低轨道卫星。正在大家庆贺"三星高照"时,却发现了一个问题:卫星的近地点高度都在不断升高。根据理论分析,卫星在大气阻力影响下,近地点高度应该是逐渐降低的,但不知为什么近地点高度却每天都在升高。当时,有些同志怀疑轨道计算有问题,要求把数据拿到其他单位去处理。我是负责轨道计算的,当然感到压力很大。经过分析,我认为，现象确实异常，但不会是由于轨道计算错误或误差引起的。那么，究竟是什么原因呢？我找来有关的卫星技术资料，仔细分析卫星在轨道上的工作过程，和同事们一起讨论，发现卫星在绕地球运行时要进行姿态控制，使卫星保持对地三轴稳定姿态，这时姿控发动机要喷气。卫星研制部门认为姿控发动机的推力非常小，绝不会影响卫星轨道，可以忽略不计。但是，我抓住这个问题不放，分别到北京、上海去调研，向卫星研制部门询问卫星姿控发动机的安装位置、角度和工作过程，学习有关知识。经过几个月的努力，我推导并建立了"三轴稳定卫星姿控动力对卫星轨道摄动的力学模型"。又根据卫星遥测数据进行计算，计算结果和实际轨道变化情况完全相符。这样，不但正确地解释了卫星近地点高度升高的异常现象，而且也给出了准确的计算结果，提高了定轨精度。同时，该模型也得到了卫星研制部门的认可，被卫星研制部门采用，提高了我国返回式遥感卫星轨道的设计精度。

研制地球同步轨道通信卫星"东方红二号"是我国航天事业又一新的目标，它的测控过程更加复杂。西安卫星测控中心当时使用的"DJS-8"计算机是一台晶体管计算机，性能很落后，其运算速度为每秒28万次，内存不足400K字节。当时想从国外进口性能先进的计算机，但受"巴黎统筹委员会"的限制，高性能计算机不允许卖给我国。有一位来访的日本专家到西安卫星测控中心参观，他指着我们的计算机说"这样的计算机不可能执行地球同步卫星测控任务"。当时，日本刚发射了地球同步卫星，我们向他请教一些技术问题，他当时竟傲慢地说："对不起，我的笔记本没带来，要想了解请到东京来。"我们下定决心，计算机硬件不行，就在软件上想办法。

正当我们全力以赴进行"东方红二号"卫星测控任务准备之际，我收到国外一所大学同意我去进修的邀请函。我是1978年通过教育部举办的出国留学外语统考的，但是由于种种原因一直未能联系到合适的进修单位。到1982年我的出国进修时间已到最后期限，如果不能按时出国，可能就会失去出国进修的机会。可"东方红二号"卫星任务迫在眉睫，我负责的工作又很难找人接替，我愉快地留了下来，安心地投入"东方红二号"地球同步通信卫星试验任务中。发射前夕，时任国防部长的张爱萍将军来西安卫星测控中心视察时，高兴地握着我的手说："在这样落后的机器上，能完成这样大的任务，真了不起！"

1984年4月8日，我国第一颗地球同步通信卫星"东方红二号"成功发射，在西安卫星测控中心的控制下，准确地定点于距地球36000千米的赤道上空。中国开始用自己的通信卫星与国际接通。很巧的是，1984年5月我到东京参加国际空间科学和技术年会时又与当年那位日本专家不期而遇，他迫不及待向我打听："你们的同步卫星测控任务用的是什么计算机？"我很轻松地回答："就是你曾看到的那台计算机。"他又向我询问"东方红二号"卫星的一些细节，我说："对不起，我的笔记本也没带来，要想了解请到中国来。"

我从事航天测控工作30多年，主要是做了两件事：一件是卫星轨道的精密定轨；另一件是卫星测控应用软件的设计和开发。1970年我国发射第一颗人造地球卫星时，我负责"精轨"计算，有人问我："你算出来的轨道的精度是多少？"判定定轨精度确实是个难题。当时，我回答不出来。但我感到这个问题很重要，便潜心研究，提出了利用卫星近站点预报误差判定定轨精度的方法，判定我们当时的定轨精度为2千米至3千米。而20世纪70年代国外定轨精度已优于百米。因此，我就决心致力于研究精密定轨方案，使我国尽快达到国际精密定轨水平。1983年我和同事们与南京大学天文系合作开发了"微分轨道改进和摄动星历表计算"的定轨方案，再结合其他提高定轨精度的措施，使卫星定轨精度达到200米左右。可是，这个精度还远落后于美、苏两个航天大国。随着国家航天事业的发展，要想追赶世界先进水平，就一定要建立高精度的卫星轨道确定系统。这成为我朝思暮想的一件大事。

1984年经再次联系，我终于成功达成出国进修的愿望。到了美国后，认识了一位来自我国台湾地区的在读博士生，他好心地对我说："你有什么打算？如果想留在美国，就赶紧进修课程，然后转成研究生，可以节省时间。"我说我是访问学者，是来进修的，学完后就得回国。他将信将疑，直摇头。我在美国进修两年，集中精力从事精密定轨工作，仔细分析卫星精密跟踪数据，利用美国先进的技术环境，采用多种方法分析和消除定轨误差，终于获得了优于美国海军天文台使用同样数据得出的结果。论文在美国地球物理学会1986年秋季年会上发表。两年来，我在美国做了大量的计算方案、参考资料和软件方面的准备工作。

1986年我如期回国，那位来自我国台湾地区的朋友给我送行时说："没想到，你真的按期回国。"离开美国前，我和妻子在洛杉矶逗留了3天，住在一位来自我国台湾的华侨的家里。临别时，老华侨对我说："李先生，我们知道你是卫星专家，每当大陆发射卫星，我们都感到腰杆更直了。不论是大陆还是台湾，我们都是中国人，希望你回国后把大陆的卫星搞得更好。"这位老华侨的话说出了我们中国人共同的心声。

回国后，由我主持的课题组开始了精密定轨方法的研究和软件开发。经过近五年的努力，终于开发出"西安卫星测控中心精密轨道确定系统"。使用我国遥感卫星实测数据的定轨结果，经用户鉴定，定轨精度达到：在我国周边地区卫星定位平均误差70.6米，高程平均误差27.2米，满足了我国第二代高精度遥感卫星对定轨精度的要求，解决了卫星测控应用的一项技术难题，使我国第二代高精度遥感卫星得以立项研制。使用国外卫星（高度800千米）激光测距数据定轨精度可达到米级。1993年以陈芳允院士为主任，由中科院、航天部、总参等有关专家组成的鉴定委员会认为："该系统的研制成功使我国卫星测控事后定轨精度上了一个台阶，其技术水平在卫星测控应用方面处于国内领先地位，并达到国际先进水平。"

定轨精度的提高也为卫星轨道控制精度的提高提供了条件，在1999年我国发射的地球资源探测卫星"资源一号"测控任务中使用该系统定轨，经航天工业总公司鉴定，轨道半长轴误差小于3米，使"资源一号"卫星轨道控制精度达到国际先进水平。这一最新成果，也为我国"神舟号"飞船试验的轨道确定，奠定了重要的技术基础。

1995年，我出版了专著《人造卫星精密轨道确定》，阐述了卫星精密轨道确定的基本原理，给出了影响卫星运动的各种摄动力模型，对我国卫星轨道动力学发展起到了很好的推动作用。

35年来，我一直在西安卫星测控中心从事卫星测控工作，历任技术员、工程师、高级工程师、研究员。曾获国家科技进步奖二等奖1项，部委或全军科技进步奖一等奖2项、二等奖9项。

1991年被国家人事部和国家教委表彰为"在工作中作出突出贡献的回国留学人员",1992年,被国家人事部授予"国家有突出贡献的中青年专家",1995年获中国首届航天基金奖,2000年获何梁何利基金"科学与技术奖"。1994年担任西安卫星测控中心技术部总工程师,1999年担任西安卫星测控中心副总工程师,2000年任总工程师,2003年调总装备部科技委任委员。

中国航天测控事业的道路是一代代航天人完全靠自己走出来的。每前进一步,都会遇到各种各样的困难,需要我们不断开拓进取,奋斗不息,百折不挠,为我国航天测控事业的发展作出新的贡献。

(本文选自上海教育出版社2005年5月版《科学的道路》)

李济生 卫星测控专家。1943年5月31日生于山东济南,2019年7月28日逝于北京。1966年毕业于南京大学天文系。西安卫星测控中心研究员、总装备部科技委常委。曾任西安卫星测控中心总工程师。主要从事卫星轨道动力学和卫星测控技术研究。研究开发了按交点周期进行积分的摄动计算方法,解决了国内轨道计算方案中的"临界倾角"问题;通过对低轨道遥感卫星轨道异常变化的分析,发现了三轴稳定卫星姿态动力对卫星轨道的摄动,建立了相应的动力学模型;建立了中国卫星测控精密定轨系统,满足了卫星应用和测控对定轨精度的要求;对卫星测控应用软件提出了模块化、标准化、通用化的设计思想,提高了软件的质量和开发效率;开发了自动调度的测控计划生成软件,并应用于我国第一颗地球同步卫星测控工作。获军队科学技术进步奖一等奖两项,国家科学技术进步奖二等奖一项,总装备部教材特等奖项等。代表作有《人造卫星精密轨道确定》《航天器轨道确定》等。1997年当选中国科学院院士。

> 在何先生那里，科学研究就是探索自然的本来面目，如此而已。
>
> 她崇尚原创，心仪"捆绑式实验"，珍视第一手的原始数据，而从不理睬那些流行的种种花样。
>
> ——李惕碚

何泽慧先生的风格

今年春节期间，我同莲勋到何先生家拜年时，翻看客厅茶几上放着的一本书，里面有她参加一个会议的照片。何先生说她挺喜欢这张照片，但是记不得是什么时间拍的。我告诉何先生，这是1978年9月她在第一次高空气球工作会议上讲话的照片。何先生有些奇怪："哦，你还记得这么清楚？"其实，我对时间的记忆能力是很差的。"文化大革命"中被责令写交代，仅仅几个月前的事情，我就记不清日期。但是，30年前的这次会议我记忆犹新。

那时候，"文化大革命"的动乱才刚结束，高能所宇宙线研究室的一些年轻人（我是其中年龄最大的）联络大气所、空间中心、紫金山天文台等，想通过建设高空科学气球系统，推动空间天文和其他空间科学探测在中国的起步和发展。会议在高能所主楼二楼的一间会议室举行。当天，科学院的一位领导也来高能所视察，行经二楼走廊，看到这间会议室门口张贴的"中国科学院高空气球工作会议"的小条，很生气，厉声斥责高能所领导：为什么不集中力量确保高能加速器建设任务，还要搞什么气球？也许那位院领导并不知道何泽慧先生也在会并且在热情洋溢讲话。

李惕碚 院士
（中国科学院提供）

1979年，宇宙线室天体组贾恩凯被公安部门以"文化大革命"中犯有严重罪行为由抓走了。贾是气球系统建设的一个主要骨干，正直、热情、能干，具有高度的工作责任心和使命感，是一个难得的青年人才。"文革"这几年，我在云南高山站，深知由党政军内矛盾引发两派群众斗争的严酷及后遗问题的复杂。当时，贾只是云南的一名中学生，在党和领袖的鼓动下满腔热情地投入了运动。在一个时期中，有时毁掉一个人何等容易，而挽救一个人又何等艰难。按惯例，被捕者要被单位开除党籍和公职。当时，天体组企图营救他的一批年轻人，自己也处境困难。在这个时候，何先生找到所政工部门，要求他们爱护科研人员，明确地申明她要保这些青年人，包括贾恩凯（三年后，贾被无罪释放）。

这就是何泽慧先生的风格。

改革开放30年后的今天，年轻人已很难体会当年站出来讲这番话需要多大的勇气。其实，最困难的还不是有承担风险的勇

何泽慧先生在高空气球工作会议上（李惕碚提供）

气，而是在当时的历史条件下保持独立思考和正确判断的能力。

　　1807年，黑格尔写了一篇短文《谁在抽象思维》，论证抽象地思维就是幼稚地思维。他举了一个例子：一个凶手被押往刑场。在常人看来，他不过是个凶手。女士们也许会说，他还是个强壮、英俊的人。大众会斥责这种说法骇人听闻——什么？凶手英俊？你们肯定比凶手好不了多少！经历了百年衰落和屈辱，中国在1949年终于走上复兴的道路；而在这种特殊的历史背景下，群众（包括知识分子）给事物的政治标签"抽象思维"，成为历史上空前强大的潮流。而何泽慧先生是一个独特的例外。她秉承报效祖国、追求真理的初衷，热心扶持幼小的前沿交叉学科，挺身保护困境中的科研人员，如此自然而然。对她而言，压力和风险似乎根本就不存在。在何先生那里，科学研究就是探索自然的本来面目，如此而已。她崇尚原创，心仪"捆绑式实验"，珍视第一手的原始数据，而从不理睬那些流行的种种花样。权位和来头、排场和声势，以及华丽的包装，对何先生都没有作用。她会时不时像那个看不见皇帝新衣的小孩子，冷冷地冒出一句不合时宜而又鞭辟入里的实在话。

在高能物理所天体物理实验室前合影（左起钱三强、陆柱国、何泽慧与李惕碚，2000，中国科学院提供）

爱因斯坦在纪念居里夫人的文章中写道："第一流人物对于时代和历史进程的意义，在其道德方面，也许比单纯的才智成就方面还要大。即使是后者，它们取决于品格的程度，也远超过通常所认为的那样……居里夫人的品德力量和热忱，哪怕只要有一小部分存在于欧洲的知识分子中间，欧洲就会面临一个比较光明的未来。"

半个多世纪，潮涨潮落，中国的社会和科学发展走过曲折的道路。成绩是举世公认的，而其中求实和原创精神的失落也开始被注意到了。在反思中，一位人文学者说过："有人说，自从进入20世纪下半期以后，中国就再也产生不出独创的、批判的思想家了。这话并不尽然，我们有顾准。"

在有幸受到何先生教诲的30多年中，我的脑中也多次浮现出这样一句话：

我们有何泽慧！

（本文写于2009年，改定于2022年7月20日）

李惕碚　高能天体物理学家，中国科学院高能物理研究所研究员，清华大学天文系教授。1939年6月生于重庆北碚，祖籍湖南攸县。1963年毕业于清华大学工程物理系。在云南高山宇宙射线观测站进行了多年工程建设和观测研究工作。倡议并组织开拓了我国高能天体物理的实验研究，是我国首颗X射线天文卫星"慧眼"的提出者及预研、背景型号和工程项目的首席科学家。建立了计算对象-背景观测结果统计显著性的公式，成为宇宙线和高能天体实验数据分析中的一个标准方法；建立了对象重建的直接解调方法；建立了在时域上进行时变分析的时间尺度谱方法；建立了寻找高能辐射周期信号的时间差序列方法；建立了Li-CCF方法，显著提高了相关分析的灵敏度和准确度。在宇宙微波背景辐射数据分析和宇宙学模型研究方面取得重要成果。曾获全国优秀科技图书奖，王淦昌物理学奖，何梁何利基金"科技与技术进步奖"，中科院杰出成就奖。1997年当选中国科学院院士。

> 我总结并提出:"产品质量和可靠性是设计出来的,不是统计计算出来的;是生产出来的,不是检验出来的;是管理出来的,不是试验出来的。""质量工作要以预防为主,导弹型号的可靠性要从头抓。"
>
> ——梁思礼

朗读者 明卓然

讲述"向太空长征"的故事

我于1924年8月出生在北京,1935年入天津南开中学。抗战爆发,南开中学被日军炸毁,转入天津耀华中学。经历了在侵华日军屠刀下的生活,接受了在南开、耀华两所中学的德、智、体、美全面发展的素质教育,也受到了家庭教育的影响,使我懂得热爱自己的祖国,知道了如何做人,激励我要努力读书将来报效祖国。

1941年高中毕业,在母亲一位朋友的帮助下,我获得一份奖学金赴美国留学。刚到美国后不久就爆发了太平洋战争,我与家庭中断了联系,也失去了家庭的经济支持,生活相当清苦。曾到餐馆、罐头工厂打工,到游泳场当救生员,在实验室当试验员等,以补助生活津贴的不足。刚到美国我就读的卡尔顿学院是一所综合性大学,由于怀着"工业救国"的思想,两年后转入普渡大学改学无线电专业,在两年内学完了三年的课程,靠自己的努力,

梁思礼 院士
(中国科学院提供)

学习成绩优秀。同时，课余还参加了主持播音节目等学生活动，参加学校的古典式摔跤校队，并为学校争得冠军等荣誉。这几年的生活经历与锻炼，对我的身体、意志、勇气和毅力的培养都很有帮助，一定程度上培养我艰苦奋斗和敢于在困境中打开局面的能力。

1945年抗战胜利，我进入辛辛那提大学攻读自动控制硕士学位。利用假期和课余，参加在美的进步学生活动，如美基督教中国学生会（CSCA）和"留美科学工作者协会"等进步组织的活动。了解了我国解放区的情况，思考着如何把所学的知识贡献给新中国。1949年夏，我在辛辛那提大学获博士学位后，决定尽快回国。同年9月，结束在美8年的留学生活，与姐姐思懿以及其他多位进步学生一起乘船回国。经在香港的中国科协介绍回到北京参加建设新中国的行列。

1950年1月，我被分配在邮电部电信研究所，参加中国国际广播电台的建设工作。正当满怀热情开展工作的时候，"三反""五反"运动开始了，我却被不法商人诬告贪污被隔离审查。后来，正当感到十分委屈和痛苦的时候，问题查清了。当时的王诤副部长亲自在邮电部大会上宣布平反、恢复名誉。这件事，更增加自己对中国共产党实事求是、有错必纠的作风的信服和崇敬，决心争取做一名共产党员。1953年，研究所合并到总参通信部电子科学研究所。1955年被派往越南帮助建立"越南之声"广播电台。与其他专家一起，出色地完成了任务，受到胡志明主席亲自接见和颁奖。

1956年春，我参加了"国家十二年科学发展规划"的制定。根据规划，1956年秋，研制火箭与导弹的国防部第五研究院成立了。我被分配在五院的控制系统研究室担任副主任。从此，我的全部工作和生活都离不开我所热爱的中国航天事业。在工业基础薄弱、科技水平还相当落后的20世纪50年代，我们要开展火箭、导弹的研制工作，那种困难是可想而知的。除了当时的五院院长钱学森同志以外，谁都没有见过火箭、导弹。我们当时为数不多的科技骨干和刚毕业的一百多名大学生只好从头学起，请钱老讲课。另外，还有原来由苏联提供的一点资料和实物可供学习，但不久苏联撕毁援助合同撤退专家，连资料也停止供给了。我们并没有停步。在中央领导下，聂荣臻元帅具体组织下，我们从仿制开始练兵，边干边学，然后自行设计，自主研制我国自己的导弹。失败和挫折难不倒我们，三年困难时期也压不垮我们。从苏制P—2的仿制成功到"东风5号""长征二号"运载火箭的研制成功，我作为控制系统的负责人和同事们一起在"自力更生，艰苦奋斗，大力协同，无私奉献，严谨务实，勇于攀登"的航天精神指导下，苦心钻研，克服了一个又一个技术难关，取得了诸如多次导弹试射、导弹核武器试验（用我国自行研制的导弹运载我国自行研制的原子弹的联合试验）的成功。

20世纪60年代，我在液体地—地战略导弹研制中，研制成功具有中国特色的中近程战略导弹捷联式惯性制导系统，开辟了地—地战略导弹惯导化的道路。在担任我国洲际导弹和"长征二号"运载火箭副总设计师，负责控制系统的研制中，首次采用平台—弹上计算机方案。当时，我国微电子和计算机技术还处于起步阶段。除美国已采用外，即使苏联也是刚开始在航天产品上使用这项新技术。这是一个大胆而且有相当难度的决定。为解决弹上计算机的可靠性问题，我与同事们一起作了深入的理论分析，完成了关机和导引方程推导，从制导系统一级上解决了这个难题，并在1971年首次远程导弹的飞行试验中获得了成功。其后，我国第一个洲际导弹准确命中太平洋预定海域，也取得成功。由于采用新技术，导弹控制系统的精度有了显著提高，缩短了同世界发达国家之间航天技术的差距，也在一定程度上带动了微电子和弹上计算机等技术的发展。

在20世纪70年代末，我积极组织速率捷联惯导系统的预研工作。80年代，几个近程地-地战术导弹都采用了这项研究成果。我还指导解决了在研制过程中出现的动态误差问题，使这几个型号得以定型，批量生产，并装备部队。同时，地-空导弹和飞航式导弹也都采用了这项技术，使速率捷联制导技术成为应用面很广的一项制导技术。

通过多年的研制试验，深刻体会到航天产品质量可靠性的重要意义。在担任运载火箭研究院副院长期间，在总结过去经验的基础上提出要把可靠性放在各项指标的首位。总结并提出："产品质量和可靠性是设计出来的，不是统计计算出来的；是生产出来的，不是检验出来的；是管理出来的，不是试验出来的。""质量工作要以预防为主，导弹型号的可靠性要从头抓。"应从方案设计开始就进行可靠性设计。在整个研制过程中要不间断地抓质量和可靠性，抓可靠性增长，并做好元器件、材料、工艺等基础工作，提出全面质量管理等论点和措施，并在科研生产中积极推广，取得明显效益。把可靠性工作从数理统计为主扩展到工程实践。采用这一系列措施后,"长征二号"连续成功地把17颗返回式卫星送上天。

梁思礼应邀在广东中山图书馆作科普报告（2003，中国科学院提供）

作为航天科研人员,一定要头脑灵活,目光敏锐,并能随着时代前进。要看得远,有前瞻性。要不断拓展自己的知识领域。重视利用科学技术的新发展。不断改进设计和测试手段去提高质量和劳动生产效率。

20世纪80年代初,我担任航天部总工程师后,通过对国内外的考察,深深感到信息革命的时代已经开始,对于我们航天部门来说必须急起直追。根据了解到的国内外信息,我提出了航天系统开展CAD/CAM的报告,倡导组织和指导大型结构分析程序的开发移植,指导自主开发AVIDM（航天器集成设计与生产系统）一体化框架软件,并组织试点,再全部大力推广应用。90年代初载人飞船工程开始,为提高嵌入式软件的可靠性,积极提出必须实施飞船系统软件工程化的建议和措施,被"921工程"总设计师所采纳并取得明显效果。

现在,当我看到新一代航天人经过近年来工作的锻炼,已经成长和成熟起来,十分高兴和欣慰。退出科研生产第一线后,对航天事业的关心和热情依然不减。仍然要学到老干到老。我还向国家提出各种建议,本着"苟利国家生死以,岂因祸福避趋之"的座右铭直言不讳。我已年近八旬,仍坚持一颗童心,兴趣广泛。偶有闲暇,喜欢游泳、听音乐、下棋、看球赛。此外,也喜爱与年轻人交流。青少年是祖国的未来,希望他们健康成长。只要有机会,经常向青少年以亲身经历讲述老一代航天人"向太空长征"的故事,与他们共勉。

(本文选自上海教育出版社2005年5月版《科学的道路》)

梁思礼 火箭控制系统专家。1924年8月24日生于北京,祖籍广东新会。2016年4月14日逝于北京。1945年获美国普渡大学学士学位,1947年获辛辛那提大学硕士学位,1949年获辛辛那提大学博士学位。同年回国,先后任邮电部电信技术研究所技术员、国防部第五研究院自动控制研究室主任、航天部总工程师、航天工业总公司科技委副主任、第八届全国政协委员、中国老教授协会副会长及国际宇航联副主席等。领导和参加多种型号导弹、运载火箭控制系统的研制。在"长征二号"运载火箭的研制中首次采用新技术,为向太平洋成功发射远程导弹试验作出重要贡献,是航天可靠性工程学的开创者和学科带头人之一。在航天部门首次倡导航天CAD技术,被誉为航天CAD/CAM技术的奠基者和技术带头人之一,为中国航天事业作出重要贡献。曾获国家科技进步奖特等奖、国家科技进步奖二等奖,以及何梁何利基金"科学与技术进步奖"、中国老教授"科教兴国奖"等。1987年当选国际宇航科学院院士。1993年当选中国科学院学部委员(院士)。

一名科学工作者，只要有无私的奉献精神，能吃苦，能抛弃私心杂念，不计较个人得失，出于报国之心，就能从失败中奋起，在挫折中前进，最终将会取得一个又一个的胜利。

——林兰英

朗读者 潘言

为中华民族争气

记者们曾问及我不少问题：你在国外生活多年，条件又好，为什么要回国？什么是你从事科学研究的动力？你成功的秘诀是什么？你的性格为什么那么倔强？……

这些问题，对我来说，是不难回答的。作为女性的我，深受旧社会"男尊女卑"之苦，饱经求学路途之难。为了维护自身人格的尊严，为了提高自己作为一个旧社会妇女的社会地位，我不得不以坚强的毅力，磨练自己，奋发进取。久而久之，就养成了倔强好胜的性格。

在大学期间，通过与地下党员的接触，阅读解放区传来的信息资料及进步刊物，目睹共产党员前仆后继的奋斗精神，我对共产党的英明伟大早有认识；经过在异国近十年的奋斗生涯，饱尝了中华民族受人歧视的滋味，我对"祖国"的感受颇为深切。这些活生生的例证，是促使我历尽风险回归故里的根本原因。

林兰英 院士
（中国科学院提供）

我曾不止一次地对记者们讲过，在我的科海生涯中，没有什么秘诀，也没有什么捷径，仅仅是恪守着如下几点：一要选准课题，既有先进性，又要依据国情，能够为此作出积极的贡献；二要有民族自尊心，有爱国心，有高度的责任感，要敢于向世界水平冲击，在广阔的世界科学领域中占一席之地；三要有自力更生精神，有敢于走自己道路的勇气。我对砷化镓单晶材料的研究，正是在这些方面的体现。

20世纪50年代初，国际上首次用水平布里奇曼法制得砷化镓单晶。它是有别于锗、硅元素半导体的新材料，有着广阔的应用前景。1960年9月，半导体研究所刚成立，作为材料研究室主任的我，立即安排科技人员致力于这一新材料的研制。

那时，正值国民经济困难时期，科研经费短缺，试验条件简陋得难以想象，连做实验的桌子都没有。我动员大家自力更生，搬些砖头垒起来，再搭上一块木板，就成了实验台。生活上的困难，是人所共知。尽管如此，我们的心是火热的，不怕苦不怕累，整日加班加点地干。

在创基立业之初，我们把砷与镓放在石英管内，再把石英管抽成真空后，给予密封加热。未曾料到，一声闷雷，石英管爆炸了。实验室里，烟雾弥漫，石英碎片乱飞。砷有剧毒，还会危及人体健康。尽管如此，大家不计较个人得失，反复进行探索试验。后来，

林兰英 为中华民族争气

一声闷雷，石英管爆炸了（陈云华绘）

我们改变实验方法，将砷和镓分别放在石英管的两端，再依据两者熔点的不同分别进行控温合成。到了1962年，终于研制成功了砷化镓单晶，表征单晶纯度的电子迁移率，达到当时国际的最高水平。

岁月流逝，年复一年。实践证明，采用水平布里奇曼法难以制得更高纯度的砷化镓单晶。到了1973年，全组科研人员分析讨论，认为从熔体生长砷化镓单晶，难于避免被石英舟的玷污，纯度难以进一步提高。我决定，从现在的熔体生长法，转为气相及液相外延砷化镓单晶膜的生长。

1974年初，我组织的气相外延生长组，采用自行设计的"镓—三氯化砷—氮"系统开展研制工作。在摸索中，弄清了对纯度有重大影响的诸多因素，并采取有效的工艺措施，终于在1980年制成了高质量的气相外延砷化镓单晶。与此同时，我组织的另一液相外延组也传出喜讯，他们历经多年的艰辛，也获得了高纯、高迁移的液相外延砷化镓单晶，表征单晶纯度的电子迁移率和电子浓度两大指标，均达到国际先进水平。美国伊利诺伊大学(University of Illinois)的一位著名研究砷化镓材料物理专家，将中、美、日、德提供的样品进行材料参数的全面分析比较，结论是我国的N型单晶材料的纯度最高，并在国际会议上受到同行的高度赞扬。尤其是高纯度的P型砷化镓单晶，目前只有我国才能制备。黄昆所长从欧洲开会回来对我说："你的高纯砷化镓在国际上出了名。"

所以说，我们科学工作者不怕起点低，只要有信心、有毅力去研究，以科学的态度对待科学问题，大都能如愿以偿，搞出高水平的研究成果来。

我们在地面上进行砷化镓单晶的生长，由于重力驱动热对流而引起热不稳定性，熔体材料与反应容器的接触，想方设法，也只能减少而难以消除被杂质的玷污，均匀性还是难于解决，这仍影响着单晶质量的进一步提高。因此，我萌发了开创太空生长砷化镓单晶研究的念头。

苏、美、法、德等已是太空材料生长大国，自1969年以来，耗费巨资，在人造卫星及空间站等进行了锑化铟、锗、硅、锑化镓、硒化锗等半导体材料的单晶生长研究，取得了一系列成果。然而，对熔点高达1238℃的砷化镓，他们都不敢轻易涉及。因砷有剧毒，温度一高，气压增大，如温控系统失误易引起爆炸，会酿成难以想象的后果。

我这个人，就是有这个倔劲："国际上有的，我有信心搞出来，国际上没有的，也要有信心搞出来。"1986年，我去联邦德国（1990年10月，两德统一前，德意志联邦共和国简称联邦德国或西德）参加空间材料科学研讨会，曾向对方建议合作开展太空生长砷化镓单晶实验。一位科学家反问我：你们在空间材料方面做过哪些工作？发表过什么论文？把这些材料寄来，然后才能考虑合作问题。那时，我国空间材料科学工作还是空白，自然拿不出这方面的成果或工作报告。这位教授的傲慢之词，刺痛了我的民族自尊心，我下定决心，利用我国的返回式卫星来从事这项研究工作，自力更生地发展我国的空间材料科学。

我的倡议得到原航空航天部五院的热情支持，愿意合作从事这一研究工作，为中华民族争气。自1987年元月开始，经过半年多时间的紧张准备，终于在1987年8月5日发射的返回式卫星上，采用重熔再结晶法，在只有90分钟、120瓦能源的限定条件下，从熔体中生长出直径1厘米、长度分别为1厘米和0.7厘米的两块砷化镓单晶，为物理研究提供了样品，取得了一批研究数据。之后，我们又相继进行了三次试验，均获成功。1990年在太空生长成的半绝缘砷化镓单晶，除供物理性能研究外，还用它制成了低噪声场效应晶体管，其噪声比地面上生长的同类单晶制成的同类管降低30%，相关增益提高25%。通过分析研究，我们认识到器件性能不仅与材料的位错密度有关，其点缺陷的密度也直接影响器件性能，这为我们提高地面生长砷化镓单晶质量的研究提供了有益的启示。此外，还用掺硅的单晶作衬底，制成了室温连续相干的双异质结激光器。在国际同行中，这些研究还是首次开展。

在我漫长的科研生涯中，既有成功的喜悦，也有失败的懊恼。但是，一名科学工作者，只要有无私的奉献精神，能吃苦，能抛弃私心杂念，不计较个人得失，出于报国之心，就能从失败中奋起，在挫折中前进，最终将会取得一个又一个的胜利。

（本文选自上海教育出版社1996年5月版《中国科学院院士自述》，标题为编者所加）

林兰英 半导体材料科学家。1918年2月7日生于福建莆田，2003年3月4日逝于北京。1940年毕业于福建协和大学。1955年获美国宾州大学博士学位后，进入纽约长岛的索菲尼亚公司任高级工程师进行半导体研究。1957年回国后进入中国科学院物理研究所。1960年进中国科学院半导体研究所任研究员。曾任中国科协副主席。长期从事半导体材料制备及物理学研究，是我国半导体科学事业开拓者之一。曾先后负责研制成我国第一根硅、锑化铟、砷化镓、磷化镓等单晶，为我国微电子和光电子学发展奠定基础；负责研制的高纯度气相和液相外延材料达到国际领先水平。开创了我国微重力半导体材料科学研究新领域，并在砷化镓晶体太空生长和性质研究方面取得了世人瞩目的成绩。先后四次获中国科学院科技进步奖一等奖，两次获国家科学技术进步奖二、三等奖。1980年当选中国科学院学部委员(院士)。

经过多年的锤炼,航天人已形成了一种不屈不挠的精神,这就是"自力更生、艰苦奋斗、大力协同、无私奉献、严谨务实、勇于攀登"。

——刘宝镛

朗读者 潘言

与我国的航天事业共成长

古语说:虽有良剑,不锻砺则不铦;虽有良弓,不排檠则不正。指的是人的潜质必须经过培养、教育才能充分发挥应有的作用。自己虽然不算有什么大的潜力,但深深体会到了事业对自己的培养、工作对自己的锻炼是一生最大的收获。

开始时我们都不懂导弹

记得那是炎热的夏天,在等待毕业分配的日子里,我正与同学在"大跃进"的热潮中参加水利部门的科研工作,第一次走出校门真是捏了一把汗。四十多年前的条件不像现在这么好,把任务领回来后,我和同学在宿舍里光着膀子研究方案,并准备实施。一天,系里通知已把我分配到国防部第五研究院,我心里又纳闷又紧张。纳闷的是我填报的志愿是去兰州、宁夏,按现在的话说是去西部,怎么一下子跑到五院去了。紧张的是听同学们说五院

刘宝镛 院士
（作者提供）

是一个很神秘的地方，又听说也可能去大西北。于是，心里稍微踏实了一点，反正是去西部，也符合自己的志愿。

隔一天，来了一辆大卡车，拉着我们五六个分到五院的同学去报到。一位上校军官接待了我们，介绍了五院的简单情况，我们这才知道五院原来是"搞尖端"的。1958年那时候搞"两弹"，对外都叫"搞尖端"，一方面有利于保密，另一方面对我们国家那时的工业基础来说，搞"两弹"确实也是最尖端的事情了。至于工作，就在北京。

到了具体工作地点，看到一切条件可不尖端，比起北大可差远了。我们的宿舍是机场跑道旁边的一排平房，那时看飞机倒是挺方便，坐在房间就能看到飞机在外边过。房子后边有一条小水沟，因此房间里很潮湿，夏天蚊子多得要命。冬天，由于潮湿，半截墙壁全都结了冰，取暖用煤炉，每天早晨生炉子弄得满屋子都是烟。我们十多个人住在一起，有说有笑，觉得很快活。这就是我国"搞尖端"的人们最初的生活场景。

我们的办公区是一个大四合院，每天进门出门可有点神秘。进门时用一个带号的小铜牌到收发室换取自己的出入证，然后交警卫验看后才能进门。出门时则先由警卫看过出入证再到收发室换回小铜牌，带在身上。其目的是怕出入证带在身上会丢失，而出入证本身就是保密的。

刘宝镛院士（第一排中间）高中毕业同学合影（作者提供）

进入工作区后，第一件事是用一个小铝牌到保密室领取保密包。保密员给你保密包后，首先要检查自己的密封印章是否完好，检查后再拎到自己的办公室。办公所用笔记本、草稿本、纸张都要到保密室领取，用完后交保密室清点后销毁，一张也不能出错。

我们开始工作后的第一件事就是进行保密教育。当时，对保密工作要求非常严格。从此，基本断绝了与同学和亲戚朋友的一切联系。现在看来，1958年那时这样做是完全必要的。

当时，凡参加工作的同志们绝大多数没学过导弹，也没见过导弹是什么样的，少数几位曾见过苏联第一代以液氧—酒精为燃料的近程导弹。但是，大家搞导弹的热情都很高，我们就积极学习一本油印的讲义和一本翻译自苏联的教科书。真正是边学边干。在几位老同志的带领下，搞起了我国第一个近程导弹的设计工作。记得梁守槃学部委员（院士）当时是我们总体设计部的主任，孙家栋学部委员（院士）是总体工程组的组长，我在弹道组任设计员。

孙家栋同志刚从苏联回国，虽然还不到30岁，但大家都知道他在苏联是获得金质奖章的，他懂得导弹，我们都愿意向他学习。他又非常平易近人，加上都是单身，吃住玩经常在一起，工作虽很紧张，但都觉得很充实。

从无到有，走自己的路

我们开始搞自行设计时，工作条件也很简单。除了纸、笔和画图板之外，只有手摇计算机。这种手摇计算机也是我国生产的第一代机械式的计算机，摇起来很费劲。记得我参加工作不久，我们研究室分来几个转业兵，领导安排他们当计算员，我负责教他们学习计算机。一面教三角函数，学会查三角函数表，一面教手摇计算机。经过一段学习，他们慢慢掌握了。他们都曾当过兵，力气很大，因此计算机摇起来又快又响。如果是几个人一起摇的话，房间里说话都听不到。由于是机械式的计算机不耐磨损，没多久计算机就纷纷坏了，有时就自己拆开修理。

大家知道，那个年代我们国家的电子计算机也是刚刚起步。世界上第一台电子计算机是1946年在美国诞生的，虽然每秒只能运算5000次，但它的占地面积就有170平方米，重量达30多吨。1956年我们国家开始了"十二年科学技术发展规划"，在华罗庚等著名科学家的领导下，开始搞我们国家自己的电子计算机。我们国家第一代电子计算机也是电子管的，第二代半导体的计算机是20世纪60年代才有的，记得1976年唐山大地震前一天我在上机计算，那还是代号为441B的第二代计算机。

自行设计导弹一段时间后，我们开始搞仿制。就是仿制苏联的以液氧—酒精为燃料的近程导弹。第一步就是翻译苏联资料，我参加了几本资料的翻译工作。这些资料听说都是我国用大量的农副产品换来的,为了增加重量,苏联方面把一张纸几个字的资料前后都装上很厚的马粪纸壳子。在那个年代,为了能有强大的国防,我们只好作出这些牺牲。

为了尽快掌握这些资料,我们都是以"大跃进"的精神在工作,有时整夜不睡觉,在边翻译边学习的过程中,发现弹道资料上有很多公式,大家都不知道是怎么得出的,我根据微分方程的原理,用几天的时间,把这些公式推导了出来。后来室里召开了一次讨论会,我把推导的结果给大家作了介绍,得到了大家的认可。从这可以看出,虽然在学校没学过导弹专业技术,但只要把基础打牢,对工作还是非常有好处的。

不久,来了很多苏联专家。我们对他们的照顾可以说真是无微不至,条件好过我们对中国老专家不知多少倍。应该说,这些专家本人绝大多数还是不错的,很多人对中国很友好。但是,由于有保密专家(现在看来可能就是克格勃)的监视,很多人一点也不敢超出资料多说一句。我当时也算是跟专家学习的积极分子,反反复复地与专家讨论各种技术问题,千方百计让他们多说一些。

1958年,我们这里当然也不例外。我们也在搞"大炼钢铁",还天天写诗歌,这些对研制工作必然有不小的影响。这时,党委勇敢地站出来,要求全体人员回到办公室,老老实实向苏联专家学习,扎扎实实地搞好仿制工作。

当时的仿制工作,除了五院的有关单位外,实际上动员了全国的力量,开展了全国大协作。如当时的一机部,就有十多家工厂承担了非常重要的产品仿制任务。很多原材料我们国家没有,一部分向苏联购买,有的我们就用国产材料代替。

就在仿制的关键时候，苏联单方面撕毁协议，中断一切资料、器材的供应，并撤走了专家。虽然大家非常气愤，但我们还是非常热情地举行欢送宴会，有不少对我们友好的专家也是含着眼泪离去的。

根据当时的形势，聂荣臻元帅指示我们：中国人民是聪明的，并不比别的民族笨，要依靠我国自己的专家和工人搞出自己的导弹。经过全体研制人员的艰苦努力，大部分使用国产的原材料，如作为导弹液体推进剂用的酒精，就是由北京酿酒总厂提纯制造的。这样，我们仿制的近程导弹在1960年11月5日第一次飞行试验就取得了圆满成功。接着，在12月6日和12月16日又连续两次飞行试验都取得圆满成功。这标志着我国揭开了自行研制导弹的历史篇章。

仿制工作结束后，少数工作突出的同志被授予工程师称号，我也荣幸地获得了工程师称号。

在仿制苏联近程导弹的同时，实际上我们没有停止自行研制工作。经过仿制，大家对自行设计更充满了信心。我们改进了苏联导弹的很多缺点，一下子把导弹的射程增加了近一倍。1962年3月21日，我国自行研制的导弹第一次飞行试验失败，这给了我们很大的打击。聂荣臻同志指出：试射没达到目的，不要泄气，这不是什么意外的事，作为试验工作，这是正常现象。要总结经验教训，吃一堑长一智，以利再战。

经过研制人员的分析，认识到导弹加长以后，应该考虑弹性振动对控制系统的影响。为此，修建了做振动试验用的全弹振动塔和全弹试车台，经过地面充分试验后，1964年6月29日飞行试验取得圆满成功，接着于7月9日和7月11日又连续两次飞行试验取得圆满成功。至此,我国的导弹事业完全走出了一条自己的道路,为以后独立自主地研制各种导弹奠定了坚实的基础。

我多次参加了这种导弹的飞行试验工作,有些要在发射阵地临时进行计算。在试验过程中,自己也得到了锻炼和提高。

为了祖国强大　为了世界和平

我们伟大的祖国必须要有强大的国防,我们伟大的人民热爱和平。但是,我们不允许别人欺负我们,我们伟大的民族有着辉煌的历史,我们现在更有能力立足于世界民族之林。为了保卫祖国、保卫世界和平,我国的导弹事业在自行研制成功的基础上蓬勃发展。20世纪60年代开始了我国洲际导弹的设计工作,虽然我们的研制受"文化大革命"冲击很大,工作屡遭干扰,遇到不少挫折,但很多研制人员还是兢兢业业地埋头型号工作。例如,1966年我国成功地进行了"两弹结合"飞行试验,导弹飞行正常,核弹头精确命中目标,实现核爆炸。这是世界上极少数国家能做的试验,谢光选学部委员(院士)亲自主持了这次导弹的试验工作。1970年4月24日,我国成功地发射了第一颗人造地球卫星"东方红一号"。当我们很多在北大荒劳动锻炼的同志,听到广播后跑到外边,冒着严寒在农场广袤的田地里找到我国自己的卫星的时候,我们都热泪盈眶,夜不能眠了。不久,我被调回北京,又回到了型号研制的第一线,回到了魂牵梦萦的并愿意为之奋斗终身的航天事业。

"文化大革命"动乱结束之后,特别是改革开放的20多年来,在党中央的关怀和全体航天人的拼搏下,我国的航天事业得到了蓬勃发展。例如,从1975年底"长征二号"火箭发射"尖兵"

返回式卫星成功之后,"长征二号"以及"长征二号丙"火箭数十次发射保持不败。1980年5月18日,我国成功地向太平洋预定海域发射了洲际弹道导弹。1982年,我国又成功地进行了潜艇水下发射固体战略弹道导弹(巨浪一号)。自1984年开始,我国用带有液氢-液氧发动机的"长征三号"运载火箭,发射了地球同步轨道卫星。液氢-液氧发动机的使用标志着我国航天事业又打开了新的一页,由谢光选学部委员(院士)担任"长征三号"的总设计师。1990年,我国开始对外开展发射服务,大型运载火箭"长征三号甲""长征三号乙"相继发射成功。至今,我国使用多种运载火箭已成功发射国外卫星数十颗。1999年,我国新型远程地-地战略导弹参加了国庆阅兵,在国际上引起了极大反响。接着我国"神舟"飞船上太空,开始实现中国人的"飞天梦"……这一系列坚定的步伐,铭刻着航天人对我们伟大祖国的热爱、对世界和平的贡献。

随着事业的发展,在成功与失败的不断磨炼中,我们的人才队伍也在茁壮成长。我自己也是从总体设计室主任到副总设计师,直到国家重点工程的总设计师。现在,又一代新的航天人正在茁壮成长,同时,我们也在等待着有更多的年轻人加入伟大的航天事业。

航天事业是集体的事业

航天事业是一个庞大的系统工程,无论是一枚导弹还是一枚运载火箭,它涉及的技术领域是非常广泛的,从基础理论到工程设计、从文件图纸到生产制造、从静态测试到飞行试验,所包含的学科和专业有几十种。一般由十几个分系统、几十种单机组成,用到的元器件、元构件达几万个乃至十几万个。对于这样一个庞大的系统工程，绝不是几个部门、几个人能够包打天下的，它的成功确实是千千万万人共同努力的结果。

在这个复杂的系统工程中，一个人的作用好比大海中的一滴水，溶入大海可以托起万吨巨轮，离开大海则将一事无成。在大海之中，你有时会默默无闻，但你也可能被推到大浪顶端，你多数时候不被人们察觉，但你也可能发出耀眼的光芒。我自己在这个事业中经历过失败的磨难，也尝到过胜利的甜蜜。

从事航天事业的人们都明白这个道理，当你的工作做好的时候，你为航天事业作出了贡献，但你可能很平常，因为这是每个航天人应尽的责任。但若你的工作没有做好，你可能会造成一次故障，严重的甚至造成发射失败，这时自己的内疚是无法用言语表达的。经过多年的锤炼，航天人已形成了一种不屈不挠的精神，这就是"自力更生、艰苦奋斗、大力协同、无私奉献、严谨务实、勇于攀登"。多年来，靠着这种航天精神，我国的航天事业攀上了世界高峰，同时也培养了几代无比敬业的航天人才，使我国的航天事业后继有人。

（本文写于2003年9月20日，改定于2022年7月20日）

刘宝镛　导弹总体设计专家。1936年1月13日生于天津。1958年毕业于北京大学数学力学系。中国航天科技集团公司第一研究院型号总设计师。长期从事飞行力学和弹道导弹总体设计工作。参加我国第一代液体近程导弹及第一代固体导弹研制工作，担任国家重点工程总设计师，大胆采用技术，组织关键技术攻关。制定了一系列行之有效的技术管理措施，为型号工程建设作出了突出贡献。曾获"全国劳动模范"称号、国家科学技术进步奖特等奖等多项奖励。2001年当选中国科学院院士。

朗读者 潘言

人类幸福与否取决于他对先辈、同行和后代能否心心相印。

——刘东生

科学家的责任感

1946年，我刚刚踏上科研道路，回到南京珠江路中央地质调查所，随杨钟健先生（中科院学部委员）学习脊椎古生物学。每天晚上我都要到陈列馆二楼的实验室念书。阅读那些著名古生物学家们的巨著，就仿佛在与科学巨人——居维叶、达尔文、欧文、寇甫、马修等对话和交谈一样。我沉醉于他们在科学道路上的苦与乐之中，沿着他们的足迹在寻找自我，发现自我。多么令人怀念的珠江路地质调查所啊！在那里我曾有过许多许多梦。

在一个寒冷的夜晚，我像往常一样，在实验室里阅读难啃的齐特尔的古生物学教科书，忽然听到"嚓嚓"的脚步声，原来是杨先生从外面看到楼上有灯光便上来看看。他看见我在读齐特尔的书，不无感慨地说："你可真是和裴文中一样了！"原来，当年裴文中先生（中科院学部委员）在周口店发掘的时候，就是在一天劳累之后利用晚上的时间，在煤油灯下苦读齐特尔的古生物学教科书而学出来的。正巧，我那时也是白天整理从重庆运来的80多箱标本和清除抗战时被日本人封存在南京的标本上的灰尘，到晚上才有时间念书。

刘东生　科学家的责任感

　　杨先生坐在我的座位上,把书翻了翻说:"这本书像本字典,难读,但很有用处。"他就开始给我讲起书来了。从鱼讲起,讲了一段以后说:"明天再讲吧!"就这样,在一段相当长的时间里,有时在下午,有时在晚上,杨先生扼要地讲完了这本教科书。齐特尔的书是一本需要背诵和记忆的书,而不是那种让人去理解和思索的书。所以,当时我确实下了一番功夫来读这本书,

刘东生　院士
（中国科学院提供）

其结果是在许多年以后我还能记得书中插图的样子,有时在看到相应的化石的时候还能叫得出它的学名来。这也许就是现在人们所说的"精读"的效果吧!

　　虽然这已经是许多年以前的事了,饮水思源,每当我回忆起那天晚上的讲课,心里充满了温暖,兴奋不已。这样的师生之缘,像一个美好的梦似的,使人永远不能忘记。

　　我很欣赏这样一句话:"人类幸福与否取决于他对先辈、同行和后代能否心心相印。"从1946年杨先生给我启蒙到1979年他逝世,在30多年的时间里我们之间有过令人难忘的悲欢离合,但是无论是在古生物学、第四纪地质学的探讨还是在生活与工作中,我深深地感受到先生对我有超越一般互相理解的感情,这种超越价值观的感情是师生之间的心心相印,这是我科学生活中最大的幸福。

　　1949年,南京解放了,中国人民站起来了。对于每一位中国

225

人来说，自豪感和乐观情绪代替了过去的自卑和彷徨。那时，许多古生物学家放下了自己手中心爱的化石，忙着去找矿或是从事工程的勘测。完成任务后，他们又回到了各自原来的岗位。45年之后，大家谈起过去为了祖国的繁荣昌盛而付出自己的精力和青春的那一段岁月，每个人都感到无比欣慰。我就是从那个时候参加黄河中游水土保持工作而转到第四纪地质和黄土研究上来的。

瑞典人安特生写过一本书专讲他在中国的地质调查生活，书名叫《黄土地的儿女们》。从1946年读那本书起到现在已40多年了，没有想到我也与黄土结下了不解之缘。在孕育着中华民族文明的黄土高坡上，有许多事情我们应该去做，比如像水土保持和改良农业。这一片面积有50万平方公里，厚达100至200米的黄土地，记录了它诞生后250万年来自然界在这里所发生的一切。时间过去了，光阴不能倒流，埋藏在黄土层中的地质信息却以各种形式保存了下来。如果你是一位幸运的地质学家，一位会与岩石和黄土谈话的地质学家，来到这斑驳层层的黄土剖面前，你会觉得她像一位脸上布满皱纹的老奶奶，在给自己的儿女们讲述家庭的历史一般，滔滔不绝地告诉你过去250万年来所发生的一切：气候的冷暖干湿，草原植被的演变交替，人类祖先的生息迁移……这真是一部自然界的大书。

人类从工业革命以来所取得的进步，在20世纪走向21世纪之际，出现了新的情况，人口、资源、环境都出现了新的问题。地球向何处去？人类开始关心自己大家庭的过去和未来了。如此说来，黄土层中所保存的古环境的信息已不仅仅是地质学家们的事了。地质学应当而且可以为人类所关心的地球之未来作出自己的贡献。我们可以毫不夸张地说，中国黄土是陆地上无与伦比的一本地质历史纪年教科书。我们有这样好的条件，可以对古环境变化给世界一个很好的解答。年轻的第四纪地质学家们，应当把中国的科学成就交给全世界。时代在前进，能够把我们所获得的、来自人民的知识贡献给人民，造福于人类，那才是我们最大的幸福。

从学习古脊椎动物学开始，到奔波于黄土高坡上，我做了不少野外的地质工作。1964年，我参加了施雅风先生（中科院院士）领导的希夏邦马峰登山科学考察；1966年，又参加了珠穆朗玛峰登山科学考察。从那时起，我非常喜欢登山这一项运动。因为登山运动像科学研究一样，是人类征服困难、与自然和谐相处的一种运动。而科学考察、科学研究与登山运动一样，是一项没有现场观众为之鼓掌和欢呼的运动。

著名登山家马洛里(G. Mallory)1924年攀登珠穆朗玛峰时，在8600米快要到达顶峰的地方不幸随风逝去，但他的一句名言却长留在人们的心中。那是在他攀登珠峰之前的一次公开讲演后，一位妇人问他为什么要去登这座山。他说："因为它在那儿。"这句极为平凡的话，确实太精彩了！这是一名职业登山家和一位登山爱好者之间的对话，也是两种不同的价值观的一场对话。姑且不说这些，马洛里这句名言之所以发人深思，我想，是他使我们在许多场合，在想起这句话的时候，

在一片白茫茫冰雪覆盖的群峰中容易发现自我，也容易找到自己的正确位置（陈云华绘）

就像在那"望尽天涯路"的一片白茫茫冰雪覆盖的群峰中，容易发现自我，也容易找到自己的正确位置。不仅要不怕失败而去攀登，而且要对自己工作的成绩与功劳像马洛里那般朴素而平静，并且充满了信心和责任感。

科学和登山运动一样，为你所看不见的观众而劳动，因而需要有责任感。正是这种责任感使我们感觉到用自己的知识为人民去工作才是最大的幸福。

（本文写于1994年，标题为编者所加）

刘东生　第四纪地质学、古脊椎动物学、环境地质学家。1917年11月22日生于辽宁沈阳，祖籍天津。2008年3月6日逝于北京。1942年毕业于国立西南联合大学（南开大学学籍）。中国科学院地质研究所研究员。1944年任中国地质工作计划指导委员会和地质部工程师，从事矿产勘探和工程地质工作。以后师承杨钟健先生进行鱼化石研究。开辟了地球上大陆与海洋沉积环境的对比，为全球变化提供依据。1958年从黄土地层研究中，根据黄土与古土壤的多旋回特点，发现第四纪气候冷暖交替远不止四次，奠基了环境变化的"多旋回学说"。1964年起参加和领导了希夏邦马峰、珠穆朗玛峰、托木尔峰、南迦巴瓦峰的登山科学考察。20世纪60年代末开创我国环境地质研究。1991年在南极长城站工作。曾任中国科协书记处书记，国际第四纪研究联合会主席，国务院环境保护委员会科学顾问组组长，中国科学院环境科学委员会主任，中国科学院地质研究所研究员，国家环保局环境科学研究院名誉院长，北京大学、南京大学、中山大学、中国科学技术大学研究生院和吉林大学等校的兼职教授。1987年获澳大利亚国立大学名誉科学博士学位。1980年当选中国科学院学部委员（院士），1991年当选第三世界科学院院士，1996年当选欧亚科学院院士。获2003年度国家最高科学技术奖，也是欧洲地球科学联合会"洪堡奖章"得主。

> 有人问我，你为什么要这样刻苦，我说这是我的乐趣。我认为，一个人活着，就是要尽力多作贡献，有益于后人。
>
> ——刘新垣

人生乐事是奉献

我一生的愿望是要在科学方面为祖国的繁荣昌盛作出贡献。

小时候，我对爱迪生等发明家很感兴趣，也想当一名发明家，但那是朦朦胧胧的幻想。入大学后，校长杨石先教授讲药物化学，使我听得出神，想将来也搞制药。40年后我果真有机会从事基因工程药物的研制以及基因治疗的研究，实现了以此减轻病人的疾苦并挽救病人的生命（特别是肿瘤病人生命）的理想。有些肿瘤患者很难治疗，不少人死了。病人及其家属的痛苦，使我深深感到自己责任的重大。

我的人生观是奉献。我觉得奉献是人生的一种乐事，它会留下美好的回忆。讲究吃喝玩乐是没有意义的，这样的人只不过是时代的过客而已。

我的一生，可用下面四句话来描述：勤俭节约、努力奋斗、诚恳刚正、多难不屈。

刘新垣 院士
（中国科学院提供）

我一生勤俭节约。过去生活很清淡，我的衣服很多是补过的，我的汗衫、裤子、鞋子等衣物，好多时候是被家里人扔掉之后，才停止使用。有几件衣服，已经很破，我仍然保留着作为纪念。我吃得很随便，在保证营养的前提下，菜怎样烧或煮都可以。我不喜欢参加宴请，并设法逃避宴请，这有两个原因：一是宴请往往花时间很多；二是我喜欢家常便饭。

很典型的例子是在美国工作的一年多时间里，不少人要换这样那样口味，我基本上是大米饭两个菜：一个青菜，另一个红烧肉（猪肉或牛肉）或鸡腿，再随便做个汤即可。这种节约习惯也带到我的工作中，我总是要求同志们节约花钱，能省就省。现在不少人白天也开着日光灯，晚上人不在时，灯还开着，这些情况只要我看到了，总要顺手关掉，并批评有关人员。我们所属元宋公司也奉行勤俭节约的原则。譬如，一直提出在传递内部文件或资料时，信封该用铅笔写收件者姓名，因为铅笔字被擦去之后，信封还可再用……以鼓励、提醒大家的节约精神。

努力奋斗贯彻始终。我很少休息，整天在工作，除每天听电台和电视台的新闻以外，很少看电视。在美国一年半，只去看过一次电影。无论在国内或国外，每天都要工作到晚上11点或12点。我不喜欢交谈或交际，虽然有些是必要的，但仍不太肯花费时间，始终忙于工作与科学研究。1984年12月31日晚上从美国回到上海，1985年1月2日就开始工作。每一次从外面开会回上海，当天就回到实验室工作，只有飞机晚上返沪，才会等到第二天上班。平时我是高级人员中下班最晚的，星期天等节假日大部分时间都在研究室工作。生病了还是坚持工作，即使住入医院，也还在病床上指导研究工作。1988年肾结石开刀，出院第二天就向所领导汇报工作。身体虚弱，就卧在一个躺椅上指导工作，这种情况远不止一次。我们研究组工作人员和研究生为了取得一个好的实验数据，他们也往往通宵达旦地工作，甚至连续几个昼夜，直到取得完满的实验结论。我们的成绩是在艰苦奋斗中取得的。有人问我，你为什么要这样刻苦，我说这是我的乐趣。我认为，一个人活着，就是要尽力多作贡献，有益于后人。

诚恳刚正是我的特性。我主张讲信用，诚恳待人。我约定的事绝不失信，怕忘了，总是用小本子记下来；不能守约时，总要交代清楚或表示抱歉。对人的态度，我主张诚恳、坦率，不玩手段；开会或谈判，总是开门见山，不兜圈子。我对别人坦诚相待，同时也希望别人以诚待我，但往往事与愿违，我有好几次上了当。社会是比较复杂的，人性也很复杂，有些人的性格也不是一下子就能改变的，但我仍然竭力主张：坦诚待人，信义为本。对于那些有错误甚至不诚信的人，只要诚恳认错，我总是宽宏大量地予以谅解，但对于继续玩手段，不肯检讨乃至不愿改正的人，我绝不会原谅，要斗争到底，因此也就得罪了不少人。我为人刚正，爱主持正义，甚至有点路见不平拔刀相助的侠义之气，幸亏我是文人，不然我会因此而惹祸的。由于这种性格，在工作上，对那些不正之风，或严重错误，我常常会火冒三丈。由此，也产生过一些问题。

刘新垣年逾九旬仍不断学习与思考（作者提供）

多难不屈乃是我一生之特点。我从小失去父母的教育，上学也很不顺利，但我有事业心和人生追求，勤勤恳恳一丝不苟，因而推动着我的人生航程不断前行，必然地也就走过了崎岖不平的道路。中华人民共和国成立后，共产党给了我四年的大学教育，以后又得到苏联式三年"副博士研究生"的学习机会，取得初步成绩。

但值得我欣慰的是，我现在领导着近百人的科研与生产队伍，并且还在不断地发展壮大。目前，正是我事业的顶峰时期，理论研究与开发研究均有较好的进展。在中科院上海生化所，有20多人跟着我共同从事专门的基础理论研究，这支队伍虽然目前还不是十分理想，但这是我10年来组织得最好的一支队伍，上下团结，干劲很足，朝气蓬勃，并取得一些好的成绩，我希望把这支队伍组织得更好一点，争取获得更大的成绩。

在上海元宋生物技术有限公司中，有50名左右员工，其中大部分从事基因工程基础和生产研究，有好几位去欧美工作或学习过，他们都对我十分尊敬，这也是我从未得到过的尊敬。一个历经坎坷的人，能得到这份尊敬是很大的安慰。现在已得到上海市奉贤开发区重点支持的元宋公司，可能是很有前景的生物技术公司。

（本文写于 2000 年 6 月，改定于 2022 年 7 月 19 日）

刘新垣　分子生物学家。1927 年 11 月 7 日生于湖南衡东。1952 年毕业于南开大学化学系。1963 年从中国科学院上海生物化学研究所副博士研究生班毕业后留所工作，历任副研究员、研究员。长期从事超级干扰素、癌症靶向基因-病毒治疗和肿瘤干细胞研究。先后研究过 RNA 结构功能、酵母丙氨酸 tRNA 的人工全合成、基因工程、细胞因子（特别是白细胞介素-2 和干扰素）及其胞内信号转导等。对帕金森病的基因治疗取得重要研究成果。发现了白细胞介素-2 的镇痛作用，证实能与鸦片受体结合，首次为免疫因子对神经系统的调节作用提供确切的新证据。肿瘤基因-病毒治疗是独创的肿瘤治疗新策略，有重要的理论和实际意义。已发表论文 400 多篇，编有《刘新垣论文集》18 册。获各类奖励 40 多项。2004 年担任浙江理工大学新元医学与生物技术研究所所长，2005 年担任浙江省基因治疗研究中心主任。1991 年当选中国科学院学部委员 (院士)。1992 年当选乌克兰科学院外籍院士，2001 年当选发展中国家科学院院士，2019 年当选为中国医学科学院院士，2001 年获何梁何利基金"科学与技术进步奖"。

> 常言道,"书山有路勤为径"。为学之道没有捷径可走,我就是这样循序渐进,下苦功夫攻读的。
>
> ——卢鹤绂

称原子重量的中国人

在20岁出头时,作为一位20世纪30年代的东方人,居然会被美国明尼苏达大学聘为物理系的助教,这对我来说,的确是没有料想到的事。在这之前,也就是1936年,我在北平燕京大学理学院物理系毕业,获理学学士学位。由于英籍教授班·威廉的推荐,我得以漂洋过海,去美国继续深造,专攻近代物理学和原子物理学。

当时,我看到中国人在国内受侵略者的蹂躏,在海外亦受人欺凌,被洋人瞧不起,虽然自己初出茅庐,但是血气方刚,发誓要为中华民族争一口气。

20世纪30年代,原子物理学正是美国科学界研究的热门,这门学科也像磁铁般地吸引着我。我决定先攻读硕士学位,然后再攻读博士学位。那么,我的研究方向究竟如何呢?是以实验为主,还是以理论为主?我想,美国科研设备和条件堪称世界第一流,头几位获诺贝尔物理学奖的美国人几乎都是以实验为主的学者。就实验而言，美国确实比欧洲还重视。我身在美国，何不利用这一科学实验的优势呢？主意已定，决定去寻找导师。我拜见了当时极有声望的指导教师泰勒教授（我正在选修他所教的研究生课——理论物理学），他也擅长于质谱仪及其应用的研究。

泰勒先生开门见山地问我："想从事哪方面的研究？"我不假思索地回答："当然是对质谱仪的研究。"他便递给我一本书——《同位素》（第一版），是著名的诺贝尔奖获得者阿斯顿的著作。泰勒先生让我把它读完，有不清楚的地方随时可以问他。读完了书再选择研究题目。

光研读这部书，就花了数个月。为了消化所学到的知识，我还同时接触了大量有关的期刊和文献。常言道，"书山有路勤为径"。为学之道没有捷径可走，我就是这样循序渐进，下苦功夫攻读的。如果说，后来我取得了什么成就的话，那得先感谢泰勒教授，是他把我引进了原子核物理这块正在开垦的"处女地"。

在专心致志攻读的同时，我终于发现，锂-7、锂-6的丰度比是一个令人极其感兴趣的问题。由不少名家对之进行过研究，丰度比的测定结果却大相径庭，其范围很大，从8到14不等，究竟哪个数值对？我决定向名家们提出"挑战"。

当时，有两种方法可用于测定锂元素天然存在的同位素之丰度比：一是质谱仪法；二是光谱法。两者相比较而言，自然是用质谱仪的方法直接而又准确。况且，对质谱仪的研究又是明尼苏达大学"高人一筹"的技术。于是，我向泰勒教授说出了自己的打算，他听了以后十分赞赏。那时的质谱仪还在草创时期，我所需要的仪器无处买。泰勒教授便郑重地把贮存室的钥匙交给我："你自己去动手吧！"这个贮存室里的器具琳琅满目，有不少真空管、电器元件和铜线、铜管等原材料，以及前几届研究生留下的实验成果。

那时是1937年，我一身而三任。首先要设计仪器，做硕士论文；其次是每周听三门课：两门物理学，一门数学；还有每周四个下午的学生实验课由我这个助教负责。每月60美元的收入对我来说是足够花的了。上实验课时，我把实验目的、内容和要求交代清楚，学生们就开始实验，最后所得实验数据由我过目签字，实验报告也由我批阅打分。这一来，我的时间安排就相当紧凑了。

实验设计开始时，有个日本人曾来帮过我的忙。后来，他得了博士学位就走了。我这个人善于与别人和睦相处，因此其他助教也乐意来帮助我。制造质谱仪需要真空管，我就自己吹制玻璃管。这可不是容易掌握的技术，经过多次失败，终于获得了成功，我吹制出合格的真空管。我还得学会在车床上加工金属，当然，特别精密的工艺还得由技师来干。我在贮存室里找到一个绕有线圈的磁铁，感到十分合用，又找到了一部分电子仪器元件，这都是前几届研究生搞的。就这样，我像"蚂蚁啃骨头"一样，整整花了一年的时间，终于以绝大多数"自产"元器件组合，制成一台180度聚焦型质谱仪。

一切就绪，实验就开始了。我的实验室是第77号房间，是半地下式的，窗口临街。操作这台质谱仪并不容易，光稳定仪器性能就得花上几天时间。然而，比这更难的是究竟选择什么合理

卢鹤绂先生在实验室（作者提供）

的矿物来测定。在我之前的科学家用的锂离子热源矿物质是锂辉石，这是一种透明的、呈淡绿色或粉红色的含锂矿石，把它们研成粉末，在灯丝上加热，锂离子就释放出来了。大家公认锂辉石是最理想的锂离子热源，我却并不相信，我是个不唯书的人。我就去请教地质系的助教 W 先生，问他："含锂的矿物有多少？"他说："这可多啦！"他热心地为我报出一大堆矿物名称，我都想试试。在众多的含锂矿物中，我终于筛选出一种效果极好的磷矾石，这是一种白色或绿色的矿石，我发现经过加热，释放锂离子的效果比锂辉石要好几百倍。用磷矾石粉末做锂离子热源，温度也不用升得很高，这下"热源"被烧坏的可能性就小得多，寿命也就延长了。对此，我如获至宝。

我又发现，前人为什么会测出不同的丰度比呢？主要是锂-7、锂-6 在不同的时间里释放锂离子的数量是不一样的。锂-7 比锂-6 重，往往一开始不易出来。在这种情况下，测出来的比值当然不

卢鹤绂在美国明尼苏达大学求学（中国科学院提供）

能算是天然的丰度比。于是，我想出了一个连续测量的方法，也就是用"时间积分法"。

试验正式开始了，我把矿石磨成细末放在锂离子热源处。因为受到电磁力的影响，重量不同的锂离子留下了不同的轨迹，在电磁力的作用下，形成偏转路线的差异，就好比是轻重不同的两人一起跑，受同样外力时，轻者容易被偏转，重者则较难。

我整日整夜地守候在实验设备旁，甚至连吃饭都不离开。累了，就趴在桌面上打个盹，并要随时注意加速离子电压的稳定，因为当实验室外面行驶的电车迸发出巨大的电火花时，就会影响测试的准确性。

皇天不负苦心人。我终于用亲手制造的质谱仪测得了锂同位素的丰度比，确定为12.25（即锂-7占92.45%，锂-6占7.55%），从而否定了前人的一系列工作。我把这一结果告诉泰勒教授,他惊喜地告诉我,这一实验的结果是准确的。

我的硕士论文《热盐离子的质谱仪研究》和实验的成功,被国际上公认为是一种创举。这篇论文发表在美国权威的《物理评论》学报上。

我在这项研究中不仅发现了磷矾石的效应,而且还发明了"时间积分法",在世界上首次准确地测定了锂-7、锂-6的丰度比。作为明尼苏达大学物理系主任的爱尔·瑞克逊自然是很高兴的。一天,他来到第77号实验室,夸奖我说:"中国人在称原子的重量!"当时在场采访的《明尼阿波利斯日报》记者摄下了这一镜头,并以这句赞美的话为题,所采写的文章第二天就见报了。

我的这项研究成果在国际物理学界的影响是很大的。"12.25"这个数据被国际同位素表沿用了50多年,被认为是最准确的数值,直至1990年,美国出版的同位素表上还出现了我测定的数值。因此,从某种意义上讲,直至今日,还是认为我所测得的数值最为准确。

1942年,阿斯顿在《质谱和同位素》一书的第124页上专门有段文字介绍我测得的数据是准确的,把我的研究成果既看作是一种发现,又看作是一种发明。

诺贝尔奖获得者雪格瑞主编的《实验核物理学》一书的1953年第一卷第644页上也认为我发现了热盐离子发射的同位素效应。是我首先应用热盐离子发射方法,以锂离子源整个生命中放出来的数量为准,而不是以在某一时刻中放出的数量为准。

1958年,英国剑桥大学的沃尔士撰写的《质谱学》一书的第89页上介绍我的"时间积分法"。他很详细地评论:这项研究成果来之不易，虽然准确，但实在是太吃力了。同年，德国的《原子核表》也引用了我的数值。

1959年瓦尔庄主编的《质谱学的进展》一书的第620页上引用了我的成就，并认为是最好的热锂源。

1960年加拿大学者贝能在《质谱学及其有机化学上的应用》一书的第62页上整页地介绍我的发现。我的研究成果竟能引起化学界人士的重视，这是我所始料未及的。

那项课题完成后，我终于获得了硕士学位。日后，我又以《新型高强度质谱仪及其在分离硼同位素上的应用》获得哲学博士学位。

（本文选自上海教育出版社1996年5月版《中国科学院院士自述》，标题为编者所加）

卢鹤绂　核物理学家。1914年6月7日生于辽宁沈阳，原籍山东掖县。1997年2月13日逝于上海。1936年毕业于燕京大学物理系，同年赴美国明尼苏达大学研究院留学，1938年获明尼苏达大学硕士学位，1941年获哲学博士学位。历任中山大学、广西大学、浙江大学、北京大学教授，兼任中国科学院上海原子核研究所副所长和第一研究室主任。复旦大学教授，分子物理教研室、理论物理研究室、原子核物理研究室主任，校务委员会副主任，并兼任中国物理学会理事、物理学名词委员会副主任、上海物理学会理事长等职。长期从事理论物理和核物理方面的教学和研究。发现了热离子发射的同位素效应；发明了在质谱仪中测定同位素丰度比的时间积分法；精确测定了锂-6和锂-7的丰度比；在国际上首次公开估算铀-235原子弹和费米型链式裂变反应堆的临界大小的简易方法及其全部原理；提出了最早期的原子核壳模型并首次提出了核半径新的计算公式；建立了流体的容变黏滞弹性理论并对经典流体力学基本方程作了多项推广；计算了片状柱型等离子体的稳定性等。1980年当选中国科学院学部委员（院士）。

> 我一直保持着奋发的心态。人生总是在不断地奋斗，不断地进取。真是活到老，学到老，奋斗到老。
>
> ——陆　埮

朗读者　朱韬宇

保持奋发的心态

1932年2月23日（农历正月十八）我生于江苏常熟县（今常熟市）南门外东市河。父亲陆增祥因病只读到高中，未能上大学，因而一心要我读到大学。我从小也就只想着读书。然而，因那些年月祖国遭受日本侵略者蹂躏，我的童年生活变得很不安定，加上身体瘦弱多病，小学求学之路也很不顺，断断续续地在上海普育小学、常熟义庄弄小学、大田岸小学和米业小学等四所学校念书。在米业小学读书期间，我国抗战胜利了，盼望从此能过上安定日子。1946年考上常熟县立初级中学，可这段时间物价飞涨，民不聊生，生活依然极不安定。初中毕业时，常熟得到了解放。因为我父亲已在苏州东吴大学教务处任职，随着我考上东吴大学附中，全家也就一起迁往苏州。其实，中学课程对青少年成长是相当重要的。印象深刻的第一门课程是初中的平面几何，我惊叹其严密的体系和形式逻辑的思维方法，对我今后学习自然科学是

陆 埮 院士
（中国科学院提供）

非常重要的。中学的语文、外语和数学、物理、化学等课程，对我探索自然奥秘所打下的基础并培养对自然界的兴趣也确实起了很好的作用。那时，我曾读了一些从旧书摊上买来的英文小说，也曾暗暗地定下了将来要在物理学方向上发展。

1952年高中毕业后，我参加了全国高校的统一招生考试。当时填报的第一志愿是物理（北京大学、复旦大学等），第二志愿是数学（北京大学、复旦大学等），第三志愿是天文（南京大学）。发榜那一天在各大报纸上公布录取名单。因为自觉考得不错，就按填报志愿逐一查找，竟没有找到，只得再从头找起。结果，在报纸整版的名单最下角才发现自己已被录取到了北京俄语专修学校二部。几天后收到录取通知单，方知是留苏预备班。读了两个月后，却因病休学一年。次年，被高等教育部免试选送北京大学物理系。

大学求学的四年是安定的，受到的教益是难忘的。教我们力学、热学、分子物理和电磁学的黄昆先生是一位理论物理学家，但他的讲课非常重视实验，讲解图像和概念，生动、清晰、明白。教我们光学、核物理实验方法和 β、γ 能谱学的虞福春先生是一位实验物理学家，但他的讲课又非常重视理论，推导严谨，层次分明，逻辑性很强。理论与实验两方面均对我留下了深刻的印象。王竹溪先生教我们热力学和统计物理，并指导我课外阅读，使我有机会较早地阅读一些物理学大师们的原著。给我印象最深的是爱因斯坦1905年那篇只有3页的关于质量、能量关系的短文。爱因斯坦抓住了最基本的原理，用非常清晰的物理直觉，如此简洁明了又令人信服地导出了头等重要的结论，为人们指出了无穷无尽能源之所在！北京大学师资力量确实非常强，学术氛围非常好，经常还有国内外大师来校作学术演讲。受到这种学术氛围的熏陶，深深感到自己将来工作的责任。

在大学4年级的时候，1957年春，国际物理学界出现了一件轰动性的大事，李政道(T. D. Lee)、杨振宁(C. N. Yang)提出的弱相互作用中宇称不守恒的理论首次被吴健雄(C. S. Wu)等人的实验所证实。随后又接二连三地被世界各地许多实验证实。这件事情，使得杨振宁和李政道当年冬就获得了诺贝尔物理学奖，这件事给我留下了极为深刻的印象。

差不多在同一时期，中国政治上出现了"反右运动"。在此形势下，我们因工作需要而提前毕业分配到中国科学院原子能研究所后，却随即全体开赴北京郊区温泉农村劳动锻炼。次年(1958)夏，我被调往哈尔滨军事工程学院担任基础课教学。1961年，我所在系迁往长春扩建成为防化学院，继续担任基础课教学。1969年，随着部队学院的大批复员，我转到南京电讯仪器厂从事时间与频率测量方面的工作。直到1978年调入南京大学天文系，才恢复了安定的大学教学和科研生涯。

从1957年到1978年，经历了工作性质多变和十年动乱，这是一段并不平静也是相当艰难的岁月。虽然工作多变，但我总是本着这样的精神：认真做好本职工作，同时又坚持作为业余爱好的科研。在部队学院11年，我主要是认真地从事基础课的本科教学，并多次获得表扬和奖励。当时有一种教学方法称为"空瓶子"

方法,主张教给学生"空瓶子",使学生将来可以装很多新东西。我却主张"实瓶子"教学,通过实例来说明原理,简洁、明了、形象,教学效果相当好。其实,"实瓶子"也并不妨碍应用,"实瓶子"同样可以换装新东西,而且往往既具体又好用。我与学生一直保持着极好的、平等的师生关系。在南京电讯仪器厂,我也曾工作了8年多。虽然与所学专业没有太大关系,但还是做了几件有益的事,比如首次将国外的阿仑方差引入国内,参与了电子工业部的部颁频率标准的制定,首次建议将国外的计算技术引入国内仪器等。

我的业余科研始于1961年,起初研究了刚发现不久的穆斯堡尔效应。1962年起与北大老同学(内蒙古大学的罗辽复和河北工业大学的杨国琛)合作研究理论粒子物理,这是一段相当艰难的时期。远程合作,当时只能通过邮政通信,效率较低;能看到的国外资料只有通过影印,至少要迟一年以上,信息不灵通。我们所得到的通常不是表扬,而是被批评为"只专不红"或"白专道路"。但是,我们还是坚持了业余且自费的科研。即使在"文革"期间,我与罗辽复仍坚持合作,通信达2000余封。当时,论文不允许送到国际刊物上发表,只能发表在国内刊物,国际交流十分困难。1968年,我们在研究夸克相互作用时,曾得到了重子与介子之间的几个质量关系。但那时全国所有学术

陆埮在工作(中国科学院提供)

期刊均停刊，直到 1974 年《物理学报》复刊，文章才得以发表。国外的德鲁杰拉 (A. De Rujula)、乔奇 (H. Georgi)、格拉肖 (S. L. Glashow) 于 1975 年和利普金 (H. J. Lipkin) 于 1980 年，也得到了这些质量关系式。我的这些业余科研，竟在《物理学报》《科学通报》等国内刊物上发表了 40 余篇论文。虽然条件艰难，却也成了人生科研上的一段历练。

1978 年，随着调入南京大学天文系，我的科研方向转入天体物理，特别是高能天体物理，而罗辽复则转入生物物理。三年后的 1981 年 6 月，我晋升为教授；1984 年 1 月经国务院批准，担任博士生导师。其间于 1979 年至 1995 年任南京大学天体物理研究室主任。2003 年 7 月调入中国科学院紫金山天文台，同年 11 月当选中国科学院院士。

1966 年与在同一学院任教的周精玉结婚。她 1961 年毕业于武汉大学化学系，曾是曾昭抡先生 (1899—1967，中国科学院学部委员) 的门生。1978 年，她也一起调入南京大学，1987 年晋升为化学系副教授。1990 年应美国教授邀请先后访问了 Lamar 大学和 Texas 州立大学（在 Austin），1996 年回国。1999 年 12 月 11 日在教育部、民盟中央、北京大学、武汉大学、中国科学院化学研究所、中国化学会和曾昭抡故乡湖南省湘乡市七个单位，在北京大学联合举行的"纪念曾昭抡 100 周年诞辰大会"上，应邀作为曾昭抡先生的学生代表作了题为"八年教诲 刻骨铭心"的报告。她对科学也很着迷。我在十分艰难的条件下所走过的科研和教学之路就是在她的支持下成行的。我们有两个儿子（轻锂、轻铀）和一个女儿（轻铱），他们从事微机应用、半导体器件和纳米材料方面的工作。

1982年起，我成为国际天文联合会会员。1978年至1993年连续当选为第五、第六、第七届全国人大代表。1985年至1992年任中国天文学会第五、第六届理事，1995年至2002年再任第八、第九届理事，并任中国天文学会第四和第八两届高能天体物理专业委员会主任。1981年起，一直担任中国物理学会《物理学进展》刊物的副主编。最近，又担任《物理》杂志编委。此外，我还曾担任过《天文学报》《天文学进展》《中国物理快报》以及《科学》等刊物的副主编、编委或不少其他学术兼职。不过，我的主要精力仍然放在科研和教学上。

自1982年起，我开始招收研究生。此后，我的科研主要是通过培养并带领研究生，特别是博士研究生，并进而建立了一个相当强的研究小组，从事高能天体物理学，特别是 γ 射线暴和致密星物理学等方面的研究，从业余性质转变为国家自然科学基金等项目。

开始招收的第一批研究生是硕士生。当时，我从粒子物理学转向天体物理学不久，但还是很注意粒子物理学，同时也很留心 γ 射线暴那样的高能现象。那时，我指导的第一批硕士生中，王青德研究的是中子星内奇异夸克核心在星体振荡中的作用。研究表明，随着星体振荡，星内物质密度疏密变化，非轻子夸克弱过程会极有效地耗散掉这种振荡能量。文章发表在1984年的国际杂志《物理快报B》上，首次指出，中子星内奇异物质的弱过程会使星体振荡能量在不到1秒的短时间内阻尼掉，表明奇异物质的体黏滞性比普通核物质要高许多个量级，是奇异物质最重要的动力学特征之一。这种强阻尼效应为寻找奇异星提供了有效途径。后来，我和我的学生又广泛研究了奇异星的结构和各种观测效应，

陆埮与吴健雄教授合影于哥伦比亚大学物理楼前（1990，中国科学院提供）

用核物质到奇异物质的相变解释 γ 射线暴和硬 X 射线暴等现象。

自 1985 年我开始招收博士研究生，研究方向相对比较宽广，包括宇宙学和高能天体物理学等方面，冯珑珑、赵刚、赵永恒就是这段时间攻读博士学位的，他们已在多方面取得重要进展。随后的研究方向逐渐集中到高能天体物理学上，特别是中子星、奇异星、脉冲星和 γ 射线暴等方面。

在积累了几年研究成果的基础上，1994 年我与博士研究生韦大明、宋黎明一起提出了脉冲星辐射级联过程的"代参数"概念。通常的级联过程是"光子—电子对—光子—电子对"这样一代一代发展下去的，因此，对于一个光子而言，"代"总是整数。"代参数"描写的是脉冲星的整体效果，因而可以是分数。它是描述脉冲星的一个新的特征参数。

γ 射线暴是我的一个比较重要的研究方向。在 20 世纪 80 年代初我们就已经密切注意到了这个方向。1984年关于奇异星振荡的强阻尼效应也是在寻找γ射线暴能源的探索过程中发现的。1990年，我还曾出席过在美国新墨西哥州（New Mexico）陶斯城（Taos）召开的关于γ射线暴的国际会议。1991年美国的康普顿（Compton）卫星成功升空，其上的仪器BATSE发现了γ射线暴的各向同性分布，暗示它们是宇宙学距离上的天体。1997年BeppoSAX卫星发现γ射线暴的余辉导致了其距离的首次成功测定，确认它们在宇宙学距离上，使这个领域获得重大突破。我与戴子高、韦大明、黄永锋、王祥玉等紧紧抓住这个机遇，集中研究了γ射线暴及其余辉的特征、起源和演化规律。

1998年，在研究一些γ射线暴的余辉时，发现其环境不是通常认为的星际介质，而是密度与距离平方成反比的星风介质。2000年，这个观点经R. A. Chevalier等人进一步发展，星风模型现已成为当今的一个主流模型。1999年，我们在研究另一些γ射线暴时，发现了密度远高于通常星际介质的致密环境。这两种环境均有力地支持了γ射线暴起源于大质量恒星坍缩的观点。近几年来，γ射线暴起源于大质量恒星坍缩的观点已经得到越来越多观测事实的支持。

我们1998年的研究还指出，通常的以极端相对论速度膨胀的火球模型不能正确地解释晚期余辉，并于1999年提出了γ射线暴余辉动力学演化的统一模型，可以解释火球膨胀从早期的极端相对论到晚期的非相对论的整个演化过程。凡帕拉基斯（Van Paradijs）等人在2000年的《天文和天体物理年评》（Ann. Rev. Astron. & Astrophys.）上撰文以1.5页的篇幅详细介绍了这个统一模型。近几年来，我们还进一步详细研究了γ射线暴的多种环境效应、喷流机制、辐射能谱、能源机制以及 X 射线闪等的性质和规律。

总的说来，我们已在国内外学术刊物上发表论文 240 余篇，并著有《从电子到夸克》《宇宙——物理学的最大研究对象》等著述。这些工作在国际上得到了广泛的重视，已被他人文章引用 400 多篇次。

1978 年，我有幸获得全国先进科技工作者的称号。1980 年《基本粒子理论和高能天体物理》获内蒙古自治区科技成果奖一等奖。1987 年《超新星遗迹和中子星研究》获国家自然科学奖三等奖。1996 年《奇异星及其观测效应的研究》获国家教委科技进步奖一等奖。1998 年《脉冲星辐射级联过程和代参数的研究》获教育部科技进步奖三等奖。2003 年《γ 射线暴余辉和能源机制的研究》获教育部科技奖一等奖，并于 2004 年 2 月获国家自然科学奖二等奖。

在教学上，我力主言传身教，教书育人，注重对学生学术基础和能力的培养，特别着重于培养他们的创新能力。已培养 9 名博士，他们均在国内服务，在各自的岗位上挑起了重担。其中 3 人获国家杰出青年科学基金 (总理基金)，3 人获科学院"百人计划"资助，1 人获中国青年科学家奖，1 人获中国青年科技奖，1 人主持国家创新研究群体科学基金项目，1 人被聘为"长江计划"特聘教授，1 人获全国优秀博士学位论文奖，3 人为创新工程首席研究员，1 人任国家天文台副台长，1 人任国家重大工程 LAMOST 的总经理，他们还往往一个人兼有若干项。

几十年的工作和生活，我深深体会到，无论做什么，首先在于做人。因此，品德高尚、作风正派、做事认真、待人诚恳等，这些都是首要的素养。虽然曾经遇到过动荡和不安，但毕竟获得了几十年从事科研和教学的安定环境。我有许多很好的老师、同事和朋友，也有许多很好的学生。无论我到什么地方，总有不少朋友和学生帮助我、关心我，给我很多欢乐和宽慰，这是我人生非常幸运的方面。但也曾遭遇过一些人为的障碍，造成了不少困难和麻烦，但我总把它看作激励我奋斗的动力，使我一直保持着奋发的心态。人生总是在不断地奋斗，不断地进取。真是活到老，学到老，奋斗到老。

（本文选自上海教育出版社 2005 年 5 月版《科学的道路》）

陆 埮 天文学家、物理学家、教育家。1932 年 2 月 23 日生于江苏常熟，2014 年 12 月 3 日逝于南京。1957 年毕业于北京大学物理系，1981 年起任南京大学教授、博士生导师。长期从事物理学和天文学的教学与科研，注重理论与观测相结合，主持多项国家科研项目。研究领域涉及粒子物理学、γ 射线暴、脉冲星、奇异星和宇宙学等多个方面，提出和发展了多项新理论和新模型，尤其是 γ 射线暴和致密星理论成果有力推动了高能天体物理学的发展。造就和培育了大批杰出人才，为中国科技事业发展作出了重大贡献。作为国际天文学联合会会员，曾兼任中国物理学会引力与相对论天体物理分会主任、南京大学与紫金山天文台共建的"粒子—核—宇宙学联合研究中心"首任主任等学术领导。在国内外学术刊物上发表《中微子静质量的宇宙学效应》《强磁场对吸积中子星壳层中电子俘获反应的影响》《强作用对奇异星观测效应的影响》等论文 300 余篇，发表《宇宙——物理学的最大研究对象》《物质探微：从电子到夸克》等多部专著和《奇异的星星》等深受读者喜爱的科普著述。2012 年中国科学院国家天文台将 91023 号小行星正式命名为"陆埮星"。2003 年当选中国科学院院士。

钮经义 胰岛素合成的回忆

在这儿，我应该再次感谢在整个胰岛素工作中所有参加者的奉献精神。作为始终参加此项工作的一员，我只是和大家一样尽了一份微力。国家对于我，已是奖励得太多。

——钮经义

朗读者 朱韬宇

胰岛素合成的回忆

1956年5月，我终于离开美国旧金山伯克利（Berkeley）回国。1955年已经有人回国，我是去美国移民局要求才准予离开的。我的确是正处在出成果的高峰时毅然离去的，许多同事都难以理解。但由于当时中美尚无任何关系，我只能悄悄地离开。在回国前某一天午餐时，大家聚会为我送行，所长斯坦利（Stanley）博士私下要我带些想带回去的药品或仪器，但我没有这样做，因为那是带不完的。同事们都舍不得我离开，但又无以表白，在我乘上"威尔逊总统号"大轮船时，我收到许多祝我一路顺风的电报。

我自认为在美国已学到了一定的本领，正在事业的高峰上决定回国的。当跨过罗湖到深圳的一座桥时，有了舒一口气的感觉，再也不会受到什么不公平的待遇了。的确，1956年正是号召"向科学进军"的年头。我们一开始就感受祖国教育部门所派来官员在深圳的热情迎接，也受到了无微不至的照顾。那年年底，

钮经义 院士
（中国科学院提供）

我就来到颇有名气的上海生理生化所。一切都很理想，特别是生化所的学风很正派，几个比较有基础的实验室，工作都陆续开展，曹天钦在肌蛋白研究方面有盛名。我对于一级结构虽然也有一些经验，但国内试剂、药品均缺，都得从头做起，很懊悔当初没有能多带一些回来。次年，我曾托回国的孙天风带一些Dowex50X2，作为分离肽段之用，也都很快报废，心里很不是滋味。虽然在原肌球蛋白上也做过一些C端分析工作，总不能说有多大成绩，而顺序分析的建立的确很难下手。

1958年以后国家号召"赶超"，人工合成胰岛素也就被提出来了，当时是比较大胆的。我是有机合成出身的，又有一些蛋白质化学的基础，义不容辞地要求参加此项工作。

起初，我们从一个简单的但具有生物活性的催产素做起。那时我和黄惟德读了杜维格奥德（du Vigueaud）的原始文献，和新来不久的许俊根、陈常庆，还有汪克臻一起，着手催产素的合成。那时氨基酸很缺，从仅有的2克脯氨酸,加上一些其他几种氨基酸，我们经过最后一步的钠液氨还原及空气氧化，得到产品，请生理所胡旭初小组的同事帮忙做大鼠子宫收缩试验。在深秋寒飕飕的深夜，我们看到正确的生理反应，从而增强了我们可以合成更大多肽，甚至蛋白质的信心。

1958年底胰岛素课题正式提出，并且开展五方面的工作，即拆合、肽库、转肽、分离和合成。当然，与此同时，还要开展试剂和原料氨基酸的生产，这些我们都做到了。1959年国庆十周年时，我已有了六肽、九肽水平的粗产品成功，而且拆合在邹承鲁先生领导下也基本找到了好的线索，1960年4月，中国科学院第三次学部委员大会在上海开会时，我们已达到相当高的水平，拆合已经成功，B链的合成也已取得相当的进展。

我们不能忘记这些年中国科学院院部、上海分院及生化所领导全力以赴，给我们这项工作以最大的支持和鼓励。我们组在1960年底已减至十几人（包括一些进修的人在内）。二硫链拆合成功，并能从天然肽链经钠液氨处理之后的肽链衍生物，得到重合成的结晶胰岛素。这项重要成果是合成胰岛素的关键，它使合成肽链的人得到更大的动力。这两年中我们不断总结经验，一步一个脚印。B链合成方面陆续发表了十几篇论文，都是中、英文一道发表，受到国外，特别是联邦德国（1990年10月两德统一前，德意志联邦共和国简称联邦德国或西德）同行扎恩（Zahn）教授的关注。

1963年秋，北京大学以及有机化学研究所的同行重新加入，使这项工作能更快前进。1964年8月参加北京科学讨论会时，合成的A、B两条链分别与天然B、A重组，可达到4%的胰岛素活力，已超过当时国际先进水平很多，使第三世界的同行们受到鼓舞，引为自豪。

20世纪60年代初期，我还参加过药物所南瓜子氨基酸的研究，分离及结构测定能在较短期内完成，而且他们的合成小组很快又肯定了它的结构，在探索这种具有四氢吡咯环结构的碱性氨基酸中，我在美国最后三年所做过的大量纸层析图谱，看来曾发

用人工合成的胰岛素做小鼠实验（龚岳亭院士提供）

挥了很大的借鉴作用。在兄弟单位开创性的工作中，我能尽一些微力，也感到十分欣慰。

对胰岛素的合成，1965年是丰收的年份，到现在已经整整25年了。那年有些骨干虽然出去参加社会主义教育运动，但在大丰收的面前，我们还是有足够的后备，直至取得最终成果，即合成肽段的高效组合，产物的全部活力和结晶。1966年初又忙了一阵子，重复了1965年的结果，增加了更多鉴定数据，使国外的行家也都完全相信了。我在1979年5月参加一个由22人组成的大型中国科协访美团，在访问费城的科学情报研究所时，所长在欢迎辞中有一段话："60年代中期有一篇文章是在美国最期望得到的，都到我这儿来询问，但当时无论如何也弄不到这些单行本。今天，我们非常高兴，能够在这儿欢迎它的作者。" 1966年 Science 上曾有一篇 News from Abroad (国外来的新闻)，是在看到我们在《中国科学》全文发表(1966年4月出版)后的评论，高度肯定了我们的工作，赞赏其重复性及新的鉴定数据。该篇全文我们只印了 200 份单行本，所以极度供不应求。

在这儿，我应该再次感谢在整个胰岛素工作中所有参加者的奉献精神。作为始终参加此项工作的一员，我只是和大家一样尽了一份微力。国家对于我，已是奖励得太多。1982 年国家自然科学奖一等奖生化所得到的份额，我总努力追忆所有参加者的名字，不能忘记每一个人的功绩；我们到底是筚路蓝缕，白手起家的呀！我实在高兴。随后，胰岛素的工作又得到很大的发展，特别是胰岛素晶体衍射工作，很快就取得成果，也使国际同行刮目相看。结构改变与生物功能的关系，以及受体结合与作用机制等项工作均在我国开展了。当然，也带动了许多活性肽的合成及应用。这些年来，我国对外开放，与胰岛素工作有关的人员出国访问，有些人在许多实验室起着台柱的作用。

20 世纪 70 年代初期，我和大家一样参加过大蛋白的合成。当时的目标是 TMV 蛋白，我不知道当时为什么选这样一个目标，但我还是乐于参加，因为我对 TMV 蛋白有感情。当时是溶液方法与固相并举。我首先参加过液相，后来又参加固相，分段方案差不多，但保护基用两套，很有意思，取得了不少中等大小肽段合成的经验，也培养了不少工作人员。80 年代初期，我转向于寻找轻微温和条件能脱除的保护基因，以及 HF 之外的从固相支持物脱离肽段的手段。当时，首先应用 Bpoc 保护 α 氨基，t-Bu 保护一般侧链，苄酯保护谷氨酸的 γ- 羧基，包括固相支持体部分也直接与谷氨酸的 γ- 羧基连接，因而在合成完成以后能进一步用 γ- 苄酯型的固相支持体从合成肽段脱离，成为谷氨酸胺。肽段当中的苄酯也同时形成酰胺。我们利用这种策略合成了人胰岛素原 C

1959年中科院生化所部分参加胰岛素合成工作者的合影
（中排右4起沈昭文；曹天钦；邹承鲁；钮经义。后排：右1，许根俊；右2，张友尚；右4，戚正武；右5，龚岳亭；右9，杜雨苍。龚岳亭提供）

肽，其中缩合并非 Bpoc- 氨基酸逐步递减，而是用片段缩合，这样也给分离带来了方便。C 肽合成成功，进一步用它产生抗体，和兄弟单位协作建立 C 肽药箱，已在临床应用多年，此项工作于 1983 年获国家发明奖二等奖。

Merrifield 的固相方法，虽然较早地应用在胰岛素合成上，但也从未得到结晶的最终产物。我们于 20 世纪 80 代中期，采用比较温和的条件能脱除的 Nα- 保护基因团合成了胰岛素 A 链，全样经过—SSO_3—分离纯化，与天然 B 链或溶液方法合成的 B 链的—SSO_3—重组、提纯等步骤，均得到半合成或全合成的结晶胰岛素。根据这个线索，我们期望得到更多的胰岛素类似物，以研究其结构与功能的关系。

近年来，借助于年轻的一代，我们工作的进展除设计更多的胰岛素类似物外，还着眼于构象分析工作。1985 年 11 月在上海举办过一次上海多肽讨论会，是由日、美两国同行建议举行的。参加者由他们自选，我们来邀请。他们请来的参加者中有不少是蛋白质构象方面的专家。我组当时有一个 C 肽片段，在合成时总有些缩合上的困难，便进一步和组外同行用 CD 及 NMR 研究它的构象，取得一定成果。还有一位学生用计算机模拟，计算出 C 肽合成一些肽段的构象。这两项工作曾在该会上作报告，达到与国外同行们交流、请教的目的。这两项工作是和鲁子贤小组的施庆洛以及江寿平小组的刘志平两位协作进行的，效果很好。这次会议由刘湘涵教育基金资助，由我主持，在生化所举行的，有日、美各七位，澳大利亚一位参加，我国也有十多篇报告，大多数文章均在 Murray Goodman 主编的 *Biopolymers* 增刊上发表，是有一些影响的，也是打开窗口的好方法。

  事后，这些教授都来信赞赏这次会议，我自己的确也深受教育。随后有些年轻的国内同行都被他们邀请去当访问学者或继续念学位，使我们工作的继续深入受到一定限制。在这方面的工作以及进一步的深入研究，曾在我 1986 年去联邦德国访问，以及 1987 年在美国堪萨斯城密苏里大学任埃德加·斯诺访问教授期间在中西部一些大学作报告中采用了。1990 年 8 月杜雨苍教授主持召开的中国多肽讨论会 (CPS-90) 上，更多的国外学者参加了胰岛素合成成功 25 周年时曾在会议期间举行庆祝活动，汪猷教授的 80 寿辰和我的 70 岁生日，也都在会上接受祝贺之意。

  现在，我已年逾古稀，想起这些平凡、崎岖，但也有些花絮的岁月，倍感亲切，也令人向往，充满怀念之情。1988 年 4 月，我曾在上海参加贵州铜仁一中（即抗战时期国立第三中学）50 周年校庆；5 月去杭州参加杭高 85 周年校庆，以及 11 月去昆明参加国立西南联合大学 50 周年校庆等庆祝活动,顿觉当年在山城弦诵的日子,犹在眼前。由于时代的原因,奔波劳碌,辗转不安地度过前 35 年。现在,已在新社会中安稳地度过第二个 35 年,尽管道路并不平坦,坎坷也不少,但我一直身体健康,心情愉快。在这儿我有许多好的师长、朋友、同事和学生,多年来朝夕相处,从他们每一位身上,我都学到不少东西。

我是这样看待过去,也将这样展望将来:前程将充满美好,首先是年轻的一代,他们将承担建设祖国未来的事业。作为一名老兵,能安详地跨出舞台,自然感到无限慰藉。

(本文选自上海教育出版社 1996 年 5 月版《中国科学院院士自述》,标题为编者所加)

钮经义 生物化学家。1920 年 12 月 26 日生于江苏兴化,1995 年 12 月 26 日逝于上海。1942 年毕业于昆明国立西南联合大学化学系。1953 年获美国得克萨斯大学哲学博士(生物化学)学位。中国科学院生理生化研究所、上海生物化学研究所研究员。专长有机合成、蛋白质结构分析与多肽合成。1956 年回国后开创了蛋白质多肽和氨基酸的分离、分析和合成的研究。在人工合成牛胰岛素的研究中,从设计合成方案、选择合成路线直到胰岛素 B 链的合成都作出了重要贡献,成果通过了中国国家鉴定委员会鉴定,并于 1982 年获国家自然科学奖一等奖。代表作有《天然 A 链与合成的 B 链合成结晶胰岛素》《结晶牛胰岛素的全合成》《固相合成大肽从树脂脱离新策略》等。1980 年当选中国科学院学部委员(院士)。

> 回顾我 60 余年的心理学历程,只能说已摸索到了所要探寻的心理学的门路,也可以说是入了门而接近登堂了,而要入室,则还遥遥在望。瞻望心理学的远大前程,不得不寄殷切厚望于来者。
>
> ——潘 菽

朗读者 朱韬宇

我的心理学之路

我走上心理学的道路有一半是偶然的。

我的心理学历程大致可分为六个阶段,即十年定志、十年彷徨、十年探路、十年依傍、十年自强、十年播扬。

读中学时,我的兴趣很广泛,除喜欢读书外,对书法、美术等也很有兴趣,还在小报上发表过篆刻习作。那时我就读了不少我国古代思想家的书籍,尤其喜欢宋代哲学家朱熹的著作,并作诗言志,希望自己将来也能成为像朱熹一样的大学问家。

因对哲学感兴趣,中学毕业后就报考了北京大学哲学系。在大学课程中有门心理学的课,当时只是觉得颇新鲜,但由于内容较简单,并没有引起特殊的兴趣。在大学后期,美国哲学家和教育家杜威来北京大学讲学。他的演讲对我很有吸引力,每次都去听。由此,引起了我对教育的兴趣。在北京大学的几年中,正是

潘 菽 院士
（中国科学院提供）

五四运动时期。我作为这场运动的亲身参加者和32个被捕青年之一，受到了一次真正的革命洗礼。它促使我考虑一个严肃的问题，即帝国主义为什么总是欺负我们？想来原因有多种，但就我们自己讲，一个根本原因，就是我们的国家太弱、太落后了。我想，要使我国强盛起来，就必须大力发展教育。

1920年从北京大学毕业后，我考取了官费留学。基于受"教育救国"思想的影响，加上听杜威讲学的关系，对美国的情况较为熟悉，因此决定去美国学教育。到美国不久，思想上又产生了一个变化，感到美国的教育不一定适合我们中国的国情，用美国式的教育未必能解决我国的问题。因此，想改学别的。当时在所学的课程中也有心理学课程，并巧遇先期来这里专修心理学的蔡翘和郭任远。从他们那里我增进了对心理学的了解，觉得心理学作为一门研究人的科学十分重要，它既与教育密切相关，又显然比教育更带有根本的性质，是一门基础科学。基于这种认识，便决定改学心理学了。

当时，心理学中已有不少学派，对许多重要的心理问题，众说纷纭，莫衷一是。这又使我感到心理学还不大像一门科学。然而，这一现实状况非但没有动摇我要学心理学的意向，反而更加坚定了我毕生要致力于心理科学的决心和信心。我坚信心理学必然会发展成为一门真正的科学，因为它有不容否认的研究对象——心理现象。而且正因为人有高度发展的心理才能成其为人，才能做各种各样的事情。由此可见，心理学的重要性非同一般。既然如此重要，越是不成熟，就越是需要更多的人去加强研究，并且更重要的是要去找出它之所以发育不良的原因。就这样，我一心爱上了心理学，并立志为它的科学化而奋斗终身。

1927年回国后，应聘到南京第四中山大学（后改称中央大学）理学院心理学系任教。我以为从此就可以安定下来专心致志地研究我的心理学了。至于国家和社会上的事，自有别人去管，用不着自己去费心，以至于成了一个"两耳不闻窗外事，一心只读圣贤书"的人。"九一八"事变后，日本帝国主义的大炮和蒋介石政府的不抵抗日寇侵略而积极"剿共"的反动政策促使我醒悟，使我再也不能一心抱着心理学而不关心国家大事了。事实上，也确实没有条件从事研究。我的美好理想成了泡影，加之我当时还没有能够认识到心理学的根本问题所在，同时也还没有能找到提高心理学科学性的正确方法和途径。这些情况使我一度感到彷徨，虽然志向并未动摇。

抗战期间，我虽然够不上一个重要的头面人物，但起码可以说是一个相当活跃的分子。在重庆的八年中，参与发起成立了九三学社、中国科学工作者协会等进步组织，终日栖栖惶惶，东奔西跑，几乎完全荒疏了"正业"。在此期间，虽然没有开展心理学的实际研究，但仍一直坚守着自己的专业岗位，更重要的是学术观点却开始转变了。通过自学，对马列主义基本原理有了初步的、基本的了解，并在辩证唯物论指导下，对心理学中长期争论的问题进行了初步的思考、研究，以求为心理学的发展探索一条新的道路。

我国过去的心理学一向都是照搬西方的。新中国成立后的十来年中，我国心理学从体制到内容则又完全照搬苏联的一套。我也是一个学习积极分子，急于了解马列主义指导下的苏联心理学究竟是个什么样子，以此为改造和发展我国的心理学取得经验，这在当时是有积极意义的。但由于一味盲从，缺乏分析鉴别，这就给我国心理学的发展带来许多不利的影响，以致在某种程度上妨碍了心理学在我国的正常发展。

潘菽欣喜地翻看刚出版的《潘菽心理学文选》
（1987，中国科学院提供）

到了这时，我已开始意识到，我国心理学之所以发展缓慢的一个主要原因，就自身而言，就是依赖外国之心太重，不联系我国实际，缺乏独立思考和创新。只有克服这一顽疾，我国心理学才能尽快发展起来。我自己更应身体力行。不幸的是，1963年春，我突发心肌梗塞症，几濒于危。接着就开始了"文化大革命"，心理学被定为"伪科学"，我自己也被打成"牛鬼蛇神"。在病魔缠身和"十年动乱"的困境中，我挣扎着完成了50多万字的《心理学简札》，并于1983年正式出版。通过写《心理学简札》，我自以为明确了不少心理学中的基本理论问题，对心理学的过去、现在和未来也看得更清楚了，同时也明确了我国心理学应该怎样发展。我更加确信，我国心理学要健康而迅速发展，就必须在辩证唯物论指导下，解放思想，自强自立，走我们自己的路，对外国的心理学要积极而有鉴别地学，但决不能再一味仰望于任何外国。

粉碎了"四人帮"，我国开始进入一个以"四化"建设为中心的新时期。社会的需要，促使我国心理学迅速恢复并得到前所未有的繁荣发展。形势喜人而又逼人。此时，我已年逾八旬，自知余年有限，但要做的事仍很多，只得以只争朝夕的精神奋力播扬，以期多作一些贡献。

回顾我60余年的心理学历程，只能说已摸索到了所要探寻的心理学的门路，也可以说是入了门而接近登堂了，而要入室，则还遥遥在望。瞻望心理学的远大前程，不得不寄殷切厚望于来者。

（本文选自上海教育出版社1996年5月版《中国科学院院士自述》，标题为编者所加）

潘 菽 心理学家。1897年7月13日生于江苏宜兴，1988年3月26日逝于北京。1920年毕业于北京大学哲学系。1921年至1927年留学美国，获印第安纳大学硕士和芝加哥大学博士学位。历任中央大学理学院心理系教授、系主任，南京大学教授、教务长、校务委员会主席、校长兼心理系主任，中国科学院心理研究所研究员、所长。曾任中国心理学会理事长，《心理学报》主编等。作为中国现代心理学主要奠基人之一，从事心理学教学与研究60余年，讲授过普通心理学、实验心理学、社会心理学、理论心理学等课程，撰写了不少专著，也培养了一大批人才。早年从事记忆、错觉、汉字知觉等实验研究；后致力于心理学基本理论的研究，提出心理学既不同于自然科学，也不同于社会科学，而是具有二重性的中间科学的观点；提出把心理活动分为意向活动和认识活动，区别于传统的"知、情、意"三分法体系；对意识、身心关系、个性等心理学中的重大问题提出了深刻而独到的见解，形成了自己的理论体系。1955年被选聘为中国科学院学部委员（院士）。

这正与古诗上所云"山重水复疑无路，柳暗花明又一村"一样。想不到，我们开掘猿人洞的第二天，在12月2日下午4时余，竟发现了猿人头骨。我的运气真好！

——裴文中

朗读者 甘欣彤

"北京人"采掘记

1927年，我从北京大学毕业。毕业后，欲教书无人聘请，欲做事又无门路可走，流落在北平，穷困已极。后来，我有兴趣的事业都走不通，不得已又回归地质本行。

中央研究院地质调查所所长翁永霓（文灏）先生，与我并不认识，但他允许我做古生物学的研究，并可设法补助我的生活费用。我先研究山东的寒武纪化石，研究的结果，不用旁人看，自己也觉得莫名其妙。至1928年春，我的生活愈觉困难，不得已才正式请翁先生设法。那时，地质调查所的经费尚十分困难，实在没法安排我。翁先生想尽了办法，都无成效，结果想到开掘周口店的事情。本来在1927年时，步林和李月三（捷）先生已经工作了一年，1928年时，李先生辞职了，另聘杨克强（钟健）先生与步林先生共同工作。杨先生是德国留学的，师从已故的舒罗塞教授及布罗里教授，学习有脊椎动物化石。那时方由德国回来，但由于生病，至1928年春季尚未痊愈，周口店的工作欲开工而不能。

之后，翁先生令我去做杨先生的助手，管理事务，并从杨、步两先生学习一些古生物学中的有脊椎动物部分的知识。

我在未赴周口店之前，对脊椎动物化石是什么，真是毫无所知，差不多何谓有脊椎动物，都不晓得。记得我第一次赴周口店之时，那是专为接洽事务而去的，接洽完毕之后，有一位工人带我到开掘化石的地方去看。他捡起一颗牙，说："这是鹿牙。"又捡起一根小骨化石，说："这是鸟骨。"我真有些害怕，工人都如此程度，我可怎么办？怎么管理他们？

裴文中 院士
（中国科学院提供）

1928年4月间，我随从杨钟健和步林两先生来到周口店，开始做开掘的工作。我来到山上，不知身在哪里，看见工人工作，眼花心乱，真莫名是怎么一回事。杨、步两先生当时开掘的计划是：开掘1927年开掘过的地方的东边，自山顶上开起，开一个20米长、12米宽的长方形。目的是开到有化石沉积的底（那时以为第五层以下为底）。杨先生派给我的工作是管理工人，计算账目。如遇有化石，由杨、步两先生自己亲手及二三名工人帮助开掘。但是，我太清闲了，闲得难过。后来，商准杨先生，方能帮助他们开掘化石。并承杨、步两先生时时刻刻为我讲解，于是我也渐渐认识，何为鹿牙，何为猪牙，等等。

1928年春季的发现为猿人乙地，我还记得在山上工作时，步

考古学家在周口店遗址合影（摄于1928年，左起裴文中、王恒升、王恭睦、杨钟健、步林、步达生、德日进、巴尔博，中国科学院提供）

先生叫它 Monkey clay，即"产猴土层"。到同年秋季，才将这个名词改变过来。步先生是研究有脊椎动物的专家，而认猿为猴，我们从此可以知道，所谓中国猿人者，实在不是人，从各方面看来，颇有似猿猴之处。我们在猿人乙地最初找见一个门齿，牙根长极了，牙冠虽像人，而牙根却与人相差很远。后来又发现一个马牙床，马牙床之下，即是猿人牙床。发现猿人牙床的这一天，正赶上下雨，步先生怕掘不出来，在山上放着有危险，于是他找我帮忙，在雨地里开掘。工人们却在旁边打着雨伞，作壁上观。据他说，因为这件标本太宝贵了，只能找我帮忙，不能令工人下手。上面用伞遮雨，我们即伏在泥土中工作，水从身下流过。我们掘完之后，满身都是泥水。说也奇巧，正在此时，来了一只满身泥水的猪，大概是因为雨淋，而忘了家在何处，流落到此地。步先生曾向我讲笑话，猪也到山上挖化石来了，我们与猪一样。开过第五层，到第六层渐显化石，使我更有兴趣。到第七层则化石之多，不可言状。有一天，我们共得了154个肿骨鹿的牙床。这一层的化石不但多，而且整齐，如水牛及全鹿角、整猪头等皆从这一层采得。此外，因这一层是砂土，开掘变得较容易。可惜，我们因开掘的地方太小，向南向东皆在高崖之下，恐有危险，不敢多掘。

春季的工作结束了，我们一共发现了几个猿人的牙齿，当中有一个犬齿，给我的印象最深，牙根之长及牙冠的尖，实可令我们知道中国猿人确具人类的原始性质。到了秋季工作开始，开掘的部分渐渐缩小，沉积的体积也渐渐狭窄。在我想来，可以找见底了，工作也可以结束了。但是，窄到无可再窄的地方时，忽又发现一个洞来，计自洞口至山顶将及30余米。新的洞口，就是所谓猿人洞，洞口到洞底又有10余米深。若从山顶望下去，见猿人洞洞口之深及峭立的绝壁，已有些令我们害怕。其实，这都是我们一寸一尺地移去，土和石都是我们一筐一筐抬出的。现在看来，猿人洞很深很大，当我们初开的时候，只是仅能容人的小孔，并且一部分尚为砂土所填满，仅有一个薄隙。

当洞口刚露出的时候，我们不知深浅。于是，我同一名工人一同下去，腰上用绳子系好了，上边许多人拉着绳子。我觉得我既担负着开掘的责任，就应当身先士卒，正如打仗一样，将官若退缩不前，这仗最好不要打了，打也必败。我下去之后，见洞内化石非常之多，高兴极了。那时已到11月底，天气冷了，应当停工了，然而我决定继续干几天。这正与古诗上所云"山重水复疑无路，柳暗花明又一村"一样。想不到，我们开掘猿人洞的第二天，在12月2日下午4时余，竟发现了猿人头骨。我的运气真好！猿人头骨一半在松土中，一半在硬土中，那时天色已晚，

裴文中发现的第一颗北京人头盖骨化石（资料图片）

发掘第 1 地点（猿人洞）顶部（1929，资料图片）

若加班工作起来，我怕在晚上也掘不出来。其实他（猿人头骨）已经在山中过了不知几百万个日夜，并不在乎多过这一夜。但我还是不放心，脑中不知辗转了多少次，决定将其取出来，用撬棍撬出来。结局呢，头骨一部分被震动而破碎了。这种结果，使我很后悔，然已悔之不及。但这个破碎的结果，使我意外地得知中国猿人头骨的厚度，我们现在的人，头骨比较薄，而猿人头骨异常的厚。若说猿人是人，真冤枉！从这一点看来，他真不像人。

发现了猿人头骨的当天晚上，我没有吃好饭，因为太高兴了！然而光我高兴了，如何令北平的人们知道呢？如何使他们也高兴？我决定先派专人去送信。写好了信，令送信人次日早晨返平，专呈翁所长。送信人走后，我又觉得他们要到晚上才能看到信，时间晚了，翁所长未必能通知关心周口店事务的几位朋友。于是，我于12月3日早又发了一个电报给步达生先生，文曰："（衔略）顷得一头骨，极完整，颇似人（下略）。"

因为猿人不是人，故我说"颇似人"。北平方面收到电报，人们好像都不信，不是说我不能认识"人"，就说我不至于有这么好的运气，实在是因为整齐的头骨太好了，怕不容易得着。我于12月6日返平，由于猿人头骨未干，我夜间生上炭火盆烤着，连烤了两夜，我认为方可搬运。那时我们是乘坐（北）平房（山）间的长途汽车来往。我将这个猿人头骨放在我的行李中，用我那两床破旧的被子包裹起来，外面再用褥子、毡子与普通行李一样捆好。

我们的长途汽车到了北平西便门照例要检验，我在事先已有了准备，随身带有几块化石，令检验人看，告诉他们我行李中是这种东西，请他们免检验，如果一定要看，我也不能允许将外面糊的麻袋和纸张揭开。如果非揭开看不可，那我就得先请他们拘捕我。检验人倒很客气，只令我打开看，并没有要揭开糊的东西，并向我解释，因为时局关系，上面有命令，旅客的行李非打开看不可。猿人头骨总算一路平安地到了北平，我的职责也算尽了。

（本文节选自1934作者撰写的《周口店洞穴层采掘记》）

裴文中　史前考古学、古生物学家。1904年1月19日生于河北丰南，1982年9月18日逝于北京。1927年毕业于北京大学地质系。1937年获法国巴黎大学博士学位。中国科学院古脊椎动物与古人类研究所研究员。1929年起主持并参与周口店的发掘和研究，是北京猿人第一个头盖骨的发现者。1931年起，确认石器、用火灰烬等的存在，为周口店古人类遗址提供了考古学重要依据。主持山顶洞人遗址发掘，获得大量极有价值的山顶洞人化石及其文化遗物。1949年后开展中石器和新石器时代的综合研究，为中国旧石器时代考古学的发展作出重大贡献。1955年被选聘为中国科学院学部委员（院士）。

> 应当尽最大努力，使得在引进西方建筑文化的同时而使之本土化。换句话说，是既要时代性、科学性，又不失本土化和地域特色。
>
> ——彭一刚

漫步于教学、科研和建筑创作之中

2002年12月，因获梁思成建筑奖，我接受了《建筑学报》记者胡惠琴的专访，涉及我的成长历程、兴趣爱好和业绩诸方面，我认为这是一种真正意义上的自述，下文已略作删节。

记者（以下简称记）：彭先生，首先恭喜你获得第二届梁思成建筑奖。在此，请您谈一谈获奖感受，以及对设立梁思成建筑奖的认识。

彭一刚（以下简称彭）：梁思成建筑奖是中国建筑界最高奖。设立这一奖项，有利于促进建筑创作，对有重大贡献的建筑师起到鼓励作用，促使他们进一步总结经验，广为传播。至于我个人，对于报奖，一般都不特别热衷，也包括梁思成建筑奖在内。首届梁思成建筑奖申报时，天津大学设计院一位副院长曾问我报不报，我在没有看到报奖文件的情况下,便不假思考地回绝了。后来得知,在评审时呼声很高,许多朋友,都为之惋惜,但自己倒也并不十分在意。这次能够获此殊荣,自然十分高兴。

我是在学校工作的,基本任务还是教学和科研。建筑创作对我来说好比是客串,像"票友"。记得朱自清先生曾说过:"国学是我的职业,文学是我的娱乐。"我也把创作当作一种消遣。与在设计院工作的建筑师相比,作品不算多,规模也不大,这次居然获了奖,只能把它看成是对在学校工作的同志的一种鼓励和安慰。此次评奖既重设计,也重理论,这个改革很好。光搞设计没有理论的支撑,设计就上不了水平;光有理论有论文,也就不是优秀的建筑师,这两者应当是相辅相成的。

彭一刚 院士
(中国科学院提供)

记:您的设计在建设界评价很高,能不能谈一谈您的作品,以及对待设计的态度。

彭:虽然说把设计当作消遣,但在做设计时,我还是十分投入的。方案构思时不仅苦思冥想,而且连图纸都亲自画,并且画得很细致。学校与设计院不同,没有任务和产值的要求,所以在接受委托时就比较挑剔:时间太紧的不做,长官或业主意志太强的不做,没有多少发挥余地的项目也不做。这次报奖,一共选择了 10 个有代表性的作品,其中有 4 个属于园林建筑,3 个属纪念性建筑,这两类建筑在我看来艺术要求较高,可以发挥的空间也比较大。

就创作而言,我是力求在作品中体现时代性、科学性和民族地域性的。我的科研方向一直定位于"传统建筑文化与当代建筑创新"。就传统文化而言,曾出版过《中国古典园林分析》和《传统村镇聚落景观分析》两部专著;就当代建筑创新而言,目前正从事一项国家自然科学基金的研究项目——"当代西方建筑形态的研究"。为使理论研究的心得能在作品中得以体现,曾下过一番功夫探索传统与创新、形象与意蕴、环境与文脉,建筑个性表现等深层次的问题。例如,甲午海战馆,除满足功能要求并与环境融为一体外,还以独特的建筑形象去展现建筑物的鲜明个性;天津大学建筑系馆,则巧妙地与地形相结合,以功能合理、造型端庄典雅而备受好评;在园林设计方面,先后完成了天津水上公园熊猫馆设计、山东平度公园规划设计、福建漳浦西湖公园规划设计、福建南安公园规划设计、厦门杏林开发区公园规划设计等。上述每一处规划设计,均按地域与环境的不同,分别赋予不同形式和风格,在探索时代性、民族性和地域性方面取得了一定成果,使我国传统造园艺术重焕生机。北洋大学、天津大学百年校庆纪念(碑)亭,尽管规模仅100平方米,于方寸之中却能显现深厚的历史文化底蕴。华侨大学校庆40周年纪念工程——承露泉的方案构思,甚至可以溯源于2000多年以前西汉时在咸阳建造的建章宫的承露盘。建成之后,以该校董事会署名的"承露泉铭"中便有"……著名建筑学家彭一刚院士因缘际会,乃发先哲之精蕴,运匠心于笔端,以'聚莘莘学子于五湖四海,育创新英才惠四面八方'设像具形"之说,尽管这座三层的水景建筑从外形看似乎连一点传统的影子也找不到。以上所举的几个例子,均撰文发表于各种学术刊物，以详细阐述其方案构思，在这里是不可能一一尽述的。

  还有一些工程是属于"回头客"，例如为郑州高新技术开发区所设计的高新技术孵化器大楼就属于这一类。1997年建成的由我设计的该区管委会大楼，建设单位、领导和群众一致称好，这便赢得了业主的信任。于是，把孵化器大楼的设计任务直接委托于我。这是一个规模很大的建筑组群，分三期建成，总面积约12万平方米。按说，这么大的工程是必须通过竞标的方式来选定方案的，但由于业主的信任，特别是一、二期工程初步效果的显露，建设单位便毫不犹豫地把三期工程也托付给了我，在他们看来，我是不会让他们失望的。

  记：您的设计作品很多，也很有意思，请您谈谈是什么样的动力驱使您进行设计的，以及您的专业技能的培养和训练。

  彭：我不能自命清高而无视名利，更没有达到不食人间烟火的地步。实事求是地讲，驱使我如此投入地去搞建筑创作，主要还是兴趣。于光远先生在一篇短文中提到，他问过一位著名的哲学家："是什么力量使您把毕生精力都投入逻辑学的研究？"回答十分简单，只有两个字："好玩。"我很能理解这位哲学家，因为我们都属于"兴趣驱动型"的。

  不过，要完整回答您的问题，恐怕还要从我的成长过程说起。我在中学时代就喜欢美术，班上乃至学校的板报，从排版到报头均由我一手包办，并且设计得较出色。但是，我对数理方面的课程也很感兴趣，由于成绩突出，很受物理老师的青睐，并被选为物理课的课代表。一般认为，左脑司逻辑思维，右脑司形象思维。幸好，我的左、右脑功能尚能"全面"发展。这就是说，能够把形象思维和逻辑思维结合起来。基于此，选择建筑学专业便是顺理成章的事。

那么，报考哪所学校呢？解放之前，唐山交大的声誉很好，有中国麻省理工学院之称。带着相当大的盲目性便考入了唐山交大的建筑系，入学之后方知唐山交大的强项是土木工程，而建筑系的师资、图书均属一般。幸好，徐中先生由南京工学院（现在的东南大学）北上，后来便成了系主任，直至1952年院系调整后并入天津大学，一直主持系的工作，直到1985年病逝。这是一位才学出众又和蔼可亲的长者。由于受到他的赏识，毕业后便留校任教，还担任了他的秘书，实际上就是他的助手。首先，有了这样一位授业恩师，业务的长进自然快步如飞。其次，有几本书对我的影响也是很大的，一本是 *Drawing with Pen and Ink*（钢笔画），另一本是 *Sketch and Rendering in Color*（彩色速写与渲染），还有一本是 *Fundamental Theory of Architectural Design*（建筑设计基本原理）。这几本书可以说我是爱不释手的，当时没有复印机，只好用心临摹。这样，便练就了一手扎实的基本功。概括地说，是一位老师和三本书把我引入了建筑学的殿堂。

由于师资的短缺，留校任教后，虽然名义上是助教，却直接投入教学第一线。试想，指导学生建筑设计，一位老师要面对15位学生，要为学生改好15个方案，谈何容易！但是，从另外一个角度看，也极大地培养了自己的方案设计能力。

记：您的设计在国内很有影响，能介绍一下您的设计理念？

彭：有关设计理念，前面已经有所涉及，我倒是想根据个人体会讲一讲做好设计的几个要点。

1. 首先，要有激情，一股炽烈的激情。这是原动力，只有满怀激情地投入设计，才有可能把设计做好。从我来讲，只要有人请我做设计，便立即引出构思，并反复修改、比较，直到满意为止。所以，常常是在履行合同签订手续之前，便完成了方案的构想。白送人家方案，收不到设计费的事时而有之，但是我也从不计较。

2. 要有才智。建筑学毕竟还是一门艺术，要有健康、高雅的审美情趣，这既有先天的成分，也有后天的环境影响和熏陶。以我多年教学积累的经验，培养学生的感觉（feeling）至关重要。在这一点上很像音乐家，如果乐感失敏，必将一事无成。

3. 要有扎实、娴熟的基本功训练。在20世纪50年代后期的"拔白旗"运动中，批判过徐中先生的唯美主义建筑观和我的"构图万能"论。其实，我并没有说过构图万能，但确实认为构图是建筑师的最重要的基本功。无论是古典建筑、现代建筑，抑或当代各种时髦的建筑流派，尽管手法各异，但都有一套与之相适应的构图技巧，也许在名称上有所不同，有的叫构成，有的叫组合，甚至叫解构——就算是反构成，也应当是另一种意义上的构成。

另一种基本功就是表现能力。不要以为有了电脑就可万事大吉。诚然，电脑可以帮助我们表现，但是原始的想象，还是要手头功夫。从国外一些著名建筑大师所作的一些方案构思草图来看，虽然仅仅是草草的几笔，便可以看出其深厚的功力。

4. 除上述三点外，还应该注意工作方法。古人云"心无二用"；军事学家常说"伤其十指，不如断其一指"，意思是要集中力量打歼灭战。我在同一时期也是集中精力只做一件事。但是，要做就一定要做好、做出成果。例如，一段时期埋头于写书，别的事情就只好放在一边。于是，便一本接一本地出版了好几本书。写书时，也是全神贯注、十分投入的，单是绘制插图就不知花了多少时间。只有这样，才能保证质量，赋予特色。近闻《空间组合论》

已重印了18次，累计印数不下10万册。《中国古典园林分析》也是一本很受欢迎的畅销书，除大陆外，在台湾就有三家出版社改用繁体字翻印出版。设计市场好转后，结合研究生的教学又把精力投入设计方面，但也是集中精力做设计，一个时期只抓一项工程，否则，便很难做深、做细。

彭一刚在北京国家大剧院施工现场（2004，中国科学院提供）

我还有一个习惯，凡认为重要的工作便事必躬亲，一抓到底。这对于工作来讲自然是优点，但就教学来讲就未必是好事了，某些应当由学生来完成的工作，往往越俎代庖，这样就难以调动学生的积极性。

记：您的设计在传统与现代的结合上很有独到之处，请您谈一谈这方面的体会。

彭：传统与创新既是一个永恒的话题，又是当前摆在建筑界的一个热点话题。随着全球化进程的加速，特别是加入WTO之后，西方强势文化对我们的冲击势不可当，如果不做好应对工作，我国传统建筑文化有可能荡然无存。为此，有不少同志忧心忡忡。但是经过反复思考之后，我倒反而认为，不必把这个问题看得过于严重。弱势文化只有在强势文化的剧烈冲击下，才能促进其发展，甚至是起死回生的发展。回顾我国近代历史，受西方强势文化冲击最剧烈的可以说有两次：一次是鸦片战争之后；另一次是改革开放之后。前一次是被迫的，后一次则是主动引进的。但无论是被迫或主动引进，客观上都促进了我们的发展，使我们摆脱了传统，朝着现代文明迈进了一步，尽管这之中不免会带来阵痛，甚至是辛酸和苦难。

传统，作为一种文化现象，是人类进步的标志，它至少具有两个特征：其一是，从高处向低处流；其二是，具有极强的渗透力。历史上我们习惯于用"同化"这个词来表述文化的强大功能，例如元、清两代入主中原，由于当时文化层次的差异，终于被汉文化所同化，致使汉人产生了无比的优越感。到了近代，西方文化处于强势地位，再想重演历史上的辉煌，无异于白日做梦。记得鲁迅先生曾在一篇杂文中发过议论，目的无非是提醒国人，切不可妄自尊大了。

再从世界的历史上看，哪一个国家、民族、地区，如果死抱着传统不放，那么它的发展必然滞缓。例如号称四大文明古国的埃及、巴比伦、印度、中国，由于过分地迷恋往昔的辉煌而不思进取，到了近代都相继沦为发展中国家——其实，这就是落后国家的代名词。幸好，我们觉醒得比较早，提出了改革开放政策，从学习西方先进文化中，极大极快地发展并壮大了自己。那么，是不是就不要传统了呢？当然不是。

文化，虽然有从高处向低处流和渗透力极强的特点，但它毕竟不能以一种文化来取代另一种文化。因为每一种文化的产生都有着和它密不可分的土壤。由此，担心传统的彻底沦丧，我认为是一种过分的焦虑。尽管在强势文化的冲击下，暂时消弭也许是难以避免的，不过从长远看，在吸收了强势文化的营养后，必将由弱变强，在更高的层次上，使外来文化本土化，从而出现一种崭新的面貌。

作为建筑师，应该如何面对这种现实呢？我个人认为从宏观上看，应当放手学习西方先进的建筑文化。这之中，包括他们的设计理念、创新精神、设计手法、高新技术的运用、重视环境与生态、强调可持续发展观、智能化……总之，凡是比我们先进的理论和方法，我们都应放手地学习和引进。但是，从具体实践看，我们还是应当尽最大努力，使得在引进西方建筑文化的同时而使之本土化。换句话说，是既要时代性、科学性，又不失本土化和地域特色。

前面提到的几个作品，大体上就是朝着这个方向努力的。最近刚刚竣工的舟山市沈家门小学（全国500强小学之一）项目，也在寻求现代化和地域特色方面作了一些探索。

记：对外国建筑师参与中国市场的竞争您有什么看法？

彭：这个问题和前一个问题是相互联系的。加入世贸组织后，随之而来的，便是设计市场的进一步开放，应当看到形势是十分严峻的。我认为唯一的出路就是提高我们的设计水平以增强市场的竞争力。

近几年来，我也曾参加过一些重大工程的方案评审工作，有个感受：凡是有外国建筑师参与的，他们的获奖率就比较高。并不是评委们崇洋媚外，业主拿出这么多钱就是为了要得到一个最

彭一刚在为成都安仁"博物馆聚落"中抗日战争馆作方案构思（2004，中国科学院提供）

好的方案，作为评委要对业主负责，不能自护己短，只选中国人的方案。就整体看，应当承认，我们跟外国建筑师的水平相比较还是有一定的差距。这主要表现在以下几个方面：其一是他们的设计理念比我们新，比我们开放，条条框框比我们少；其二是创新精神比我们强，他们的构思十分大胆，有时甚至使人不敢想象，在许多情况下，便是以出奇制胜的手法而一举夺标的；其三是技术含量比我们高，特别是结构形式的选择，往往是和建筑方案同步进行，一个好的建筑方案的形成，通常也意味一个先进合理的结构体系也随之产生；其四是驾驭大型复杂工程的综合能力比我们强，外国建筑师不仅实践经验丰富，而且相关的知识面也比我们广。我们应当正视这些差距，切不可夜郎自大，老子天下第一。

记：青年建筑师是未来的主力军，您能谈谈对年轻建筑师寄予的期望？

彭：以我个人来讲，头衔可谓不少，院士、大师，又获梁思成建筑奖，但实事求是地说，按年龄，我早已走出人生最富创造力的巅峰期。今后，兴许还能做一些设计，但是要有新的突破，恐怕是不可能的了。人贵有自知之明。在即将淡出创作领域的时候，获得了梁思成建筑奖，只能把它看成是对过去成绩的肯定，恐怕更多的还是一种安慰。但是，对我国建筑领域的前景，我还是十分乐观的。这主要是看到了有一大批年轻建筑师正在茁壮成长，其中才华出众者大有人在。青出于蓝而胜于蓝，这是历史发展的必然规律。每当学生超过自己的时候，我都打内心感到由衷的喜悦。我深信，中国建筑师走出国门，冲向世界为期不会太远，而这项任务就落在他们身上。

记：谢谢您在百忙之中接受我们的采访。

（本文是2002年12月接受《建筑学报》记者专访的记录，改定于2022年7月15日）

彭一刚 建筑设计专家。1932年9月3日生于安徽合肥，2022年10月23日逝于天津。2022年10月23日逝于天津。1950年考入北方交通大学唐山工学院建筑系，1952年随校调整到北京铁道学院，再调整入天津大学土木建筑系。1953年从天津大学毕业后留校任教。天津大学建筑学院教授、名誉院长。主要科研方向为建筑美学及空间构图理论、建筑设计方法论、传统建筑文化与当代建筑创新。为使理论指导实践，不断从事建筑创作实践，探索传统与创新、文化内涵与意蕴、建筑个性表现等深层次问题，力求使作品具有时代性、科学性和民族地域性。已发表《适合我国南方地区的小面积住宅方案探讨》《螺旋发展和风格渐近》《空间、体形和建筑形式的周期性演变》等学术论文40余篇，出版《建筑空间组合论》《中国古典园林分析》《传统村镇聚落景观分析》《创意与表现》等专著6部，先后获首届全国优秀建筑图书奖一等奖等。刘公岛甲午海战纪念馆获国家教委优秀建筑奖一等奖，建设部优秀建筑奖二等奖。2003年获第二届梁思成建筑奖。1995年当选中国科学院院士。

> 我们要建设一个有创新活力的社会，需要对创新的本质、对科研环境和教育模式，进行系统性的研究，提出有说服力的论点和方案。这也许是哲学研究所可以考虑的研究方向。
>
> ——蒲慕明

对科学哲学的一些看法

中科院神经所的研究生每年都有博士生的论文研究进展报告。最近，我参加了一位学生的报告会。这位学生很聪明，也特别努力，过去一年的工作是针对导师的一个假说所设计的两种不同的实验，得到的结果都不符合假说所预期的结果。他说虽然一年的工作都失败了，仍不愿放弃。他又提出了另一种实验，下几个月准备再继续努力，希望能证实这个假说。如果还是失败的话，就准备换一个论文题目。这位学生的实验设计严谨，实验数据和结论也可信，报告时思路清晰，对这个假说充满信心。

在场的老师对这位学生都很满意，尤其是他的导师对他不怕失败的挫折，仍坚持努力工作尤其赞赏，也同意学生应该再努力做另一组实验，如果还是不能证实这一假说，就换一个论文题目。

这个小故事说明了一个科学界普遍的现象。就是学生和导师都

蒲慕明 院士
（中国科学院提供）

没有真正理解科学研究的本质，对假说和实验的意义没有正确的概念。

假说存在的意义

根据20世纪初卡尔·波普尔（Karl Popper，1902—1994，学术理论家、哲学家）对知识论和科学方法总结出的理论，也是目前科学哲学领域普遍接受的理论，假说存在的意义，不是为了给实验"证实"的，而是用来反驳的。科学实验的目的不是证实（verify 或 prove）一个假说，而是寻找反证。

假说是一种猜想（conjecture），最好的实验结果是能反驳（refute）它，从 conjecture 到 refutation，就完成了科研重要的一环。假说如果不能预测实验得到的结果，就需要进一步修正，提出一个能解释实验结果的新假说，这是对假说的重要反馈环节。

这种从假说到反驳再到新假说的出现，是推动科学进展最有效的模式。符合假说的结果不能说就是证实了假说，只能说结果支持了假说，假说可以继续存在。事实上，假说是永远无法被证实的，因为是不可能对涵盖所有实验参数空间进行所有可能的实验。

这位学生的两组严谨的实验，没有得到假说预测的结果，应该认为是成功的而不是失败的实验。如果第三组实验也得不到预期的成果，那是更好的结果。他完全不应该换题目，而是去重新提出一个修正的假说，能解释他已获得的实验结果。

这位导师所提出的假说，是依据目前神经科学领域一般想法的假说，是目前流行的理论和研究范式（paradigm）的产物，如果实验结果说明假说所预测的不正确，就说明目前领域的想法是有问题的，是需要修正的。

一个重要的假说、理论框架和范式能统治一个领域多年，就是因为所预测的现象与许多实验结果符合，但是迟早总会发现有某些实验结果是不符合的，不符合的结果多了，就到了推翻或革新假说的时候。这时，如果又有人提出了一个革新的修正假说，就会在这个领域造成托马斯·库恩（Thomas Kuhn，1922—1996，美国科学史家、科学哲学家）所说的研究范式的革新（paradigm shift）。

教科书中的重要理论、概念和假说，随时间进程都会有大幅度修正，这反映的就是研究范式的革新。我们都知道教科书中的假说，迟早都是会被修正的，可是我们不知道是哪些假说、在什么时候会被修正。能对这些修正过程有所贡献，是我们创新性基础研究的最高目标。

创新科研的两种模式

我们一般关注的创新，做新的实验，观察新的现象，研发出新的技术，都是基于目前领域已有的范式。我称之为"前瞻式（prospective）创新"。但是，还有另一种模式的创新，是现在很少人做的，我称之为"回顾式（retrospective）创新"。这种创新不需要提出新的假说，设计新的实验，而是用新方法或新技术去重新检验那些支撑教科书的假说或前人曾发表过的主要实验结果。这些假说可能是基于几十年前的实验结果所提出的。当时

蒲慕明在作演讲（中国科学院提供）

的实验技术与现在相比可能落后很多，得到的实验数据也可能比较粗浅，甚至不可靠。但是，因为这些假说都进了教科书，变成某领域普遍接受的假说，也没有人再去检验它们的实验基础的可靠性。

现在你用新的方法去设计实验，重新检验它是否正确，虽然基本上只是用新方法重复别人的实验，我相信可能有一半的机会，得到的实验结果并不支持这个假说，很有可能对普遍接受的假说，重新提出质疑。如果是非常重要的假说，甚至造成领域内研究范式的革新。这种回顾式的研究和前瞻式的研究一样，都是属于创新的范畴。

前瞻式创新可能会获得新的实验结果，不符合现有范式，但需要实验者主动去设计一些有针对性、能获得反证的实验，对不符合假说的结果高度重视（而不是像我说的那位研究生认为实验失败而舍弃他的发现）。

回顾式的研究方式，是直接去重新验证已有假说的实验基础，直接去寻找假说的基础是否有破绽，是一种更直接地对现有假说的正面冲击，更可能造成研究范式的革新。我强调回顾式创新，是我个人多年的亲身体验。

我的实验室在神经科学领域中有一项重要贡献，就是在二十余年前，我们针对教科书中统治了突触可塑性领域半个世纪的赫伯（Hebb，1904—1985，加拿大生理心理学家）假说（脉冲相关性学习法则），使用新技术（在体神经元膜片钳记录）设计了有针对性的实验去检验赫伯假说，仔细描述了突触可塑性对突触前后神经元脉冲时序的依赖性，这个发现与同时期其他实验室的类似结果一起，造成了目前教科书中的新版（有脉冲时序依赖性）的突触学习法则。

科研创新的来源

重要的突破性（0到1）科研创新不是无中生有的，也不是发现了一个新现象，在一流期刊出了一篇好论文，而是在目前科学领域的基础上，对现有的理论和技术有大幅度革新（产生研究范式革新）。在符合现有领域的格局和范式之内的新发现和新技术，可以说是渐进式（1—100）的创新。突破式创新的源头常是一些特别有新颖性的想法，这种想法的出现，常常是逻辑范畴外（beyond logic）的遐想和灵感，或统称为想象力（imagination）或称为创新力（creativity）。想象力和创新力的本质和来源是值得研究的。这是一项需要结合哲学、心理学、神经科学、信息学、社会学,甚至艺术家和诗人的观点,需要多学科一起共同研讨的课题。

怎么下手呢?也许可以针对曾有过重大突破性创新的科学家们,进行大量的案例研究。也就是科学家心路历程的研究。这不是"科学史"研究,而是"科学家"研究。要探索这些科学家的"想象力"(创新思维)出现的环境和个人的家庭、教育、经历背景,尤其是创新思维出现的来龙去脉。也许可以从他们的个人回忆、自传和访问记录,理出一些规律。

我们要建设一个有创新活力的社会,需要对创新的本质、对科研环境和教育模式,进行系统性的研究,提出有说服力的论点和方案。这也许是哲学研究所可以考虑的研究方向。

一位研究意识的美国哲学家丹尼尔·丹尼特(Daniel Dennett)曾说过一个故事——一位科学家和一位哲学家一起看魔术秀,一位女士站在一个箱子里,头伸出来讲话。魔术师拿了一把刀把盒子从中间切成两半,这位女士还在说话。科学家问哲学家这是怎么回事。哲学家说:"我认为魔术师并没有切断这位女士。"科学家说:"我当然知道没有切断,我是问这个魔术是怎么做的。"哲学家回答说:"哦,这与我无关(not my department)。"

这个故事的意思是说哲学家所关心的事与科学家完全不同,哲学家关心的问题经常与科学探索无关。我们可以做个问卷调查,问科学家:他们做科研的哲学基础是什么?哲学对科研探索有什么贡献?我们可以预期,绝大多数说不出什么哲学基础,也许有些人会模糊地说什么"演绎法""归纳法""从归纳法探索自然现象的规律"，等等。但是，从我开始讲的那个研究生和导师的故事来看，可以明确地说，如果他们对科学探索的本质、假说与实验的意义有深一层哲学性的认识，对他们的科研工作进展，甚至是否能有创新性的贡献都会有很大的影响。所以，处在科学院内的哲学研究所，我认为应该聚焦"科学的哲学"（philosophy of science），这是可以为科学界作出直接贡献的方向。

科学院的研究生教育，目前就很需要有"科学方法论"方面的课。这不是像"统计学方法"那种称作科研所需的"实际技术和方法"，而是旨在阐明科研探索的本质和途径。

希望我们未来的学生不再认为他们做实验的目标只是"证实"某某假说。

（本文是 2020 年 9 月 24 日，"中国科学院哲学研究所揭牌仪式暨科学与哲学前沿问题研讨会"上作为科学家代表的发言，改定于 2022 年 7 月 24 日）

蒲慕明 神经生物学家、生物物理学家。1948 年 10 月 31 日生于中国南京，籍贯广东大埔。1970 年毕业于中国台湾清华大学物理系，1974 年获美国约翰·霍普金斯大学生物物理系博士学位。1976 年入美国加州大学尔湾分校生物物理系任教；1985 年任耶鲁大学医学院分子神经生物学系教授；1988 年任哥伦比亚大学生物学系教授，同年参与筹建香港科技大学；1996 年任加州大学圣地亚哥分校生物学系 Stephen W. Kuffler 讲座教授；1999 年任中国科学院上海生命科学研究院神经科学研究所所长。主要从事细胞膜生物物理、神经轴突导向机制、神经营养因子与神经突触可塑性的关系、神经环路功能等领域的研究。2009 年当选美国国家科学院院士，2011 年当选中国科学院外籍院士；2016 年获格鲁伯神经科学奖。2017 年放弃美国国籍，恢复中国国籍，转为中国科学院院士。

> 学习如同在硬木头上钻螺丝钉,开头先要搞正方向,锤它几下,然后拧起来就顺利了。否则螺丝钉站得不稳不正,拧起来必然歪歪扭扭,连劲也使不上。求学之道慎起步啊!
>
> ——钱令希

我悟出的求学之道

常有青年朋友问我求学之道,这恰是我很想向别人认真请教的问题。要我自己来作答,自然是困难的。于是,促使我好好回顾一下自己求学的经历。

平凡的往事中确实也有些经验和教训。根据自己的体会,我答道:"学习如同在硬木头上钻螺丝钉,开头先要搞正方向,锤它几下,然后拧起来就顺利了。否则螺丝钉站得不稳不正,拧起来必然歪歪扭扭,连劲也使不上。求学之道慎起步啊!"

我老家在江苏省无锡县鸿声乡的镇上,哥哥钱临照长我10岁,自小好学,严以律己,我却有点自己惯自己。父亲虽严,却不太管我,小时是哥哥督促我读书。直到我70多岁了,才从钱穆的《八十忆双亲和师友杂忆》合刊中了解到父亲的一些往事。父亲钱伯圭早年参加过辛亥革命,民国初年在乡里开风气之先,办了一所新式小学,叫"果育学校"。体育和唱歌的教师难聘,我父亲在上海读书回乡,就当了体育教师。钱穆在书中回忆起我父亲同他谈民主和革命,特别提到关于东西方文化得失优劣的一席话,他写道:"余之毕生从事学问,实皆伯圭师此一番话有以启之。"这引起我对父亲深切的敬意,可是,在此之前对此我却茫然无知。

钱令希 院士
(中国科学院提供)

我9岁到梅村镇高小住读。11岁考入刚建校的苏州省立中学。校长汪懋祖曾担任过北京师范大学校长,初中部主任沈佩弦以及好几位教师后来都成了大学教授,被誉为国学大师的钱穆当时也在苏州中学教书。可见,当年苏州省立中学的水平之高。我来自乡下,对城市的一切感到新鲜,贪玩影响了学习。一年下来,英文26个字母虽见面认得,却背不下来,历史也考了个不及格。我顿时感到问题严重,苏州中学虽好,我却像夹生饭,回锅也煮不熟了。想换所学校,最好是不学英语的学校。当时,我哥在上海大同大学读书,他打听到上海中法国立工学院的高中部要招生,我决心去试试。整个暑假我专心备考,集中力量认真读书,竟然产生了自己没敢想的结果。于1928年10月,我考上中法国立工学院的高中部。这件事使我恢复了对自己的信心。

这是一所用欧战赔款由中法两国合办的学校,高中和大学各4年。高中第一年专学法文,学生的淘汰率很高。我这次汲取了在苏州中学的教训，一开始就严阵以待，把法文 26 个字母背得烂熟，对发音和文法牢牢掌握好。高一是我用劲"锤"自己的一年，开了个好头，以后三年就顺了。进入大学的第一年又"锤"了几下，把微积分学得比较扎实，这对此后几年的学习很有好处。

钱令希的育人思想（资料图片）

1936 年大学毕业，获得中比"庚款"公费去比利时布鲁塞尔自由大学留学，为期只有两年。当时有两项选择：一是选课读研究生；二是读大学本科四、五年级，得个土木工程师学位。我选了后者。那两年间读了不少课程，包括土建、机械和电机等，而且偏重基础知识。由于我的法文和数学底子不错，读起来还比较顺利，毕业时还考了个最优等。

回国时正值抗日战争，我来到后方的昆明参加铁路建设，做桥梁勘察和设计。当时国内采用的是美国的一套技术，我一时还接不上轨，工作初期感到有些困难。好在我受的欧洲式教育比较重基础理论，虽然轻工程应用，但是适应能力还是强的。靠一段时间的再学习，也就能应付自如了。至于工作中要用英文，凭已有的法文底子，自学加上连蒙带猜，不久就能够阅读英文资料，以后读书便逐渐流畅起来。后来向苏联学习时期需要学俄文，我也是用这个办法。然而掌握好一门外文，应该做到看、写、听、说"四会"。我不肯下功夫，抄了近道，只满足于能看书，直到后来有更高的要求时，再使劲也是煮成夹生饭，熟不了了。在求学的实际过程中，也往往如此。有些东西乍一看似乎懂了，但并不真懂，于是就不能举一反三，不能为我所用。

所以，关于求学之道，我开头说的那句话还不够充分，起步要慎固然重要，往后还应"步步为营"，才能扎实前进。这是我的经验和教训。

（本文选自上海教育出版社1996年5月版《中国科学院院士自述》，标题为编者所加）

钱令希 工程力学家、教育家。1916年7月16日生于江苏无锡，2009年4月20日逝于大连。1936年毕业于中法国立工学院(现上海理工大学)，同年由中比庚款委员会选送比利时布鲁塞尔自由大学，1938年获最优等工程师学位。大连理工大学教授。曾任浙江大学教授、大连工学院(现大连理工大学)院长、中国力学学会理事长、中国高等教育学会理事长等。作为结构力学与现代科学技术密切结合的先行者与奠基人，主要从事结构力学教学、研究与工程实践。在国内最早进行力学变分原理研究，倡导力学研究与计算机技术相结合建立计算力学，并进行工程结构优化设计理论与方法研究等。在中国的桥梁工程、水利工程、舰船工程、港湾工程等领域都作出了重要贡献。长期倡导"启发式认真教"和"创造性自觉学"学风，培养和带领出一支优秀的计算力学队伍。1993年成立"钱令希力学奖励基金会"，已奖励600多位青年力学人才，有力推动力学学科的持续发展，所培养的学生有中国科学院院士胡海昌、潘家铮、钟万勰、程耿东等。代表作有《静定结构学》《超静定结构学》《工程结构优化设计》《余能理论》、*Efficient Optimization Design of Structures Program DDDU* 等。1955年被选聘为中国科学院学部委员(院士)，1991年当选中国科学院学部主席团成员。

朗读者 甘欣彤

> 我和泽慧的想法很明确：祖国再穷也是自己的；而且正因为她贫穷落后，更需要我们去努力改变她的面貌。
>
> ——钱三强

祖国再穷也是自己的

记得15岁那年(即1928年)，我还在蔡元培先生任校长的北平孔德学校读书("孔德"是取法国近代实证主义哲学家的姓"Comte"的译音)。有一天，我偶尔读到孙中山先生著的《建国方略》，书中把未来中国的蓝图描绘得十分鼓舞人：以兰州为中心的几大铁路干线，北方、东方和南方的大港……读着读着，仿佛走出黑暗涵洞，立见光明。可是合上书本一想，由落后到富强，由黑暗到光明，其间有多么长多么大的空白要去填充啊！

朦胧中感到有责任响应孙先生的主张，要使国家摆脱屈辱，走向富强,除了建立强大的工业,发展先进的科学技术,别无他途。于是，我决意集中精力学习数学与物理学，以备考南洋大学(即后来的上海交通大学)，学电机工程，直接投身未来光明中国的建设。

家父(钱玄同)对我们的学习兴趣从不干涉。他的原则是："你们将来学什么，我不包办代替出主意，由你们自己去选择。但是一个人应该有科学的头脑,对于一切事物,应该用自己的理智去分析,研求其真相,判断其是非,然后定改革的措施。"他知道了我的想法之后,欣然支持。不过,他提醒我:南洋大学用的是英文课本,而我在孔德学校学的外语是法文,恐难适应。因此,1929年我于孔德学校高中部毕业时,先考进了北京大学理科预科,以期英文适应后再考南洋大学。

钱三强 院士
(中国科学院提供)

在年轻人心目中,诱人的事情总是那么多,时常让你眼花缭乱。原子核科学就是一个非常神秘而诱人的学科,尤其在20世纪三四十年代,更是该学科发展最激动人心的年代。我正是在这个时候同原子核科学结了"缘"。那时,北大理科常请清华名教授吴有训、萨本栋等来讲授近代物理和电磁学。他们授课不照本宣科,对于基本概念和难懂的关节点重复地讲解,还边讲边演示,使初学者听得清晰,记得牢。一次,吴先生讲"振动与共振",他在讲堂里横拉了一根长绳,在等距离地方垂下一根根短线,短线上各系着一节用过的大号干电池,共挂了8节电池。他表演时,先在横绳垂直方向推动第一节电池,第一节电池便开始作单摆运动,不一会儿摆动逐渐减弱,而第二节电池则开始自动摆动起来,以后各节电池也依次摆动起来。这些用最普通的实验器材作的形象表演,非常生动地显示了简谐运动和共振现象。在刚学力学时,简谐运动和共振现象都是比较难懂的概念,但经吴先生讲解和演示后，道理就比较容易懂了。这样，我的学习兴趣又渐渐转向了物理学。1932年，我便改变学工科的初衷，考入清华大学物理系。

很巧，就在这一年的2月，英国物理学家查德威克(J. Chadwick)，根据从法国传来的伊莱娜·居里(I. Curie)和弗莱德里克·约里奥-居里(F. Joliot Curie)夫妇提供的实验结果，进行一系列实验，证实了他们发现的所谓"类似于γ射线在电子上散射的康普顿效应"，并且宣布该效应可以解释为此种辐射中含有一种新的粒子——中子，从而获得了1935年的诺贝尔物理学奖；而约里奥-居里夫妇本来早于查德威克一个多月作出了发现中子的实验结果，就是说已经在事实上发现了中子，可惜的是约里奥-居里夫妇没有在理论解释上跨出这一步，因而使这项划时代的重大发现，从自己的手中溜掉了，成了科学史上一大憾事。后来，约里奥先生还亲自跟我说起过这段往事，他说："真笨死了，所有的证据都已经摆在那里了，我们怎么会想不到这一点呢？"失之东隅，收之桑榆。值得庆幸的是，约里奥-居里夫妇由于发现人工放射性，也获得了1935年的诺贝尔化学奖。

还巧的是，我1936年从清华毕业到北平研究院物理研究所工作，从事分子光谱方面的研究。约莫过了半年时间，在严济慈所长鼓励下，我参加了中法教育基金会组织的留法学生考试，当时有镭学、流体力学和微生物学各一个名额。结果我考取了镭学名额，是到世界上原子核科学研究最先进的机构之一——居里实验室，而且指导我博士论文的导师正好又是约里奥-居里夫妇。可以想象，对于一个刚迈出学校大门，充满幻想的科学青年，这是何等幸运！

然而，现实的中国却是如此不幸。正当我赴法行期在即，卢沟桥事变爆发，侵略者的铁蹄踏上了中国人的脊梁；当局又是那样腐败无能，什么民族气节和国格，一切荡然！民众的心在剧痛，在流血！加之家父由于忧愤国事，高血压病骤然加重，凶吉难卜。我踌躇了：国难家患临头，我能忍心离去吗？

父亲察觉了我的心思，强忍着痛苦和离愁劝导我："这次出国，是难得的机会。你学的东西，将来对国家是有用的。报效祖国，造福社会，路程远得很哩！男儿之志，不能只顾近忧啊！"

就这样，我在1937年夏秋之交，经过一个多月的海轮航行抵达巴黎。没有料到在这里竟工作、生活了11年，还经历了第二次世界大战的颠沛流离……

一名外国科学工作者在法国晋升为国家科学研究中心的"研究导师"高职，又获得了一定的荣誉，很自然，周围的人都据此以为我们会长期在这里工作下去。但是，我和泽慧的想法很明确：祖国再穷也是自己的；而且正因为她贫穷落后，更需要我们去努力改变她的面貌。

于是，我于1948年初夏向约里奥先生和伊莱娜夫人郑重提出回国要求。他们尽管很舍不得我们走，为我们离去而惋惜，但听了我们的陈述之后，

伊莱娜夫人临别赠言："要为科学服务，科学为人民服务。"（陈云华绘）

都表示理解，赞成我们的决定。约里奥先生说："我要是你的话，也会这样做的。"他们把当时还很保密的重要数据告诉了我们，还将一些放射性材料及放射源交给我们带回国。伊莱娜夫人临别赠言："要为科学服务，科学为人民服务。"

我带着这些炽烈的情谊和殷切的期望，于1948年夏回到了阔别了11年的祖国……

（本文选自1990年《紫荆》杂志创刊号，原标题为"中国原子核科学发展的片段回忆"）

钱三强 核物理学家。1913年10月16日生于浙江绍兴，原籍浙江湖州。1992年6月28日逝于北京。1936年毕业于清华大学，1940年获法国国家博士学位。曾任法国国家科学研究中心研究员、研究导师。1948年回国后历任清华大学物理系教授，中国科学院近代物理研究所(后为原子能研究所)所长，中国科学院学术秘书处秘书长，二机部副部长，中国科学院副院长。兼任浙江大学校长，中国科协副主席、名誉主席，中国物理学会理事长，中国核学会名誉理事长等。早年从事原子核物理学研究，发现重原子核三分裂和四分裂现象，并对三分裂机制作了合理解释，深化了对裂变反应的认识。为中国原子能科学事业的创立和"两弹"的研制、为中国科学院的组建和发展，特别是建立和健全学术领导，培养科学技术人才，开展国际学术交流，组织和协调重大科研项目等方面，均作出重要贡献。1946年获法国科学院亨利德巴微物理学奖。1985年获法兰西荣誉军团军官勋章。1955年被选聘为中国科学院学部委员(院士)。1999年被国家追授"两弹一星功勋奖章"。

> 调任上海工业大学校长后，我就倡议"拆掉四堵墙"：学校和社会之墙；校内各系科、各专业、各部门之墙；教育与科研之墙；"教"与"学"之墙。
>
> ——钱伟长

桑榆非晚 奔驰不息

儿时的人文学养

我于1913年10月生在江苏无锡农村七房桥。祖父和父叔都是贫穷的乡村教师，生活虽清贫，对学问却孜孜以求。记得儿时每逢寒暑假，父亲钱挚和四叔钱穆等相继回家，在他们营造的琴棋书画氛围中，我领略到了华夏文化的精妙。他们陶醉于中国历史和文化。每到夏天都要将省吃俭用购置的四部备要和二十四史、欧美名著等晾晒，我成了积极参与者，耳濡目染，增长了对人类文化的崇仰之心。六叔钱艺的诗词和书法，八叔钱文擅长的笔记与杂文都自幼深深地影响着我，滋润着我。尤其是八叔要我每隔两天交一篇作文，这种训练使我日后进入学校后，国文课经常能获高分。父叔四人还都精于围棋，我自幼成了热心的观战者，潜移默化中也悟到了一些棋谱，以至于在往后的学校围棋赛中，靠儿时的这些"功底"居然每每得胜，常获冠军。围棋摆谱还成了我一生的业余爱好。

钱伟长 院士
（中国科学院提供）

我进大学前从未穿过一件新衣，都是母亲将叔父们穿旧的衣服改裁缝制的，将腰部折叠着缝起来（舍不得剪掉），随着身子长高逐步放长，时间久了别处都褪色，唯独腰部像系了一条深色的带子。袜子补了又补，有时补到五六层之多，穿起来挺不舒服，夏天干脆赤脚。我从小就学着帮祖母和母亲采桑养蚕，拾田螺，捉田鸡（青蛙），挑马兰头，放鸭子，甚至去湖里捉螃蟹。生活清贫，营养不良，小时候曾患过疟疾、肺病、伤寒，虽缺医少药，我居然活了下来，但18岁进清华时，身高只有1.49米，成了全班最瘦弱最矮小的学生。融乐的家庭气氛和长辈们追求学

钱伟长晚年仍专注围棋棋道与棋艺（2006-12-27，方鸿辉摄）

问的态度，深深感染了我，自小懂得要洁身自好，刻苦自励，胸怀坦荡，安贫正派，求知上进。这一切使我一生受益无穷。

军阀连年混战，从小学到初中，我真正上学不到五年。国文、历史靠家庭自学，数学没学过四则运算，平面几何学了不到一学期的课，小代数也只是一知半解，外语从来没碰过。因此，一进入苏州高中，必须格外努力，补上"欠债"，好在我得到许多有造诣的恩师指导。国文教师是四叔钱穆，西洋史教师是杨人楩，本国史教师是吕叔湘，英文教师是沈同洽，地理教师是陆侃舆，音乐教师是杨荫浏，他们精湛的传道、授业、解惑，激发了我的求知欲。这三年似痴如狂地努力，1931年夏，我竟在一个月内分别考上了清华、中央、浙江、唐山和厦门五所大学。四叔钱穆时任北大教授，听从他的意见，我进了清华。

弃文学理的抉择

那时清华文学院有朱自清、闻一多、冯友兰、陈寅恪、雷海宗、俞平伯、杨树达等名教授，我对古文和历史都有兴趣，究竟是进中文系还是入历史系？

1931年9月16日进入清华，第三天日本侵略者就占领了东三省，全国青年义愤填膺，纷纷罢课游行。我的爱国热情也被激发，当即作出"弃文学理"的决定，以明示走"科学救国"之路。

那时，清华物理系有吴有训、叶企孙、萨本栋、赵忠尧、周培源、任之恭等多名讲课精彩、实验投入的知名教授；系里经常有研讨会，还时有欧美著名学者（诸如玻尔、狄拉克、郎之万等）来校访问演讲，让我们有缘与大师交流，洞悉了物理学最前沿的景观。在吴有训、叶企孙等恩师的鼓励下，我们还选学了材料力

学、工程热力学、近世数学、化学分析诸学科，聆听了信息论泰斗维纳在电机系和空气动力学权威冯·卡门在航空系的短期讲学；选学了熊庆来的高等分析，杨武之（杨振宁之父）的近世代数，黄子卿的物理化学和萨本的有机化学。对一名物理系的学生，我能在数学、物理、化学诸领域建立起较广宽的基础，为日后建造学科"金字塔"奠定了良好的基础。

钱伟长向恩师吴有训表达"弃文学理"的决心（陈云华绘）

留学海外思念亲人

1939年8月1日，我和清华中文系同学孔祥瑛结婚，吴有训先生主持了简单的婚礼。三周后，中英庚款会公布我和林家翘、段学复、傅承义、郭永怀、张龙翔等九位西南联大同学考取了第七届留英公费生，我们辗转于1940年9月17日抵达加拿大多伦多大学，开始了艰辛的留学生涯。

我和林家翘、郭永怀同时师承应用数学系辛祺教授。师生第一次见面，就发现他和我都在研究弹性板壳的统一内禀理论，他宏观，我微观，尽管当时所得到的结果还不能统一，但深信既是同一实质，必将能统一。也就在我们第一次见面时，即决定他与我分两段写成一篇论文，投交美国加州理工学院航空系，祝贺冯·卡门教授60岁诞辰，祝寿论文集于1941年夏季刊出，共24篇论文，作者均为"二战"时集聚北美的知名学者，如爱因斯坦、冯·诺伊曼、铁木辛柯、科朗等，我是唯一的中国青年学子。这一旗开得胜之举倒是增强了我的自信，经过一年努力，便顺利通过博士论文答辩。1942年底，我即转到美国加州理工学院冯·卡门教授主持的喷射推进研究所工作。1943年至1946年期间，我主要从事火箭的空气动力学计算设计、火箭弹道计算研究、地球人造卫星的轨道计算研究等，也参加了火箭现场发射试验工作等。同时还在冯·卡门教授指导下，完成了变扭的扭转和水轮机斜翼片的流动计算，以及超音速的锥流计算等重要研究课题。这几年确实是我一生科研的多产期。

科研越多产，怀念祖国与亲人的情思也越强烈。抗日战争胜利后，我即以"久离家园、怀念亲人"为由，取得回国权。1946年5月从洛杉矶搭货轮返上海，8月初又从上海搭轮船经秦皇岛回到阔别八年的北京清华园。

1949年3月，清华大学成立了校务委员会，由叶企孙任主任，张奚若、吴晗任副主任，周培源为教务长兼常委，费孝通和我为副教务长兼常委，陈新民为总务长。1956年我又被任命为清华大学副校长，仍兼教务长和力学教授。

拆除隔篱教研相长

作为教育工作者，我主张：教学必须与科研相结合，教师除了必须结合生产实践，还必须通过科研工作才能不断扩大知识领域，掌握新知识，加深对这些知识的理解，也才能教好学生；教师在教学中不只是"传授知识",而且要指导学生能了解这门学科所存在的问题和发展的方向,否则教师只是终年照本宣科的教书匠,教学质量是无法提高的。我还主张:大学教育应打好基础,以培养学生的自学能力为主,工科学生要有理科基础;大学专业不应分得过细,不能设想许多知识都要在学校里由教师一一讲过,因为学生毕业后在实际工作中遇到的问题是复杂多样的,再说科技还在日新月异地发展着、更新着,学生更需要有自己分析问题和解决问题的能力。我认为,工程师必然是在长期建设工作的实践中锻炼成长的,不可能在大学的"摇篮"里培养出来……不料,这些不合当时社会潮流的思想和见解,竟在1957年6月的"反右"运动中,以政治结论而告终:我被错误地划为"右派",并由此撤销一切职务,停止一切工作,仅保留教授职称,从一级降为三级。家庭也遭牵连,儿子成绩尽管优秀也与大学无缘……

直至1979年夏,党中央以文件形式公布55名党外人士被错划为"右派"分子者一律予以改正,并恢复名誉,其中我是还活着的七人之一。但对我的"右派"改正问题,清华大学又拖了三年之久,直至1983年1月12日在中央决定调我任上海工业大学校长一个月后,才勉强给了一张"改正书"。当日我即辞去任职达38年的清华教授,翌日便只身返沪,去上海工业大学报到。我终于解脱桎梏,重新获得了全心全意为党和国家的教育事业不懈奋

钱伟长手书做人之道

斗的全新条件，从而开始了人生新的起点。

调任上海工业大学校长后，我就倡议"拆掉四堵墙"：学校和社会之墙；校内各系科、各专业、各部门之墙；教育与科研之墙；"教"与"学"之墙。为此，我抓师资队伍建设，抓科学的学制建设，抓学生的全面发展，也抓学校硬件和设施⋯⋯

1980年后，我的社会政治活动也日益增多，相继被选为民盟副主席、全国政协常委和副主席、香港特别行政区基本法起草委员会委员、中国和平统一促进会执行会长等。这二十多年来，繁重的教学行政工作，丰富的政治社会活动，广阔的学术天地，使我的生活富有意义。虽然岁月催人老，但我欣逢盛世，在党中央号召下，愿夜以继日地发奋工作。桑榆非晚，奔驰不息。

（本文写于2004年12月，标题为编者所加）

钱伟长 力学与数学家。1912年10月9日生于江苏无锡，2010年7月30日逝于上海。1935年毕业于清华大学物理系。1942年获加拿大多伦多大学博士学位，后在美国加利福尼亚理工学院喷射推进研究所任研究员。历任清华大学教授、教务长、副校长，中国科学院力学所副所长，上海工业大学校长，上海大学校长等。兼任中国力学学会副理事长，中国中文信息学会理事长，《应用数学和力学》主编，美国《应用数学进展》《国际工程科学月刊》编委，《简明不列颠百科全书》的中美编审委员会委员。曾任全国政协副主席、中国海外交流协会会长、中国和平统一促进会执行会长等。长期从事力学、应用数学等方面的研究与教学以及教育组织工作。首次将张量分析及微分几何用于弹性板壳研究并建立了薄板薄壳的统一理论，提出了薄壳理论的非线性微分方程组，国际上称为"钱伟长方程"。首次成功地用系统摄动法处理非线性方程。提出了广义变分原理和环壳分析解等。研制成新颖中文编码及计算机汉字输入方案（钱码）。发表研究论文160余篇，出版了《弹性板壳的内禀理论》等专著20多部。1955年被选聘为中国科学院学部委员（院士）。

> 一名医生的真正幸福是用自己的才智和辛劳换来病人的康复！要经常思考、深刻体会什么才是一名医生的真正幸福。做人要知足，做事要知不足，做学问要不知足。
>
> ——裘法祖

六十五年外科生涯的体会和感想

1939年，我在德国慕尼黑大学医院开始了我的外科生涯。60多年来，经历的许多医疗事例，终生难忘，从中得到的一些感悟，长期激励我努力做一名医德高尚、医术精湛的医生。

日常医疗工作中几件难忘的事

在我进入外科生涯一年以后，我的导师才允许我做第一例阑尾切除手术。记得在我做第三例阑尾切除手术时，病人是一位中年妇女。手术后第五天，这位女病人忽然去世。尽管尸体解剖没有发现手术方面有什么问题，但我的导师盯住我的目光严肃而冷峻，沉重对我说："她（死者）是一位四个孩子的妈妈！"60多年前的这一句话，一直深深地印在我的记忆中，始终在教育我，并影响我60多年外科生涯中的作风和态度。

1947年，我远渡重洋回国从医。在上海工作时，一位女教师来就诊。10年前她有过一次剖腹产手术,从此常发生消化不良、便秘,还经常腹痛。我反复检查她的腹部(当时还没有超声检查),摸到一个成人头大的包块,决定为她做手术。眼前的景象使我大吃一惊,原来是一条手术用的布巾,已成了一团,被肠襻牢牢包裹着。这异物在腹腔留置竟达10年之久!这位女教师在恢复健康后亲笔书写了一条横幅——生枯起朽,高兴地将之送给了我。当然,这样的事件虽属罕见,但也说明了一个问题,那就是医生在工作中哪怕有一点点疏忽,就会造成病人多少年的痛苦,甚至终身残疾!我想,如果这位病人是主刀医生的亲人,手术完毕时,他一定会非常仔细地反复检查腹腔,唯恐遗留异物。要知道,一位病人愿意在全身麻醉失去知觉的状态下,让医生在他的肉体上动刀,这是对医生寄予多么大的信任呀!病人对医生的高度信任,理应赢得医生以亲人的态度相待。

医生的态度,即使只是一言一语,都会严重影响病人的情绪和生活。记得20年前,一位银行女职员哭着来找我,说她患了不治之症的"甲状腺癌",这是某医院门诊一位外科医生作出的诊断。当天,她全家四口相拥大哭,通宵达旦。我仔细询问了她的病史,又检查了她的颈部,认为她患的是一种病毒感染所致的"亚急性甲状腺炎"。经药物治疗,3周后甲状腺肿消退了,症状也消失了。病人全家自然庆幸不已。这件事说明:如果医生不

假思索地、轻率地做了一个"误诊",会引起病人及其家属多大的悲痛,医生的一言一语应何等谨慎呀!

　　医生要做到"急病人之所急"已经很不容易,再要做到"想病人之所想"则更困难。记得在"文化大革命"期间,我被安排到门诊工作。有一次,一位老妇人来门诊就诊,说她肚子不适已好久了。我询问了病史,再让她躺下,又仔细按摸她的腹部。检查后她紧紧握住我的手,久久不放:"你真是一名好医生,我去了六七家医院,从来没有一位医生按摸我的肚子。你是第一个为我做检查的医生。"这几句话给我的印象极深。我想,像这样一项每位医生都应该做的触诊,属简单的常规检查,竟会对病人产生这样有力的安慰,这说明我们很多医生没有去想:病人在想什么?

　　又有一次,一位儿科老医生患了十二指肠溃疡,来找我会诊。我看到X光片上十二指肠球部有一龛影,诊断已明确,就不再给他作腹部检查。这位老医生回去后说:"我很失望,裘医生虽然说了治疗意见,但没有摸一下我的肚子。"这又使我想到,一位医生生了病也会有这种想法,那么,一名普通病人有这种想法就更可理解了。

　　30年前的一个星期天,我到汉口中山大道一家很大的国营钟表店去修理手表。我问一位值班的女同志:"这只手表摇起来有响声,请你看一看,好吗?"她将它摇一摇,立就退还我:"无法修理,没有零件。"我又小心地重复请求:"请你打开来看一看?"她很不耐烦地白了我一眼,说:"能走就行了,没有零件。"我再问,她已不理我了。我只得到对面的另一家大的钟表店去试一试,遇到了一位男同志,但得到的是类似的答复、类似的态度。这时,我偶然地发现了这家店的另一角落里,坐着老胡同志,他是我的病人,也是这家店的职工。我立刻走了过去,请他查一查这只手表摇起来有响声的原因。他打开手表背面的盖子，发现一个螺丝松脱了。他将螺丝旋到原位上，就这样修好了。我很高兴，但又很生气，用手指着说："那位同志说无法修理，连看一看也不愿意，我要去质问他。"老胡同志忽然大笑起来说："医生同志，算了，算了！还不是和你们医生看病一样吗？"听了这句话，我禁不住有点面红耳赤，打个哈哈，道谢而别。几十年来，我一直记住他这句话："还不是和你们医生看病一样吗？"他深深地启发了我，使我的心情久久平静不下来。

我从事外科工作已经60多年了，在这漫长的岁月中看到了、听到了不少在医疗工作中发生的差错，甚至事故，我姑且不谈这些差错事故，先谈谈上面提起的几件小事。因为这些小事是在城市或农村的每家医院、每个诊所每天都会发生。可能有的医护人员听了这些"小事"会付之一笑，认为不值一谈，我却觉得不应等闲视之。扪心自问，我在工作中有没有"无法修理，没有零件"的态度和作风呢？我想，肯定是有的。当然，医护人员的工作十分辛苦，绝大多数人确实是在很好地为病人服务，但也应该承认，确有少数医护人员对病人态度生硬，没有耐心，不愿倾听病人的诉说。在医院门诊部，看到不少病人不远千里而来，他们抱着很大的希望。希望得到帮助，作出诊断，获得治疗。但是轮到就诊时，有的医生三言两语，不作任何解释；有的甚至冷脸相待，训斥病人。让我们设身处地想一想您去商场买一件日用品，售货员同志态度生硬，爱理不理，这时将心比心，会有什么感受呢？何况，对待人的健康问题要远远比买一件日用品来得重要。我想，我们医护工作者在给病人看病、治病的时候，始终应该抱着换位思考的思维方式：假如坐在（躺在）你面前的病人是你的家人？

"做人要知足，做事要知不足，做学问要不知足"的裘法祖教授
（裘华徐提供）

下乡巡回医疗中的一点体会

在我数十年的医疗生涯中，虽不能忆及每一位病人和每一次手术经过，但下乡巡回医疗的工作情景总是记忆犹新、历历在目。那是1964年到1974年的事：我在湖北参加下乡巡回医疗，前后共四次，总的时间有一年余。虽然工作十分辛苦、生活也较困难，但感受深刻，学到了许多在书本上没有的知识，留下不少一生难忘的场景与体会。

每次下乡，我都会带领一个小而精的五人手术队。除我之外，有两位外科医生，一位麻醉医生和一位手术护士。我们在农村设了三四个医疗点，以便集中接收需要手术的病人。先在第一个点上工作7至10天，将需要手术的病人都做好了手术，然后转移到第二个点，同样在那里为需要手术的病人一一做好手术，再转移到第三个点……等我们又折回第一个医疗点的时候，那儿的病人大多已痊愈出院，并且又收住了新的需要手术的病人。

当时的主要困难是要在我们蹲点的医疗点上布置简易手术室，而唯一的好办法是自己动手创造条件。从手术室地点的选择到室内环境卫生的创设，无一不是医疗队员们自己动手完成的。我们在手术室的地上铺好平砖，在天花板上蒙了一张塑料布，狭长的桌子就是手术台，照明一般用100瓦的灯泡。没有高压消毒器就用蒸笼代替，绑带和纱布全都自己动手洗涤。一天要施行大小手术4至5台，一般上午行大手术，下午做小手术，同时看门诊收留病人住院。清晨和傍晚则安排巡视病房，还要抽时间走访农民家庭，探望手术后出院的病人，了解他们生活的细枝末节，下医嘱……工作既紧张又平静，一天24小时很快就过去了。

每天清晨，我们的住所门口已坐满了耐心候诊的农民，各种平时见不到的病种出现在我们面前。记得有一位中年农妇，她颈部下挂着一个橘子般大小的良性囊肿，长而细的蒂有尺把长。我们仅用了十几分钟，便连蒂切除了囊肿，解除了这位农妇20余年的痛苦。

一次，我在走访病人时，恰好遇到一位被石块砸伤了头部的农民，伤口很大，流血较多，颅骨粉碎，且有少许脑组织溢出。当时无法将病人转到医疗点，我们就到一家农舍，在棺材板上，用手电筒照明，进行了扩创手术，病人竟奇迹般地恢复了健康。

我们曾遇到两位较年长的病人，经过仔细询问和检查，了解到他们都是在五六年前由于乙状结肠扭转坏死，在切除坏死段后留下了人工肛门。我作了指检，发现直肠下端只有5至6厘长，且呈萎缩状。再次手术难道较大，但考虑再三，决定为他们重建肠道，使他们重新从原来的肛门排便。他们在痊愈出院时，都流下了感激的热泪。

有一次，来了一位年轻女子，说她的粪便自阴道排出。仔细检查后发现她的阴道后壁有一个拇指大的裂孔，与直肠相通，但边缘光滑，这是一个先天性缺陷。一般矫治这种先天性缺陷，要做三次手术，即先做腹部人工肛门，暂时改变排便出口，然后再修补缺陷，半年后再关闭人工肛门，恢复正常通便。但考虑到减少病人的痛苦和经济负担，我们决定做一次手术矫治她的疾苦。手术前彻底清洗了肠道，修补终于成功了。几十年来，每逢春节她总要来信，字里行间充满了深情厚谊。现在她已经有了一个幸福的家庭。

我们所在的农村，过去都是血吸虫病流行的地区，当时还有不少血吸虫病的病人，他们极度贫血消瘦，大量腹水和巨大的脾脏使肚腹异常膨大。他们丧失了劳动力，有的妇女还失去了生育能力，儿童发育很差，体型都像侏儒。有效的治疗是切除脾脏，但由于脾脏巨大，又多粘连，手术时出血异常严重，而当地又没有血源，无法输血。在这种情况下，我们手术得非常细心，操作非常谨慎，止血又必须十分严格；在切除巨脾后，收集脾内血液重新输还病人，这收到了极好的效果。多数病人在切除脾脏后恢复了劳动力，那些不孕的女病人也恢复了生育能力，侏儒样病孩在手术一年后开始正常发育成长。

以上几个实例说明，广大农民是多么急需起码的医疗条件。

城市大医院里设备齐全，许多辅助检查（特别是各种新的影像检查）能对各种疾病作出可靠的诊断；良好的设备还给治疗创造了良好的条件。还有，可以随时向有经验的上级医生请教甚至会诊。农村的情况就截然不同了，诊断疾病要靠深入询问病史，要靠最基本的体格检查，如视诊、听诊、叩诊、触诊等，换句话说，就是要通过两只手加听诊器的检查来完成，用头脑来思考和分析问题，即依靠临床经验。对手术治疗则格外严格，不但要严格掌握指征，还要严格遵守无菌准则；在操作中必须极细致谨慎，一丝不苟。这实在是一项活的考试——考医护人员是否已具备扎实的基本功，考他所作出的诊断是否正确，考他采取的处理措施是否恰当。

遗憾的是，现在有不少青年医生不重视基本功；自己不动脑筋去思考分析问题，只根据收集的化验和检查报告就贸然作出诊断，或者是依赖上级医生的意见行事。至于常规的视诊、听诊、叩诊、触诊等全被抛至九霄云外。这种医生一到农村，要他自己独立思考问题处理问题，就会束手无策。事实证明，经过一段时间的巡回医疗，不少青年医生也会锻炼成为好医生，临床经验变得丰富起来，对处理各种疾病有了体悟，对病人也有了感情。

30年过去了，今天已进入21世纪，应当肯定，农村的医疗条件已有了很大改进，但也应当看到，还有不少农村仍然缺医少药，依然是"看不起病，看不好病"，这就急切需要城市的医生下去为他们治病。

相传东汉时的名医董奉(220—280)为乡民治病从不计酬，只请治愈的病人种几株杏树，他行医一生，屋后山坡的杏树竟蔚然成林。我已是90岁的老人了，恐怕已没有机会再去农村巡回医疗了，但我真诚地希望广大医务工作者多下农村育"杏林"。

信任与理解、服务与学习

上面谈到的一些事实，使我深深感受到：当一名医生的责任，病人对医生的信任。

既然病人信任医生，那么医生更应该理解病人。其实，病人与医生间的信任与理解不是宣传出来的，而是医生在与病人相处中一天天建立起来的。医生要理解病人，就应该知道病人在想什么。这句话讲起来很简单，然而要做到却不容易。在我夜不能寐的时候，常会扪心自问，我还有很多失误的地方，对病人做得还很不够。为此，我常感到惭愧和不安。

做医生最重要的是要端正服务态度。因为医生的工作关系到人的生命，端正态度就要处理好学习和服务的关系，要在服务中学习，业务要精，服务求仁，医本仁术。然后用学到的知识再为病人服务。遗憾的是，很多医生对此认识不够。记得"十年动乱"期间的一个深夜，我们医院要为一名急性阑尾炎病人做手术。当时只有一位医生，还需要一位实习医生当助手，帮助拉钩。这位实习医生被叫来了，他走到手术室门口探头一望，得知是做阑尾手术时，扔下一句"这种手术我做够了"，便扬长而去。我可以断言，这位实习医生今后绝不会成为一名好医生；如果他还是以这样的态度对待病人，那么，他连做医生的资格也没有。我还想到，假如病人是这位实习医生的亲人，他不但愿意自己来拉钩，还会想方设法请求名医来做这台手术呢！

结语

我国古代医家历来重视仁术，仁者行医。所以，只有品德高尚的人，才有资格当医生。隋唐时代的孙思邈(581—682)说过："若有疾厄来求救者，不得问其贵贱贫富，长幼妍媸，怨亲善友，华夷愚智，普同一等，皆如至亲之想。"明代外科医家陈实功(1555—1636)，对贫苦患者尤为关心，他说："遇贫难者，当量力微赠，方为仁术。不然有药而无伙食者，命难保也。"我想，我国古代名医这种治病不分贵贱、不别亲疏、不计报酬的美德，几千年相传至今，足可引发我时常深深自省。

60多年前，我的导师曾对我说过这样一句话："一名医生的真正幸福是用自己的才智和辛劳换来病人的康复！"

耄耋之年的我已力不从心，再也没有拿起手术刀为病人解除病痛的机会了，然而我的周围还有不少风华正茂的医生和青年学生，他们除了积累相关的理论知识和临床经验之外，我愿意奉献他们两句话：要经常思考、深刻体会什么才是一名医生的真正幸福。做人要知足，做事要知不足，做学问要不知足。

（本文选自上海教育出版社2005年5月版《科学的道路》）

裘法祖　外科学家、医学教育家。1914年12月6日生于浙江杭州，2008年6月14日逝于武汉。1939年毕业于德国慕尼黑大学医学院，1942年获医学博士学位。1982年获联邦德国海德堡大学名誉博士学位。曾任德国慕尼黑大学附属医院、慕尼黑市立医院、都尔市立医院外科医师、副主任医师，1945年任土尔兹市立医院外科主任。1947年回国后任上海同济大学医学院教授、外科主任，同济医学院名誉院长等。兼任中华医学会武汉分会会长。作为中国现代普通外科主要开拓者、肝胆外科和器官移植外科的奠基人之一，被誉为"中国外科之父"；以刀法精准见长，被医学界称为"裘氏刀法"。1985年被联邦德国政府授予"大十字勋章"，2000年获中国医学科学院"中国医学科学奖"，2001年获中国医学基金会授予"医德医风风范终身奖"，2003年获何梁何利基金"科学与技术进步奖"。晚年致力于胆结石成因的研究，自体外牛胆汁中研制出"体外培育牛黄"，获2003年国家技术发明奖二等奖。主编全国高等医学院校规划教材《外科学》以及《黄家驷外科学》《外科学基础·普通外科学》等。培养了包括吴孟超院士等的一大批优秀医学人才。1993年当选中国科学院学部委员（院士）。

> 科学研究应该具有冒险精神,不要怕犯错误和失败,没有这种精神谈不上创新。但创新必须建立在扎实的基础和不断的实践之上。
>
> ——沈善炯

朗读者 汪瀚弘

人生的价值

雪耻兴业 壮怀难折

1917年4月13日,我生于江苏吴江。

1931年,我考入了县城的吴江中学。这所学校崇尚气节和风雅,老师从不计较学生的出身,无论富裕与贫贱,均一视同仁,并能循循善诱。国文课上除讲古文外,还选了"五四"时期的散文,自编了《时文精粹》给我们阅读,以拓宽我们的知识面并领略新风气。时值国难当头,老师的爱国情绪给了我很大的影响,使我成为要求上进与自强的少年。

在抗日战争时期的1938年,我流亡到了西南边陲,先在广西大学借读,遇到恩师张肇骞教授,有鉴于我对植物学的志趣,他劝我转学国立西南联合大学生物系。以后又有幸能受到恩师张景钺教授的谆谆教诲。恩师们不仅向我传输知识,更重在启发我能表现自己,挖掘真实的自我。

国立西南联大是由北大、清华和南开三所大学联合而成的。联大的校歌唱道:"千秋耻,终当雪,中兴业,须人杰,便一成三户,壮怀难折……"表明三校之所以成为联大者,是因为旨在洗雪国耻,振兴中华,因而能壮怀不折。这种联合是顺应时代的需要,是自发地由下而上的精神实质层面上的联合,不同于那种自上而下命令式的合并或凑合。历史事实已表明,西南联大确实为国家培养了不少栋梁之材。

沈善炯 院士
(2007,方鸿辉摄)

整合学科 探索真理

抗战胜利后,张景钺教授去了美国加州大学柏克利分校任客座教授,他极力推荐我去加州理工学院,拜师生物系主任——皮特尔教授,在他的实验室学习生物化学遗传,并亲自向皮特尔推荐了我。

1947年,我如愿地获得了加州理工学院的奖学金赴美留学,并有幸师从皮特尔的大弟子——诺门·哈洛威士(Norman H. Horwitg)教授,专攻分子遗传学。人生的这一步已推着我继西南联大之后,顺利跨入了科学之门。

加州理工学院办学的宗旨是建立在"科学整体性"的观念上——不同学科应相互整合。皮特尔就是将遗传学与物理科学相整合,生成了生化遗传学(即分子遗传学前身)的。皮特尔

"一个基因一个酶"的学说曾受到物理学家台尔勃吕克（Max Debnuick）的异议。皮特尔接受他的意见，同时聘请他来加州理工学院生物系任教。后来他俩在工作中建立了深厚的友谊。当年，皮特尔研究室的访问学者很多，除了支持他学说的人外，也有对皮特尔学说持不同意见而来工作的。台尔勃吕克是受核物理学家玻尔（Niels Bohr）的影响而转向生物科学研究的，他曾给我们开了一门"生物物理学"课程，令我获益匪浅。他的研究室云集了许多来自全球各地的杰出科学家，有些后来还成了诺贝尔奖的得主。总之，加州理工学院的教育宗旨不仅在于培养学生懂得如何从事科学研究，更重要的在于培养学生如何做一名纯正的科学工作者。

至今记忆犹新并深有感触的是：加州理工学院倡导的科学整体性，即不同学科要加以整合的思路。也就是说，科学家之间在学术上要相互作用，有时彼此附和，有时相互争论，均旨在探索真理；不同学科的科学家虽居不同组织，但无法阻挡其相互交流或合作。相反，仅凭人为的"拉郎配"式地将不同学科组织予以合并，而缺乏科学家间的志同道合，是不能促使科学家间的相互作用以形成对不同学科有益的交叉与整合的。

学成回国　科研改行

1950年夏，我完成了博士学位的考试。当时，中华人民共和国刚成立，朝鲜战争爆发，中国科学工作者协会驻美分会号召留学生回国参加新中国的建设，对我感召力很大，特别是钱学森先生准备回国，更坚定了我立刻回国的决心。

于是，我乘坐1950年8月31日从洛杉矶开往香港的"威尔

三位曾被关进日本巢鸭监狱的科学家（左起沈善炯、罗时钧、赵忠尧，1950年11月，沈善炯提供）

逊总统号"轮船回国。由于当时美国政府执行麦克阿瑟主义，在回国途中将赵忠尧、罗时钧和我三人关押到日本巢鸭监狱，其目的在于竭尽全力阻止中国留学生回大陆，并威胁利诱我们去台湾。经过我们在监狱与美方的无情斗争以及国际舆论的声援，我们终于在当年11月21日回到大陆。

留美时，分子遗传学正在加州理工学院诞生，皮特尔和台尔勃吕克学派的工作吸引了全球许多优秀青年学者来此学习与研究，我极其幸运，有缘接触到该学科的前沿，抓紧一切机会力求多学一点，以便将来报效祖国。不料回大陆后，受李森科事件的波及，当时在我国要开展遗传学研究似乎是白日做梦，完全是不可能的。其实，我思想上早已做好了准备，我的老师哈洛威士临别时曾告诫我，回国后要争取机会去做一点生化遗传方面的工作。哈洛威士说："这对世界生物科学的发展有益，你的国家同样亦需要。"哈洛威士的话是针对李森科的邪说已波及中国而说的。不过，我是直到"文化大革命"后期，才有机会回到我的第一志趣——遗传学研究中来。

为此，回国后很长一段时间，我不得不改行从事抗生素以及微生物生理的研究。其实，对抗生素研制并非我的特长，更谈不上内行，为了成功开展工作，我必须向一切有经验的人（包括抗生素工厂厂长和工人们）请教。抗生素的研究，后来被列入国家的重点研究项目，上海成立了抗生素工作委员会，由中国科学院有关研究所和上海的医疗机构组成。由于大家勤奋努力，协力合作，按期报告，工作进行得很成功，在短期内我国已能生产一些医疗上急需的抗生素，如青霉素、链霉素、氯霉素和金霉素等。

在研究微生物生理时，我和学生共同做了一些为国际上所认可的有意义的工作，例如以大肠杆菌为材料，发现己糖循甲基乙二醛——乳酸的支路代谢。在研究链霉素的生物合成时发现链霉素分子中链脒部分的脒基来自精氨酸，而精氨酸与脒基之间转脒基反应仅限于在链霉素合成时期，从而指出抗生素的合成受时态控制。这项发现为国际科学界所证实，因而将放线菌抗生素的合成，分成了生长期（trophophase）和生产期（idiophase）。

生物固氮 如鱼得水

1974年，我终于有机会回到自己心仪已久的第一志趣——遗传学。为了适应国家强调的理论联系生产实际的要求，我选择以研究生物固氮基因的工作为起点，决心从生物固氮遗传开始去迎头赶上当代的遗传学研究。我有意带领一批年轻人一起工作，这些年轻人认真好学，用心地听我讲课，跟着我做实验。由于大家的辛苦努力，在短短的 3 年里，我们就取得了一些有价值的科研成果：证明固氮基因在我们用作典型材料的、有固氮能力的肺炎克氏杆菌染色体上呈一簇排列，否定了国外科学家认为基因间有"静止区"存在的观点。我们的论文——Genetic Analysis of the Nitogen Fixation System in Klebsiella Pneumoniae(《克氏肺炎杆菌固氮系统的遗传学分析》) 终于在 1977 年发表了，国际上对这项工作的反应是十分热烈的，并给予了很高的评价。这不仅是我和同事们在"文化大革命"后发表的第一篇遗传学论文，而且标志着遗传学在中国学术界已开始复苏。

沈善炯（右）获美国加州理工学院杰出校友奖时与诺贝尔奖获得者 E. Lewis(中) 及导师 Norman H. Horowitz 合影（1996，作者提供）

由于我们的工作受到学术界的重视，固氮基因的研究开展得很顺利，在 1982 年的中美两国科学院关于生物固氮的双边会议上，被认为已接近世界水平。从此，我也有机会多次应邀在国际固氮会议上作学术报告，我们实验室与国外的联系也增强了，呈现既派人出去进修或学习，国外也派人到我们实验室来工作的良好局面。1982年，美国哈佛大学的华裔学者区永祥（David Ow）来信，"希望在完成博士论文后到沈先生研究室作博士后研究工作"，这件事得到中国科学院生物学部的大力支持，却在所内引起了争端，有人提出，植生所的经费开支有限，同意一名刚读完博士学位的人来工作是否值得？事实证明，区永祥在我们研究室的这一年起了很重要的作用，他的工作成果发表以后，受到了国际上的广泛重视。

20世纪80年代中期，生物固氮的遗传学研究由自身固氮作用转向共生固氮作用。根瘤菌在发育过程中结瘤和固氮基因的顺序性表达、NifA的调节特性及其多效性、结瘤基因的表达调节等方面均取得结果，我被应邀于1988年在加拿大多伦多市举行的第十六届国际遗传学会议上作大会学术报告。后来被刊登在 *Gnome* (31:354—360，1989) 上。

进入90年代，根据工作的进展，我又将研究的主攻方向集中在植物与微生物的相互作用，即植物与微生物的相互作用中的信号及信号传导。

如今，我已是九旬老人了，但我的学术思想依然活跃，尤其对研究领域中新观点、新发现还比较敏感。

"老骥伏枥，志在千里"，我当继续发挥有限的能量。我现在日益强烈地感受到：既要强调教育学生们如何做学问，更重在教育他们如何做人。我常常向他们提起当年研究细菌转化因子这件事："科学研究应该具有冒险精神，不要怕犯错误和失败，没有这种精神哪会有创新。创新也必须建立在扎实的基础和不断的实践之上。"我还不时地向他们提起爱因斯坦的名言："人生的价值不在于社会给予多少，而在于他向社会付出多少。"

（本文写于 2007 年 11 月，原标题为"尽力向社会多付出"）

沈善炯 微生物生化和分子遗传学家。1917 年 4 月 13 日生于江苏吴江，2021 年 3 月 26 日逝于上海。1942 年毕业于昆明国立西南联合大学生物系。1951 年获美国加州理工学院哲学博士学位。曾任中国科学院上海微生物研究所、上海植物生理研究所副所长。早年从事抗生素和微生物生化研究。20 世纪 70 年代起从研究固氮基因的结构与调节着手，开展了分子遗传学研究，着重研究根瘤菌和宿主植物间相互作用的遗传学关系。1978 年受邀在加州理工学院纪念摩尔根建立生物系 50 周年举行的"基因、细胞和行为"的学术会议上作固氮基因学术报告。科研成果相继获 1956 年、1979 年、1981 年中国科学院自然科学奖一等奖；1987 年国家自然科学奖二等奖；何梁何利基金"科学与技术进步奖"；陈嘉庚"生命科学奖"；美国南加州中国工程师和科学家协会"杰出贡献奖"；加州理工学院"杰出校友奖"等。1980 年当选中国科学院学部委员（院士）。

"爸爸,您走得太早了、太急了,都没能赶上一天好日子,也没能叮嘱儿子一句话;27年来,儿子拼命努力,只怕辜负了您的期望。"

——施一公

朗读者 汪瀚弘

怀念我的父亲

常常有学生和朋友问我:"这辈子你崇拜过谁?"我过去48年唯一崇拜的人是我的父亲。在我的生命中,父亲对我产生了至关重要的影响。

我的籍贯是云南省大姚县,是我爷爷施平的出生地。爷爷年轻时就接受了革命思想的熏陶,后来离开了云南,就读于浙江大学农学院,在那里与我的奶奶杨琳相爱并结婚。奶奶是当时杭州进步学生革命活动的主要组织者之一,并因此被国民党政府判定是共产党员而被捕入狱。1935年1月5日,我的父亲出生在浙江省杭州市,出生后18天,他的母亲(我的奶奶)就牺牲在国民党的监狱里。为了纪念和怀念奶奶,爷爷给父亲起名施怀琳。

爷爷随后投身革命,参加抗战,无暇照顾我的父亲,只能把他托付给亲戚朋友抚养长大。一直到新中国成立后,爷爷四处打听,才辗转在云南老家找到我的父亲,并把他接到北京身边。父亲从出生就命苦，可以说没有真正见到过生母，而直到长大成人后，才与生父第一次团聚。

父亲是在哈尔滨工业大学读的本科，母亲在北京矿业学院读书，都是20世纪50年代的大学生。1962年，父亲大学毕业后分配到河南省电力工业局，次年母亲也从焦作矿业学院调到郑州，与父亲在同一个单位工作。

施一公 院士
（中国科学院提供）

1967年5月5日，我出生在河南郑州，我有两个姐姐和一个哥哥。那时正好赶上河南省"文化大革命"的高潮，就是武斗开始，所以我母亲在临产时，连找医院都很费周折，好不容易找到了一家医院，生下了我。"文革"期间出生的孩子，大部分人的名字带有时代色彩，叫"文革""卫东"的很多，父亲很希望我有一个响亮一点的名字，但又不希望太落俗套，最后想了又想，还是取意"一心为公"，选择其第一个字和最后一个字，以"一公"，作为我的名字。父亲赋予这个名字中的寓意，在我一生中的很多重要关头，潜移默化地影响着我的选择。

从有一点懂事开始，我就记得家里挂的一个精致的大镜框，里面是一位面带微笑的年轻女子的黑白照片，那是我奶奶大学入学时照的。每次搬家，父亲总是小心翼翼地把镜框包裹好，而每到一处，新家安顿完毕后，他又把照片悬挂在最显著的地方。

1969年10月底，我两岁半，跟随父母下放到河南省中南部的驻马店专区汝南县老君庙乡闫寨大队小郭庄。那时的往事，我自己当然已经不记得了。后来，还是母亲告诉我，我们家下放的重要原因之一是受"走资派"爷爷的牵连和影响，"文革"期间爷爷在"四人帮"的监狱里被关押折磨了整整4年半。我们离开郑州的那一天，一大早就开始把收拾好的家具和行李搬到大卡车上，上午8点多就离开了郑州，父亲带着年幼的哥哥坐在驾驶室司机旁边，大姐则站在车上面，一路颠簸，开了十几个小时，才到达两百公里开外的小郭庄。因为我和二姐都还太小，跟着母亲坐火车到驻马店镇车站，下来后再乘坐汽车到公社林场与父亲的大卡车汇合，到达小郭庄的时候已经是晚上10时许。村民已经把当地村西头上的一个牛棚腾了出来，开始气味很重，后来父亲母亲多次整改粉刷才好了一些。直到1972年离开小郭庄，这间牛棚成为我童年记忆里最温暖的第一个家。

后来母亲告诉我们：父亲认为我们会一辈子生活在小郭庄，不会再有机会回到省城郑州了。也许是这个原因，父亲特别认真地干农活。每天，天刚蒙蒙亮，父亲就起床，背上一个箩筐，拿把小铲子，顺着小路去捡拾牛粪，用于农田施肥。白天则到地里田间向乡亲们学习各种农活。父亲很聪明，不仅很快就熟练掌握了各种农活技能，还学会了一边撑船，一边在寨河里撒网打鱼。驻马店地处豫南，春夏季多雨，每次大雨过后，父亲都会带上大姐，两人配合到田间抓青蛙。父亲手持自制的长叉，循着声音，用手电筒的光柱照射青蛙（又称田鸡），此时的青蛙一动不动，很容易被长叉捕获，然后扔到背着的一个带盖的小口箩筐里。在田间转一大圈下来，就会有几十只青蛙入筐。第二天，父亲会烹饪美味的田鸡宴。

我记忆中的父亲特别能干，我甚至觉得他无所不能。为了让我们住得更舒适一些，聪明的父亲弄来高粱秆、石灰、黄胶泥，把牛棚装修一新，还隔出好几个小房间。父亲也是一位很好的理发师，在我到清华上学以前的18年间，从没有去过理发店，总是父亲给我理发。当然，哥哥、姐姐和妈妈也靠父亲理发。父亲还是一位很出色的裁缝，我一直到小学毕业为止几乎没有买过一件衣服，大多数是承继哥哥姐姐穿小了的衣服，而哥哥姐姐的几乎所有衣裤和我过年时偶尔惊喜获得的新衣服，都是由父亲亲手裁剪缝纫的。除了剪发和裁衣，父亲还有一手好的木工手艺，会打造很美观实用的家具。20世纪70年代，我们家里用的床、柜子、桌子、椅子大部分都是我父亲亲手制作的，有些家具现在仍在使用。

1970年以后，父亲在全公社唯一的高中学校讲授数学和物理学，他讲课认真而又生动，颇得学生们喜爱。再后来进了城，父亲又在当地的镇机械厂带领技术人员进行硬质合金的技术革新。

1977年恢复高考了，父亲辅导表姐、表哥、大姐认真复习数理化，给他们讲解方程式、热力学……我当时一点儿都听不懂，但感觉科学真酷。这种耳濡目染的环境，对我潜移默化的影响非常大。等我们回到了郑州，父亲又去郑州工学院任教，给学生讲课。再后来他又去工厂，做管理工作……

对待左邻右舍，父亲更是一生助人为乐，这是他的做人准则。到了小郭庄之后不久，父亲就成了全村90多口人的义务理发师，一年四季常常有老乡请父亲理发，逢年过节则是排队到我们家门口理发，父亲从来都是来者不拒，大度宽厚。我们家从郑州搬到小郭庄带去的最珍贵的一大件就是一台半新的上海牌缝纫机，这台缝纫机在当地马上出了名，父亲用它不仅负责我们全家的衣裤

施一公（中）与父母的合影（1975，资料图片）

制作，还帮助全村的乡亲做衣服。春节前一个月，村里的乡亲大多会到镇里百货店撕上几尺布料，回来请我父亲量体裁剪，大姐和母亲也会帮忙缝纫，我则几乎天天在缝纫机踩踏旋转的规律节奏声中入睡。后来大姐告诉我，父亲每年春节前都会免费为乡亲们裁剪、制作近百件衣裤。乡亲们为了感谢我们家的帮助，常常拿来自己家里的土产，比如红薯干、豌豆角等，我父母则还以一些白面细粮。这样久而久之，父亲不仅在村里，而且在大队和公社都开始享有名气了，很受乡亲们尊重。大家有事情、有矛盾时，也会来找父亲商量调解，甚至邻村乡亲结婚都会请我的父亲参加，以增添分量。

刚到小郭庄时，那里还没有通电，电线杆也只架设到光明公社和闫寨的大队部，村民们也舍不得点蜡烛和煤油灯，一般天黑以后就上床睡觉了。晚上，整个村子漆黑一片，只有看家狗偶尔"汪汪"叫上两声。

1969年底，在征得村干部同意后，父亲带着大姐和几个乡亲，买来电线、瓷瓶，竖起一个个用树干削制而成的电线杆，把电从大队部一直引到小郭庄。小郭庄成为远近十多个村庄中第一个通电的，这在当时是一件了不起的大事！

1972年夏天，父亲工作调动到驻马店地区工业局，我们也举家搬迁到驻马店镇。离开那天，邻里乡亲都来送行，几乎是全村出动，难舍难分，村里的众多孩子们则是围着搬家的解放牌卡车看来看去，爬上爬下，非常新鲜；我的母亲从集镇上买来两斤糖果，分给孩子们吃。37年之后，2009年9月底，我携妻子儿女陪同母亲和两个姐姐重回小郭庄，几乎所有上了年纪的村民都出来了，热情地拉住母亲和大姐，问长问短，一再邀请我们住几天再走。很多村民得知我父亲早已辞世的消息后，纷纷向母亲表达感激、思念之情，这些乡亲的深厚情谊让老母亲眼眶润湿，也让我感动不已。

父亲的言行举止对我影响非常大。他很幽默，在家里常常给我们讲笑话，和我们开玩笑；他很豪爽，待人宽厚，做事情很大气，从不斤斤计较；他很开朗，很有范儿，在驻马店镇生活的那几年里，父亲常常骑车带我出去，一边骑车一边吟唱样板戏选段，其中《智取威虎山》和《红灯记》里的几段，我都是在父亲的自行车上听会的。2014年底，新版的《智取威虎山》上映，我情不自禁地想起父亲，立即去电影院里回味了精彩的剧情，也更加怀念我亲爱的父亲。

不知不觉中，我从小就把父亲当作我的偶像。我做事的时候总想得到父亲的夸奖，父亲对我既慈祥又要求很严格，他很少批评我，但是也很少会表扬我。即使对于我获得1984年全国高中生数学联赛河南赛区第一名这样的荣誉，他也只是轻描淡写地赞扬了两句，并要我看到不足，要戒骄戒躁。父亲的厨艺极佳，逢年过节都是父亲掌勺炒出一盘盘可口的菜肴，1985年我保送清华大学之后，父亲很高兴，亲自下厨给我做了一桌美味来庆祝。他总是希望我能够做得再好一点，不能就此满足。而我，也一直为了不让父亲失望而努力学习和进取。直到现在，我做每一件大事的时候，也总能想到要对得起父亲的在天之灵。我觉得从小到大，一直到清华毕业至今，对我影响最深的就是我的父亲，而真正意识到这一点，是27年前的一天。

1987年9月21日，父亲被疲劳驾驶的出租车在自行车道上撞倒，当司机把我父亲送到医院的时候，他还处于昏迷状态，但血压和心跳等生命体征都还正常。但是，医院急救室的那位医生告诉肇事司机：必须先交付500元押金，然后才能救人。四个半小时之后，待司机筹了500块钱回来的时候，我父亲已经测不出血压，也没有心跳了。我最敬爱的父亲在医院的急救室里躺了整整四个半小时，没有得到任何救治，没有留下一句遗言，也再没有睁开眼睛看他儿子一眼，就离开了这个世界。这个事故对于还在上大学三年级的我打击太大了，我无法承受突然失去父亲的痛苦。自己的世界倾覆了，价值观崩溃了。之后一年多的时间里，我常常夜不能寐，凌晨三四点跑到空旷的圆明园内，一个人默默抒发心中的悲愤。直到今天，夜深人静时，我还是常常想起亲爱的父亲，抑制不住对父亲深深的思念。

当时发生的这件事，让我对社会的看法产生了根本的变化。我曾经怨恨过，曾经想报复这家医院和那位见死不救的急救室当值医生：医护人员的天职不是救死扶伤吗？为什么见死不救？不救救我的父亲？！

但是，我后来逐渐想通了：这样的悲剧不只发生在我一个家庭。中国这么大的国家，这么多人，每天不知道有多少人、多少家庭在经历着像我父亲一样生离死别的人为悲剧……

父亲活着的时候，总是在不遗余力地帮助邻里乡亲和周边许许多多没有那么幸运的人们，以自己的善良付出，给这个世界带来温暖和关爱。子承父志，如果我真的有抱负、真的敢担当，那就应该去用自己的行动来改变社会，让这样的悲剧不再发生，让更多的人过上好日子。我开始反思，也开始成熟。

其实，直到父亲意外去世，我一直都非常幸运。从小学就接受了很体面的教育，中学、大学更是如此，大家都很关照我；我不缺吃，不缺穿。我缺啥呢？我觉得我缺乏像父亲一样的胸怀和回报之心。父亲去世后，我真正开始懂事了，我发誓要照顾好我的母亲，回报从小到大爱护并关心我的老师和父老乡亲们，用自己的力量让周围的世界变得更加美好，这种心情跟随我在国外漂泊了十八个春秋。

现在我回来了，回到了清华大学。外面总有些人在揣度我的回国动机，说施一公回来如何如何。其实，我不止一次告诉大家，是我的真心话：我回到清华最想做的事就是育人，培养一批有理想、敢担当的年轻人，在他们可塑性还较大的时候去影响他们，希望清华的学生在增强专业素质、追求个人价值的同时，让他们清楚而坚定地从内心深处意识到自己对于这个国家和民族义不容辞的责任，承载起中华民族实现强国大梦之重任！

2015年1月5日，是我父亲的80岁冥寿。这天，我恰好在杭州（父亲的出生地）开会。一天忙碌之后，我回到酒店自己的房间，情不自禁地想起父亲，泪流满面，只能给父亲的在天之灵写信："爸爸，您走得太早了、太急了，都没能赶上一天好日子，也没能叮嘱儿子一句话；27年来，儿子拼命努力，只怕辜负了您的期望。"

我深深地怀念我的父亲，也希望自己能有像父亲一样的大爱和情怀。父亲的吟唱似乎就在我耳边：今日痛饮庆功酒，壮志未酬誓不休；来日方长显身手，甘洒热血写春秋！

（本文写于2015年2月，原标题为"父亲是我最崇拜的人"，改定于2022年7月29日）

施一公 结构生物学家。1967年5月5日生于河南郑州，原籍云南省大姚县。1989年本科毕业于清华大学。1995年获美国约翰·霍普金斯大学医学院分子生物物理博士学位，后入美国纪念斯隆-凯特琳癌症中心从事博士后研究。1998年至2008年，先后任普林斯顿大学分子生物学系助理教授、副教授、终身教授以及Warner-Lambert/Parke-Davis讲席教授。2008年回清华大学工作。任清华大学生命科学学院教授、院长，清华大学副校长。主要从事细胞凋亡及膜蛋白领域的研究，重在研究肿瘤发生和细胞凋亡的分子机制，肿瘤抑制因子和细胞凋亡调节蛋白的结构和功能，与重大疾病相关的膜蛋白结构与功能，以及细胞内生物大分子机器的结构与功能研究。现任中国科学技术协会第十届全国委员会副主席，西湖大学校长，清华大学生命科学与医学研究院院长、欧美同学会副会长。2017年获第二届"未来科学大奖"之"生命科学奖"。2018年入选"中国改革开放海归40年40人"榜单。2019年入选"中国海归70年70人"榜单。2020年获陈嘉庚科学奖之"生命科学奖"。2013年当选中国科学院院士。还先后当选欧洲分子生物学学会外籍会士，美国国家科学院外籍院士，美国艺术与科学院外籍院士。

> 可以这样说，青藏是我成长和科研的摇篮，她不仅让我学到了科学知识，锻炼了我的管理能力，尤其是使我养成了跨学科综合思维的习惯。
>
> ——孙鸿烈

我深深眷恋着的青藏高原

1961年以后，我在中国科学院综合考察委员会工作期间，最主要的任务就是组织并参加青藏高原综合科学考察。青藏高原的考察研究，不仅对我个人重要，而且对中国地学研究也具有重要意义。

1961年，中国科学院就组织了西藏综合考察。这次考察是根据1956年制定的《十二年科学技术发展规划》进行的。当时的队长是综考会党组成员冷冰同志。1961年初，我从沈阳林业土壤研究所调到综考会，当年就参加了这次西藏考察并担任学术秘书。从那时起，我就与青藏高原结了缘。

出发之前，我看了一些有关青藏高原的资料，发现几乎都是外国人写的。大部分文献是记述类的。英、瑞、俄、法等不少探险家到过我国西藏地区，中国科学家只有徐近之先生、刘慎谔先生曾在那里做过工作。中国的第一批系统的科学资料是建国初期

孙鸿烈 院士
（中国科学院提供）

随军进藏的科学家写的，包括李璞先生、李连捷先生、贾慎修先生、庄巧生先生等。还有一批文献是1959年科学家王富葆随珠穆朗玛峰登山队进行科学考察的报告。所以，西藏乃至整个青藏高原从科学研究的角度看，直到20世纪60年代还有很多空白。这引发了我深深的感慨和忧虑，也深刻感到了中国科学家的责任。

20世纪60年代初，我参加青藏考察，主要在西藏的中南部，包括日喀则、江孜等地区。记得当时对于考察的目的，在考察队里还有很大分歧。我认为，对科研来讲，在资料近乎空白的地区首先要调查，积累基础资料，了解它的气候、土壤、植被、地质、地形等分布规律和区域差异，在此基础上再试图解决一些当地生产中的问题。但有的同志则认为，我们的考察就是要为当地生产服务。比如，地理方面的专业就是搞宜农荒地调查，看西藏还有多少荒地可供开垦；地质、构造等专业就是要去找矿。那时，我率领一个小组在西藏南方的亚东调查垂直地带分布规律，竟被斥责为路线错误。

没料到这次考察刚开头，1962年国家就遭遇自然灾害。遵照西藏政府的意见，我们的工作只能暂时中断。这一中断就使青藏考察推迟了10年。

60年代初的考察，虽然时间很短，但西藏自治区也非常重视，军区的支持与帮助也很大。那时我们的给养几乎都是军区供应，

孙鸿烈在野外考察（中国科学院提供）

帐篷、汽油、大米、油盐、干菜等一应俱全。我们到他们库房里去买，取货记账，统一结算。当时，西藏供应很困难，没有对外的商店，只有内部的百货商店，是供应干部的，我们每人有一张卡片，凭卡购物。

  西藏老百姓对我们也很好。翻身农奴成为真正的主人，对共产党十分拥护。我们去了，老百姓认为我们从北京来的就是党中央、毛主席派来的，非常热情。热心当民工，提供马匹，许多同志不会骑马，民工就一个个托上去，再一个个扶下来。有时过险路，过水流湍急的河，他们都是一个个用手牵着我们过去，唯恐我们有麻烦。有一次，我们几个人感冒发烧，乘车返日喀则，不幸途中车又抛了锚，我们只好到路边一个村庄去。村民们听说我们是党中央派来的，马上给我们腾床铺，并把配给他们自己的仅有的一点白糖、酥油拿来招待我们，我们感动得热泪盈眶。

1962年，国家科委组织制定《国家科技发展十年规划》，我参加制订青藏高原综合考察规划，这个规划总的由综考会主任漆克昌负责，朱济凡、马溶之等科学家都参加了。之所以要制订这个规划，是因为60年代初的考察只执行一年就停止了。而西藏在军事、政治、经济上均有重大意义，所以国家一直非常重视。

1964年至1966年，在暂时尚不能进藏考察的情况下，我们开始对青藏高原东部边缘地带的四川、云南、贵州接壤地区进行考察。1966年至1968年为配合国家体委第二次登山，又有一批科学家到珠峰考察。施雅风先生、刘东生先生先后都参加了。但是，由于"文化大革命"的干扰，这一阶段的工作没有能按计划完成。1972年，在周恩来总理对基础研究的关怀与支持下，我们在兰州召开了一个学术交流会，写出了《中国科学院1973—1980年青藏高原综合科学考察规划》。

1972年，"中国科学院青藏高原综合科学考察队"成立了。1973年开始实现了第一次对青藏高原全面系统的科学考察。

这次考察，我的思想很明确，对西藏应该有一个全面的扫描，填补空白，同时在此基础上作理论探讨。所以，当时队伍规模很大，有30多个专业，包括地质构造、岩浆岩、沉积岩、地层、古生物、第四纪地质、地球物理、气候、地貌、植被、土壤、冰川、河流、湖泊、盐湖、地热、森林、草地、农作物、家畜、高等植物、地衣、苔藓、藻类、鸟类、哺乳类、爬行类、昆虫等。到1976年，队伍规模达到400多人，分成了4个分队。

我参与了1973年至1976年的野外考察的全过程。当时环境之恶劣，设备之简陋，其艰苦程度是常人难以想象的。我记得1976年我们在阿里考察时，几乎每天都要爬到海拔6000多米的地方，这样才能看到海拔高度变化后自然条件的变化。那时，每走几步都要停下来喘半天。晚上宿营，也是在海拔5000多米的地方，几乎每晚睡觉都头痛。那里即使夏天也很冷，晚上小河都结了冰，每天早晨要用棍子或石头把冰砸个窟窿，再把冰水舀起来。由于水实在太凉，我们都不洗脸，不刮胡子，连牙也不刷。

那时，吃饭是件非常困难的事。我们规定科考人员轮流做饭，不管是队领导，还是一般科研人员，每人一天。只有司机不做饭，让他保持充沛精力开车。这样，做饭的同志就比较辛苦，要早起，考察回来再累也要先做晚饭。这样也有乐趣，每人各显神通，南北风味，应有尽有。做饭必须用高压锅，否则煮不熟。要做点可口的饭菜，很不容易。菜都是干菜，脱水白菜、粉条、咸肉、木耳什么的。有时改善一顿伙食——包饺子，就得到野地拔野葱，剁碎了，再用罐头肉混搅成馅。但中午这一顿就比较艰苦了，带什么到山上都冻成冰疙瘩了，所以我们只带从部队买的压缩饼干。压缩饼干好像是用豆面、面粉加上糖、盐等制成的，还好吃，但必须用水就着才能咽下。如果没有水就每次咬下一点，用唾液将它混合着"斯斯文文"地吃。一条5厘米长、2厘米宽、半厘米厚的压缩饼干，都很难一次吃完，实在太干了。如果能碰到藏族牧民的帐篷，他们总是很热情地招待我们喝酥油茶，吃糌粑，我们就把压缩饼干给他们的小孩，小孩吃着也很高兴。但是，这种"巧遇"太少了。

交通也是个大问题。在野外考察常常没有路，遇上河床非常宽的河流往往是过了一道水，再过一段河滩，接着又是水，选择不好，车就被陷了。有一天中午，我们陷到了河中间，河底都是沙床，非常厚，越使劲发动车就越往下陷得深，后来大半个车轮子都陷下去了。车上带的垫车的木板已无济于事。天黑了，我们只好在河滩上睡觉，等第二天早晨河滩冻住了再设法推车。睡觉时河滩已冻硬了，我们就将有底的小帐篷支在沙滩上睡觉。无法做饭，连晚饭也没吃。等第二天早晨醒来，发现我们都陷下去了。原来沙子在我们身下都热化了，每个人都睡在一个坑里。因为有帐篷底子包着，所以还不至于让水泡着。

由于强烈的高原反应，很多同志都留下了不同程度的后遗症，有的同志牙齿掉光了，有的同志严重脱发了，也有的同志患了胃病等慢性病。科考队员不仅流汗，牺牲也时有发生，梁家庆等几位科研人员就是为青藏考察研究献出了宝贵的生命。

虽然条件非常艰苦，但是每个队员都保持了乐观的情绪和昂扬的斗志。因为那个地方未知的东西太多了，有了新的发现后，又想追索现象背后的原因，作各种理论上的推断，然后又想去搜索更多的资料，进一步判断。就是在这种循环往复中，每一位科研人员凭着认识客观世界的吸引力和推动力，拿现在时髦的话说就是"驱动力"吧，正是这种"驱动力"使得我们几代科研人前赴后继！

这几年的考察在业务上收获很丰富，考察队把西藏自治区从东往西，由南向北，像梳头发似的梳了一遍。但由于地域辽阔，交通不便，还不敢说对那里的资料已收集完整，对它的规律已摸得很清楚。但总的来说，还是收集了相当丰富与系统的地学、生物学等方面的资料，同时对这些现象的形成、分布演化规律，作了初步探讨。

1977年至1979年我们集中三年对此作了总结。我的宗旨是，整理一套系统的西藏资料，像百科全书一样，对西藏今后的建设

孙鸿烈 我深深眷恋着的青藏高原

2003年再登青藏高原，再看一眼布达拉宫（作者提供）

和研究提供基础的资料。后来我们出35部43册考察专著。比如《西藏植物志》是一部，但分5册出版。每种植物有一段描述，分布在什么地方，有什么特点，哪些是新种，等等。西藏考察全套书完成，已是20世纪80年代了。这套书使我国西藏第一次有了系统的有关自然条件、自然资源的文献。虽然谈不上很高的水平，但总是第一次对西藏的自然条件与资源作了科学阐述。所以，中国科学院给这次考察成果评了科技特等奖，国家给了自然科学奖一等奖。

1979年我们酝酿开个关于青藏高原的国际科学讨论会，请刘东生先生任秘书长，我任副秘书长。西藏封闭了那么久，听说中国要搞一个青藏国际讨论会，国际上反应十分强烈，很受欢迎。这次学术会来了许多非常知名的科学家，很多长期研究喜马拉雅山脉的科技界人士都来了。虽然我们向这次研讨会介绍的成果只

337

是填补空白的,但国内外科技界人士都很想知道西藏的自然条件。这时,我们拿出的这些研究成果,向国内外科学家展示,产生了轰动效应。

孙鸿烈在新疆考察草场(2004,中国科学院提供)

我们请求邓小平同志接见,他批准了,开了一个大规模的招待会,他坐在那里,每一个外宾都去握手。改革开放,西藏考察成果率先向国际介绍,中国科学院做了榜样。这次讨论会很成功,出了两册英文文集,一册是生态、地理方面的;另一册是地质、地球物理方面的。

由于20世纪80年代初我就到中科院院部工作了,不能再参加像70年代那样长期的野外考察了。但是,我从未间断过对青藏高原的研究,几乎每隔几年就要去一趟。可以这样说,青藏高原是我成长和科研的摇篮,她不仅让我学到了科学知识,锻炼了我的管理能力,尤其是使我养成了跨学科综合思维的习惯。

现在,青藏高原研究已经进入深入理论研究的阶段。在首席科学家姚檀栋院士带领下,一批高水平、高素质的年轻人正利用先进的技术设备和前沿的科学理论,活跃在青藏高原这个大舞台上。作为老青藏科考人,看到一批批高水平的科研成果问世,新的科研人才不断涌现,深感欣慰!

我相信,老一辈科研人员凝聚在青藏研究中的科学精神、奉献精神、团结精神必将会发扬光大,青藏研究必将取得更多成果。

(本文节选自中国科学院地理科学与资源研究所70周年所庆《回忆回顾》,改定于2022年7月29日)

孙鸿烈 土壤地理与土地资源学家。1932年1月31日生于北平。1954年北京农业大学毕业,1954至1956年留校任教。1957至1960年考入中国科学院林业土壤研究所做研究生。毕业后到中国科学院自然资源综合考察委员会工作。1984至1992年任中国科学院副院长,现任中国科学院地理科学与资源研究所研究员。长期从事农业自然资源及区域综合开发的研究,提出了可更新资源的整体性、多宜性、区域性与有限负荷等特性,强调将自然资源作为整体系统进行综合研究。1973至1980年主持了我国第一次青藏高原综合科学考察研究,为青藏高原科学研究跃居世界前列作出贡献。1992年被国家科委聘为"青藏高原形成演化环境变迁与生态系统的研究"项目首席科学家。1996年获何梁何利基金"科学与技术进步奖",2009年获意大利西西里岛政府设立的"马约拉纳和平科学奖"。1987年当选第三世界科学院院士。1991年当选中国科学院学部委员(院士)。

> 正是在顾先生这种胸襟气度的感召之下,我对这个问题努力钻研下去,勇于独立思考,提出了合理的见解,对问题的解决作出了一定的贡献。
>
> ——谭其骧

真挚动人的气度
宽宏博大的胸襟

我的祖父中过举人,清末曾任嘉兴府学堂监督。我父亲考取秀才后,因科举废除,又曾去日本学习铁道。可以说,我是出身于知识分子家庭的,但家庭对我的兴趣爱好和求学方向并无特殊的影响。

我在大学第一年读的是社会系,第二年读的是中文系,第三年头两个星期读的是外文系,到第三个星期才转入历史系。转了三次系,才定下来。转了外文系又转历史系,我这样做当时不少人都不以为然。但事实证明,我这样做是做对了。

我这个人形象思维能力很差,而逻辑思维能力却比较强,所以唯搞文学是肯定成不了器的,学历史并且侧重于搞考证就相当合适。这一点我是通过数十年来的实践,深有自知之明的。但是,一旦认定了一个方向之后就该锲而不舍,终身以之,切不可见异思迁，看到哪一门走运了，行时了，又去改行搞那一行。

1930年秋，我进入北平燕京大学历史系当研究生。第二年秋季开学，我选读了顾颉刚先生所讲授的"尚书研究"一课。顾先生在讲义中讲到《尚书·尧典》篇时，认为其写作时代应在西汉武帝之后，一条重要的论据是：《尧典》里说虞舜时"肇十有二州"，而先秦著述称上古州制，只有九分制，没有十二分制的。到汉武帝时置十三刺史部，其中十二部都以某州为名，自此始有十二州，所以《尧典》的十二州应是袭自汉武帝时的制度。为了让同学了解汉代的制度，当时还印发给班上同学每人一册《汉书·地理志》，作为《尚书研究讲义》的附录。

谭其骧 院士
（中国科学院提供）

我读了这一段讲义之后，又把《汉书·地理志》翻阅一遍，觉得顾先生在讲义里所列举的十三部，不是西汉的制度。有一天下课时，我对顾先生提出了自己的看法，先生当即要我把看法写成文章。我本来只想口头说说算了，由于他提出这一要求，迫使我不得不又查阅了《汉书》《后汉书》《晋书》等书的有关篇章，结果益发增强了对自己看法的信心，就把这些看法写成一封信交给了顾先生。想不到他在第二天就回了我一封六七千字的长信，结论是赞成我的看法三点，不赞成的也是三点。这就进一步激发了我钻研的兴趣和辩论的勇气。六天之后，我又就他所不赞成的三点再次申述了我的论据，给他写了第二封信。隔了十多天他又给我一封复信,对我第二封信的论点又同意了一点,反对两点。

不久,他把这四封信并在一起又写了一个附说,加上一个"关于尚书研究讲义的讨论"的名目,作为这一课讲义的一部分,印发给了全班同学。在附说中,顾先生写道:"现在经过这样的辩论之后,不但汉武帝的十三州弄清楚,就是王莽的十二州也弄清楚,连带把虞舜的十二州也清楚了。对于这些时期中的分州制度,两千年来的学者再也没有像我们这样清楚了。"

谭其骧在书房(20世纪80年代,中国科学院提供)

当时,顾先生已经是誉满宇内的名教授,举世公认的史学界权威,而我一个二十刚出头的学生,竟敢对这样一位老师所写的讲义直言不讳地提出不同意见,胆量可真不小。但这场讨论之所以能够充分展开,并取得了颇为丰硕的成果,基本上解决了历史上一个相当重要的问题,关键在于顾先生的态度。当我对他提出口头意见时,他既不是不予理睬,也没有马上为自己的看法辩护,而是鼓励我把意见详细写下来。我两次去信,他两次回信,都肯定了我一部分意见,又否定了我另一部分意见。同意时就直率地承认自己原来的看法错了，不同意时就详尽地陈述自己的论据，指出我的错误。信中的措辞是那么谦虚诚恳，绝不以权威自居，完全把我当作一个平等的讨论对手看待。这是何等真挚动人的气度！他不仅对我这个讨论对手承认自己有一部分看法是错误的，并且还要在通信结束之后把来往信件全部印发给全班同学，公之于众，这又是何等宽宏博大的胸襟！

正是在顾先生这种胸襟气度的感召之下，我对这个问题努力钻研下去，勇于独立思考，提出了合理的见解，对问题的解决作出了一定的贡献。

这场讨论不仅使我对历史地理发生了浓厚的兴趣，而且提高了我做研究工作的能力，这些无疑应该归功于顾颉刚老师。

（本文由谭其骧院士长子谭德睿先生摘自《谭其骧自传》）

谭其骧 中国历史学家、历史地理学家。1911年2月25日生于辽宁沈阳，原籍浙江嘉兴。1992年8月28日逝于上海。1932年获燕京大学研究院硕士学位。复旦大学教授，曾任历史系主任、中国历史地理研究所所长。作为中国历史地理学科主要奠基人和开拓者、中国地理学会的发起人之一，长期从事中国史和中国历史地理的教学和研究，对中国历代疆域、政区、民族迁移和文化区域作了大量研究，主编及主持修订的《中国历史地图集》是迄今最权威的中国历史政区地图集，被评为新中国社会科学最重大的两项成果之一。先后主持编撰了《中国国家地图集历史地图集》《中国历史大辞典》等大型图书，主编了《辞海·历史地理分册》《中国自然地理·历史自然地理》《黄河史论丛》和《历史地理》杂志等。对历史自然地理的研究有独特见解，如对历史上黄河河道的变迁及多灾的原因、历史时期洞庭湖和鄱阳湖的变化、海河水系的形成和演变、上海地区成陆的过程等都有深入研究。发掘和整理古代地理遗产，纠正了前人的错误，阐述了古代著作的科学价值。著有《长水集》《长水集续编》等。1980年当选中国科学院学部委员（院士）。

> 沙眼病毒学的研究从我国传至西方，先是在英美，而后传到其他国家，形成全球性的沙眼研究热潮，对病毒学界和眼科学界影响最深。
>
> ——汤飞凡

崇高而严肃的科学事业

揭示大自然的奥秘是崇高而严肃的科学事业，激励着我孜孜不倦，忘我探索。然而，日本侵略中国的炮火震碎了我的宁静，每一位有爱国心的中国人无不为祖国的命运忧心忡忡。1936年，作为访问学者，我在英国国立医学研究院工作。一天，来了一些参观的日本人，不知为什么，见到他们我立即火冒三丈。当他们伸过手来要和我握手时，一种不能容忍的耻辱感油然而生。当时，我断然拒绝和他们握手并义正辞严地说："你们日本正在侵略中国，很遗憾我不能和你们握手，还是转告你们国家停止对我的祖国的侵略吧！"

第二年，抗战全面爆发，我匆匆回到上海。得到夫人何琏的支持，我先是参加红十字会救护工作，随后离沪赴滇。抗战的需要，我不得不把精力转向发展当时急需的疫苗、血清和青霉素的研制工作中去。从此，便和生物制品事业结下了不解之缘。我怀着"科学救国"的思想，心甘情愿在我的专业范围内做些应用性的工作。

我国生物学事业是在战争年代历尽坎坷，保存和发展起来的。1938年，在昆明昆华医院，我借了两间房做实验室，生产了牛痘、白喉、破伤风、霍乱疫苗等重要的军需制品。在抗战胜利后，迁回北平，我又整天忙于恢复生产与研究等各项工作。解放前夕，平津战役正在进行的时候，为了早日发展卡介苗，我就把菌种从北平带到上海，利用在原法租界住宅的三楼做实验，何琏主动献出她心爱的冰箱，供我们使用，确实增添了几分鼓舞。

汤飞凡 院士
（中国科学院提供）

事实上，我国生物制品事业的真正大发展还是在解放之后。短短几年，由一个仅80余人的小研究所发展到分布在全国的七个所，各司生产、质检和研究业务。一些烈性传染病很快就得到了控制，人民健康水平也得到提高。这时，促使我重温了20多年前研究沙眼病源时的梦想——分离沙眼病毒。孟雨副所长给了我很大鼓舞和支持。应该说，我在土改运动中目睹沙眼在农村的猖獗状况，比较理解在《农村发展纲要》中号召积极防治沙眼的意义，给这项研究注入了新的动力。

鉴于前人研究的经验，制定了我们的实验策略，并得到同仁医院眼科张晓楼主任的合作，提供可靠的活动期沙眼标本，接种实验动物，采用与人眼结膜囊内相同的35℃培育和盲目传代增殖等手段，经小白鼠体内多次实验失败后，改用鸡胚继续实验，并小心翼翼地加用小量抗生素以控制杂菌污染。这样，我们在1955年8月的第8次和1956年4月的第55次实验中首次获得成功：盲传至第三代的感染鸡胚规律死亡，卵黄膜涂片染色看到密集的病毒原体。病毒注名为TE8(意为沙眼、鸡胚、第8号病毒)和TE55。为了最后证实分离物与沙眼致病性的关系，我再一次想到Koch定律，把它种入我自己的眼内以体察病状。想起20年前为否定沙眼的细菌病源学说，我接种的是Noguchi的颗粒杆菌，而这次却是自己分离的病毒。

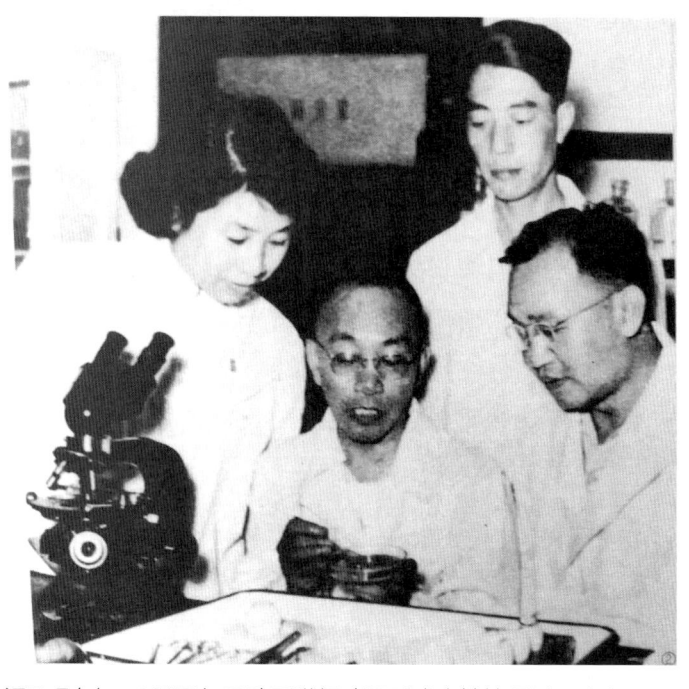

汤飞凡(左二)跟同仁及助手讲解鸡胚形成病灶情况(中国科学院提供)

这一天，由我的助手将浓浓的病毒材料滴入我的一只眼内，几天后红肿起来，带着炎症的刺激和疼痛坚持观察40多天，直到获得确诊沙眼的全部第一手实验材料,证实我们分离的病毒就是沙眼的病原体。这项成果在 1957 年《中华医学》杂志外文版上公开发表。就在这年夏天,英国微生物学家史普勒(Spooner)正巧在我国访问,他兴奋地来到实验室,在显微镜下看到了分离的病毒粒,应他的要求带走上述两株病毒,回英国后由 Coller 医生按我们提供的操作方法重复实验,亦获成功。从此,沙眼病毒学的研究从我国传至西方,先是在英、美,而后传到其他国家,形成全球性的沙眼研究热潮,对病毒学界和眼科学界影响最深。

20 多年的梦想终于成为现实。

获得科学上的成功是令人兴奋的,然而更值得兴奋的是这项成果是与祖国荣誉联系在一起的。首先,成功是我的所有同事们多年来用汗水共同培植的结果;其次,我要谢谢我的夫人何琏,是她在战火纷飞的岁月里总是陪伴着我,支持我的事业。在危难的日子里给我以温馨的照料与安慰。最难忘怀的时刻是在上海

中国邮政为微生物学家汤飞凡院士发行的纪念邮票
(1992,资料图片)

解放前夕，我再次面对国外寄来的三张飞机票，请我带着妻儿离乡赴港，同学们也都这般相劝。令我俩在"去"和"留"的矛盾中熬过了多少个不眠之夜，整天陷入极度的苦闷之中，没有笑脸，没有欢乐。直到整装待发前一天深夜的11时，当我再次（也许是最后一次）和她商量时，她终于说出我盼望已久的沉甸甸的几个字："不—走—就—不—走—吧！"顿时，我们高兴得眉开眼笑，在热烈的拥抱中，泪水浸透了彼此的衣襟……终于在人生转折关头，我俩共同作出了最理想的抉择。

滴水之恩当涌泉相报。愿祖国更加繁荣昌盛，望科学的春天百花斗艳，更加灿烂辉煌……

（本文选自上海教育出版社1996年5月版《中国科学院院士自述》，标题为编者所加）

汤飞凡 微生物学家、病毒学家、沙眼衣原体发现人。1897年7月23日生于湖南醴陵，1958年9月30日逝于北京。1921年毕业于湖南医学院，获医学博士学位。1925年赴美国哈佛大学医学院学习。1929年回国后，相继担任中央大学副教授、上海医学院教授。1935年赴英国国立医学院研究所进修。1937年回国后，被任命为中央防疫处处长，1950年任卫生部生物制品研究所所长。作为中国第一代病毒学家，最早研究支原体的微生物学家之一，20世纪30年代就否定沙眼细菌病因说，为病毒病因说奠定了基础；曾在昆明重建中央防疫处，为解放区生产大量血清和疫苗；建立我国第一个青霉素生产车间；主持制定我国第一部《生物制品制造检定规程》。1955年与张晓楼协作，首次分离培养沙眼病毒成功，并用自己的眼睛做试验引发沙眼病，确定沙眼病原体是介于细菌与病毒之间的衣原体，从此沙眼病原体被命名为"沙眼衣原体"。1958年在所谓"拔白旗"的运动中受辱而自缢身亡。1981年获国际沙眼防治组织追赠颁发的"沙眼金质奖章"。1982年沙眼衣原体的分离培养研究获国家自然科学奖二等奖。1957年被选聘为中国科学院学部委员（院士）。

> 我现在，以及过去在美国的时期，虽然在生活上是愉快的，但我内心一直存有"这不是我的本乡本土"，即"不如归去"的灵感。而生我之乡的山山水水总是最可爱的。
>
> ——汤佩松

朗读者　汪瀚弘

我是一个中国人

1925年，我从清华学校毕业后即赴美国留学，先入明尼苏达大学，1927年获文学士学位。1928年入约翰·霍普金斯大学，1930年获博士学位。1930至1933年在哈佛大学工作，这三年是我"出师"的三年，也是多事之秋的三年。

首先是自从在1931年后期开始做了一些分外的"私活"以来，跟老板的关系逐渐紧张。从第三年（1932年）开始，我们之间虽有正式聘任关系，但私人及业务工作上的隔阂愈来愈深。同时，国内的"九一八"事变以及后来日本侵华的"上海之战"（1932年的"一·二八"事变）震动了所有在美国的华侨，我们当然也不例外。在此期间，我的前妻因眼疾而逐渐失明，生活不便；而最大的打击则是20世纪30年代美国股票市场的一场前所未有的风波所造成的经济崩溃和随之而来的恐慌与混乱。

在这种情况下，我曾在1932年写信给国内当时在南京主持

汤佩松 院士
（中国科学院提供）

中国科学社生物研究所的钱崇澍先生。我问钱先生国内是否有地方做植物生理学工作，我想回国，条件是能继续进行研究工作。似乎未得到回信。但在1933年春，出乎意料地收到成立不久的国立武汉大学理学院院长查谦教授的电报，聘请我到武汉大学生物学系教学及做研究工作，并答应可提供2000美元建立研究室。我知道，国内大学中能有条件进行研究工作的不多，而能拨出专款特建一个哪怕是小小的试验室专供研究，则更为特殊。我毫不犹豫地回电应聘。

当我把我回国的决定告知在纽约家中度假的我在约翰·霍普金斯大学的同学和挚友罗伯特·马歇尔（Robert Marshall）时，他从纽约特地赶来看我，劝我一定不要离开美国。当我把当时的处境告诉他时，他说他已经作了全面安排。他愿意在纽约某大学建立一项基金专供我在该校长期继续进行研究和安排少量教学工作。至于我前妻目疾所带来的生活上的不便，则可护送她回到加拿大娘家托人照顾，并作经济上的安排，一切由Marshall负责。

我未与任何人商量，当面既十分感激，也十分痛苦地谢绝了他的好意。在1933年8月上旬，从波士顿转纽约乘船经欧洲回国。

我当时并没有仔细想过我断然谢绝这个"大好良机"决心回国的动机。我自1933年回国后，直到现在，除了在第一次（20世纪50年代）的"思想改造"时曾短暂地想过这个问题（确切地说，是群众在斗争中曾向我提出过这个问题）外，我确实没有想过这个问题。后来在十年史无前例的"文化大革命"中，我会不由自主地闪过这个念头。而真正有意识地思考这个问题则是近来对外有了学术交流时，在每次接待外国专家，特别是许多曾与我在美国同过学的或共过事的（如当时在哈佛大学同事，后又到美定居的任之恭老友），甚至曾是我的学生（如牛满江、陈绍龄等）的这些美籍华人时，尤其是在电视中看到他们时，这个问题也总会在心头盘旋。

现在，不少记者或作家采访我时，往往会问我这个问题，一般也总能得到他们替我准备好了的如下标准答案："他热爱祖国，毅然决然地放弃了优越条件和重金聘请，回到社会主义祖国。"

其实，这个理由不成立。因为在20世纪30年代，我的"社会主义觉悟"尚未形成。虽然我当时在美国的同学彭文应和王造时曾邀我加入他们的"社会主义"进步组织，胡敦元也曾于1928年夏在明尼苏达大学的校园草坪上向我宣传过马列主义。

有人还问，你不想留在美国是否由于憎恨种族歧视？我可以毫无保留地说，我无论在求学期间或工作期间，以及私人社交往来上，多少年来从未遇到过由种族问题而引发的不愉快事件。当然，这并不是说普遍地不存在种族歧视。

那么，你是不是怕激烈的竞争和生活无保障？也许别人也会有这些顾虑。但据我的情况，Marshall捐出的专设基金是为我提供了即使不是"终身"，也至少是长期的保障，并且也为家庭生活的不便提供了有效的解决方法，使我能专心做科学研究工作。

那么，你又有什么理由一定要放弃这个机会，回到"风雨飘摇"、没有亲人（父母已故，唯一的姐姐也在她的丈夫死去不久，

汤佩松院士(左)访问美国国家空间技术实验室(1979,中国科学院提供)

受封建家庭之害而早离人世),并在1918年谋杀了我父亲的政党统治的中国来呢?

我对这些问题一直没有仔细地思考过。因为我一向的想法很简单:我是一个中国人,当然要回中国去,这是其一;其二是,我的成长教育是由四万万国民的血汗(庚子赔款)哺育出来的,我对这个"国恩"一生也是报答不完的。

但是,这两点现在看来并不全面。中国人在国外仍能为国争光,何必一定要在国内?我现在可作另一方面的回答——这就是我现在,以及过去在美国的时期,虽然在生活上是愉快的,但我内心一直存有"这不是我的本乡本土"(I don't belong here.),即"不如归去"的灵感。而生我之乡的山山水水总是最可爱的。

虽然有时偶尔被动地或一时冲动地自我责问:"我为什么要

回国？"而我也有再返美国去安度晚年的可能，但我从来（过去或现在）没有动过这个念头！相反，从1933年回国以来的60多年里，我的曲折、坎坷的经历还是十分丰富、美满的，而且可能是在任何其他国土上不可能得到的经验——无论是痛苦的或是美满的。痛苦，有时更能衬托出美满的佳境！当想到在这60多年的沧海桑田中，我也曾一砖一瓦地为我的祖国做了哪怕一点微不足道的贡献，我的终生心愿也就得到了满足。

（本文选自上海教育出版社1996年5月版《中国科学院院士自述》，标题为编者所加）

汤佩松 植物生理学家、生物化学家、教育家。1903年11月12日生于湖北浠水，2001年9月6日逝于北京。1917年进入清华学校，1925年毕业后进入美国明尼苏达大学农学院学习，次年转入文理学院，主修植物学，辅修化学和物理学，1927年获文学士学位。1928年进入美国约翰·霍普金斯大学，1930年获哲学博士学位，后入美国哈佛大学普通生理学研究室从事博士后工作。1933年回国后相继担任武汉大学教授、国立西南联合大学农业研究所研究教授、清华大学农学院院长、北京农业大学副校长、中国科学院植物生理研究所研究员。兼任中国植物学会理事长和中国植物生理学会名誉理事长，复旦大学、北京大学教授。作为我国植物生理学奠基人之一，长期专注植物生理学研究。早年由植物呼吸代谢研究起始，证明"呼吸酶"的存在；系统进行"细胞呼吸动力学"的研究；与王竹溪教授一起用热力学概念分析了水分进出植物细胞的过程与规律；揭示了太阳能的生物转化规律；总结呼吸代谢途径的改变及与其他生理功能相互调节的理论等，一辈子执著揭示生命之谜并作出杰出贡献。发表了3部专著和200多篇论文。在植物生理学教学和研究工作中培养了大批植物生理学家。1948年当选为中央研究院院士，1955年被选聘为中国科学院学部委员（院士）。

> 我回到自己的国家,对祖国的贡献大了,虽然国内条件比较差,我们就是直面这个比较差的条件,抓紧时间工作,业务上也就有了很大的提高。
>
> ——唐敖庆

朗读者 张皓燃

我的事业在自己的祖国

我1915年出身在江苏省宜兴县和桥镇的一户平民家庭。父亲一边种几亩地,一边在镇上经营一家小杂货铺,艰难地维持全家的生活。我自幼好学,学习成绩优异,但年近半百、体弱多病的父亲对我的期望不高,认为我读完小学识点字会记账,能帮他维持小杂货铺,他就心满意足了。经老师一再劝说,他才同意我进入中学继续学习。为了减轻父亲的负担,我白天上完课就赶回小铺,接待顾客,有时还得挑着担子到外地进货,直到天黑店铺打烊以后,才能在油灯下温习功课和看课外读本,常常到深夜。因此,在少年时代,我的视力很快下降,十三四岁就戴上了七八百度的近视眼镜。初中毕业后,无经济能力升入高中,只好考入免费的无锡师范学校学习。可是,入学不久就爆发了"九一八"事变,我参加了无锡市学联组织的赴南京抗日请愿团,"科学救国"的爱国主义思想也更加强烈,立志要发展祖国的科学技术,增强国力,使祖国不再遭受列强的欺凌。为了积攒上大学的第一年费用，师范学校毕业后，就先到宜兴县官林镇凌霞小学任教一年多。

经过半年的艰苦努力，1936年暑假，我先后收到北京大学、同济大学等三所名牌大学的录取通知书。因为在这一年的上半年，我读了著名化学家、北京大学曾昭抡教授发表在《大公报》上连载的访日观感，为这一系列切中时弊、具有民主倾向和爱国思想的文章所倾倒，对曾先生的学识和文采产生了崇敬心情，一心想投到这位名师的门下。于是，我就非常喜悦地选择了北京大学化学系，实现了梦寐以求的大学学习生活。

好景不长，在北京大学学习不到一年，日寇全面发动侵华战争，我随学校南迁，辗转数千里，先在由北京大学、清华大学、南开大学三校组成的长沙临时大学学习，1938年随临时大学西迁到昆明，学校也改名为"国立西南联合大学"，在化学系继续学习。1940年毕业留校任教。1943年，我的未婚妻史光夏历经艰险，由沦陷区"千里寻夫"来到昆明。婚后，我除了承担繁重的助教工作，还得兼做家庭教师和中学兼课，才得以勉强糊口。

抗日战争胜利后，我和王瑞、李政道、朱光亚、孙本旺等青年教师，随化学家曾昭抡、数学家华罗庚、物理学家吴大猷于1946年赴美国考察原子能技术。我被推荐留在哥伦比亚大学攻读博士学位。当时，我的学习成绩突出，一年通过博士资格考试。到1949年夏天我就已大体上写好了博士论文，在等待适当的时机，拿出论文进行答辩，只要论文通过，马上准备回国。

1949年10月，我盼望的时刻终于到来了，由我担任第一任主席的"哥伦比亚大学中国同学会"与"中国留美科学工作者协会"等进步组织，在纽约国际学生公寓举办了中华人民共和国成立庆祝大会。我于同年11月，通过了博士论文答辩。尽管老师们对我十分器重，但我很坚定地告诉他们，我要回到新中国去。

有一位教化学原理的老师是美国科学院院士（我当过他的助

唐敖庆在纽约学生公寓组织了中华人民共和国成立庆祝大会（陈云华绘）

教，有时他外出开会，就让我代他讲课），听说我要回国，就对我说，你现在回去做什么，不是跳火坑吗？我说，我要回到自己的祖国，为我的祖国培养人才。他一再表示，他可以为我介绍工作，但我婉言谢绝了他的挽留。我的导师比这位老师要开明一些，他对我说："你们大陆上的战争刚刚结束，在美国做两年工作看一看再说嘛。"我说："我的事业在自己的祖国，我的祖国就是中华人民共和国。"

卢嘉锡（左）与唐敖庆在探讨（中国科学院提供）

  导师理解我迫切要回国的心情，就说："好！你回去吧。"他和夫人在一个规格很高的餐厅设宴热情地为我送行，这位导师后来当过哥伦比亚大学的副校长。

  有一位中国的同学，当时在美国读书的成绩也很好，我写了一封信给他，说我已决定回国了。虽然这里的学习条件、工作条件确实比国内好得多，但在这里教的是美国人，回国教的是我的同胞，中国学生在美国待得越久，对祖国的贡献就越少。结果他回了我一封信，画了一幅坐标系，横坐标代表的是在美国停留的时间，纵坐标代表的是对祖国的贡献和自己业务的成长，有两条曲线，一条曲线呈下降的趋势，这条下降曲线说明在美国停留的时间越长对祖国的贡献越少，另一条曲线呈递升趋势，这条曲线代表在美国时间越长，业务上的成就越高。他还说，自己也是要回国的，但要选择在两条曲线交点的这个时间再回去。实际上，他是不想回去了。这封信并没有说服我，我于1950年初回到了祖国。

  回顾40多年来自己所走过的道路，再看一看这两条曲线，

第一条曲线留在美国的时间越长对祖国的贡献越少，这当然是对的；第二条曲线好像是在美国的时间越长，业务提高得越快，那我俩可以比一比，他在美国业务上的提高，和我在新中国业务上的提高，究竟谁比谁提高得更快。姑且不说我是否超过他，但起码可以说我并不比他提高得慢。事实上，我回到自己的国家，对祖国的贡献大了，虽然国内条件比较差，我们就是直面这个比较差的条件，抓紧时间工作，业务上也就有了很大的提高。40多年来，自己所作的贡献，虽然与国家事业发展的要求还有距离，但我的内心仍然是感到十分欣慰的。

（本文选自上海教育出版社1996年5月版《中国科学院院士自述》，标题为编者所加）

唐敖庆　物理化学家、量子化学家。1915年11月18日生于江苏宜兴，2008年7月15日逝于北京。1940年毕业于国立西南联合大学化学系。1949年获美国哥伦比亚大学博士学位。1950回国后历任北京大学教授，吉林大学教授、校长，国家自然科学基金委员会主任。兼任中国科学院主席团成员、中国科学技术协会副主席、中国化学会理事长、国务院学位委员会委员、《国际量子化学杂志》编委、《高等学校化学学报》主编等。作为中国现代理论化学的开拓者和奠基人，长期从事物理化学、高分子物理化学，特别是量子化学的科研与教学。有关分子内旋转、高分子化学反应统计理论、配位场理论、分子轨道图形理论及分子轨道对称守恒原理等研究成果均受到国家奖励，并被誉为"中国量子化学之父"。发表学术论文260多篇，与其研究集体合作出版了《配位场理论（方法）》（英文版）等8部专著。多次组织全国性专题研讨班并亲自授课，培养了一大批国内著名学者和学术带头人。1955年被选聘为中国科学院学部委员（院士）。1981年被选聘为国际量子分子科学研究院院士。中国科学院紫金山天文台于2007发现的国际编号为218914号小行星由何梁何利基金评选委员会推荐并命名为"唐敖庆星"。

> 最根本的一条是我们在合作中都不关心自己的名利。在我当选院士之后,有记者曾问我有何感想,我说"只知天天念经,没想到立地成佛"。
>
> ——童秉纲

多难明志 不畏曲折

我们这一代是新中国 50 多年历史的见证人,既分享到了祖国昌盛的喜悦和骄傲,又承受了很多的坎坷和磨难。由于 20 世纪 70 年代以前,政治运动不断,任务多变,我到 45 岁时方有机会开始做空气动力学的研究,好在赶上了改革开放的大环境。迄今科研 30 年,在流体力学领域内略有成就。那么,我是怎样走过来的呢?

不畏曲折的事业心

1957 年,由于我对哈尔滨工业大学的一位副教务长提了一些工作上的意见和批评,被某些人抓住"把柄",肆意上纲。我一下子被列入了另类,长时间挨批挨整,周围充满冰冷与歧视。1958 年,学校交给我一项任务:根据我们"学习苏联"的几年教学经验,主编一本理论力学讲义。我认为这是一件有用的事,

童秉纲 院士
（中国科学院提供）

也就忘记了自己遭受的冷酷处境，历时一年多，专心致志地主持并写出了《理论力学》讲义。事后在一个全国性的理论力学教学会议上，与会者从若干本讲义里选中了这一本，决定将之作为全国工科大学试用教科书予以正式出版。为此，我又忙了好长一阵，按出版要求作修改和充实。1961年，以"哈尔滨工业大学理论力学教研室编"的名义，由人民教育出版社正式出了第1版的《理论力学》上、下册一套。后经多人主持改版，现已是第5版了，前后印数超过百万册，1987年还荣获全国优秀教材奖。

自1961年7月起，我转到中国科学技术大学近代力学系任教。

我认为，"文化大革命"是一场旷日持久、祸国殃民的"人斗人"的巨大劫难。我的许多老同学受到了迫害，我也无法幸免。1968年9月8日我被隔离，同年11月20日宣布对我"抗拒从严"，以"漏网右派"名义对我实行了专政。我在专政队内被关了一年，放出来后又被"劳改"了两年半。一旦走进了这个人间"地狱"，面对的就是生与死的残酷，我的专案组长本是我教过的学生，却要置我于死地。这对我的心理是极大的煎熬。应该说，我在心理上还算坚强，在受尽屈辱的环境中，我唯一想法是无论如何要活着出去，要力图控制情绪，尽力避免大脑受刺激而致残。

直到1972年春，三年半的磨难总算告一段落，我获得了人身自由，但精神上的紧箍咒仍未卸下，掌权者迟迟不作结论，他们随时可以给我重新"戴帽子"。这时，第一批工农兵学员开始入学，实行了开门办学，派遣教师下厂下乡接受再教育。1972年5月，我被指派去沈阳的112厂，协助解决某些空气动力学问题，在那里干了7个月。1973年又被派去139厂设计科，为他们完成一个课题，也干了7个月。这是我做流体力学研究的起始阶段，时年45岁。

我是一种习惯于向前看的人，只要有点自由，就想做点事，以无愧于自己的人生。这两年，我已全身心地投入工作，将过去的屈辱置之脑后。当时，沈阳的生活很艰苦，几乎吃不到荤菜，住的招待所是6人一间，只有我和我的同事俩是常住客，会不断遇到各类流动人员，不同的鼾声、多样的梦语、缭绕的烟雾、震耳的玩扑克牌的叫喊声……每当下班后或公休日，我们要设法去占领室内那张公用桌子，寻求有个起码的工作环境。那时的数值计算常用的仅为机械式手摇计算机，费时费力，还哗哗作响，也根本没有现在随处可见的电子计算器。1973年，139厂刚有一台电子计算机，但运算速度仅为每秒2000次，已被视作神奇之物。我们试着在这台机器上算题，只可能排在后半夜的时段，算一个不大的题目就要花费几个小时，运算又很不稳定，只要稍有扰动，就会前功尽弃，不得不再从头做起。就这样，我常常夜不能寐，而白天又不善入睡。于是，身体很快顶不住了，出现头重脚轻的症状，不得不到沈阳中国医科大学的医院去做检查，在排队等候抽血的时候，我感到眼前发黑，想找椅子坐下，却失去了知觉，醒来时发现自己已躺在急救室病床上，医生把着我的脉，但并没有查明病因。为了按原定目标完成139厂的任务，我向家里隐瞒了病情，一直拖到工作结束。

那时候，我国的导弹研制工作正处在向自行改型和独立设计的转变阶段，在空气动力学设计方面，已有的一些工程估算方法远不能应对当前的需求，在预测型号的气动特性中，如何确定动态稳定性导数（简称动导数）是个难题之一。这次139厂的任务就是用半解析半数值的方法（面元法）为他们提供如何预测导弹气动部件动导数的算法。航天界这一类急迫要求我们协助以解决气动问题的需求，在此后延续了10多年。在"文革"的最后几年，我还为航天五院完成了卫星回收舱气动力系数和动导数的计算方法，同时又给航天二院做了椭圆钝锥动导数计算方法研究，接着又给航天五院完成了钝锥在添质条件下（即考虑烧蚀影响）的稳定性导数分析。这三项工作，分别于1979年和1981年获得原国防科委的科研成果奖。

为了完成上述任务，从不熟悉空气动力学以及相关的工程知识到建立入门的基础，我确实付出了艰苦的努力。我虚心求教，还要长期出差，常常夜以继日。我在北京魏公村原五院招待所前后住了两年多，管理员对我说："我这里的住客像你这样干事的不多。"1976年9月，我还到陕西户县的山沟里奋斗了一个月，直到那里出现地震恐慌，要求我离开为止。

当时有个怪现象，人们不敢钻研业务，否则会被视作不讲政治的"白专典型"，"业务挂帅"是要挨批斗的，好在我是在出差期间埋头苦干的，他们见不着。另外，我也不能发表论文，一则涉及保密，二则不许突出个人。当年，我所写的一系列学术"内部报告"上，只能署某单位某研究组之名。后来有人问我："你受了这么大的委屈，还要么么干，既没有名，也没有利，你究竟图什么？"我对此一言难尽，只是苦笑加沉默，礼貌地表示听见了。

人生虽苦短，我身处逆境的时间却很长。现在回忆，第一段是从1957年至1961年6月离开哈工大，第二段是"文革"期间从1968年至1976年，前后相加，总共12年。除了将我关起来和劳改的三年半以外，其余时间我都"顽固不化"地抓紧做事，这些工作累计起来，还是人生中挺有学术分量的。

凡事需一分为二，人在倒霉的时候，心境虽压抑，但杂事也就少，会有较充裕时间；而在顺利的时候，便要我担任杂七杂八的公职，找我办事的人一多，我就很难抽整段时间专心研究。要能在逆境之中和之后都能专心做一点事，这都得益于我在心理上的定力和对事业的执著和进取。一个人得有自己做人的"格调"，也不忘在科研道路上要有所追求，即常人所说的要守着"做人的本分"。

精心筹划 真诚合作 认真坚持

有人说我是"大器晚成"。其实，我还够不上"大器"，但"晚成"倒是事实。

我于1950年本科毕业，接着念了三年的研究生，直到1956年才成为讲师。此后隔了漫长的22年，到改革开放的1978年，方升为副教授。很快，过了两年，中国科学技术大学通过严格评审，决定晋升我为教授，要报安徽省审批，等了一年，到1981年才获批准，当时我已经54岁了。也是在1981年，国务院学位委员会批准我为首批博士生导师，并在中国科学技术大学设立流体力学博士点。因此，我的退休年龄可以延迟至70岁。正当我要退休之际，1997年却当选了中国科学院院士，又延长了我的工作时间。事实上,我的大部分研究成果,特别是质量较高的那些论文与成果,都是在 60 岁之后,依靠科研团队的协作而做出来的。因为到这个时候,我国的天时、地利、人和的大环境越来越好,每个人都能够充分发挥自己的才华,掌握自己的命运,不再受折腾了。我最大的历史机遇就是有幸搭上末班车,赶上了能够有所作为、有所贡献的改革开放奔小康的新时代。

我从 1972 年起,做空气动力学以及更广义的流体力学研究,至今 30 多年,特别是从 20 世纪 80 年代开始,我分别与几位志同道合的合作者,一起指导研究生,组成梯队,完成了不少有特色的课题,涉及较宽广的学科领域,凡是想做的一些事,居然都做成功了。下面,拟简单介绍一点我做事的"成功之道",供年轻的朋友们思考。简言之,精心筹划,真诚合作,认真坚持。

首先,凡事都要先精心筹划,特别是在确定新课题时,一要考虑需要,二要考虑可能。所谓"需要",是指该课题是否有科学意义和重要需求,我们是否有新思想或新的技术途径,能否发挥自己科研组的长处和特色。所谓"可能",是指当今我们具备哪些条件,有可能逐步创造什么条件,对其工作量和时限能否承受,等等。对此,一定要仔细衡量,慎重决策,然后按序作出具体安排。我从多年的实践中体会到,做什么事首先要有战略观念,要有一个正确的思想方法。即使是作一个报告,也要明确每次讲话的中心目标和主线条,要考虑听众想听什么,要研究他们能否接受,以及怎样才能接受。否则,照本宣科,效果肯定不好。我讲课几十年,始终坚持对整门课和每次课都作精心筹划,这无疑是我所以能教好课的重要因素之一。力学,在很大程度上是一门技术学科。因此,做研究既须求新,又要适应国内当前的需求。

想求新，就必须冒风险，但也要量力而行，又切忌半途而废。想求新，就要不断地适时转移研究领域，但必须坚持做出效益，做得比较系统，力求形成"拳头"产品，然后再转移领域。

在这里不妨简要回顾我在选择研究方向上是怎么走过来的。

童秉纲在资料室（1997，中国科学院提供）

前面已提到，在20世纪70年代，我主要是研究各种构形在跨声速、超声速和高超声速下的动导数计算方法，以满足航天工程的急需，这在国内是一项较有特色的工作。在完成这些任务的过程中，我感到动导数计算应立足于非定常空气动力学这一基础理论，不宜迁就于按准定常流假设和线性理论去作工程估算。那时，非定常空气动力学乃至非定常流体力学在国际上正处于起步阶段。所以，从 80 年代起，我们科研组就以非定常流动作为主要的研究方向，一直做到现在。首先，我们从非定常气动理论出发，针对跨声速流和高超声速流固有的非线性困难，提出了相应的模型，采用半解析、半数值的求解途径，提出了非定常跨声速流的局部线化面元法，以确定跨声速机翼和旋成体的动导数，继而又建立了高超声速钝头体的非定常内伏牛顿-布兹曼流动理论，以确定多种钝头体的动导数。在 1984 至 1985 年，我在北美的 4 所大学当访问学者，从加州理工学院的吴耀祖院士那里受到很多教益和启示。回国后，我和庄礼贤教授合作指导博士生程健宇，于 80 年代后期建立了模拟鱼类巡游状态下波状摆动的三维流体力学模型，即三维波动板理论，并对鱼类的形态适应问题作了流体力学分析。稍后，我们又指导博士生汪前喜用匹配摄动法建立了三维薄翼在非定常极端曲地面效应下的三阶非线性理论。这两篇博士论文都受到吴耀祖院士和谷超豪院士等的高度评价，而且都在权威刊物 *J. Fluid Mechanics*（1991）上发表。其实，这两项研究都属于非定常流体力学的范畴，而鱼游问题又属交叉学科。众所周知，旋涡运动一直是流体力学理论和应用研究中最具有挑战性的课题之一。在 1989 年和 1994 年，流体力学学科启动了由庄逢甘院士主持的国家自然科学基金的前、后两个重大项目，都将探讨旋涡流动规律列为主要研究目标，我负责与此相关的子课题。涡运动的复杂性在于它是非定常的，又是非线性的，自然成为国际同行关注的一个热点。陆夕云的博士论文（1992）用部分篇幅数值研究了大幅振动圆柱尾迹的多种涡结构模态以及涡脱落中的相位转移、模态竞争等非线性特征。这项结果在前一个重大项目的总结中被列为亮点成就之一。孙德军的博士论文（1995）对圆柱尾迹作局部和整体的不稳定性分析和分叉研究，特别是在圆柱振动的情况下对其周期性尾迹作了稳定性分析，并揭示了涡街被激发或抑制的机制。王岩的博士论文（1995）给出了计入轴向流的可压缩黏性自由涡演化过程的近似解析解。还有，做旋涡运动研究，不可避免地要研究和改进涡方法，我们在发展二维涡方法方面也做了不少工作。此外，鉴于国内对航天器热防护研究的需求，我与知名气动热专家姜贵庆教授合作，从80年代后期开始，先后指导4名博士生从事以有限元方法为主体的计算气动热力学研究和发展工作，并于90年代参加了张涵信院士倡导和组织的流体有限元研究联合体，最终启动了一项由我负责、由6个单位参加的关于新型有限元算法的国家自然科学基金重点项目（1999至2001年），取得了若干成果。

20世纪末，我已70岁开外了，仍想有所作为。我看到了推动一个交叉学科"飞行和游动的生物力学与仿生技术"的重要性和紧迫性。1999年，中国科学技术大学的工程科学学院院长伍小平院士问我："流体力学当前要抓什么题目才能够申请到大项目？"我说了上述想法，她表示支持。从那年秋天起，我就着手筹备和推进该项研究计划：将自己的硕—博连读生全部定位于这个研究方向，我自己也边学边干；联合中科大力学系的队伍（有一位院士，5位教授）组成团队，在中科大建立了三个实验摊子；营造国内外合作交流的环境，与国外专家建立协作关系或邀他们来访交流，并密切国内同行之间的联系和合作，从2002年起，每年举行一次研讨会；积累条件，逐步争取国家对该项目的支持。迄今4年过去了，进展顺利，表现为：我们的团队已取得一小批阶段性研究结果；申请到了若干项目，其中包括中科院创新工程重要方向项目，国家自然科学基金的重点项目和面上项目；2003年10月21至23日经申请召开了上述主题的第214次香山科学会议，接着于当年12月11至13日又召开了以"仿生学的科学意义与前沿"为主题的第220次香山科学会议，其中仿生结构与力学是一个中心议题，我担任了这两个会议的执行主席之一；我单位于2003年4月成立中国科学院研究生院生物运动力学实验室，中国科大也正在办理之中。

其次，科研切忌"闭门造车"，要提倡真诚合作与交流。不管从提高科研的质量和时效来看，或是从培养青年人才而言，组织包括研究生在内的精干的科研梯队是个很好的形式，梯队内应该是平等、合作的伙伴关系，不同的经历、年龄和个体专长有利于发挥互相补充和共同促进的作用。此外，建立同行之间的和谐的协作交流环境也是很必要的。要做到真诚合作，处理好梯队内以及同行之间的人际关系是个重要基础。这个基础应该是构筑在对共同事业的追求、淡泊名利以及相互宽容之上的。几十年来，我分别与庄礼贤教授、尹协远教授、马晖扬教授和北京空气动力研究所的姜贵庆教授等合作指导研究生，并共同进行科研攻关，既收到了成效，彼此又结成了深厚的友谊。我们所关心的是共同为社会作贡献，并不在意于每人对每件事贡献大小之分以及论文署名的先后等，最根本的一条是我们在合作中都不关心自己的名利。在我当选为院士之后，有记者问我有何感想，我说"只知天天念经，没想到立地成佛"。

最后，在完成课题任务的过程中，要有认真坚持到底、不达目标不收兵的决心。这是一个日积月累、艰苦攻关的几年。虽然筹划阶段很重要，但那只是提出笼统的想法和判断，全靠攻关阶段一步步加以实现。要走新路，那里荆棘丛生，我们是否有勇气去闯出来？好不容易走了一段路，前面困难更大，要不要走到底？路是走完了，是否有耐心做琐碎的整理工作，将这条路收拾干净……

综上所述，我有一颗不畏曲折的事业心，得益于我在心理上的稳定能力和对事业的进取精神；我在做研究的时候，注重精心筹划、真诚合作和认真坚持：这就是我的成功之路。

（本文选自上海教育出版社 2005 年 5 月版《科学的道路》，原标题为"一颗不畏曲折的事业心"）

童秉纲 流体力学家与教育家。1927 年 9 月 28 日生于江苏张家港。2020 年 7 月 9 日逝于北京。1950 年毕业于南京大学工学院机械工程系，1953 年哈尔滨工业大学力学研究生毕业，随即担任该校理论力学教研室主任。1961 年到中国科学技术大学近代力学系任教，曾担任教研室主任和系主任。1984 至 1985 年赴加拿大滑铁卢大学和美国田纳西大学空间研究院、亚利桑那大学以及加州理工学院做访问教授并从事合作研究工作。1986 年起在中国科学院研究生院任教授。中国科学院大学教授。曾兼任中国空气动力学会副理事长。长期从事非定常空气动力学研究，结合国家航天工程需要率先开拓和发展了一套从低速到高超声速的动导数计算方法，发展了以有限元方法为主体的计算气动热力学，建立了模拟鱼类运动的三维波动板理论，对鱼类形态适应的内在机制作出流体力学解释，在钝体尾迹涡运动机理、可压缩性旋涡流动结构、二维涡方法等研究领域均取得重要进展。曾发表论文 80 余篇，出版了《气体动力学》《涡运动理论》《非定常流与涡运动》等多部著述，早年翻译了《理论力学教程》《理论力学教程上静力学及运动力学部分》等多部著述。培养了 16 位博士生。先后获国家及部委级各类科学技术成果奖 8 项。2002 年获何梁何利基金"科学与技术进步奖"。1997 年当选中国科学院院士。

> 他在狱中虽然没有书,没有纸,也没有笔,但他还是做研究工作。他在走廊或院子里捡拾燃烧过的火柴棒,用医生给他治胃病的炭末掺水,就在手纸上写了起来。
>
> ——汪德昭

反法西斯斗争的科学战壕

(一)

1940年10月,巴黎已被希特勒军队占领,但巴黎城依然是秋色宜人。30日那天午餐后,我照常到高等理化学院院长朗之万(Plangevin)试验室工作。不料快走到学院大门的时候,从学院里开出了两辆盖世太保(Gestapo,纳粹德国的秘密警察)的小卧车,在第二辆车里,有人向我招手,我定睛看去,原来是朗之万先生。他被盖世太保逮捕了!朗之万先生是法国反法西斯委员会主席,纳粹党人的"眼中钉"。他被捕消息传出后,引起各方强烈抗议,巴黎的拉丁区和凯旋门有游行示威,遭到镇压,死伤多人。国外知名人士例如爱因斯坦、卡皮察(苏联物理学家,1978年诺贝尔物理学奖获得者)等,不仅抗议,还想方设法营救朗之万出狱。因此,纳粹党人一时还不敢对他下毒手,先把他投入Sante监狱,关了38天。然后迁到距巴黎100多公里的

Troyes 小城拘留，允许他在城内活动，但不准离城，每两天要到德军驻所报到一次。

（二）

当时维希（Vichy）傀儡政府听从德军的指示，下令免去朗之万的一切学术职务。这件事引起法国各界人士的愤慨，我们试验室的同事们更是非常激动。我作为一名外国人，在非常时期，更要十分慎重，

汪德昭 院士
（中国科学院提供）

否则德国人对我是不会客气的。但是，我内心的愤恨实在难以平静。为了抗议，终于想出一个办法，就是利用法国科学院出版的《科学院学报》(简称 C.R.) 的一条规定：凡是在 C.R. 上发表的论文，必须由院士推荐，个人投稿概不接受。在正常情况下，我们的论文皆由朗之万院士推荐，才在 C.R. 上发表。现在朗之万先生被免去一切学术职务，也就无权推荐论文了，但我偏要寄论文给他，由他照例推荐，要是在 C.R. 上发表了，这就等于维希政府的命令无效。我们用这种方式来表示不承认朗之万先生已被免职。

朗之万在 12 月 9 日迁到 Troyes 城，一周后我给他寄去《大气中的离子平衡》一篇论文，将巴黎地球物理所 Thellier 小姐在 Chambonla-Foret 半年实测的数据和我们的理论比较，符合得相当好。朗之万先生在 12 月 21 日回信，对论文表示满意，并感谢我给他寄论文。12 月 30 日，这篇论文在 C.R. 上发表了！实验室同事们很高兴并向我祝贺，因为我们胜利了。那时在镭学研究所

371

朗之万先生被盖世太保逮捕了（陈云华绘）

工作的钱三强同志，赞成这个抗议办法，也把论文寄给朗之万先生，由朗之万先生推荐发表。

（三）

朗之万先生软禁在外城，维希政府派来了一位亲德的物理学家主持高等理化学院。我当然不会接受他的领导，立即退出了学院的实验室。得到巴黎镭学研究所领导伊莱娜·居里（I. Curie）的同意，到镭学研究所居里实验室工作。这个实验室我相当熟悉，因为钱三强同志在这里工作，我也曾和好友让·旭吕克（J. Surugue）在这里工作过。

有一天，我正在大磁石房间里做 RaD 转换电子绝对强度的测量（此工作于 1943 年在 C.R. 上发表，作者还有旭吕克和钱三强）时，伊莱娜要我去她的办公室谈话。

我到了她的办公室（也是她的实验室）后，伊莱娜笑着对

汪德昭在办公室著述（中国科学院提供）

我说："对不起，打扰了你的试验工作，我有一件紧要的事和你商量。"

"居里夫人，请不要客气，有事请讲吧。"我答道。

她手里拿着一件仪器，面带愁容地对我说："汪，这是我天天用的 Hoffmann 型静电计，是德国仪器，它的最关键部件是一根一个 μ（微米，即千分之一毫米）粗细的白金丝，长约45毫米。可是现在这根丝断了！因为战争关系，到德国买仪器是不可能的，而我的研究工作一天也离不开它。汪，请你务必帮我这个忙，另焊一根一个 μ 粗细的白金丝吧。"

当时，盖革计数器刚出现，实验室还未普遍使用时，伊莱娜居里和弗·约里奥-居里 (F. Joliot-Curie) 皆使用这类灵敏静电计。例如他们夫妇发现人工放射性，就是使用 Hoffmann 型的静电计，灵敏度可以测量一千个电子的电荷。

伊莱娜·居里的请求，完全出乎我的意料。首先，一个 μ 的白金丝,在一般的光线下看见它都不容易,何况焊接!再说,把直径为一个 μ 的白金丝,直接焊到铜柱上,根本是不可能的。我听到她的请求后,考虑了片刻,说:"夫人,这项工作必须要手巧心细的人才有可能做到,我建议您还是找一位女同志去做吧。"

"汪,我最初也是这样想的。但是,中国人手巧是世界闻名的,请你务必帮我这个忙。"

她十分诚挚的眼光,使我无法拒绝,只好说:"那我就试试看,不一定能成功。"

我把断了丝的仪器拿回实验室,一心思考怎么办。后来我了解到为了这台仪器,伊莱娜已找过许多高级研究员试焊,皆告失败。是法兰西学院约里奥-居里的助手向伊莱娜建议,才找到我的。我想,法国高级研究员做不成的事,看看我们中国人的。于是,下决心,一定要把这台仪器修好,为中国人争点光!技术路线是这样的:首先排除直接把一个 μ 的白金丝焊接到细铜柱上的简单办法,但可以把一根较粗的白金丝直接焊上细铜柱。白金丝可以镀银,使直径变粗,再经过一般的拉丝技术,使银线中心的白金丝直径拉成一个 μ,再将银层去掉(用稀盐酸),而拉丝技术是有专业厂可以代做的。经过三个多星期的试验,静电计居然修好了!当我把仪器送到伊莱娜手中时,她很高兴,特别把仪器的后盖打开,看到一个 μ 的丝复又存在。过了几天,当我见到她时,问她静电计的灵敏度如何,她高兴地说"和原来的一样"。

这个很简单的工作在巴黎科技界传开了,很多人要求我来修好他们有类似麻烦的仪器。X 射线专家吉尼耶(Ginier)在中国访问时,在欢迎宴会上还特别提到此事,并说,我曾为战时法国科学研究的进展起了作用。

（四）

朗之万先生在拘留期间，对同事、对学生的关心使我十分感动！他被拘留在外城期间，心情烦闷不安是可想而知的；而且，他的爱婿沙罗门——一位才华出众的物理学家、法共党员，被盖世太保当人质枪杀了，她的爱女埃伦娜被送往德国集中营。在这样的情况下，他还想到他的一位中国学生。

那是1941年的一天，尼可拉（J. Nicolle）教授看望朗之万先生后回到巴黎，来到我的家中。他说："朗之万先生很关心你们的生活，现在是战争时期，你们生活会有困难的，特托我给你们带来一笔法郎，对你们可能会有点帮助。"我听了，感动得说不出话来。他在家仇国难、心情沉痛的时候，还想到了我。这也是想通过我，寄托他对苦难的广大中国人民的同情啊！使我更不能忘怀的是，朗之万先生在狱中还关心我的研究工作。他的二儿子安德烈·朗之万写的传记《我的父亲朗之万》(Paul Langevin, Mon Pere) 中，就有这样一段记载：

"……他在狱中虽然没有书，没有纸，也没有笔，但他还是做研究工作。他在走廊或院子里捡拾燃烧过的火柴棒，用医生给他治胃病的炭末掺水，就在手纸上写了起来。他是那样的耐心，因为这样的书写是很困难的。38天，他写了一大卷数学计算。我们保存了这卷手纸。我确信里边有两个题目：一个是关于振荡电路的计算；另一个是汪德昭论文的补充计算（汪是研究室的科研人员）——关于气体电离问题。"

1971年，该书在巴黎 Editeurs Francais Reunis 出版，上面一段引文在该书的第174页。文中说的气体电离问题，是因为在我的论文中引用过朗之万先生的一个公式，而公式中未考虑离子合成时分子热骚动的影响。朗之万先生在狱中彻底分析了分子热骚动的影响,分析结果证明它对公式不产生影响,并于其后整理成文,于1945年1月在法国《物理学报》上发表(J. de Physique T. Ⅵ.1, P1—5, 1945),论文名称为《关于离子的结论》。朗之万先生于1946年12月19日谢世,葬在巴黎的先贤祠(Pantheon),与伟人雨果、左拉等为伍。上述论文,是他一生中的最后一篇论文。

(本文选自上海教育出版社1996年5月版《中国科学院院士自述》,标题为编者所加)

汪德昭 物理学家。1905年12月20日生于江苏灌云,1998年12月28日逝于北京。1929年毕业于北京师范大学。1940年在巴黎大学获法国国家科学博士学位。历任中国科学院声学研究所研究员、所长、名誉所长。兼任中国声学学会和仪器仪表学会理事长、中国物理学会副理事长等职。开创了中国水声学和国防水声学研究,创建、组织和直接领导了有关研究工作,创建和发展了中国第一支水声科技队伍,为中国物理学研究、国防科技和科学事业的发展作出突出贡献。提出了我国水声学研究的指导思想,参与中苏联合水声学考察,在水声学基础研究上取得一系列成果。20世纪40年代在大小离子平衡态研究方面取得出色成果被誉为"郎之万-汪德昭-布里加理论"。曾先后荣获法国法语区声学家协会授予的最高级奖章、法国巴黎市政府颁发的银质奖章、法国总统颁发的荣誉军团军官勋章。1957年被增聘为中国科学院学部委员(院士)。

> 回顾自己这一生,我感到没有虚度年华,因为我做了一辈子教师,所教的许多学生已成才,其中不少是我的得意门生,我为他们成才感到骄傲。
>
> ——王 迅

我的教师生涯

我于1956年从复旦大学物理系毕业,留校后没有直接当教师,而被指定报谢希德先生的研究生。因为"大跃进"而中断研究生的学习,从1958年以后,我被推到了教学和科研的第一线。1960年1月正式转为复旦大学助教。从此,我当了一辈子教师。

做一名教师是很平凡的,做一名教师也是很有乐趣的。下面所说的虽然都是些小事,一鳞半爪,却是我终身难忘的。

我以前可以不用讲稿上课

担任教师后,经历了一段时间的实践,我的教学能力有了大的提高。最得意的是我在1961年至1963年期间主讲物理系的基础理论课——热力学与统计物理,这是我教学达到顶峰的时期。这门课是给200名学生上的大班课。热力学与统计物理有丰富深入的物理概念,又有很冗长的数学推导。我的老师卢鹤绂教授和

王　迅 院士
（中国科学院提供）

前任主讲老师殷鹏程教授，上这门课的水平很高。我学习他们之长，把物理概念尽可能讲得富有逻辑性，并且注意语言的美妙和风趣，还常常插入一些"惊人之语"以吸引同学们的注意力。

当时凭借自己的记忆力好，在上课的前一天晚上，在宿舍里泡着一瓶茶水，备课到12点钟，把第二天上课时要讲的内容和需在黑板上推导的公式全部理一遍，把握好讲课的节奏、时间控制和板书的写法等。第二天上课时，我可不带教材和讲义，手拿一把粉笔走上讲台，凭着自己对教材的理解、消化和记忆，把两节课的内容"滚瓜烂熟"地传授给学生，那些整整几黑板的公式推导都不会错。学生们对此印象很深，多年以后还对我津津乐道。这也给我留下了美好的回忆，可以说是我一生中最为得意的事情之一。

我上过工农兵学员的课

"文化大革命"中我被派去担任工农兵学员的教学工作。受"文革"的影响，当时教师都被认为是资产阶级知识分子，是专政的对象，上课是"放毒"。因此，"教师工作危险论"很深地印到了知识分子的心中。我去担任工农兵学员的教师后，有外校同事问我，你去上课怕不怕？我说当我与这些学员面对面接触时，想到的只是怎样让他们迅速成长，根本无暇顾及什么"怕"之类的事。与工农兵学员在一起，还是很有师生感情的。不过，实际上在那个时代做教师并不轻松，政治上的压力始终还是存在的，就是在业务教学上也是罩上了政治的阴影。

记得有一次，我讲课时在一个式子中出现 $1/0 = \infty$，学员不理解。于是，我把等式右面的 ∞ 和等式左面分母中的 0 交换，写成 $1/\infty = 0$，有些学员仍旧不理解。有人提出，《毛泽东选集》中说过"一尺之竿，日截其半，万世不竭"，认为这个式子不符合毛泽东思想。这时学员纷纷议论，一片混乱。许多学员问我，在数学上到底怎么表述，他们不管什么"万世不竭"，觉得只要科学有定义，他们就接受。但也有几位学员仍不同意，认为这是涉及对毛泽东思想的态度问题。

这天上完课后，我心里烦透了，想不到这么一个小问题一不留神就会触犯毛泽东思想。当时，真担心会被抓把柄，作为反毛泽东思想的证据，借传授知识的机会对学生放毒的典型而大受批判。幸好没有学员小题大做，将这件事告到工宣队那里去。当然，被个别工农兵学员批判的事也是有的，因为在教室安排上发生了些冲突，我被别的班级一位盛气凌人的学员贴过大字报。不过，我和工农兵学员的关系整体上还是融洽的，从首届到最后一届工农兵学员，我都给他们上过课，有许多课都是我自己从来没有学过的，但我全身心投入，边学边教，认真编写讲义，认真安排实验。在任课教师中，我是受很多学生欢迎者之一。在"文革"当中，我和学生一起下工厂、下农村、搞毕业设计、参与各种活动。有的学生甚至失恋时，也来和我谈心。有些人毕业了20余年，还和我保持联系。师生之间的感情不是任何"左"的路线所能阻隔的。

我情愿上基础课

"文革"后的20多年来,我的主要工作是培养研究生,这是结合科学研究和实验室建设进行的,花费了我很多精力。除了给研究生上专业课外,也有几次给本科生上基础课的机会。

说实在的,我并不喜欢上专业课,而喜欢上低年级学生的基础课。1981年初,系里安排我给四年级学生上固体物理,而我宁愿上一年级的电磁学。后来,杨福家校长提出要求博士生导师上基础课,于是1994年我又选择了这门电磁学课。这时,我已经是年届六十,再也没有20世纪60年代时那么好的记忆力了,可以上课不带讲稿。但是,我把注意力放在教学改革的尝试上,大力精简教学内容。由于传统教学内容越讲越多,教材越编越厚,比如我所用的电磁学教科书写得非常系统和深刻,但作为一本教材,其篇幅实在太大。我对课程的内容作了删节,将重叠的内容都省略掉了。这样,不但在一学期内可以轻松讲完,还在很大程度上减轻了学生的负担。

不要让困难学生丧失信心

这期间最使我高兴的一件事,是班上有几位"后进"学生没有掉队。这几名困难学生在进大学后,每门主课几乎都不及格,经补考才勉强通过的。虽然他们很努力,但心理负担非常重,考试对他们无疑是一种折磨。其中材料系有一位女生,在电磁学期中考试时只得了15分,是全年级最低的。她的问题出在学习方法上,她曾到我办公室来查阅她期中考试的答卷,我发现她计算题目时思绪很乱。于是,我给这些困难学生专门辅导了一次,引导他们复习时把精力集中于学透概念,而不要突击做题目。我还专门写了一张条子，指出上述女生学习方法上的缺点，并具体指导她怎样改进。期末考试这位学生大有进步，整个学期这门课的平均成绩达到及格，这也可能是她进校后第一次主课没有补考，学生指导员知道后也非常开心。过了一年多以后，指导员告诉我，那位学生成绩已成为全班第一名了。以后，这位女生又多次来向我道谢和报喜，直到毕业离校。

学生有时也会成为我的老师

我上课前很少到教员休息室去。每次上课，我大约提前10分钟到教室，擦完黑板就在讲台前转悠转悠，有时和前排的学生交谈几句，问问情况。课间休息10分钟，我仍在教室里，这时可能会有学生上讲台来问些问题，这相当于我给他们留出了答疑的时间。虽然我把我的办公室地点告诉学生，欢迎他们随时来问问题，但来的人很少。所以，我把课前和课间的时间作为与学生个别接触的宝贵机会。

这当中也有不少有趣的事。一次，有一位学生课间来问我关于电动势的问题，他认为书上一个式子的推导不正确。我对此没有深究过，自认为教材不会错，于是给他解释，但是解释来解释去，我发现自己不能自圆其说了，于是我对学生说，这个问题让我回去想一想下次再回答你。课后，我去找了这本教材的编写者——另一位教授，他说："喔！这个公式印错了，我们的勘误表还来不及印发。"这可是我生平第一次碰到学生指出教科书上的错误。

还有一次，一位学生来问我，一个沿水平方向匀速运动的电子，通过水平放置的一对带电平行板，电子受到垂直方向电场的作用获得了加速度。当电子离开平行板后，水平方向的速度不变，垂直方向获得了速度和动能,这样能量不是增加了么,岂不成了永动机了。我回答不出来。课后,我同多年主讲电磁学的教师讨论,得到了一个粗浅的定性解释,暂时搪塞了一下这位学生,但心里并不舒坦。后来,我同几位来访的中科院院士提起这个问题,他们也觉得这个问题很新鲜,不好回答。以后有一位美国教授来复旦访问,我在接待他时讲起学生提出的这个问题。他也饶有兴趣地同我讨论,可是最后仍然没有满意的说法。他说:"我接下来一个星期会一直在脑子里想这个问题。"这种例子我几乎终生不忘,因为这实在是做教师所带来的莫大乐趣。

严格要求,让学生超越自己

培养研究生和青年教师,可以说是我一生中耗费心血最多的一件事。1978年我开始带硕士生。1982年春,"文革"后第一批通过考试入学的大学毕业生中有人考上了硕士生。这是第一批正规科班出身的硕士生。在系里的迎新会上,作为导师我去表态,表示在我有生之年里,一定要为把我们研究生水平提高到西方发达国家一样的水平而奋斗,不达目的,死不瞑目。因为我当时发言很慷慨激昂,学生对此印象极深,并深受鼓舞。这一届的硕士生素养确实非常好,加上导师的精心指导,他们的成绩相当不错,完全比得上国外的硕士生。三年以后,当他们毕业时,又请我去参加他们的欢送会,因为三年前入学时我的话他们记忆犹新。于是,要我再讲一次话,激励他们更上一个新台阶。我说,我还没有看到我们的博士达到国外的先进水平呢!

对于带学生,我深知自己的弱点是没有经过正规的训练。我的研究生学历是不完整的,我自己没有完成过博士论文,我无法做到"名师出高徒",只能求其次,采用"严师出高徒"的办法。我说,你们做我的学生,以后经常会受到我的指责,这里不行那里不行。其实,我对研究生的学风管得很紧,对于他们工作中的任何细节都不放过。

我对有些学生的错误曾进行毫不留情的批评。但是,对于研究生的严要求,必须建立在对他们爱的基础上。把他们看作是自己的子弟,一切要为他们的前途着想,而不是出于对他们看不顺眼,非要惩罚他们。我对学生的严格要求,都是以理服人,所以不会把关系弄僵。我对我的博士生说,当你做的工作已经超出我所了解的范围,我要看你写的论文,然后慢慢去理解它,最后同你讨论并帮你修改提高,这样你的博士学位水平就快达到了。我有好几位博士生都是这样,到最后阶段是我去学他们做的工作,我跟在他们后面。这样的学生毕业以后就已经具备独立工作的能力了。20世纪90年代初,我去美国遇到我的几名博士生,我问他们,你们跟美国博士相比觉得怎样?他们都毫不迟疑地回答,肯定不比他们差。我想,我这个笨师要出高徒,只能采取这样实事求是的办法。当然,我尚不能自满,因为我还没有培养出出类拔萃的达到国际一流水准的人才。

师生感情最为珍贵

1984年,当我开始指导博士生时,我就想在我们实验室建立一支科研的"国奥队"。经过十几年的努力,这一目标在我们的应用表面物理国家重点实验室实现了。我们实验室现在45岁以下的教师已担任了实验室的领导和绝大部分的项目负责人,指导着90%以上的博士生和硕士生。他们既从事科研又担任教学,在国内外各种学术机构中任职。这一支稳定的优秀青年队伍，在许多场合都得到了好评。

在20世纪80年代末至90年代中期，学校留住青年教师是一个很大的难题。当时，我们留下的一些青年教师都是同辈中的佼佼者。他们有很高的政治素养和业务素养。他们对出国还是留校工作的抉择是痛苦的。将心比心，我很理解他们。我觉得要倾全力来支持和帮助他们，积极为他们寻找出国做博士后和访问学者的机会，一方面，使他们有机会到国外高水平学校和研究机构去接受新的学术思想和掌握更先进的研究方法；另一方面，这也是十几年前使青年教师"脱贫"的一种捷径。我们的多数青年教师来自外地，家境并不富裕，有的还要负担家中弟妹的生活费。有一位教师留校分配给他住房，然而几千元房屋债券和煤气债券都付不出，结婚用家具买不起，家里用的凳子是用实验室废弃的木箱上面搁一块木板来解决的。所以帮他们"脱贫"，在当时是一件不可小觑的事情。

对于青年教师的个人问题，必须像对待自己的子女那样去尽心帮他们解决。譬如他们爱人的工作安排、他们的住房分配，我都替他们去找学校领导和职能部门谈。前几年出国要办公证，担保人不能是亲属，于是都由我出面替他们担保。有一次，我冒着大雨骑自行车到离学校好几公里以外的公证处，帮一位青年教师作担保，他心里是非常感激的。有几位青年教师在国外时，他们的夫人费尽周折去国外探亲团聚，周围的人就说，都在国外了，无后顾之忧了，劝他们不要回国了。他们的思想斗争很厉害，但最后还都回来了。用他们的话说，要对得起我对他们的信任，至少要从感情上对得起我。有的人称这是"感情投资"。我觉得"投资"是一种商业行为，目的是取得回报，而我和学生之间存在的是师生感情，我图什么回报呢？我不需要对个人有什么回报，作为老师最希望看到的是学生能成才，看到自己学生对祖国能有一片忠心和他们无私的品质。师生感情是纯洁的，不应该有任何的功利掺杂。

王迅在复旦大学应用表面物理实验室（2005，中国科学院提供）

我不喜欢别人称我"王院士"

现在，我已从国家重点实验室主任的岗位上退下来了，也早已过了退休年龄，我是目前复旦大学物理系中年龄最大的教师了。后辈已经在国家重点实验室和物理系中担任了领导，我必须对自己的角色重新定位。我现在还可以做些什么事情呢？我可以为青年人起些参谋的作用，帮他们考虑一些问题。我们物理系有一个教授大会，系里的重要决定都由教授大会通过，在会上我也只不过作为一分子参与讨论。有位青年教师曾对校长说，在我们系里教授讨论工作时，即使是王迅的意见，大家也照样可以反驳否定。我想，当他们不再需要在校长面前以此为骄傲时，我就真正是一名普通的教授了。

回顾自己这一生，我感到没有虚度年华，因为我做了一辈子教师，所教的许多学生已成才，其中不少是我的得意门生，我为他们成才感到骄傲。

我不喜欢别人称我为"王院士"，我是复旦大学的教授，我就是王老师。

（本文写于 2004 年 7 月，改定于 2022 年 7 月 28 日）

王迅 物理学家。1934 年 4 月 23 日生于上海，原籍江苏无锡。1956 年毕业于复旦大学物理系，1960 年该系研究生毕业。复旦大学教授。长期从事半导体物理和表面物理研究与教学。在半导体表面结构和电子态研究，发光多孔硅特性和机理研究，高质量锗硅超晶格的研制、锗硅量子阱和量子点物理特性研究和新型硅锗器件的研制等方面，做出多项创新成果。领导建成应用表面物理国家重点实验室。在国际学术刊物上发表论文 170 余篇，在国际学术会议上作邀请报告 21 次，论文被国际刊物引用 1000 余次。1997 年获中国物理学会"第五届叶企孙物理学奖"，1998 年获何梁何利基金"科学技术进步奖"。还曾获国家自然科学奖二等奖、上海市科学技术进步奖一等奖 2 项等。据 2005 年资料统计，已指导博士生 26 人，硕士生 25 人。1999 年当选中国科学院院士。

> 我自己对我在 1964 年提出的激光引发氘核出中子的想法比较满意。因为这在当时是一个全新的概念，而且这种想法引出了后来成为惯性约束核聚变的重要科研题目。一旦实现，这将使人类解决能源问题。
>
> ——王淦昌

朗读者 张皓燃

一次难忘的盛会

1992 年 5 月 31 日下午 3 时，在北京钓鱼台国宾馆芳菲厅举行了一次非常难得的、有历史意义的聚会，这就是中国当代物理学家联谊会。与会者有我国老、中、青三代物理学家 300 余人。其中有老一代的物理学家严济慈、周培源、吴大猷、赵忠尧等，还有美籍物理学家杨振宁、李政道、吴健雄、袁家骝、任之恭、顾毓琇等。有许多人为参加此次会议专程从美国等地远道赶来，如高温超导专家朱经武教授也是专程从美国休斯敦（Houston）赶来的，他在会议前一天到京，会议完毕的次日即返美，像朱教授这样的人还有不少。

会议由朱光亚、李政道两位教授主持，他们请下列几位在主席台上就座，他们是：严济慈、周培源、赵忠尧、吴大猷、吴健雄、任之恭、汪德昭、王淦昌，并要求他们每人作 5 分钟的简短

王淦昌 院士
（中国科学院提供）

发言。于是，上述各位就依次发表简短而精彩的演讲。轮到我发言时，李政道教授问道："王老师，在你所从事的多项科研工作中，你认为哪一项是你最为满意的？"我考虑片刻后回答："我自己对我在1964年提出的激光引发氘核出中子的想法比较满意。"因为这在当时是一个全新的概念，而且这种想法引出了后来成为惯性约束核聚变的重要科研题目。一旦实现，这将使人类解决能源问题。

大家知道，激光是1960年由美国的汤斯（Townes）和施瓦洛（Schwalow）及当时苏联的巴索夫（Basov）和普罗洛夫（Prohlov）发现的。他们四位都因此先后获得了诺贝尔奖。我知道这个消息后，起初对这个问题并没有加以注意，后来听得多了，逐渐注意和学习了关于激光的一些知识，了解到激光有四个特点：强度特别大、具有方向性和相干性、单色性能好。我自己是学核物理的，因而想，倘若能把光和核物理两者结合起来，应该可以发现新的有趣的现象。我为此深入思考，不久就想出用激光打击氘冰，看是否有中子发出来。于是，对此作了粗略计算（读者可参阅《原子能科学技术》第22卷第1期，1988年1月，第7页，这是后来登出来的），结果认为理论上是完全可以出中子的，但如何通过实验来证明这是可能的呢？我为此苦思冥想。

那时，我在四川九院（即现在的中国工程物理研究院）工作。

当我在北京参加第三届全国人民代表大会（记得那是1965年春）时，恰遇中国科学院上海光机所邓锡铭研究员，他正在从事大功率激光的研制工作，这次因事来京，我把想法告诉了他，他听了眉飞色舞，非常高兴，并且想了很多办法来增大入射激光的强度。我们就一起筹划进行实验。因为激光器建在上海光机所，实验室就设在那里，由邓锡铭组织人员进行实验，我仍在四川九院继续原来的工作。过了一段时间，上海那边来电报告：中子已经测到了。我们欣喜万分，但经过仔细分析后，认为这个实验结果不可靠。因为实验使用的中子探测仪器是核乳胶片，而核乳胶片是有本底的，即没有激光照射时也可能有中子（反冲）痕迹，这是由于本底（本底大部分来自宇宙线，小部分来自四周的空气及其他物质）的作用，很可能错把本底当作激光打靶产生的中子痕迹，而空欢喜一场。我们马上请当时九院的中子测试能手——王世绩研究员带了很可靠的中子探测器（有两种，一种是测快中子的；另一种是测慢中子的）前去上海，重新做实验。经过仔细测量，最后无疑地证实真正测到了激光引出的中子，从而使大家心里踏实下来，信心倍增，工作的积极性也更高了。后来研究队伍逐渐扩大，我们请著名的理论物理学家于敏院士、全国最权威的光学专家王大珩院士等先后加入这支队伍，并得到各方面的大力支持，例如中国科学院周光召院长对之也非常关心。激光引发氘核出中子的想法，得到了实验的证实，进一步为惯性约束聚变工作提供了基础，而深入的工作需要高功率激光器。虽然在科研经费较紧张的情况下，国家还是积极支持这个项目，经过多年的艰苦努力，终于成功地建成了被张爱萍将军命名为"神光"、功率为10^{12}瓦的大型激光装置，并于1986年通过了国家鉴定。现在全部科研队伍已扩大到 1000 多人，成果丰硕且不断涌现。例如，利用"神光"装置做出了两个极重要的成果：（1）在激光打靶的空腔靶内温度已达到 160 电子伏并使氘靶出了中子；（2）测得类氖锗的软 X 光激光输出近于饱和。这两项成果在世界上属于领先地位。另外，在此基础上，中国原子能科学研究院开展了氟化氪气体激光的研究，装置的输出已达到 100 焦的激光能量，目前正在提高光的品质。

我们虽然取得了上述成就，但总的来说，激光科技仍落后于美国和日本。特别应该提出，日本起步比我们晚很多，但由于资金雄厚，工业基础好，现在已胜于我国并已接近或超过了美国，实是可畏。因此，希望各方面能大力支持并促进这项工作。中国人是很聪明而且很勤奋的，只要大力协同把这件工作做好，相信赶超他们是完全可能的。

王淦昌在原子能研究所作关于惯性约束核聚变报告
（1980，中国科学院提供）

讲毕，稍事休息，全体参加会议的人员受到了时任国家领导人江泽民、杨尚昆、李鹏、宋平、温家宝等接见，并合影留念。晚上还有招待会，参加的人更多了。

与会者反映，会议开得很好，既联络了感情，又交流了经验，也很有生气。因此，就记忆所及，笔述如上，错误之处，望批评指止。为使读者对此了解得更多一些，请参阅《现代物理知识》1989年第4期第1页上王淦昌的文章《取之不尽、用之不竭的理想能源——激光惯性约束核聚变》。

取之不尽、用之不竭的理想能源
——激光惯性约束核聚变

能源，是人类生存活动中不可缺少的、重要的资源。几千年来，人类为了求生存和发展，不断地探求向大自然索取能源的方法和途径。20世纪以来，人们开发和利用了太阳能和原子能。原子能又分裂变能和聚变能。从20世纪40年代起，裂变能已为人类所掌握和利用。从20世纪50年代开始，人们又在进一探索聚变能的利用问题，已经有不少国家建造了受控核聚变研究装置，而且近年来的研究工作都有不同程度的进展，尤其是惯性约束核聚变的研究，目前又有新的突破。从前认为利用聚变能是遥远的事，而现在看起来要比从前乐观了许多。

我国人口众多，能源缺乏。在人口稠密、工业发达的地区，常因能源问题，工厂开工不足，给工业生产和人民生活带来困难。因此，开发利用聚变能既是相当迫切又是非常实际的问题，因为它是一种取之不尽、用之不竭（燃料从海水中提取）的最干净、最完整、最经济的理想能源。我国在这方面已经建立了磁约束聚变装置和惯性约束聚变装置，进行了多年的研究工作，取得了很好的成果。可以这样自豪地说：我国受控核聚变研究工作已经有了很不错的基础……

我认为，国内的研究工作是很不错的，做了许多工作，有了很好的基础。上海光机所的激光技术非常好，他们已进行了十多年的研究工作，有很强的、很有头脑的领导骨干队伍。他们已建立了单路、2路（又叫"神光"）、6路激光器，具有一定的规模，并且进行了独创性的工作，在国际上已有一定的影响，但他们理论队伍较弱。核工业部九院的物理理论很强，实验和诊断技术也很好，但他们没有激光技术。大家知道，中国民间有个故事，说一个瞎子有腿，但看不见，走不了路；一个拐子，有眼睛，但腿不行，也是走不了路。这两个人一合作就可以取长补短，就能到处跑。故事中的道理同样可以用在上海光机所和九院这两个单位，他们联合起来，成立联合研究室，就可以发挥很大的作用，做很多事情，可以跟踪外国，可以做微型聚变装置(LMF)实验（事实上这种试验已在进行）。

中国原子能科学研究院做的 KrF 激光，它的最大特点是效率高，重复性能好，波长短，但由于资金不足，进展的速度不够理想。日本比我们晚好几年才进行 KrF 激光试验，由于资金雄厚，已经建了 6 个 KrF 装置，实验工作已大大超过我们。

我认为，我国激光惯性约束核聚变是完全有希望的，只要国家支持，认真投进人力、财力，就有可能突破。过去，我们只是埋头研究工作，忽视宣传，所以外界对我国惯性约束聚变研究的状况几乎一无所知，实际上我们有很强的能力，有优秀的队伍，有齐全的设备，有这样好的基础而不去充分利用和开发，很可惜。裂变的核电站当然需要，但应把眼光放得更远点，聚变的核电站也不能忽视，希望也能重视惯性约束聚变的科研工作，两方面都应重视。我想，只要配备适当的人力、财力，我国的惯性约束核聚变研究一定能够做出成绩，赶上世界先进水平。

在结束我这篇报告时，我还要再说几句：我们不会忘记，磁约束聚变研究方面也做了不少工作，取得了很好的成果。在实现核聚变反应方面，究竟哪一种途径更快些？现在还很难断定。希望大家都努力工作，深入探索研究，争取早日实现我们的共同目标——和平利用核聚变能。

（本文写于1992年，标题为编者所加）

王淦昌 核物理学家。1907年5月28日生于江苏常熟。1998年12月10日逝于北京。1929年毕业于清华大学物理系。1933年获德国柏林大学哲学博士学位。1934年回国后，相继在山东大学、浙江大学物理系任教授，培养出一大批优秀的青年物理学家，其中包括诺贝尔物理学奖获得者李政道等。作为中国核科学的奠基人和开拓者之一，曾任中国科学院近代物理研究所副所长、苏联杜布纳联合原子核研究所副所长、中国工程物理研究院副院长、中国原子能科学研究院院长、第二机械工业部副部长、中国科学技术协会副主席等。1941年提出验证中微子的实验方案。20世纪50年代领导建立了云南落雪山宇宙线实验站，使中国的宇宙线研究进入国际先进行列。在杜布纳联合原子核研究所领导研究小组发现了反西格马负超子。作为世界激光聚变理论和研究的创始人之一，1964年提出激光惯性约束核聚变的设想并促其进入实用阶段。也是中国核武器研制的主要奠基人之一，在中国第一颗原子弹和第一颗氢弹研究试制中作出突出贡献。1982年获国家自然科学奖一等奖，1985年获国家科学技术进步奖特等奖，1999年被国家授予"两弹一星功勋奖章"。1955年被选聘为中国科学院学部委员（院士）。2007年中国科学院国家天文台将1997年发现的获国际永久编号14558的小行星命名为"王淦昌星"。

> 退居二线以来,准备重新从事力所能及的研究,希望在有生之年为我国的生化事业多尽一点力。
>
> ——王应睐

为祖国生化事业多尽一点力

1907年我出生在福建金门岛一个僻静的农村——山后社。全村分上、中、下三堡,我家住中堡。中堡的居民全是同一曾祖的后代,大部分是在日本经商的侨裔。我父亲曾先在神户,后在大连、营口、牛庄等地经商。我2岁时父亲去世了,6岁时母亲也病故了。

农村无小学,我4岁始在村办私塾识字读书,11岁时随二哥、三哥到鼓浪屿英国教会办的英华书院求学。17岁毕业后,入福州协和大学深造,翌年转南京金陵大学。

在中学时期,我兴趣较广泛,但无特殊倾向,中、英文学的阅读以及参与体育活动占了我很多时间。大学一年级时,除仍喜爱文学及体育外,渐对化学发生较大兴趣。但协和的化学课程不多,于是我查遍全国大学章程,发现南京金陵大学的化学系课程内容最充实,遂于1926年转金陵大学专攻工业化学。

1929年毕业，被留校任化学助教，协助教授教有机化学、普通化学和物理化学。由于工作过忙等原因，一年半后患了肺结核病，遵医嘱去北平疗养，前后在西山休养近五年，其间曾由金陵大学派往燕京大学化学研究院进修，但未满一年又病倒了。在养病期间曾广泛浏览关于结核病的书籍，并时常思考如何解决我国肺结核病广泛流行的严重问题。当时结核病尚无特效药，而在北平（全国亦然）广大穷苦劳动大众中，特别是黄包车夫患病率特别高，由于无能力休养，死亡率也很高。一人得病，全家遭殃。悲惨情况，难以描述。当时治疗途径不外休养与充足营养，而这两条正是穷苦劳动大众无法解决的。这个问题经常在我脑中盘旋，加上自己长久被病魔纠缠的体会，决心放弃工业化学，改学生物化学，因为营养学是生物化学的一个内容，我在燕大进修时便着重学习生化与营养学。

1935年病愈后，我接受金陵大学邀请，回南京参加淳化镇营养调查计划。这是一项由金陵大学化学系、李斯德医学研究所和金陵大学农业经济系联合组织的计划。我的任务是负责食物营养成分的全部分析研究。

1937年，发生了"卢沟桥事变"，日寇日夜轰炸南京，金陵大学决定内迁。校方考虑到我的健康，劝我暂回鼓浪屿休息，待学校搬定后再返校。1938年春，中英"庚款"留英考试恢复，并首次设有生物化学（偏重营养学）一个名额。我在上海参加考试被录取，遂赴英国剑桥大学专攻维生素。

当时，维生素的研究正成为热门，新的维生素不断被发现或人工合成，为此而获得诺贝尔奖的科学家有十余人。维生素在营养中的地位被充分肯定后，微量测定其在各种食物及组织中的含量，成为迫切需要解决的一个问题。我进实验室的第一天便被指定研究此课题。当时我所在的实验室设备简陋，连一台离心机、一架普通的光度机都没有，因此只能因陋就简，以最简单的化学或物理化学方法来完成任务。在两年的时间内，我完成了四种不同的水溶性维生素的微量测定方法，有些结果并与生物测定结果作平行比较，证明其可靠性。我采取这一系列简易可行的方法，目的也是为回国后开展工作做准备。因为当时国内研究条件不可能较英国好。我在对测定方法进行研究的同时，还开展了维生素的生理和毒理作用的研究。例如，与 T. Moore 合作发现，服用过量纯合成的维生素 A 的毒性作用以及维生素 E 缺乏的组织变态现象。1941 年我获得博士学位后，正准备回国，忽逢"珍珠港事件"发生，远东交通阻断，遂接受英国医学研究委员会特别资助，留剑桥继续从事研究。

20 世纪 40 年代初期，许多主要维生素已先后被发现，有的已被合成，维生素研究的中心问题已转到其作用和原理，特别是它们与酶和代谢的关系。欲深入研究，必须具备更坚实的生化基础和广泛的研究经验。同时，我也逐渐认识到，营养水平的提高是一个社会问题，不仅是知识问题，而结核病的解决更是一个艰巨、复杂的社会任务。因此，我决定利用剑桥的优越条件，充实自己的生化知识，以便回国后更好地开展我国的生化工作。除参加生化系的高级生化训练班外，我还师从著名科学家、细胞色素发现者 D. Keilin 教授，研究豆科根瘤、马肚寄生虫血红蛋白和酶。这段经历对我归国以后的工作产生了很大的影响。

1945年冬，我应中央大学医学院的邀请任生化研究教授。这时，正值医学院复员搬回南京，研究条件很差。我有了战时在英国因陋就简从事研究的经验，故仍能坚持带领生化系教师和研究生进行一些工作，还指导中央大学农化系的彭加木、夏淑芳和陈春明三位同学完成毕业研究论文。丁光生、徐达道和杨光圻也在我的指导下完成了硕士毕业论文的。回顾在中央大学医学院的两年半时间，虽在万分困难的条件下工作，但师生相处还是很愉快的，特别是全系人员都孜孜好学，如饥似渴，给了我极大的鼓舞和欣慰。

1948年春，我应中央研究院医学研究所筹备处林可胜和冯德培的邀请，转到上海医学所筹备处，从事氨基酸代谢与维生素的关系及酶的研究。和我一道工作的有胡旭初、陈善明、彭加木、汪静英和戎积圻等人，工作条件较中央大学略好，但仍很困难，经常无研究经费，加上解放前夕物价飞涨，人心惶惶，工作难以开展，幸而一年后上海解放了。

新中国诞生后，医学所筹备处并入中国科学院，改名生理生化研究所，冯德培任所长，我为副所长，负责生化部分。当时面临的问题是我国生物化学究竟如何发展。在20世纪二三十年代，吴宪先生等曾在临床生化、营养、免疫化学和蛋白质变性等领域作出了重要贡献，但限于当时的历史条件，不可能有较大的发展。汤佩松、殷宏章等先生在植物生化方面也有不少建树。抗日战争以后全国生化研究几乎全部停顿，仅营养分析尚有少数工作，总的情况与国际生化形势相差甚远。20世纪四五十年代，国际上酶学、蛋白质、核酸和中间代谢（总称动态生化）研究飞跃发展，成为生物化学学科的生长点。我认为，我国生化必须紧紧围绕这门学科的生长点以带动全面，但首先必须有一批志同道合的学科带头人。在党和政府的支持下，我们在短短五六年中便从国外先后争取到酶学专家邹承鲁，蛋白质专家曹天钦，维生素专家张友端，核苷酸代谢专家王德宝和另一位蛋白质化学专家钮经义，加上生理生化所成立时归队的代谢专家沈昭文，以及1957年由北京转来的周光宇，初步形成了一支不小的骨干队伍。我们尽量使他们在自己专长的领域中继续工作。我们认为，这是使工作迅速开展的途径。但是，只有将没有兵也不成战斗队伍。我们从建所初期便举办高级生化训练班，给年轻科研工作者传授生化进展的最新知识和生化研究的一些经典实验，使他们能尽快参加工作，在工作中成长，成为导师的得力助手。这种训练班每隔两三年便举行一次，在我们研究所的培养科研骨干中起了良好的作用。1960年第一次全国生化会议期间，各地的生化工作者强烈要求参加生化训练班，所以1961年我们举办了一次约有400人参加的大型培训班。经过这次培训的学员，许多人已成为各地科研和教学的骨干。1979年和1983年我们又举办了两次大型培训班，规模均在500人左右。除培训班外，我们还协助大学建立了生化专业。"文化大革命"前曾在上海科学技术大学设立了生物物理化学系，培养了一定数量的生化人才。1958年生物化学研究所在过去生理生化所的基础上单独成立时，各类人员约100人，今天已发展到600余人，研究范围也扩大了，全所成立了8个研究室和2个直属研究组，在基础理论和实际应用上都为人民作出了贡献。

自从担负了研究所的领导工作后，我忙于科学组织与行政工作，自己的研究时间日渐减少，20世纪五六十年代尚能活跃在酶和代谢诸领域，如植酸酶、琥珀酸脱氢酶、荃缩酶、氨基酸代谢等方面，并领导人工合成胰岛素协作组，"文化大革命"中几乎全部停顿（除参加一段时期转移核糖核酸人工合成工作并领导合成协作组）。退居二线以来，准备重新从事力所能及的研究，希望在有生之年为我国的生化事业多尽一点力。

（本文选自上海教育出版社1996年5月版《中国科学院院士自述》，标题为编者所加）

王应睐 生物化学家，中国近代生物化学学科主要奠基人。1907年11月23日生于福建金门，2001年5月5日逝于上海。1929年毕业于南京金陵大学化学系。1941年获英国剑桥大学哲学博士学位。曾任中央大学医学院教授，中央研究院医学研究所研究员，中国科学院生理生化研究所研究员、副所长，上海生物化学研究所研究员、所长。兼任中国生物化学学会理事长、《生物化学与生物物理学报》主编。主要研究酶化学与营养代谢，对维生素、血红蛋白、琥珀酸脱氢酶的研究取得重要成果。发现酶蛋白与FAD是以共价键结合，并受底物与磷酸盐等激活，是该酶研究的重要突破。组建了中国科学院生物化学研究机构。1965年、1981年先后领导和参加的科研团队在世界上首次人工合成结晶牛胰岛素、酵母丙氨酸转移核糖核酸。1955年被选聘为中国科学院学部委员（院士）。先后被授予比利时皇家科学文化与美术院外籍院士、匈牙利科学院名誉院士、捷克斯洛伐克科学院外籍院士。

> 学习物理学还应当特别重视科学实验。物理现象的各种规律，几乎都是通过科学实验发现的。没有科学实验，这些规律就不可能发现，至少不可能很快地发现。
>
> ——王竹溪

物理学是一门重要的基础科学

物理规律就是各种物理现象的规律。什么是物理现象呢？这就是机械运动、发声、发热、发光的现象，电和磁的现象，以及原子、原子核和基本粒子的现象。物理学就是研究这种种现象，找出它们的规律来。现代的各个工业部门，如机械工程、建筑工程、土木工程、水利工程、电机工程、无线电和电子工程、原子能工程等，都要应用相应的物理规律，还要应用相应的工艺方面的具体知识，这就形成了各种工程学科。工程学科又叫应用科学或技术科学。而专门研究基本规律的，就叫作基础科学。物理学就是一门基础科学。基础科学虽然也常常直接为发展生产服务，但是它的主要任务是发展基础理论，发现新的科学规律，为将来进一步发展生产提供新的理论基础。

下面，简略地谈一谈各种物理现象的规律和它们在实际中的应用。

第一是机械运动的规律，在物理学中叫作力学。力学是物理学各个门类中最古老的一支，也是其他部门的基础。一讲到古老，可能会使人产生一种错觉,以为就是陈旧的、落后的,应当抛弃的。这是完全错误的。科学规律根本没有陈旧落后的问题,绝不会发生用新机器替换旧机器那样的情形。科学的规律是客观的,不会随人们的意志而改变。当然,人的认识不会永远停留在一个水平上,人们会随着生产和科学的发展,对自然的认识更加全面,更加深刻,还会有新的发现。但是,原来已经为实践证明了的科学规律,并不会失效。这一点在机械运动上表现得十分明显。17世纪以前,人们只认识力学中的静力学规律,这就是平衡规律。这些规律已经得到了广泛的应用。到了17世纪以后,人们才认识到力学中的动力学规律,人的认识更全面了。但是,以前的平衡规律仍然是正确的,仍然在起作用,并没有被否定,并没有被新发现的运动规律所代替。例如,怎么使高层建筑在强烈地震时不至于被震坍塌,怎么使水库的拦水坝能经受洪水的冲击,在设计中就既要用到静力学规律,又要用到动力学规律。

科学规律本身是客观真理,是不会陈旧的。人们运用这些规律的方式和做出相应的设计方案,却是日新月异的。这是因为人们运用这些科学规律的时候,总有许多附带的条件。例如,在建筑上用泥土作材料、用木材作材料和用钢筋混凝土作材料,都会产生不同的工艺,有不同的技术指标和要求。例如,力学的运动规律,比较早的时候,用来计算地球和行星绕太阳的运行。这种

计算现在仍然有用，表现在编制供航海等应用的天文年历上。最近发射人造地球卫星和宇宙飞船，仍然要运用力学的运动规律。

第二是发声的规律，在物理学中叫作声学。声学最古的时候应用在制造乐器方面，现代应用的方面也很广，这里只举两个方面：一个是避免和减少噪声的问题。不管车辆运行、机器运转，还是扩音、收音，都要尽量减少噪声和杂音，这就需要掌握声学的规律。另一个是关于超声的理论。超声是一种频率较高的、人的耳朵听不见的声音，现在用来探测金属物件或其他物件内部的缺陷和伤痕，探测海洋的水深。发声是一种机械振动的效应，所以声学的基本原理，也包括在力学之中。

第三是热现象的规律，在物理学中叫作热力学和统计物理学。远古时代，人类钻木取火，就利用了摩擦生热的现象，可以说已经不自觉地运用了热现象的规律。到了18世纪，蒸汽机的发明和应用推动了产业革命，促进了资本主义社会生产力的大发展，对人类历史发展起了巨大的影响。随着生产的发展，人们对热现象的研究也相应地发展起来，到了19世纪中期逐步建立了热力学理论。热力学的一个重大成就，就是发现了能量守恒定律，也就是能量的转化规律。这个规律对推动整个科学的发展，起了很重要的作用。

无论设计蒸汽机和内燃机，还是在化学工业生产上，热力学都是重要的理论基础。此外，在生产和生活中，需要有产生高温的技术，如金属冶炼；也需要有产生低温的技术，如食物冷藏；还需要有把温度控制在一定范围内的技术，如细菌培养。所有这一切都需要热力学理论的指导。

第四是发光现象的规律，在物理学中叫作光学。人们利用光折射的规律，制造了望远镜和显微镜，大大扩展了人的视力范围。精密测定光的波长，提供了长度的基本标准。光谱分析是工业上分析材料成分的一种有效手段。20世纪60年代发展起来的激光技术，已经在各方面得到广泛应用，促进了科学技术的新发展。在光的基本原理上，19世纪60年代发现了光波是一种电磁波，这又把光的理论纳入了电磁理论，后者在实践上促进了无线电的发展。

第五是电磁现象的规律，在物理学中叫作电磁学。近代的各种科学技术都离不开电。发电机产生的电，通过电线可以传送到各个地方，甚至很远的地方。用电线输送来的电可以点灯；可以开动电动机，使各种机器运转起来；也可以开动电炉，根据需要达到不同的高温；开动冷冻机，把温度降到所需要的程度。在无线电方面，可以通过电子线路来发射和接收信号，进行通信和广播等。各种自动化的技术都要用电子线路，而半导体元件是构成电子线路的重要材料。

第六是原子、原子核和基本粒子现象的规律，在物理学中叫作原子物理学和原子核物理学；还有在基本理论上反映这些规律的理论，叫量子力学。量子力学的理论能够说明原子的各种现象，但是对于原子核和基本粒子的许多现象还不能完全说明，需要以后进一步探讨。原子弹、氢弹和原子能，都涉及原子核问题，都属于原子核物理学范围之内。

上面所说的六个方面，概括了物理现象的全部。这些现象虽然需要分门别类地进行研究，但是并不是彼此无关，而是有着密切联系的。相互联系的最根本点，就反映在能量转化和守恒定律上。各种现象归根到底，都通过能量转化和机械运动相互联系。所以说，力学是物理学其他部门的基础。我们学习物理学，应当注意各个部门之间的相互联系，在实际工作中，要考虑各种现象之间的相互影响。

学习物理学还应当特别重视科学实验。物理现象的各种规律，几乎都是通过科学实验发现的。没有科学实验，这些规律就不可能发现，至少不可能很快发现。在自然界中，在人类的生产和生活中，各种实际的物理现象都是在非常复杂的条件下产生的，也就是说，影响某一种物理现象的因素是很多的。做科学实验时，可以有意地采用适当的安排，突出其中某些因素，使其他因素退居到次要地位。这样才能发现各个因素所起的不同作用，才能发现起关键作用的因素是什么，最后总结出这一现象的规律性。所以，研究物理学，应当反对那种空谈理论忽视实际的学风，在条件许可的情况下，应当亲手做实验，以求得第一手的资料。

（本文为1977年8月在中国科协举办的"科学家与首都中学生大型座谈会"上的讲话）

王竹溪 物理学家。1911年6月7日生于湖北公安，1983年1月30日逝于北京。1933年毕业于清华大学，1935年获该校硕士学位。1938年获英国剑桥大学哲学博士学位。曾任国立西南联合大学、清华大学教授，北京大学教授、副校长，兼任中国物理学会物理学名词委员会主任、《物理学报》主编等。主要从事理论物理特别是热力学、统计物理学、数学物理等方面的研究，还在生物学关键问题——水分化学势等方面作出突出贡献。在湍流尾流理论、吸附统计理论、超点阵统计理论、热力学平衡与稳定性、多元溶液、热力学绝对温标、热力学第三定律、物质内部有辐射的热传导问题以及基本物理常数等领域取得多项重要成果。在有序无序变化的统计力学理论方面对贝特理论作了重要推广，在热力学的理论研究方面作出多方面的推广。同时对物理学史、基本物理常数和汉字检索机器方案等方面也作了不少有成效的研究。培养了包括杨振宁、李政道、何祚庥院士等大批杰出的物理学人才。发表《热力学》《统计物理学导论》等多部专著。1955年被选聘为中国科学院学部委员（院士）。

> 对我而言，后面的路还很长，航天控制要研究的课题还很多。"掌控无限，研究无涯"这八个字是我对事业的真实感触，也会激励我在专业上不懈地前行。
>
> ——吴宏鑫

掌控无限 研究无涯

学生时代

1939年10月，我生于江苏丹徒一户农家。不幸的是，在我刚10个月大时，父亲就去世了。我的爷爷是私塾教师。我小时候放过牛，没事的时候就似懂非懂地旁听爷爷在私塾讲四书五经。当爷爷把我送进新式学校时，按年龄我该读四年级了。由于只接触过四书五经，要同四年级的孩子们一起学习，我觉得十分吃力，经过一年努力，很快赶了上来，竟然挤上了班级第一名。从那时起直到高中，我的成绩一直名列前茅。

高考时，正值苏联第一颗地球人造卫星成功发射不久，我十分向往航天技术，一心想报考清华大学自动控制系。我如愿以偿，踏入清华自动控制系的大门时，却遇到家庭经济极度拮据，多亏国家助学金的鼎力支持，才圆了我的"航天梦"。由于经济困难，6年大学中只回过一次家。平时很少用钱，衣服和床上用品都是

吴宏鑫 院士
(中国科学院提供)

同学送的。为了报效祖国和周围的好心人，我特别珍惜这个来之不易的求学机会，全身心投入清华自控系的各门课程。

因祸得福

1965年大学毕业时，我被分配到中科院自动化所。1968年，中科院自动化所进行调整，一部分要划归航天部门管理，进入航天502所（即北京控制工程研究所）。划归航天部门的人应该是"根正苗红"的，我家庭出身地主，虽然不该在此列，但却幸运地归入了航天队伍。

当时，"文化大革命"席卷全国，我也受到了冲击，被关起来接受审查。与我关在同屋的"难友"竟是美国归来的著名专家——当时502所副所长杨嘉墀先生。这次被审查的经历竟成为我人生的一个转折点，受益终身。平白无故被关起来审查，我当然十分不服气，甚至满腹牢骚，一定要争个清白。可此时，我看到遭受更大冤屈的杨先生异常平静，叫他出去交代问题就出去。虽然挨了那么多批斗，他特别超脱，被关"牛棚"竟一直在做着卫星方案。杨先生对我说的一句话至今难忘："只要你自己认为自己没有错，别的就不要去管他，该做什么就做什么。"看到他这样的大专家如此豁达，对科研心无旁骛的魅力，我又有什么可以消沉或牢骚。想通了，我也利用这段难得的清静，自学了英语和日语两门外语，自学现代控制理论和计算机控制等新知识。值得庆幸的是，毕竟我的单位有一个挺不错的小环境，领导和同事对我还是很关心，还继续让我做一些研究工作，尤其是在卫星地面检测设备方面，我也确实做了不少事。

这中间，有一次偶然的机会让我的才能得以展施，就是因为卫星发射任务要到基地去出差。原先安排去的人难以成行，领导就找到我，问我能不能去。我甚至怀疑是否听错了，我还没有平反呢，竟然把去基地发射卫星的机会给了我。在这次发射任务中，我圆满完成了任务。当时的发射队领导、后任航天五院副院长的张国富研究员还说"我发现了一个人才"。此后，他一直很关心和支持我。

埋头预研

1978年，我终于迎来了平反。此时，我面临着选择工作岗位的问题。"文革"之初，我的岗位是卫星方案总体组，但要不要回去呢？杨嘉墀先生给了我一个建议：暂不回去，该去当时所在的工程组，投入"空间环境模拟器控制系统"工程，抓住这个从无人涉足的大好机会，研究自适应控制。

什么是自适应控制呢？说实话，当时我摸不着门道，但不管怎么说，直觉告诉我，"从无人涉足"就引起了我的兴趣。听说上海有一位高校的教师王家声对此有所了解，我就跑到上海，请人家"科普"了一番。回来之后，我向杨先生和有关领导作了汇报。当时的室领导萨支天及511所的领导柯受权研究员都非常支持做这件事。对自适应控制做了一段时间之后，杨先生又说：搞这个工作要做好两个心理准备——第一，至少要准备坐10年冷板凳，这10年独自研究没有人会理你，单位也不会重视你。第二，你搞这个研究，搞航天工程的人会认为你是搞理论的，而搞数学理论的学者又会认为你是搞工程应用的。虽然暂时得不到足够的认同，但这方面研究是未来的航天控制所需要的。此时，我头脑里对自适应控制有了轮廓，也做好了足够的心理准备，便义无反顾地踏上了自适应控制的研究之路，成了航天部门里研究领域相当独特的"冷板凳"学者。

吴宏鑫院士在办公室（中国科学院提供）

自适应控制理论和方法是控制领域中的一个热点，它可以广泛地用于工业生产过程控制、航天地面工程控制和航天器控制诸方面。自适应控制研究开展之初，不少人认为航天研究所没必要研究这些东西，但杨嘉墀先生在20世纪70年代末力主提早开展此项研究。他说：现在的卫星没那么复杂，用不到这些东西，但将来的卫星一定会用到。

正当我在为自适应控制研究和应用筹划，以及开展初步研究时，又一个良机降临了。1980年，一位欧洲的学者来北京作有关自适应控制的学术报告，邀请杨嘉墀先生参加。当时我很想加入，但一没有请柬，二掏不起30块钱的费用。正发愁时，杨先生把请柬给了我，并为我出了费用，自己却没能去参加。我怀着感激的心情参加了报告会，学到了不少东西，并在这次学术交流中大胆发出了自己的声音。当时，我还是一个"小字辈"，但我明确地提出了自己的看法，与欧洲的学者进行了沟通。

此后一段时间，我在"空间环境模拟器控制系统"工程中，针对参数未知、参数缓慢变化的情况，提出了一种"全系数自适应控制"方法。有关的论文在1981年研究所的内刊上发表，引起了国内理论界的关注。1982年召开部级鉴定会，当时的七机部副部长宋健院士连续三天参加会议，到现场看了试验结果。这件事让我更加坚定了继续研究自适应控制的信心。1984年，我在自适应控制方面的发明"系数之和等于1的全系数自适应控制工程设计新方法及应用"，因其原始创新性获国家发明奖，这在当时航天中青年科技人员中还不多见。当年航天部评出了最初的一批研究员，我荣幸地跻身这一行列。

与此同时，我在全国各地寻找"试验田"，在天津、河北等省、市的炼油厂、啤酒厂、制药厂等企业开展了自适应控制技术研究和推广，成果显著。一次，我到石家庄一家啤酒厂去，该厂应用了我的控制方法，效果很好。一位工人看我在车间里了解情况，悄悄地对我说："你不知道，这是北京一个姓吴的教授给我们搞的，特别管用！"我听了没有回话，心里觉得踏实。

"全系数自适应控制理论和方法"在此后20多年的应用与研究中不断完善,我完成了一部专著《全系数自适应控制理论及其应用》,还发表了20多篇论文,系统性和实用性得到加强,形成了一套完整的自适应控制理论和方法,并在航天与工业过程控制中得到了较广泛的应用。

我的研究焦点还有智能控制领域。在航天方面,我与学生们提出了"特征建模"和"基于对象特征模型描述的黄金分割智能控制方法",分别在《自动化学报》和《中国科学》发表了《基于对象特征模型描述的智能控制》《特征建模与挠性结构的控制》等文章,并获得了2项国家发明专利。在工业控制方面,针对铝电解项目提出的"基于智能特征模型的智能控制方法",已使贵州铝厂年增效益500多万元,鉴定会认为这在铝行业属于国内外首创。该成果目前正向其他企业推广应用。

"神舟五号"载人飞行圆满成功后,中国空间站的发展得到了广泛关注。"交会对接"这个名词被越来越多地提及。其实早在1989年,航天专家屠善澄先生就提出要开展交会对接的预先研究。我参与了预研,针对交会对接预研项目与他人合作提出了"非线性黄金分割自适应控制",得到了"863计划"空间站技术专家组的重视。

众人扶助

对这些年研究,我有两点感触:第一,对工作,我认为做好预研是发展航天的前提;第二,对个人,我深深体会到一个人要取得成绩,必须要有团队的支持。

"文化大革命"期间,出身不好的我能够相对平稳地度过那段"非常时期",并在学习研究上取得进展,领导和同事的保护起了很大的作用。当全国上下批斗成风的时候,知识分子聚集的科研单位更是"重灾区"。当时,有关方面要求以工程组为单位,对所谓的"批斗对象"进行批斗。当其他组口行动起来的时候,我所在的工程组却没有动静。"上面"派人过来,指示要对我专门批斗,当时担任工程组负责人的全良、施启宣等同事说:"我们不了解他的情况,所以不能批斗。"当针对我的大字报贴满墙壁时,工程组长不想让我的情绪受到环境的影响,就替我从食堂把午饭打回办公室。在那个年代,这些举动让我感到温暖。虽然在"文革"中我不可避免地会遭受冲击,但在领导和同事的帮助和保护下,我还是获得了难得的可以安心学习与工作的环境。在推广自适应控制的过程中,我得到了所在的工程组和研究室的全力支持。没有他们的支持,自适应控制在实际工程中的成功应用将是难以想象的。

此外,我的学生也给了我不少帮助。比如在理论上解决了多年难题的博士生解永春、在多个系统成功应用自适应控制理论和方法的胡军博士,以及擅长实际工程的博士生王迎春。我们虽然是师生关系,但在学术上又是并肩探索的同路人。

我的成长进步,与杨嘉墀、屠善澄和萨支天等前辈的提携与指导密不可分。我担任博士生导师之后,许多老前辈已到上一级部门工作了,502所的其他专家又给了我无私的支持。比如502所的资深专家吕振铎研究员,为我讲解卫星的有关知识,他自己却因年纪已大,没有申报"博导"。虽然"博导"的机会给了我,但在吕振铎老师面前,我依然是一个名副其实的学生。

培养青年

近20年来,我工作的焦点之一是培养学生。自20世纪80年代中期起,我开始为研究生授课,学生们已在航天领域作出了不少贡献。我鼓励学生:"你们尽管去干,干好了是你们的,干不好是老师的。"在高级人才潮涌国外的时期,我的学生绝大多数留在了国内,并有所建树。我对他们说:"到国外去不回国,无非是打工,除了钱多一点,不能为自己祖国服务。到国外可以学习一些先进技术,如果学好后回国工作,你们会有更多的收获。这样,你们是为自己祖国的航天事业作出贡献,会感到非常自豪。"

我做的事情算不上惊天动地,我的经历也是曲曲折折。我想"院士"这份荣誉更应该是一种精神、一种激励。对我而言,后面的路还很长,航天控制要研究的课题还很多。"掌控无限,研究无涯"这八个字是我对事业的真实感触,也会激励我在专业上不懈地前行。

(本文选自上海教育出版社2005年5月版《科学的道路》)

吴宏鑫 控制理论与控制工程专家。1939年10月8日生于江苏丹徒。1965年毕业于清华大学自动控制系,被分配到中科院自动化所,1968年划归到航天部北京控制工程研究所。曾任北京控制工程研究所科技委副主任,现任中国空间技术研究院研究员。长期从事航天和工业领域的自适应控制和智能控制理论与应用研究。提出了"全系数自适应控制理论和方法",在智能控制方面提出了"特征建模""基于对象特征模型描述的黄金分割智能控制方法""航天器变结构变系数的智能控制方法""基于智能特征模型的智能控制方法"等,已应用于"神舟"飞船返回控制、空间环境模拟器控制、卫星整星瞬变热流控制和铝电解过程控制等九类对象400多个控制系统。曾获国家发明奖三等奖1项,部级科学技术进步奖一等奖1项、二等奖5项,全国优秀科技图书奖二等奖1项,国家发明专利2项。培养和协助培养硕士、博士40多名,协作指导博士后14人。2003年当选中国科学院院士。

岁月不饶人，我已经95岁了，可是身体还好，觉得还能为国家、为军队、为人民多做点事，我还想在有生之年再做一些有意义的事。

——吴孟超

在有生之年再做一些有意义的事

1922年我生于福建，1949年在同济大学医学院毕业后一直在第二军医大学工作，现在担任第二军医大学第三附属医院（东方肝胆外科医院）院长。

这些年，遇到不少年轻朋友们，常要与我探讨人生的意义，谈论知识分子的价值，还问我有些什么成功的秘诀。

热爱祖国和人民

我出生在福建闽清的一个小山村。由于营养不良，3岁时才会走路，5岁时跟着母亲去马来西亚投奔在那里割橡胶打工的父亲。从上小学开始，我就跟着父亲割橡胶。常常是半夜就要起来去橡胶园割胶，然后收胶、晾晒，下午再去学校上学，那样的生活持续了好多年。1937年，抗日战争全面爆发时，我正在读初中。那时，有一位来自国内的思想进步的老师，经常给我们讲国内的抗日形势和"国家兴亡，匹夫有责"的道理，也给我们讲共产党

吴孟超 院士
（2015，方鸿辉摄）

是救穷苦老百姓的，八路军是共产党领导的先进队伍。由于经常受外国人欺负，所以心里特别希望咱们国家能强大，如果国家强大了，外国人就不敢欺负我们，小日本也打不到我们国内！

初中快毕业的时候，我们全班同学将本来用于会餐的钱以及向老百姓募捐的钱，通过陈嘉庚先生组织的华侨抗战救国会，寄给了八路军。没想到在我们毕业时，竟然收到了八路军总部寄给我们的感谢信。这封感谢信被老师贴在学校告示栏里，大家都争着看，让我很受震动，思想发生了很大转变。后来，我向父母提出要回国，要到延安参加共产党领导的抗日队伍。就这样，1940年春天，我和其他5位同学一起相约回国。

当我们历时一个多月，经过新加坡、越南回到云南之后，才发现抗战的烽火已燃遍全国，形势根本不允许我们从祖国的西南边陲到北方革命圣地延安。我和同学们商量，只能先留在昆明念书，等有机会再说。就这样，我进入了因战乱迁到云南的同济大学附中念高中。毕业后，考入同济大学医学院，走上了从医的道路。

在我的老师、"中国外科之父"裘法祖教授的指点下，我把肝脏外科作为人生医学事业的主攻方向。1958年，第二军医大学长海医院成立了以我为组长的肝脏外科"三人攻关小组"，经历上百次失败，制成了我国第一具肝脏血管铸型标本，并由此创立了肝脏"五叶四段"的解剖学理论，也奠定了我国肝脏外科的

理论基础。1960年,我又发明了"常温下间歇性肝门阻断切肝法",并主刀成功完成第一台肝癌切除手术。1963年,我还成功完成世界首例中肝叶切除术,使我国肝脏外科一举迈进了国际前列。1975年,历时12个小时,我带领团队切除重达36斤的巨大肝海绵状血管瘤,至今还保持着世界纪录。1979年,作为四位中国外科医生代表之一,我参加了在美国召开的世界外科大会,作了切除181例肝脏肿瘤的学术报告,引起会场轰动,会上我被增补为国际外科学会会员。1984年,我又为一名仅4个月的女婴切除肝母细胞瘤,创下了这类手术患者年龄最小的世界纪录,也从此开创了婴幼儿肝胆外科……我的一位老病人肝癌手术后复发再手术,前后做了两次肝癌切除,术后健康生活了47年,去年去世时已经90多岁,他也是世界上肝癌术后活得时间最长的人。

21世纪以来,我们的肝癌介入治疗、免疫治疗、病毒治疗、放射治疗、基因治疗等方法相继投入临床,并接连取得重大突破,较大提高了肝癌疗效。因为我们心里明白:要努力"把病人一个一个都背过河去"。病人是我们的衣食父母,要把病人当作亲人。这是我从医70年恪守的医道。

我们医院是全国最大的肝胆外科医院,我们的技术是全国公

年逾九旬依然坚守门诊，吴孟超在细读病史（吴孟超办公室提供）

认的，但我当院长这么多年，一直主导我们看病开刀的费用要全国最低，一般的肝癌手术也就 3 万来块钱，可能还没有市县级医院贵，前两年还更低。为什么？因为我们是军人，我们是老百姓养活的，我们只有为老百姓提供优良医疗服务的责任，没有从他们身上大把赚钱的权利！

  我们学校和医院每年都会组织到社区去义诊。这么多年，只要我不出差，没有特殊情况，不管是炎热的大暑天还是寒冷的冬天，这些活动我都是准时参加的。我没别的想法，就是想能有更多的机会为老百姓服务，把"爱祖国、爱人民"的口号落实到具体的行动上。

勇于创新 攀登努力

  我们肝脏外科从无到有、从小到大，每一项进步都是一次尝试、一种创新。创新需要有敢于怀疑、勇闯禁区的精神和胆识，更离不开科学的态度和严谨诚信的学风。因为创新不是拍脑袋或想当然,那是脚踏实地的探索,认认真真的继承,更需要日复一日的积累、思考、质疑和胆识!

1958年,我们"三人攻关小组"就开始向肝胆外科进军了。怎么做?首先,就是要了解肝脏结构,结构搞不清楚,一切都无从谈起。其次,要解决肝脏手术中出血的问题,而出血是世界性难题,根本原因在于对肝脏的解剖结构认识不清。于是,我们就决定先攻克肝脏解剖结构这一基础理论的难关。

肝脏是人体新陈代谢的重要器官,我们吃下去的食物都要经过肝脏解毒及改造,供给全身养分。肝脏不同于其他脏器,其他脏器一般都只有2种管道,而肝脏内有4种管道,所以血管非常丰富,手术中极易大出血。如果能够把肝脏血管定型,在不同的4种管道里灌注进不同的颜色的定型剂,让血管走向的呈现能一目了然,就能在手术中决定如何下刀,何处结扎。为了做成血管定型标本,我们在实验室一干就是4个多月,接连试用了20多种材料,做了上百次试验,无一例成功。有一天,广播里传来了荣国团在第25届世界乒乓球锦标赛上夺得冠军的消息。我灵感突发,乒乓球不也是一种塑料,能不能用它作灌注材料呢?于是,我们就赶紧去买来乒乓球剪碎,放入硝酸里浸泡,居然获得了成功!此后,我与同事们一鼓作气制成108具肝脏管道铸型的腐蚀标本和60具固定标本,弄明白了肝脏内各种管道的粗细、分布与走向,也就拿到了进入肝脏外科大门的"钥匙"!

我发明的"常温下间歇性肝门阻断切肝法",既控制了术中出血,又让病人少受罪,还使手术的成功率一下子提高到90%以上!这个方法到现在还在用。

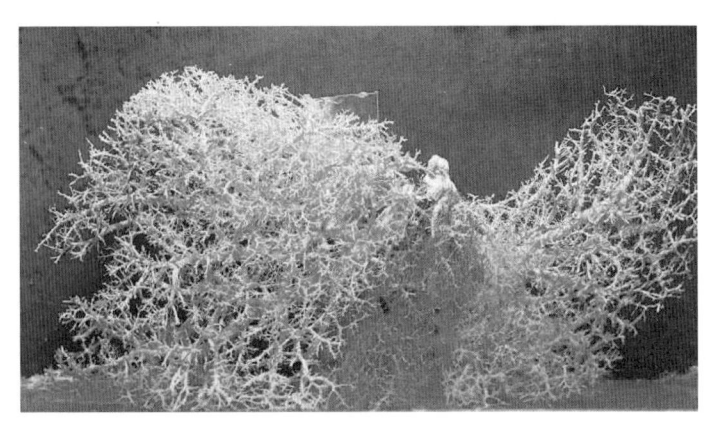

美如珊瑚的肝脏管道铸型标本（吴孟超办公室提供）

  1963年，我们准备进军中肝叶。中肝叶是整个肝脏中的管道"枢纽站"，一直被业界认为是肝脏外科"禁区中的禁区"，对中肝叶上长的肿瘤，世界上没有做手术的先例，可见其难度之大。做中肝叶肿瘤切除术确实需要一定的勇气，更需要严谨求实的科学态度。手术之前，我在动物房里对30多条实验犬曾进行了细致的实验操作与观察分析，直到确认已经达到很高的保险系数，才决定在患者身上做手术。我不负众望，以严谨的科学态度成功完成了我国、也是世界上第一台中肝叶切除，这台手术的成功曾轰动了世界外科学界，也标志着我们科研团队已迈进了世界肝脏外科的先进行列！

  现在想来，我这一辈子其实就干了一件事，那就是与肝癌做斗争。从1956年干到现在，已经整整61年了，但还是没有把肝脏问题，尤其是肝癌问题完全弄清楚，所以还要继续干下去。

  其实，这其中的失败、挫折和磨难，不是一两句话就能说得清楚的。

有人问我："你这一辈子不停地搞科研、看门诊、做手术，会不会觉得很累，有没有感到很枯燥？"

我的体会是：一个人全神贯注地做他愿意做、喜爱做的事情，那是很愉快的。

从我拿起手术刀、走上手术台的那天起，看到一个个肝癌病人被救治，看到一个个康复者露出久违的笑容，也常常会有发自心底的喜悦，是情不自禁的兴奋和激动，这也许是旁人难以体会的。在医

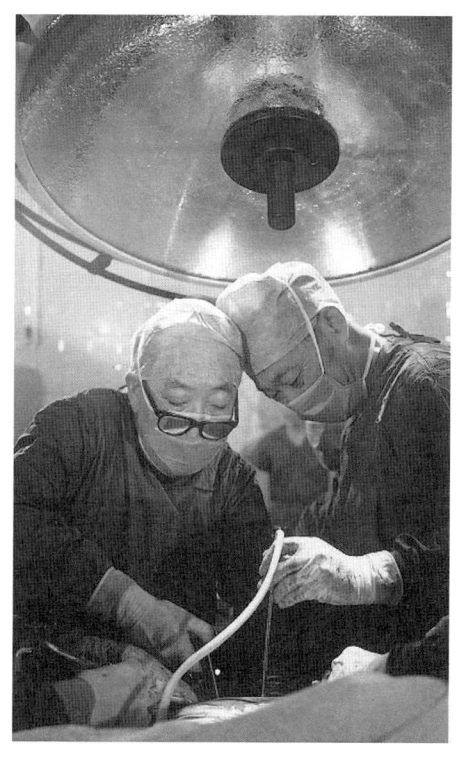

吴孟超与助手头相抵、心相连、手相助地合作手术（吴孟超办公室提供）

生这个岗位上，我感悟了生命的可贵、责任的崇高、人生的意义。看来，这一辈子我是放不下手术刀了。我曾反复表达过个人的心愿：如果有一天我真的倒下，就让我倒在手术室里，那将是我一生最大的幸福！

回想我走过的路，我非常庆幸自己当年的四个选择：选择回国，我的理想有了深厚的土壤；选择从医，我的追求有了奋斗的平台；选择跟党走，我的人生有了崇高的信仰；选择参军，我的成长有了一所伟大的学校。

培养新人　搭建平台

刚才，我说我从事肝胆外科已经 70 年了，做了 1 万多台大大小小肝癌的切除手术，可以说所有类型的和难易度的肝脏手术都做了。但是，我常想：一台手术只能挽救一位病人的生命，对于我们这个肝癌大国来说，还是不能从根本上解决问题。要想从根本上解决问题，那就要培养更多的研究型医生，而且一定要从基础研究入手，找到最终解决肝癌问题的方法。

1978 年，"科学的春天"来临，大家刚从"文化大革命"的寒冬中走出来，很多人还在观望国家政策会不会有变化、政治运动还会不会再来一次、"臭老九"会不会再被打倒时，我就挺身"吃第一只螃蟹"——第一批申请招收研究生，因为我太渴望有接班人了。那一年，我招了两名学生，后来他们在专业上都很有成就。从那以后，我每年都招研究生，现在我依然每年在招，而且我自己带，带他们学习、出门诊、上手术，指导他们搞科研、写文章、参加学术会议。学生们对我都很尊重。每年过教师节，在读的研究生们会一起到我办公室，给我送一束花，一起照张相。那个时候，我总感觉我确实是天底下最幸福的人，很有成就感。

1996 年，我把自己的积蓄、稿费和奖金，加上社会各界的捐赠共 500 万元，设立了"吴孟超肝胆外科医学基金"，现在叫"上海市吴孟超医学科技基金"。眼下，资金已有三千多万元了，每年都评选并奖励在医学领域特别是肝胆外科学界有突出成绩的优秀年轻人。2006 年，我把获得国家最高科学技术奖的 500 万元奖励和解放军总后勤部奖励的 100 万元，也全部用到人才培养和基础研究上。有人问我，为什么自己不留一点？我说，我现在的工资加上国家补贴、医院补助，足可以保证三餐温饱、衣食无

吴孟超在声情并茂地演讲（2017，方鸿辉摄）

忧了，留钱干什么？这也是我的老师裘法祖教授常教导我的：做人要知足，做事要知不足，做学问要不知足。

当然，就像当初裘法祖教授对我要求很严一样，我现在对我的学生的要求也很严，规定他们必须有过硬的基本功，做到"三会"，也就是：会做，判断准确，下刀果断，手术成功率高；会讲，博览群书，能够阐述理论，能与病人有效沟通；会写，写好每一份病例，善于总结经验，会著书立说。查房时，我经常逐字逐句查看病历和"医嘱记录单"，对出现错误的既严肃批评又指导帮助。我们当医生的，所做的一切都关系到病人的生命和健康，一点也马虎不得。

还有一点，我觉得在带教学生时，首先要教他们会做人，其次才是教他们会做事与会做学问。如果一个人学到的知识很多，但是品德很差，那他对社会的危害会更大。教学生做人、做好人，做有爱心、正直善良、积极向上，对国家、对社会，尤其是对病人很有责任感、有事业心的好人，我觉得这一点非常非常重要。

还有关于论文署名的问题，凡是我没有具体参与临床或研究过的文章，一概不署名，没有劳动绝不能享受人家的辛苦成果，那种不劳而获的事我坚决不干。我相信，身教重于言教。有时候，他们也会说挂上我的名字容易发表，我说那更不行，发表论文不是看面子的事，要靠真才实学，你文章写得好，人家自然会为你发表，打着我的旗号那是害人害己。还有，我最讨厌那种写文章时东抄西抄的人，我们医院就曾经有位年轻医生，发表的论文是抄袭别人的，我们在发现后，坚决把他除了名。

这么多年来，我培养了两百多名研究生，不少人成名成家了，或者成了一个单位的骨干力量。比如北京 301 医院的刘荣主任，302 医院的张绍庚主任，云南的陈训如教授，福建的刘景丰教授，还有我们自己医院的杨甲梅、杨广顺、丛文铭、周伟平教授等，这一大批教授或研究员都是在业内已很有名了，有的同志在很多方面已经超过我了。超过我，我更高兴，说明长江后浪推前浪，一代更比一代强嘛！可以问心无愧地说，这么多年，我把自己掌握的知识和技术都毫无保留地传授给了他们。

岁月不饶人，我已经 95 岁了，可是身体还好，觉得还能为国家、为军队、为人民多做点事，我还想在有生之年再做一些有意义的事。目前，我国的肝癌治疗主要靠手术，基础研究、药物研究、生物治疗研究还有许多难关，迫切需要突破。只要肝癌这个人类健康的大敌存在一天，我就要和我的同行们与它斗争一天。由我牵头建设的国家肝癌科学中心是纳米中心后第二个国家级中心，很快就可投入使用，到时候我们的平台就更大了，能做的事情也就更多了。我们东方肝胆外科医院的安亭新院,是以肝胆外科为主要特色的一家综合性医院,设计床位 1500 张,已经开业一年多了,现在我们是两个院区同时在运营,床位还是很紧张。

为人民群众的健康服务,是我从医时作出的庄严承诺,我将用一生履行这个承诺,直到自己干不动的那一天!

(本文是作者在 2017 年《我是医生》影片首映式的演讲稿,本次选编略作文字删减)

吴孟超 肝胆医学家、医学教育家和医院管理专家。1922 年 8 月 31 日生于福建闽清,2021 年 5 月 22 日逝于上海。1944 年考入同济大学医学院,1949 年投身华东人民医学院(第二军医大学前身),成了一名人民军医。1986 年至 1994 年任第二军医大学副校长。至 2019 年 2 月,一直担任第二军医大学附属东方肝胆外科医院院长、东方肝胆外科研究所所长。曾兼任中华医学会副会长、中国癌症基金会副主席、中央和中央军委保健委员会委员、军队医学科学技术委员会常务委员、中德医学协会副理事长、中日消化道外科学会中方主席等学术职务。20 世纪 50 年代带领"三人小组"从肝脏解剖的基础理论探究着手,开创并建立了肝胆基础与临床理论体系。从医 70 多年,始终肩负临床、科研、教学和管理四副重担,作出大量令世人瞩目的成功创新,97 岁高龄依然能娴熟进行高难度肝癌切除手术。曾在中外学术期刊发表论文 1600 多篇。亲自撰写并主编《黄家驷外科学》、*Primary Liver Cancer* 等专著 38 部。相继荣获包括国家最高科学技术奖在内的国家和省部级一等奖 10 多项。先后荣获中央军委"模范医学专家"、中央电视台"感动中国"的十大人物等荣誉 70 多项,曾被授予军功(包括一等功)10 项。经国际组织审核批准,编号为 17606 号的小行星被永久命名为"吴孟超星"。1991 年当选中国科学院学部委员(院士)。

> 正是有了对自己事业的热爱，才能以"宁要一个因果解释，不要一个波斯王位"的精神，几十年如一日辛勤耕耘着。
>
> ——吴全德

淡泊名利　求真探美

我出生在受人欺凌的旧中国。在遍地烽火、灾难深重的时代，1943年我从浙江海边来到昆明，入国立西南联合大学求学。在十分艰辛的条件下学了三年。1945年日本侵略者投降，次年我从昆明来到北平清华大学继续学习。1947年毕业后，就在清华当教师，后转到北京大学教书，至今已有五十多年。像我们这样成长起来的知识分子，无时不期望国家不再受欺凌，人民过上安康的生活。

现在，我已是中国科学院资深院士。我按院士工作局征集《中国科学院院士自述》的要求，简略地回顾和讲述一下自己的人生道路。

吾将求索真与美

我在大学教了几十年书，当过教研室主任，自认为我尽心尽责了，是个好人。但"好人"一段时间不吃香。1994年北京大

吴全德 淡泊名利 求真探美

学工会把老师分成五类人,出了"五人丛书",其中有《春雨力耕人》《金风折桂人》《学岭踏青人》和《忘辛灌园人》。我被编入《归访岁寒人》之中,编者说:"子曰:岁寒然后知松柏之后凋也。以此比拟追求真理、坚持操守而不渝者,自是分外贴切。"我应属于这种寒士。写我的作者叫翁寿昌,题目是"解谜"。该文一开头就说:"1982年,美国,在全美真空年会上,盖德-朗缪(Gaede-Langmuir)奖的获得者、著名的三种实用光电阴极发明家萨默(A. H. Sommer)在颁奖演说中提到:"人类最早发明的实用银氧铯光电阴极,其发射机理至今仍是个谜。其实,早在二十年前,这个谜就被一位中国学者解开了,他就是北大无线电电子学系教授吴全德……"接着,解释了此谜的背景意义,解谜的过程和要点,以及其他科研工作和获奖情况;并对教学工作也作了评述。最后说道:"曾经作为谜困扰着科学家们的光电阴极发射机理,已被吴先生解开;而面对吴先生近乎传奇般的科学征程,一个真正的'谜'横在我们心中,吴先生为什么会取得累累成果?为什么吴先生的每一项成就都那么醒目地走在时代的前沿并前瞻科学的未来呢?……回顾自己的科研道路,吴先生深有感触地说,首先要热爱自己所从事的工作,此外还必须深入实际,掌握科学的发展动态,接触自然现象,认真思考,在科研工作中培养自己的独立工作能力和创造性。""正是有了对自己事业的

吴全德 院士
(中国科学院提供)

热爱，吴先生以'宁要一个因果解释，不要一个波斯王位'的精神，几十年如一日辛勤耕耘着。"

2001年10月北京市《诤友》杂志上发表了陈永庆的文章，题目是"点燃智慧火把的人——记中科院院士、北京大学纳米科学与技术研究中心主任吴全德教授"，该文分三个部分介绍：创造"吴氏理论""纳米研究先驱"和"点燃智慧火把的人"。该文最后说："吴全德院士提倡要开发好人的右脑，点燃智慧火把。这是全新的视点，也具有一定的前瞻性，它与我国目前开展的素质教育不谋而合，如今已普遍为人们所了解与接受。他认为，素质教育的目的是创新，包括知识创新、技术创新、管理创新等，培养受教育者有创新欲望，从创新中得到乐趣。"在《科学与艺术的交融》一书中，他还写下了一段感人肺腑的话："路漫漫其修远兮，吾（辈）将上下而求索。上自太古、下至未来，上自苍穹、下至毫微，吾将求索真与美。"

时间又过了几年，"岁寒人"已搬进宽敞的院士楼，过上小康的日子了，还是努力做个"点燃智慧火把的人"。

沟通文理科学美

20世纪50年代末，我用电子显微镜研究光电阴极薄膜时，发现在这种纳米薄膜中会出现美丽的图形，如野花和野草等，引起我研究的兴趣。"十年动乱"期间，我除了对它作理论探讨外，还看了一些美学方面的书，并搞起业余美学研究。北大恢复正常教学后，我开始收集在电子显微镜和光学显微镜中拍摄到的具有艺术魅力的图片。在我的建议下，北大党委宣传部于2000年底在北京大学三角地橱窗展出了"显微镜下的形象艺术图片展"。

为了让更多的人了解科学与艺术是可以交融的，北京大学出版社出版了我的《科学与艺术的交融——纳米科技与人类文明》(2001年)。季羡林先生还为此书写了一篇《文理交融 必由之路》的读后感。可参见《科学中国人》(2002年3月)和《北京大学校报》(2003年5月)。

北大哲学系杨辛教授是我的老邻居，他是美学教授，也是书法家。他的"一笔字"有独特的艺术特色。曾赠送给我的《美学原理》(与甘霖合著)和一些书法作品，并邀请我为他的高等教育文科教材《美学原理》写一章"科学美"。因为北大蔡元培老校长曾提倡"沟通文理"。2003年春夏之交，出现"非典型肺炎"，我利用此段时间试写了该书第十八章"科学美"的文稿。岂料北大出版社刘金海编辑提出的审读意见，竟认为："作者在撰写中充分融汇了自然科学的新成就，探讨了自然科学中美的客观现象及存在的形态，在创新知识中的作用等，给人以耳目一新的感觉，其基本内容是值得肯定的。"但也提出了修改意见，以便与其他各章协调一致。我接受他的意见，将"科学美随科技进步而发展"一节作了不少删改。该书加上第十八章后成为第三版，于2003年12月印了1.5万册，2004年3月又印了5万册。"科学美"这一章的文字竟成了我一生中印数最多的文章，托福了。

2004年4月17日，我应北京理工大学周立伟院士的邀请，为他们的"科学与人文"论坛作了题为"论科学美——科学中美的哲学和科学形像美"的报告。他们答应将多媒体资料和录音整理成文，与论坛其他讲稿一起出版。我期盼它会成为《科学美》理科版教材。

为中华复兴点燃智慧火把

我愿努力做个"点燃智慧火把的人",就是想为中华民族复兴作点绵薄的奉献。我在 2001 年 10 月号《诤友》中表述:"社会的发展靠科技和文化艺术,掌握方向靠方针政策。不妨用人力车来比喻:拉车的是各族人民,坐车的是国家,一个轮子是科技,另一个轮子是文化艺术。独轮车跑不快,双轮车可以快速前进。"并在《求真寻美 开发右脑 创新知识》一文中详加论述(参见《科学与艺术的交融》)。

客观世界是物质的、复杂的、变化的,其运行是有规律的,也是有序的。中国人总是将最高的宇宙法则与人文理想称为"道"。由此,我认为"天道崇美"。不论是搞自然科学的人,或是搞人文学科的人,都要了解一点美学,感受一下审美。科学与艺术是研究自然界的两种互补的方法和手段。科学依赖分析,艺术凭借直觉。利用科学和艺术两种手段,可以使人类对复杂的世界有更深入的理解,以促进人类文明的发展。正如爱因斯坦所说:"在那不再是个人企求和欲望主宰的地方,在那自由的人们惊奇的目光探索和注视的地方,人们进入了艺术和科学的王国。如果通过逻辑语言来描绘我们对事物的观察和体验,这就是科学;如果用有意识的思维难以理解而通过直觉感受来表达我们的观察和体验,这就是艺术。两者共同之处就是摒弃专断,超越自我的献身精神。"包括爱因斯坦在内的一些智者都曾思考过也探索过科学与艺术的关系,从科学美中享受科研的乐趣。

我认为"美学"既可以从艺术和社会科学视角去研究,也可以从自然科学视角去研究,而且从"美学要素"入手也是可行的。"美学要素"包括比例、对称、节奏、韵律、有序排列、明暗、色彩、自相似等，还有贯穿某个或几个要素的简洁、和谐搭配诸方面。例如，针对"比例"，我曾写了《天道崇美——美妙的黄金分割及发现 DNA 双螺旋 50 周年》，发表在《科学中国人》2003 年第 4 期上。此文开端的话语还是值得思考的，现转录如下：

　　古希腊人朴素的自然科学研究影响西方文化和文明的发展，他们重视分析、分解、假设、推理、推导、实验、验证等思维方式。这与东方重视整体、模糊处理、直觉综合、和谐大同、"仁者爱人"等思维方式和思想有着明显的差别。胡适在《中国的文艺复兴》一书中说："当孟子在对人性的内在美德进行理论探讨时，欧几里得正在完善几何学，正在奠定欧洲的自然科学的基础。"这种说法不全面，东方的中华文明有过比西方更辉煌的历史；但在五百多年来，西方经历了继承希腊的文艺复兴和工业革命的成果，使科学和技术得以快速发展，而中国因封建统治和闭关锁国等原因而衰落。现在应该撷取东西方文明的长处，把它们整合起来，推动中华复兴。

　　该文已对黄金分割的研究历史作了梳理，并表达于 DNA 双螺旋上，大致可以看出东西方思维方式的差异。地球上，"大千世界，芸芸众生，忙忙碌碌，悠悠自得，战争与和平共在，和谐与美丽长存。"我想：能否借老子《德经》（第四十二章）所说的"道生一，一生二，二生三，三生万物"，去其第一句，后改"三"为"四"，即"一生二，二生四，四生万物"，旨在用于描述"芸芸众生"。这样，既有科学的严谨性，又符合审美原理，具有总体的简单性和个体的复杂性的辩证关系。对地球上的生物来说，"只有一种双螺旋，生有两种碱基横杠，并可拆分为四种分子单元，它们的排列组合衍生出万物"。实际上，地球上有 170 万种生物，其中微生物约10万种，植物约30万种，动物约130万种（参见《生命的曲线》第630页）。每时每刻有物种消亡，也有新物种诞生。目前，消亡数目大于新生数目，确实令人担忧。我们提倡"天人合一"，使人类与大自然和谐相处，既保护了生态环境，也保护了人类自己。为了纪念50年前沃森和克里克对DNA双螺旋的发现，我们该对"芸芸众生"有新的释义，也从客观上促进了当前和今后生命科学与生物技术的蓬勃发展。

所有螺旋都有左旋和右旋之分，即有手性。为什么老天爷（大自然）会对地球上生物的DNA双螺旋采用现代大规模生产的规则，即它们都采用右旋螺旋（也有个别生物是左旋的），而且直径均为2纳米，螺距为3.2纳米？

由此可以看出，西方的分解、分析等科学思维方式与我国的整体、综合的思维方式，只是并列相补的思维模式，并无"先进"与"落后"的区别。我们应该撷取东、西方文明和思维方式的长处，把它们整合起来，有助于中华民族复兴。

针对"美学要素中的自相似"，我写了《数学迭代的形像美》，发表在《科学中国人》2004年第7期中。这里的"形像美"是指形态和图像（包括数码图像）之美。由简单变复杂，可以有不同的途径，其中最简单的途径是"重复使用简单的规则"，可以产生极其复杂的行为或图形，其中很有可能会出现极其美丽的形态。这种由简单到复杂的关系往往不能以简单的因果关系来描述，也不能用线性近似来讨论，只能用非线性关系来讨论。在《数学迭代的形像美》一文中，我特意展示了一幅海马图，可以领略其结构之壮观和迷人，确实符合美学特点。

为什么一个很简单的公式，经过数学迭代就能生成如此精美的海马图？这已超出数学范畴，并把人们引入复杂的精美世界。这里既有个体海马的形像美，又有精密有序按比例自相似排列；这里还有有序和无序（分支和混沌）和谐搭配的美。这是人们难得见到的形像美，有助于对非线性世界的理解。在这些数学迭代生成的图形中，在这种非常精细的结构中显示出的混沌成分并没有压倒一切；和谐、整齐的有序性支配着大部分画面，混沌和有序和谐地融合在一起，彰显出美的特征。

客观世界是复杂的，非线性的。文章以数学迭代生成的海马图为例，来讨论非线性世界的美。可以看到，科学和艺术是研究自然界的两种互补方法和手段。科学依赖于分析，艺术凭借于直觉。利用科学与艺术两种手段，可以使人类对复杂世界有更深入的理解，可促进人类文明的前行。当然，从科学的形像美也可以深入探索美的规律，促进对复杂世界的理解。

除了数学迭代之外，在物理学中有另一种使简单变成复杂的途径是"重复使用分子（或原子）扩散和沉积过程"。它与相变有关，可以生长成单晶，也可以生成图像，包括物理海马等。

为了海量存储，必须寻找合适的超高密度信息存储纳米薄膜电学双稳态材料。在20世纪80年代，北大电子学系有几位教授和研究生联合化学学院的一些教授和博士后，共同对这种新型材料进行了探索和研制，按需要设计并在实验室合成新品种；在实验工作中还发现只有少数几种材料和组合，可生成美丽的图形，其中包括海马(通常称为"物理海马")。这些薄膜要求有电学双稳态特性（即具有低导电和高导电两种稳态特性，它们代表0和1，并要求写入点小，写入响应快），其厚度一般均小于50纳米。为了不被污染，这些实验都是在真空或超高真空中进行的。这些图像对研究生来说不是他们所需要研究的，但我很有兴趣，所以他们也帮我收集了不少。在这些薄膜实验研究中，最早发现海马图形是在有机材料 TCNQ 和由 60 个碳原子组成足球状的 C_{60} 分子材料，在真空中交替或同时蒸积而生成。在《科学与艺术的交融》一文中的图 17 显示了物理海马群，它们是由许多小晶片组成，小晶片与整体之间不存在自相似，但它们有特征尺寸。它们中有些呈 S 型，也有些呈反 S 型，即具有手性。中科院物理所高鸿钧博士曾说，这是因为用离子团束沉积时，有些分子带电，有些呈中性；由于静电作用，生成时出现旋转，而呈 S 型或反 S 型。他用电场实验，证实了此说法。

我们曾有一篇论文于 1994 年发表在美国《材料研究》杂志上。其中一幅"海马双舞"图被美国材料研究协会 (MRS Bulletin) 选为"编辑特选"（参见该刊 20 卷，1995 年第 4 期），加以介绍，文中说：编辑部有人认为"两只海马在有机海洋中跳舞"。美国 *Fractals*（《分形》杂志）把物理海马图作为封面刊出（参见第 6 卷第 4 期，1998 年 12 月）。

当时我们认为，海马是由 C_{60} 形成的。后来发现单用 TCNQ 材料也可形成海马群，加 C_{60}，海马外形没有明显的变化；如用有机材料 PANI 来代替 C_{60}，则海马外形有了较大的变化。物理海马有其形成、生长和消亡的过程，可惜当时未能用摄像机记录下来，实在遗憾。

所有生成的海马都有特征尺寸，正像人的特征尺寸为 1.7 米，而且具有自相似特性；但与数学海马相比没有任意放大的自相似特性。

用生成海马的同样材料的薄膜（TCNQ-C_{60}），还曾生长出炎黄子孙喜闻乐见的"龙"与"凤"(参见《科学与艺术的交融》)。难道"海马"真的与"龙""凤"有什么特殊神秘的联系?在中国,龙与凤都是艺术家画的,或雕塑家或工艺人制作的;为什么在实验室内能生长出类似于中国画的龙和凤,而不能生长与西方画类似的作品呢?

我曾说过,西方艺术强调"美",而东方艺术强调"妙",两者是有思维和审美差别的。那么,大自然为什么对东方古典艺术情有独钟呢?这里是否有一些本质的东西值得我们去探讨?

总之,这些图形都体现"天道崇美",也体现"科学与艺术有相通的地方"。我已年逾八旬,只要身体许可,我仍将会不懈地探索真与美。

(本文选自上海教育出版社2005年5月版《科学的道路》)

吴全德 电子物理学家、教育家。1923年12月12日生于浙江黄岩,2005年12月29日逝于北京。1947年毕业于清华大学电机系,留校任物理系助教,协助孟昭英教授筹建电子学实验室。北京大学信息科学技术学院教授、学位委员会副主任。中国光电阴极理论研究的开拓者。研究领域主要在光电阴极、含超微粒子薄膜及薄膜的成核和生成诸方面。1963年提出阴极固溶胶理论。1966年提出离子晶体或共价晶体中固溶胶粒的形成和生长理论。1979年提出银氧铯阴极光电发射的物理模型,推导出长波光电发射的光电流密度和量子产额公式,计算了它的长波光谱响应理论曲线,该理论被国外学界称为"吴氏理论"。1987年提出固体表面上原子团和超微粒的形成和生长理论,以及外延生长条件。1991年当选中国科学院学部委员(院士)。

> 我相信，不论是苏步青先生，还是陈省身先生，都不知道赵孟养其人。正是由于他，我才有机会得识苏、陈二老。
>
> 1946年的那一天，乃是我一生科学事业的转折点。
>
> ——吴文俊

科学事业的转折点

1946年某月某日，我的交通大学数学系的同班同学赵孟养邀我到他家里。在那里另一位同学钱圣发正等着我。钱圣发原来是国立西南联合大学数学系的学生，因抗战滞留上海，在交大借读一年，然后转入内地，当时与我们同班上课，因此相识。我青年时期沉默寡言，经常去赵孟养家。在那里吃饭，并由他教我下围棋，徘徊终日却往往一言不发。这一孤僻腼腆的性格使我与同学们很少交往。也因此虽与圣发相处有年，却只相识而此外一无所知。

我有两个妹妹，还有一个弟弟，我是老大。我叫文俊，弟叫文杰，都以"文"字排辈。文杰聪明活泼，幼年不慎从楼梯上摔下来，开始好像没事，后来发作，变成所谓穿骨瘤珠，拖延数年，不治而死。我从此成了独子。由于当时社会上的封建习俗，家里把全部钟爱贯注在我一人身上，并因此而耽误了两个妹妹，使我单独受到了高等教育。我家住在弄堂里。鉴于文杰之死，我母亲连我在家门外的弄堂里玩一下都不放心。因此，就造成了我衣来伸手，饭来张口，四肢不勤，世事不明。我终日处斗室，哑然无言，在家里的藏书中自寻乐趣。我变得十分内向，表面上极其顺从，诸事唯唯诺诺，但内心活动还是有的。有时反抗心理会突然爆发，倔强起来无可理喻。同学赵孟养曾多次说我固执任性，我完全接受，至于他是怎么领教过我的倔脾气，我就不清楚了。

吴文俊 院士
（中国科学院提供）

那天到了赵孟养家里，他说，钱圣发打算伴我去见一个人。我以为将三人同行，赵孟养却端坐不动，由着钱圣发伴我到一去处，那是去陈省身先生的家。

我从刊物上依稀见到过陈省身先生的名字，但只知道他是一位数学家。钱圣发把我介绍给陈先生后，就起身告退，由我单独与陈先生交谈。

我于1936年考入上海交通大学理学院的数学系。理学院分数学、物理、化学三系。一年级时不分系同班上课。数学系除我和赵孟养外还有两位女生。1937年抗战全面爆发后，这两位女生不知所终。我在一、二年级时对数学已失去兴趣。到三年级时武崇林先生讲授实变函数论与高等代数、高等几何等课，我接受了数学的严格思维训练，才确定了走上数学的道路。从实变函数论自然发展到集合论、点集论与点集拓扑。我阅读了大量这方面的书籍与论文，大部分是德文的。我在高中读三年级时，教务长余祥森，外号"余老虎"，是留学德国的，教了一年德文。大学一年级又读了一年德文。因此，德文的数学论著对我并无多大困难。我爱好德文数学著作，描述既严密又清晰。我买了不少德文的数学影印书，保存至今，一直是我科研上的重要参考读物。其中有几本是赵孟养送我的，如 Weber 的《代数学》（节本）与 Alexaudroff-Hopf 的《拓扑学》等，上面还有赵孟养的赠书题词。我在大学三、四年级时是求知欲最旺、吸收力最强的时期，但一到毕业，却只能由同学介绍当上了一名初级中学的教师兼教务员之职，从此如掉入了冰窖，再也拔不出来。不仅没有时间再看数学，连原来学过的都荒疏了。五年过去，我已打算放弃数学。就在这节骨眼儿，抗战结束。赵孟养这时也有机会对我伸出了援助之手。抗战期间交大内迁，胜利后迁回上海，暂名临时大学。赵孟养交谊广，本来是可以进交大再当助教的，他却把这一珍贵的位置让给了我。我当上了郑太朴教授的助教，重要的是我重新获得了有生力量——时间。

赵孟养自己当了数学界权威之一朱公谨先生的助手，帮他整理 Courant 名著的译稿。孟养介绍我见朱公谨、周炜良等先生，这是我第一次与数学界权威人士接触。

我在大学一年级时，曾经写过一篇短文，用力学方法证明圆内六角形的 Pascal 定理。这是我一生最早的创作。大学毕业时，为了写毕业论文，把它扩展成用力学方法证明有关 Pascal 图像许多著名定理的文章。抗战结束后，赵孟养要我把这篇文章复写几份，把它寄给了一些教授，我不知道是谁，但知道其中有苏步青先生。我第一次见到苏先生，是在我留法归国以后。我以后多次见到苏先生，他都要提起这篇文章。

抗战结束后，当时的教育部举办了留学生考试，报上虽有记载，但我并不理会。赵孟养告诉我报上有关招考的事，敦促我报名应试。顺便一提，我是交通大学郑太朴教授的助教，我寡言少语，一星期见他一次而已。有一天，郑教授忽然闯到我家里，劝我报名应考。那时我已有了有生力量——时间。因此我复习了已经忘记了的课程，并报了名。

数月后的那一天，钱圣发伴我见到了陈省身先生。从此，我摆脱了困境，走上了科研的道路。

我相信，不论是苏步青先生，还是陈省身先生，都不知道赵孟养其人。正是由于他，我才有机会得识苏、陈二老。

1946年的那一天，乃是我一生科学事业的转折点。

（本文选自上海教育出版社1996年5月版《中国科学院院士自述》，标题为编者所加）

吴文俊 数学家。1919年5月12日生于上海，祖籍浙江嘉兴。2017年5月7日逝于北京。1940年毕业于上海交通大学。1949年获法国国家科学研究中心博士学位。中国科学院数学与系统科学研究院研究员、系统科学研究所名誉所长，中国数学会名誉理事长。中国数学机械化研究的创始人。主要成就表现在拓扑学和数学机械化两个领域。为拓扑学做了奠基性的工作，20世纪50年代在示性类、示嵌类等研究方面取得"吴公式""吴示性类""吴示嵌类"等一系列成果，至今仍被国际同行广泛引用。70年代创立了定理机器证明的"吴方法"有重要应用价值，引起数学研究方式的变革。1956年获国家自然科学奖一等奖，1989年获第三世界科学院奖，1993年获"陈嘉庚数理科学奖"，1994年获求是基金"杰出科学家奖"，2019年被授予"人民科学家"国家荣誉，同年入选"最美奋斗者"和"中国海归70年70人"榜单。2001年获2000年度国家首届最高科学技术奖。1957年被选聘为中国科学院学部委员（院士）。1991年当选第三世界科学院院士。

> 学而思，学且问，勤学、慎思、善问、积累和提炼，知识浓度由稀而浓，也许能达到过饱和，在学科的界面上不均匀地、较易地形成新核。
>
> ——肖纪美

老得太快　知得太晚　做得太少

　　回溯往事，不管在遥远的时间中想到一生中的哪一刻，永远是那些熟悉的声音在歌唱。自述人生，一句话：老得太快，知得太晚，做得太少。讲述点滴旧事，也许有点哲理，可供参考。

　　1920年12月，我生在湘西边城——凤凰，那是多民族（苗族、土家族、汉族等）混居的地方，12岁前在那儿成长，入夜豺嚎，民性悍强。社会环境影响了一个人的个性，但也要看到这些影响的片面性。

　　12岁到17岁寄宿在长沙明德中学，我由衷地感谢老师们对我生活上的关怀和学业上的培养。老师们每夜查房，为学生盖被；学生的生日吃寿面；洗澡、理发有人关照……这一切使远离家庭的游子感到温暖。我喜欢那儿的图书馆，藏有丰富的书刊，引我自学，能涉猎较为广泛的领域，并养成自学的习惯，终生享用。有一件事印象最深。学作文，学习陈望道先生《修辞学发凡》，其中有这么一句话：人类表达思想感情的工具有文字和语言，文字不如语言；而最有效的工具是行动。（大意如此）这句话鞭策我尽力做到少讲多做，言行一致。初中数学比赛，我曾战胜高班，三次获得冠军，这是由于我在图书馆自学了不少解题的方法。抗日战争时期，我和广大青年深深感到家破苦、亡国恨，不少同学踏上革命征途，我走上"科技救国"的道路。从1939年至1943年，在唐山交通大学矿冶系学习，印象最深刻的是严格的工程教育。例如，应用力学考试，计算方法虽正确，如果计算结果的三位数字不全对，也是零分！

　　大学毕业后50年，我始终在材料学领域内学习和工作。由于各种原因，所从事的工作包括教学、科研、生产、咨询、评议、规划等。仿效牛顿晚年海滩拾贝的警句，曾作《材料学海拾贝》，总结在材料学海浮沉漫游50年的12点体会，录下以共勉。

　　1. 我受益于逻辑学和系统论，前者包括形式逻辑和辩证逻辑，可以帮助我努力做到概念明确而不僵化，判断恰当而不绝对化，推理正确。材料是一种特殊系统，应用系统论的概念和技术，可以有效地分析材料问题。

　　2. 通过对材料问题的系统分析，我提出了微观材料学及宏观材料学两个分支以及微观材料学中五个组元——性能、结构、环境、过程、能量。

3. 当今的世界在巨变，多种概念和方法在互相冲击和汇合。引两段我国古语：

学而不思则罔，思而不学则殆。——《论语·为政》

君子学以聚之，问以辩之。——《易·乾》

学而思，学且问，勤学、慎思、善问、积累和提炼，知识浓度由稀而浓，也许能达到过饱和，在学科的界面上不均匀地、较易地形成新核。

4. 我曾用演绎、归纳和类比三种推理方法，分别导出自然过程的方向、路线和结果：自然过程总是朝着能量降低的方向、遵循阻力最小的路线进行的，其结果是适者生存。1980年春，由重庆至武汉，顺江东下，有感于三峡风景文物，触景因事而生情意，以五言古诗30句述怀，最后三句分别佐证自然过程三原理：

我欲降势能，东行方向明；

今有航标在，前进路线清；

回顾艰坎路，方悟适者存。

5. 我采用"发生定义"的方法，定义了性能："材料的性能是一种参量，用于表征材料在给定外界条件下的行为。"从这个定义，对材料性能的分析启示了三点：性能必须量化，从过程去深入分析性能，重视环境对性能的影响。从这种思路，提出性能分析的黑箱法、相关法、过程法和环境法。采用系统论中输入（I）及输出（J）的概念，考虑了 I 及 J 有力、声、热、光、电、磁、化学共7种信息，并有反射、吸收、传导、转换（$I \neq J$）4种情况，因而将材料的性能（P_{ij}）划分为63 [= 7×3 ($I=J$) + 7×6 ($I \neq J$)] 种，开拓了思路。

6. 若系统的结构、系统的组元集合及关系的集合分别用 S、E 及 R 表示，则在环境（e）固定的条件下：$Se=\{E, R\}$。这个定义

肖纪美在作精彩学术演讲（1987，中国科学院提供）

不仅适用于分析材料的各个层次结构，也可用于分析社会结构、经济结构、投资结构、知识结构等。

7. 能量在材料中的传递、转化和储存，对材料的性能、结构和过程，起着决定性作用。我采用归纳法总结了八大类能量分析方法：平衡结构；过程的失稳、方向、速度、进度、选择、类型；性能参量（韧性、磁能等），简化了思路。

8. 类比是一种创造性的思维方法：德布罗意提出的微观粒子双象性假说，便是采用了勇敢的对比；扩散的菲克定律与导热的傅立叶定律的关系相同，最宜类比。我曾类比许多事物，如材料与系统、材料与人才等。对于我国的经济大势：1989 年是"治理经济环境，整顿经济秩序"；1992年初提出"调整结构，提高效益"；1993年初提出"优化结构，增进效益"；1994年的经济工作方针包括"大力调整经济结构，提高经济效益"，采用材料学工作者惯用的环境→结构→性能的思路，以及外因和内因对变化影响的辩证关系，在学习时可以帮助理解。

9. 我很赞赏"交叉结合"，交叉地带正是控制论创始人之一维纳所指的"最大收获的领域"。近10余年，自觉地运用这种研究方法开发一些领域，如断裂化学、合金能量学、宏观材料学等，有些进展。受益于它，以诗颂之。

支离破碎曾满意，壮年反复审纠纷。

继续深入疑无路，交叉结合又一村。

10. 在材料领域内做学问，成事业，愿引王国维提出的、饶有风趣的三境界：

独上高楼，望尽天涯路。——晏殊《蝶恋花》

衣带渐宽终不悔，为伊消得人憔悴。——柳永《蝶恋花》

蓦然回首，那人却在，灯火阑珊处。——辛弃疾《青玉案·元夕》

这三种境界便依次是：怀大志，追求；勇献身，拼搏；终成就，喜悦。

11. 材料是"物"，处理材料问题的"人"，遇到"事"与"景"，会有"意"与有"情"，这六者可相通：

触景因事而生情，藉诗怀旧又展新。

人物事景相通处，字里行间情意深。

12. 人生追求真善美。我在材料界追求一生，晚年提倡类比和交叉结合，欣赏境界，愿循学、思、问，以诗述怀：

勤学复善问，苦思后追寻；

攀登上台阶，机遇来垂青。
哲理化情韵，真善依美撑；
殊途追境界，同皈何需分？
我是湘人，愿引屈原《离骚》，作为追求互勉：
路漫漫其修远兮，吾将上下而求索。
我是教师，愿引孔子在《论语·述而》中一句话自慰：
其为人也，发愤忘食，乐以忘忧，不知老之将至。
（本文选自上海教育出版社2005年5月版《科学的道路》）

肖纪美 又名肖继美。材料科学家、冶金教育家。1920年12月7日生于湖南凤凰，2014年4月23日逝于北京。1943年毕业于交通大学唐山工学院。1949年获美国密苏里矿冶学院冶金学硕士学位，1950年获该校冶金学博士学位。北京科学技术大学教授。先后任金属物理教研室主任、材料失效研究所所长、环境断裂开放实验室主任。兼任中国腐蚀与防护学会第一、第二届副理事长，第三届理事长；中国金属学会理事、材料学会理事长、中国稀土学会常务理事等职。长期从事合金钢、晶界吸附、脱溶沉淀、晶间腐蚀、断裂学科和氢损伤等领域的研究和教学工作。综合应用金属物理、断裂力学和腐蚀科学，分析和解决了国民经济与国防建设中的若干重要断裂问题和材料质量问题；开展了材料的应力腐蚀及氢开裂机理方面理论研究；提出合金设计新方法并开创节镍不锈钢的研究。1987年获国家自然科学奖二等奖、1997年获国家教委科学技术进步奖一等奖等。代表作有《材料的应用与发展》《材料的方法论》《金属材料的腐蚀问题》等。1980年当选中国科学院学部委员（院士）。

> 浙江大学那种学术上严谨而又自由的气氛，能容忍多样化的发展，既能培养出循规蹈矩的杰出学者与工程师，也能培养出不拘泥于一格的探索者和创新家。
>
> ——谢学锦

大不自多　海纳江河

我小时候不爱用功读书。小学是在北京师范大学第一附属小学，整个小学期间我都是在看小说中度过的。我曾看了《三国演义》《水浒》《红楼梦》《西游记》《封神榜》以及大量武侠、剑侠小说等。小学二年级我开始看《三国演义》，不认识的字就乱念，以至于至今有些字还念错，改不过来。

初中在辅仁中学，一年级时受语文老师启功的熏陶，开始对文学感兴趣。二年级因历史老师陈均讲课生动，而对历史发生兴趣，但年终考试英文不及格，故而发奋用功了一个暑期。初三第一次英文月考，我很快第一个交卷。那位王老师（二年级英文也是他教）盯了我一眼说："你答不出来也在位子上多坐一会儿，不要这么早交卷。"我说："我已答完了。"他吃了一惊，赶快看我卷子。第二个星期，他带了一叠打好分的卷子到课堂上要大家猜这次谁考得最好，又说你们绝对猜不出，然后他头一个发我的卷子，大概考了 98 分。他说我二年级大考不及格，这次考第一，真是"士别一暑期要刮目相待"。他着实夸奖了我一番，我也非常得意。于是，对英文就特别下功夫。这种努力从北平初中三年级持续到"七七事变"后进上海沪江中学高中二年级。在上海，我因病休学一年，就大量读英文小说。第一本读的是 Daniel Defoe 的《鲁宾孙漂流记》，然后是 J. Swift, R. L. Stevenson, C. Dickens, W. Scott 等的长篇小说和 N. Hawthorne, W. Irving 等的短篇小说。高中三年级我在云南昭通中学就读，因为担心考不取大学，只好暂时放弃对文学的爱好，临阵磨枪去温习物理学和数学。

谢学锦 院士
（中国科学院提供）

萨本栋的普通物理学很引人入胜，因而我报考了浙江大学物理系。入学后，一年级我的功课，特别是普通物理考得都还不错。到二年级，束星北的理论力学和陈建功的级数概论，我就感到有点吃不消了。我认识到我不适宜学这样严谨的科学，于是想转学到国立西南联合大学外文系，但西南联大回信说转校不能转系，只欢迎我转西南联大物理系。我只好申请转浙江大学外文系。快开学时，我忽然想到读外文系怕毕业后难以找到工作，于是就转了浙江大学化学系。因为我在中学时对化学也感兴趣，成绩较好。转入化学系，很想好好用功，但受当时政局影响，把时间都花在搞学生运动上面去了。有的选修课，一堂未上过，到期终的考场上才与教授第一次见面,成绩自然不佳。1945年我已在浙江大学读了四年。因转系,化学系的必修课尚未读完,毕业论文也未做,还需再读一年,但我得到消息,因搞学生运动,上了"黑名单",浙江大学不能再留了。于是,申请病假休学一年,到重庆小龙坎动力油料厂工作,然后转入重庆大学化学系,在梁树权先生指导下完成了毕业论文。

我开始奋发用功是在重庆大学这最后一年。那时,我突然感到应好好学点本领和知识,不能再这样荒废光阴了。于是,我尽量避免卷入沙坪坝的学生运动(实际上仍未能避免),用功读书。刘云甫教授在浙江大学教过我物理化学,我常常不上课,成绩很差。我转重庆大学,他也由浙江大学来重庆大学任教,教我高等物理化学,我很用功,考得也很好,使他大为惊讶,说我几年内前后判若两人。

1947年,我从重庆大学毕业,到南京永利厂从事工业分析,分析硅酸岩、黄铁矿、黏土等。这时我读了 H. S. Washington 的 *Chemical Analysis of Silicate Rocks*,后由父亲介绍,看了 F. W. Clarke 的 *Data of Geochemistry*。我想从事工业分析也不一定只是当别人的工具,也可做出伟大的事业,加上我父亲谢家荣是著名的地质学家,因而很自然地想凭我的一点无机分析的经验进入地质领域。

1949年,我转到父亲领导的矿产测勘处化验室工作。1951年父亲介绍我看一篇发表在 *Economic Geology* 上的文章:T. S. Lovering, L. C. Huff, and H. Almond, 1950, *Dispersion of Copper from the San Manual Copper Deposit*, Pinal County, Arizona,并说国外有一种新的称为地球化学找矿的方法正在

兴起，看来很有前途，希望我去试验一下。于是，我与徐邦梁合作，1951年在安庆月山进行了中国首次地球化学探矿方法的实验。

这一新的技术方法刚刚诞生。当时从全世界收集到的有关文献不过40余篇。爱因斯坦曾说过"Imagination is more important than knowledge.（想象比知识更重要）"，这句话对这一新领域的开拓特别适用。需要在创新精神与想象力指引下进行大量实践来为这一新领域创造知识，建立它的理论与方法学体系。只有广泛地从许多学科汲取营养，而又不为它们的框框所限，才能丰富想象力和不断有所创新。我已错过在大学中系统啃教科书的机会，却养成了广泛涉猎，乱翻书，不失时机地追踪捕捉新信息和新思路的习惯。

为了披荆斩棘开拓这一新领域，我决心切断对文学的爱好，以免经常遐想翩跹，无病呻吟，以致耗去许多时间。从此，我再也没有看完过一部长篇小说，我想尽量使自己变得"干燥无味"，全心全意地投入这一新领域的开拓。

开拓工作确实艰难，由于20世纪五六十年代中国还基本上处于根据地表矿化及古人开采遗迹找矿的时代，地球化学方法的优势难以发挥，故这一新领域一直遭受冷遇。直到20世纪70年代，我已意识到就矿找矿的好时代至少在中国东部即将结束，地球化学方法大发展的时机已经到来。于是，周游列省，说服各省地质局大力推动地球化学找矿工作。

过去，我父亲谢家荣经常引用一句英文成语对我说："Be not lost in details."（不要迷失在细节中）。这句话对我发展勘查地球化学起了重大影响，使我习惯于从全局去考察问题。我花了毕生精力使地球化学方法从研究局部问题的战术性方法转变为研究全局的战略性方法，成为地质及地球物理方法的先导。中国特定的地理环境特别适于这种发展。

1979年，地矿部采纳了我提出的全国地球化学填图计划（区域化探全国扫面计划），使这一战略性转变逐步得以实现。这一计划已进行了20余年，覆盖全国近600余万平方千米，勾描出39种元素在全国的分布与变化，现在各国都已承认中国地球化学填图在全世界居于领先地位。地矿部这二十余年新发现的矿床，特别是金矿，绝大部分是根据这一计划提供的线索

谢学锦（后右八）在芬兰去 Seill 小岛讨论国际地球化学填图问题途中与各国科学家在船上合影（1995，中国科学院提供）

找到的。

尽管我是在大学最后一年才开始勤奋学习与工作的，但我仍深切怀念在浙江大学那四年散漫的学习生活。那时，我虽不用功，

但接触了许多良师益友，浙江大学那种学术上严谨而又自由的气氛，能容忍多样化的发展，既能培养出循规蹈矩的杰出学者与工程师，也能培养出不拘泥于一格的探索者和创新家。正如浙江大学校歌第一句，"大不自多，海纳江河"。在这种兼容并包的气氛熏陶之下，我一生获益良多。

（本文写于1994年，2004年对其后的情况作了一些补充）

谢学锦 应用地球化学家、勘查地球化学的开拓者和奠基人。1923年5月21日生于北京，2017年2月24日逝于北京。1947年毕业于重庆大学化学系。国土资源部地球物理地球化学勘查研究所研究员、名誉所长。兼任中国地质学会勘查地球化学专业委员会主任，国际杂志 Journal of Geochemical Exploration 副主编，国际地科联全球地球化学填图工作组指导委员会委员、分析技术委员会主席，联合国教科文组织国际地质对比计划（IGCP）执行局委员。在谢家荣先生指导下开创和奠基了我国勘查地球化学事业。1979年提出"区域化探全国扫面计划"，20多年来指导全国许多单位完成600余万平方千米的采样分析与成图工作，据此发现了数百个工业矿床，特别是金矿。1988年始推动国际地球化学填图的标准化。后致力于研究寻找我国隐伏巨型矿床的新理论、新方法、新战略及全球大陆环境地球化学的监控，指导开展元素周期表上76种元素的地球化学填图，以查清中国矿产资源和环境的监控与治理提供可靠的资料。代表作有《区域化探》《地球化学块体——概念和方法学的发展》《全球地球化学填图》《深穿透地球化学新进展》等。1980年当选中国科学院学部委员（院士）。

朗读者　张皓燃

> 泰斗们传授给我们的，不只是科学的知识和进行科学研究的方法，也教导我们无论在什么样的情况下，都应该一丝不苟地对待工作，精益求精地完成每一项任务，努力做到不仅"知其然"，而且"知其所以然"。
>
> ——徐建中

走上崎岖的小路
——我的求学步履与思考

大学毕业至今，已经40年了。回忆从一个不懂事的少年成长为科技工作者的历程，经历了许多难以忘怀的往事，有一些经验和教训，也许可以供后人吸取或参考。我衷心地希望年轻的一代珍惜宝贵的时光，刻苦学习，忘我工作，把祖国建设得更加繁荣富强；衷心地祝福年轻的科技工作者早日超过老一代，越早超过越好，人数越多越好，水平越高越好。希望寄托在年轻人的身上。

混沌初开的高中年华

我是1955年秋季进入高中的。那段时间，我国第一个"五年计划"正在如火如荼地进行，"向科学进军"的高潮逐渐形成，钱学森等一批杰出的科学家冲破重重阻力，回到祖国的怀抱，投入正要起飞的新中国科技事业中。

正是在这样火红的年代,我考入了新建立的南京市第十三中学。在这座毗邻玄武湖的学校里,理科老师富有启发的设问,文科老师引人入胜的讲解,给我这个无知的少年注入了渴求知识的极大热情;老师们诲人不倦的教学态度,锲而不舍的教学作风,循循善诱的教学方法,精益求精的教学态度,使学校不仅成为我学习知识的课堂,也成了学习人生的地方;丰富多彩的课外活动,激情四溢的体育比赛,磨练了意志,陶冶了情操,使我得到了全面发展。那时,我既喜爱文学的形象思维和浪漫情怀,参加了课外文艺小组,甚至登台演出;更乐意从事抽象推理和探索未知的工作,对数学、物理学问题的兴致很浓,往往忘了吃饭、睡觉,常常会"打破砂锅璺(问)到底"。

徐建中 院士
(中国科学院提供)

就是在这样的环境下,初中时期还非常顽皮,经常惹祸的我逐渐下决心,要做一个揭示自然奥秘的科技工作者,无论有多大的困难,我都要在通向科学高峰的崎岖小路上努力攀登。每天,天不亮我就起身,在无数闪闪星辰的陪伴下,沿着长长的铁路线走向学校,与住校的同学一起早自习;傍晚,月亮已经爬上地平线,我背着重重的书包,告别宁静的玄武湖,步行45分钟回到家中。晚饭后,父母常常要到医院开会,我带着弟弟、妹妹一起围坐在桌旁,开始晚自习,完成一天的学业,有时要到深夜。

虽然我的父母都是医务工作者,但由于人口多,家里的经济还是比较紧张的。就连上、下学，尽管每次要走很长的路，也舍不得花4分钱坐公共汽车。对于已经开了窍、决心献身科技事业的我，这些都已经算不了什么，只求进一步锤炼身心，更加发奋地学习。

使我特别难忘的是两位班主任老师——教语文的方季景老师和教物理学的刘达德老师，他们对工作满腔热情、深入细致、认真负责和严格要求，给我留下了终生难忘的印象。正是这些平凡的中学老师，用他们辛勤的汗水和满腔的热血浇灌了我们这些不懂事的少年，为今后的成长打下坚实的基础。

催人奋进的大学时代

1958年，尽管已经是"大跃进"的年代，我还是毅然报考了刚刚成立的中国科学技术大学。9月16日，我们来到北京西郊玉泉山麓的校园报到，来自祖国四面八方的各族同学欢聚一堂，开始了"向科学进军"的漫漫征程。这以后的一天，郭沫若校长陪同为校歌谱曲的作曲家吕骥来校，在大礼堂教唱校歌，"迎接着永恒的东风，把红旗高举起来，插上科学的高峰"的歌声在校园中久久回荡。就是在这次见面中，郭沫若校长提出了"科学家学点文学，文学家学点科学"，给我留下非常深刻的印象。9月20日，开学典礼上聂荣臻元帅发表了重要讲话，殷切鼓励学子们努力攀登科学高峰。

如果说上课前的这些活动是对年青学子的思想教育，坚定了我们克服困难、勇攀高峰的决心，那么紧接着开始的基础课就把我们带入了丰富多彩的科学王国。大师们的风采，令学子们倾倒；泰斗们的思维方法，更使学子们领略了科学的精华。华罗庚、吴文俊、关肇直教授高等数学，从极限的概念开始，到复变函数、偏微分方程……

言简意赅,深入浅出,严密的推理、精确的演绎,带领我们在奇妙无穷的数学王国漫游、遐想;吴有训、严济慈在没有暖气的大教室中讲解普通物理,风趣生动,内容丰富,启发我们不停地深入思考,把我们从一座山峰带向另一座更高的山峰,仿佛那一个个电子在头脑中不断地旋转,一个个原子、分子在不停地碰撞。这些让人尊敬的科学家、教育家用他们辛勤的汗水浇灌着科学园地中的棵棵新苗,用他们智慧的心血抚育了科学新人的成长。

从三年级开始,进入专业基础课和专业课,四年级转到中国科学院对应的研究所里学习。这时,研究所里的科学家纷纷来授课。拿我所在的力学系来讲,当时力学研究所的正副所长钱学森、郭永怀、吴仲华都是从专业基础课开始了他们的教学;而我学习的工程热物理专业,吴文、吴承康、林鸿荪、葛绍岩等从国外归来的学者,也走上了讲台。那时,他们都只有三四十岁,正值科研工作的黄金时代,是他们和老一辈的科学家一道,把国际上最新的进展告诉我们,也介绍了自己从事科研工作的方法和体会。

这些老师绝大多数是在有课的时候,一大早从中关村坐四五十分钟班车到玉泉路上课,中午再乘班车回中关村的,条件十分艰苦。可是,他们仍然在教学上花费了大量的精力,把自己科研工作中的最新成果总结出来。他们讲授的不是书本上的"死"知识,而是实际科研工作中提炼出来最有用的"活"知识。对我们这些开始步入科学殿堂的青年来讲,犹如点燃了我们心中的火把,照亮前进的方向。

我清楚地记得,在一堂"星际航行概论"课上,我给钱学森先生写了一张条子,对习题的多次更改提出意见。钱先生回答时说,由于各项工作太忙,他只能利用坐车的时候来考虑。这样,第二次再想的时候，感到有的条件给得不合适，要改一下。以后，又想到这个题目，觉得条件还要变一变才更符合实际情况。就这样，题目不得不一改再改。为了提高《燃烧学（二）》的教学质量，钱学森先生在仔细审阅讲义后，又花了很长时间与林鸿荪先生探讨如何改进讲课内容和方法。考虑到今后科研工作的范围很广，需要有很好的基础，作为系主任，钱先生又决定力学系进一步加强基础课的教学，并建议讲授卡门和比奥合写的《工程中的数学方法》。泰斗们传授给我们的，不只是科学的知识和进行科学研究的方法，也教导我们无论在什么样的情况下，都应该一丝不苟地对待工作，精益求精地完成每一项任务，努力做到不仅"知其然"，而且"知其所以然"。

在这些大师的倡导和推动下，中国科学技术大学的学术气氛是很浓的，鼓励学生参加各种学术活动。二年级伊始正值新中国成立10周年，我还从玉泉路赶到中关村，参加了时任世界和平理事会主席的贝尔纳教授在物理研究所关于液体理论的报告会，聆听了苏联科学院通讯院士、联合原子能研究所所长布洛欣采夫在"四不要礼堂"关于核物理的讲座。虽然这些报告的绝大部分内容我不懂，但这种气氛吸引了我、激励了我，也熏陶了我，我渴望在这种无拘无束的环境下，自由、平等地探讨科学问题。也正是由于大师们身体力行，形成了中国科大宽松、民主的学术氛围，点燃了无数青年心中创造的火花，这是真正的无价之宝。

当然，这一切也离不开学校各级领导和上级领导的辛勤工作。我清楚地记得，还是在大炼钢铁的"大跃进"年代，郭沫若校长就对郁文书记讲：学生还是应当以学为主，多学点功课。因此，即使在那样的环境下，中国科大仍然每年上课8个多月，这在那个年代恐怕是绝无仅有的。在"三年困难时期",陈毅副总理来校作形势报告时,谆谆嘱咐我们:一定要学好本领,建设繁荣富强的祖国。张劲夫等领导也经常来讲话或作报告,反复教育我们:树立正确的人生观,攀登科学高峰。这些话语对献身科技事业的青年,是鼓舞,是鞭策,更是力量。

深入思考的研究生生活

大学毕业前一年左右,国家决定实行公开招生的研究生制度,科学院的研究生是四年制。我报考了我国知名科学家、学部委员吴仲华教授的研究生。

录取后,吴先生约我和另一位同学星期日下午到他的办公室去谈话。他明确地提出按照MIT(吴先生1947年获博士学位的母校——麻省理工学院)的标准来要求,为我们制定了详细的学习计划,并要求我们用三年半的时间完成全部学业。

接着,开始了第一门课程——"工程热力学与统计物理"的学习。吴先生给了我们一份学习大纲,指定了20余本参考书(主要是英文的,包括他当年在MIT念的教科书),要在8个月的时间内自学完。在此期间,可以安排一定的时间来答疑;自己认为准备好了,就可以要求考试。在以后学习流体力学的时候,也是采取同样的方法,通过自学,达到学习大纲的要求,最后在考场上见。

这种方式对我的帮助很大。与在大学本科时以老师授课为主不同,完全自学的方法使我深入地思考了许多过去可能不太注意的问题,同时还要把看过的资料进一步深化和系统化。多做习题,成为一种重要的学习方法,因为这样可以真正弄清楚基本概念,明确基本方程的应用条件,同时也培养用基础知识解决实际问题的能力。当然，做题后，要特别注意总结，尤其是基本概念方面的和规律性的把握，努力做到举一反三。认真总结，既要随时小结，也要重视阶段小结和最后的总结，这不仅使知识系统化，而且促使我们思考老师们研究问题的方法，各种参考书是如何采用不同的途径解决这个问题的，如果我来考虑又怎么一步一步进行。这对今后从事科研工作，意义非同小可。同时，将学习的知识系统化，并进一步加以浓缩、凝练，这实际上是一个再深入学习和研究的过程，也是下一步改进和创新的开始。

当然，自学比听老师讲课要艰苦得多。但自学有特殊的乐趣，当你花了时间和精力，终于弄清了一个问题，茅塞顿开或恍然大悟的时候，其中的喜悦是难以用文字表达的。因为听老师讲课，50分钟会有一定的收获；但这50分钟用来自学，也会有收获，常常是不同的收获；随着水平的提高，收获会越来越大；而且我觉得，自学的收获会更大、更扎实、更有意义。最重要的是逐渐养成思考的习惯，培养正确地提出问题、分析问题、解决问题的能力，掌握科学研究的基本方法，这样才能够不仅勇于创新，同时也善于创新，做出高水平的工作来。

以后，在学习吴仲华先生创立的叶轮机械三元流动理论时，不仅要对这一理论和其基本方程有较深的认识，还应分析、思考这一理论是如何构思、形成的，其中的关键是哪些，这样才能真正掌握三元流动理论。通过对三元流动图景的描绘和主要特点的分析，就不难从流线的概念扩展到流面，并进而得出两类流面的概念；为了建立这两类流面之间的联系，必须引入流面偏导数这座桥梁；通过它，基本方程得到很大的简化，出现了特有的流片厚度与流面力，它们是流面理论的两大支柱；为了求解流面上的基本方程，必须提出处理气体黏性的简化模型；而在选择两类流面时，可以根据工程上的需要来确定。这样，一个复杂的三元黏性流动就完整地分解为两类流面上的二元流动，使计算工作大为简化。由于将理论上的严格、计算上的简便与工程上的实用紧密结合，两类流面理论在设计中得到了广泛的应用。下了这样一番功夫后，对于怎样思考问题、分析问题和解决问题，就有了比较深的体会，对工程科学中的"美"就有所认识，这对以后从事科研工作有很大的帮助。

徐建中在"新加坡—北京能源论坛"作学术报告（2004，中国科学院提供）

从吴仲华老师的身上，不只是学到了进行科研的方法，还受到了如何认真负责工作的教育。吴先生曾对我讲过："在我发表的论文中，公式都是反复推导、验证的，到现在为止，除印刷错误外，还没有发现任何错误。你以后也要做到这一点，不要有任何错误。"我一直牢牢地记着这番话。对一个想法，从不同的方面，反复思考；对一个公式或方程，用不同的方法来推演，直到得到相同的结果。这样做，从表面上看，似乎有些多余，但它不但可以保证结果的正确，而且能从另外的角度来看问题，有时还能得出新的结论，发现新的研究方向。在经过一段时间的学习后，有一次吴先生跟我谈起论文的选题问题。在 MIT 获得博士学位后，1947 年，他进入了美国航空咨询委员会（NACA）的刘易斯实验室（Lewis Laboratory，现今 NASA 的 Glenn Research Center）工作。当时，有两个题目供他挑选：叶轮机械和气波增压器。他从基本原理上进行了分析，觉得前者有很大的发展潜力，应用范围很广，能够比较快地做出成果来；而后者在性能的提高方面受到很多限制，在实践中尚未应用，以后是否能得到应用还很难说。后来的发展，完全证实了吴先生的分析。这种对发展方向和前景的把握，对今天从事创新研究，是特别重要的；对已经成为导师或学科带头人的科技工作者来讲，更是有教益的。

（本文写于 2004 年，改定于 2022 年 8 月 8 日）

徐建中 工程热物理学家。1940 年 3 月 3 日生于江西吉安，原籍辽宁北镇。1963 年毕业于中国科学技术大学，1967 年在中国科学院力学研究所研究生毕业。现任中国科学院工程热物理研究所研究员、国家能源风电叶片研发（实验）中心主任、中国科学院技术科学部主任、中国工程热物理学会理事长、天津大学内燃机燃烧学国家重点实验室学术委员会主任，国际吸气式发动机学会（ISABE）执委，《工程热物理学报》主编等。主要从事叶轮机械气动热力学、计算流体力学、多相流动、分布式能源系统、能源清洁高效利用等领域的应用基础研究和开发。发展了叶轮机械三元理论体系和设计体系。在国内外发表论文 100 余篇。1984 年被评为首批国家级"有突出贡献中青年科技专家"。曾获国家自然科学奖二等奖、中国科学院重大科学技术成果奖一等奖等多项奖励。1995 年当选中国科学院院士。

> 教学工作宜考虑培植学习兴趣,发挥个性,加强创造思维,以及加重和拓宽基础。
>
> ——徐祖耀

随忆两则

一、坎坷岁月中的科研生涯

那天,虽不是凄风苦雨,但也云低阴沉。随着哀乐声,跟随着长队,缓步向校大礼堂走去。那是我十年来第一次"混迹"于"革命队伍"中。除大家的庄肃沉重外,我显得孤寂不群,孑然一身。我还没有被"解放",参加革命导师毛主席的追悼仪式,该不会被拒绝吧?由于我病假已有一段时间,不到学校来劳动,更由于我当时正生活在好像是另一个世界中,过着坎坷岁月中的科研生涯。

"文化大革命"十年中,有一段时间以"戴罪之身"从事工农兵学员的教学工作,以及参加教材编写工作。这让我有机会接触专业期刊,正如饥似渴地大量阅读文献,了解材料学科近年的发展,更倾心于自己研究领域内国外的崭新成就。渴望投身科研,但事实上这终属痴心妄想。十年磨难,心身衰竭,于1976年夏末,

徐祖耀 院士
(中国科学院提供)

在上海市徐汇区肺病中心被查出正患肺结核病并处于活动期。我对这个诊断却安之若素,还以为"因祸得福",借此我可沉浸在另一个世界里。在卧床之际,我就计划着进行我一个人的科研工作。凭前一阶段文献阅读的启示,考虑目前情势,既不能开展实验(对材料科学的研究,实验手段是多么重要),也没有助手和讨论的对象;自己仅有的是脑、纸和笔,但有文献可查,有饭吃;虽然有病缠身,但有意志和毅力。于是,我选定相变热力学为研究对象,先从马氏体相变热力学着手。

当时,我住在离校较远,在外白渡桥附近,浦江饭店旁的一所房子里。同事们由于划清界限,十年来互不来往,甚至不通电话,除了劳动同伴(被革命的对象)间私下谈笑外,没有人会来家访。党支部书记是"文革"前我的助教、科研上的助手,在我刚开始请病假时,曾来我家一次。记得当时我正靠在床上读书,他没说什么话就离开了。给我的印象:他是来查看一下,我是否真的有病在身。那段时间(1976至1980年)直到我1980年迁居虹桥路宿舍后的一段时间,只有1963年毕业(当时在上海拖拉机厂工作)的一位学生米和生有时来家看我。也许他出身好,竟无所顾忌。但在我恢复工作以后,他就不再来了,直到1996年交大百年校庆,校友返校会上才又见到他。他说,在我最困难的时候,他应该常来探视,在我顺利时,就不一定需要关注了。他真拥有黄金般的心！在我病中，帮我借书、住院期间为我代领工资等帮办杂务的是曾经一起劳动过的难友、铁道系学生朱学坚，他以后在交大读了研究生，去了美国。在1992至1993年除夕和新年，我在他家里度过。近来他还越洋打电话来。现在想起来，在我孤独无助时这些友情显得多么珍贵！

马氏体相变热力学最早由德国Johansson在1937年开始研究，历经美国Zener（1946）、Fisher（1949）和Cohen等（1950）工作。20世纪60年代合金热力学研究蓬勃开展，如Kaufman（1962）、Aaronson等（1966）发表了重要论文，但Cohen所关注的，也是热力学研究及其应用的焦点——以热力学预测材料的马氏体相变开始温度（Ms）问题仍未得到解决。我在理清热力学以及统计热力学的基本概念，理会文献中热力学处理方法和各位作者的观点基础上，对这个问题作了综合思考。我不顾个人所处的宏观环境（实际上还是极端恶劣）和所患的疾病，深深沉浸在对这个问题的思考中，俨然翱翔于另一个世界，丝毫不觉度日如年，恰似如鱼得水！在我病床边，堆满了文献的记录本（那时还没有复印条件）和我计算的稿纸，研究工作在稳步进展中。

祸不单行，临冬季时，我的宿疾——胃部作痛，又在作梗，做胃镜检查，已不能顺通；医生怀疑胃内长瘤，需要手术。虽然我给校党委书记的信中写着"此行生死未卜"，但我内心却未引起波澜，我一边照常做我手边的工作，一边准备翌年春天作胃切除手术，我天真地认为这不过是一场虚惊而已。我仍以全部精力投入研究工作——阅读、思索、计算、再阅读、再思索、再计算，不久已觉得胜利在望。

其实，我那时所要解决的问题并不深奥，而且Cohen等已作了尝试，不过他在计算相变阻力时，只计及表面能和应变能，因此未获得成功，其他英、美、日诸作者揭示了 Ms 与母相屈服强度有关，和马氏体内位错密度成为储存能等概念，但他们没有直接对 Ms 作热力学计算。博采众家之长，对这些加以整理、升华，再添加了母相协作应变能，就能使计算趋向成熟（巧的是，2001 年我的一位研究生独立地应用这项协作应变能，解决了马氏体相变非线性一维模型的关键）。归纳起来，这项工作的成功是基于搞清热力学和相变的一些基本概念，以及博采众长，而自己的原创思维并不很强，算是对自己坎坷岁月科研工作的鼓励。以此为契机，以后再深入探索，并将研究范围进一步扩展。

我在 1977 年春季住院手术前已完成"马氏体相变热力学"草稿。经胃切除 3/4，结论是严重溃疡，出院后我仍继续病假。经略事休息，又每天去上海图书馆，除完成"马氏体相变热力学"的文稿外，还想在此基础上，完成一本较完整的专著《马氏体相变与马氏体》。历时一年余，终告初捷（此书第一版于 1980 年 3 月由科学出版社出版，第二版于 1999 年出版）。

直至 1978 年春，我还游离于集体之外。组织上也并不向我发出任何指示，只是周志宏先生屡次要我销假上班。到校后，首先要办的事是，请求系领导批准将我有关热力学的论文投至《金属学报》上发表（那时论文不向国外投发，即使投至国内期刊也需经领导批准），但当时系里主管这方面的负责人不同意该稿投《金属学报》，说："就投学校学报发表吧！"那时，他是不需要说明任何理由的。这就是《上海交通大学学报》1979 年第三期上出现的论文（以后《金属学报》1979—1980 年相继发表有关的论文 4 篇）。我想把综合的英文稿投至《中国科学》外文版，也被这位负责人所否定，让我在学校学报的外文版上发表。这样，1981 年一篇 *Thermodynamics of Martensitic Transformation FCC (γ)→BCC (α)* 以 "*Shanghai Jiao Tong University* 1981, No.1-MS-003" 单行本发表。待以后（国内期刊）开放自由投稿时，又将它投寄《中国科学》。投去后编辑部复信只说待办，大约一年后，经我主动撤稿，《中国科学》编辑部才将一大捆对此稿的"审处"资料全部寄给我。始悉此稿不但牵动编辑和审稿人，还惊动了金属学界的顶级人士李薰和柯俊等。资料包括审稿意见，编辑部签发意见，刊物负责人意见以及这些顶级专家签署的意见。专家们意见的内容几乎都差不多，对论文的内容没有实质性质疑或修改意见，辗转往复都提不出确切的意见：发表、修改或退稿？据我推想，他们确实怀疑：国外权威人士 20 年来未解决的问题，我国专家能在"文革"中圆满解决了？但以后的事实证明这确实无疑。也许坎坷岁月中的研究工作只能以这样作为尾声。

改革开放后，这些论文被发表在国际期刊上，如《材料科学》（*Materials Science*, 1983, 1985）、《国际金属学报》（*Acta Metallurgica*, 1983, 1984.）。研究工作又由马氏体相变热力学扩展至贝氏体相变热力学，在国际期刊上发表了数十篇相关论文。仅《国际金属（材料）学报》（*Acta Materialia*）上就达十余篇；还应邀在国际马氏体相变会议和国际贝氏体相变会议上作邀请报告。被国际大型丛书《材料科学与技术丛书》第 5 卷——《材料的相变》中所引用。谁会想到：这些成果是由作者在坎坷岁月中，甘于寂寞、甘于清苦、甘于耻辱，又在疾病煎迫下播下的种子，历经艰辛，扶持培育而成的？目前，在"科教兴国"的旗帜下，倍感我国科技前景无比灿烂，愿我国的科技实力日益强盛。

二、学习上的"任性"

回忆我在学习上的任性,表现在以下方面,是贬,是褒,尚待研讨。

1938年的全国大学入学统一考试,迟至11月中下旬才揭榜,我由上海至昆明,途经香港,在港办理过境越南(当时是法属安南)护照,需时十余天。因此,于12月初才到达昆明,学期开学已一个月了。数、理、化、英语等课程很容易跟上,"制图"和"画法几何"也勉强自己补上,只是"测量"课既无课本,老师陶逸锺副教授也是刚留美回来,全用英文讲课,很多从未接触过的技术名词一时无法理解。后来,虽然借到一本英文的原版教材,但我对这课程已索然无味。这课还有实习课,由于中途插班,更是无从动手。在实习课上,主要由助教任教,主课教师陶老师也到现场指导,那时他用上海话和我交谈,虽然感到一丝亲切,可是我还是任性地放弃了这门课。第二学期开学注册时,我先到教务处注册科取选课单。按规定,自己填上选课单后交由系主任签字。不料注册科给我的成绩单上,赫然写着"退学或留级一年",缘由是我有三门课未通过:国文58分(不及格)、测量(无成绩)、测量实习(incomplete),按规定须退学。我拿了这份成绩单和教务处的处理意见交给了系主任。我们系受中美基金(中华文化基金)资助(每年10万美元,折合目前相当于数百万美元);系办公室很大,教师上午都到校,系里还供应点心;教师待遇比其他系的高几十元(以后我当助教时,工资也比其他系的助教高10元)。当时的系主任为张正平教授,是唐山交大过来的采矿专家,他见了我的成绩单后就叫"Mr. 陶……",问陶老师我的测量成绩是怎么回事,他们都用英文通话,陶老师告诉他,我因迟到，听了几堂课就不听了，测量实习只到过一次以后也不参加了。张教授又详细看了我的成绩单，并沉思一下，问我："你不上课，办过退选手续没有？"我说我根本就不知道这类手续。他就嘱我向教务处提出补办退选手续。这样，就只剩一门国文不及格，就不用退学了。等办完了手续，我才知道，由于我的成绩单上，其他成绩都很好，如物理90分，化学和数学都在80分以上（那时80分以上就算优秀，70分以上为良好，60分以上为及格），系主任为了我的数、理、化和英文成绩高于一般同学，特别想出"补办手续"妙计，把我留下来。一年以后，我的成绩居全班第一，被授予"龙云奖学金"。

至于国文成绩差，也是由于我的"任性"所致。当时，教我国文的老师是施蛰存先生（上海的文学名家，当时也小有名气，教我们时为副教授职称）。他教的大多为古文，我倒并非没有兴趣，只是觉得功课太多，学工科的对国文课不必重视；而且国文课安排在下午第一节，每天课后要做实验或绘图，上课时往往瞌睡连连，有一次还被施老师叫醒，嘱读所讲字句，我昏昏沉沉读了"贾……"，他就笑着接着说"是贾宝玉吧"！第二学期的第一次作文，我就将开学时所遇到的困境写成一篇杂感，不料他看后却公开向我致歉，说是原想给你58分是给你提个醒，别对国文课太不注意，想不到会造成如此严重后果。他那时才30多岁，青衫一袭，颇为潇洒，想不到50多年后在上海见到他时已认不得了。我的国文成绩是我大学功课中唯一的"红灯"成绩，这个"污点"却轻易地在我毕业时给抹去了。我毕业时的系主任为石充教授，号称"中国一个半选矿专家中的一个名家"（月薪550元，据闻是高校中最高的，全家由渝乘飞机来昆明上任，在当时也属罕见)。毕业前,我担任系里来往公文的拟稿并英文打字等工作,因此他对我的中、英文水平有所了解。当见到我的成绩单上有盏红灯时,他将这分数一涂,改写"及格",并盖了他的红印章(那时系主任有权处理学生各项成绩)。"红灯"就此消失,但事实终究抹不掉。大约在1992年,我入住华东医院一间病房,见有上海高级文化人常来访邻床(一间房设两床)的老人。我一时想起,邻床莫非是施蛰存先生?就看了他床边的姓名牌,发现果然是他,真是巧遇。我向他说明我曾经是他教过的学生,但我并没有告诉他曾给我不及格的一幕,以免他感到遗憾。我对他在文史上的造诣十分敬佩,对他长寿健壮深感欣慰。

我一向不爱背诵功课,要不我就学医了。但那时工科大学学习还以"背"为主要方法。大二第一学期学"自然地质学",授课老师袁见齐先生(当时职称为讲师,以后成为中科院院士)讲得生动、系统,可是第二学期须选"历史地质学",尽是古生物的名称(往往是英文字母10个以上),令我头痛,任性所至,临考试前我背熟一半的古生物名字,拿个"60分",完成任务。

当时学习矿物和岩石时还得将标本熟记,记得实验课考试标本时,我对一块矿物叫不出其名称,助教郭令智先生(现为中科院院士,健在)特给我以启发,说"你看那颜色"!我就冲口说出"Vesuvianite"(以意大利Vesuvins火山岩浆得名),其实我对记忆这些石头的本领极差。

当时矿冶系的课程庞杂繁多,遍及地质、矿物、岩石、土木、机械、电机、力学、化学等,我喜爱的课程到四年级下学期才遇到,那就是"金相学",教师是蒋导江教授,他的专业是化学,到英国改学冶金,讲授严谨,有条理,给分数很严。由于我对金

徐祖耀在办公室与自己的大幅院士照片合影（作者提供）

相学有兴趣，我除了解笔记内容外，还读了当时的英、美教材和一些参考书。在一次期中考试得过"84"分，总成绩也只"78"分，可我感到有不少收获。尤其是经过期终考试，有一道题是根据给出的条件绘制相图，通过考试不但进一步理解内容，还知道如何应用于实际。从自己学习过程体会到：考试不只是检验学习成绩，而且还是一个提高学习的环节。在我以后的教学中，我尽可能运用这一原则，使学生受益。我认为通过考试后自己有了进一步体会和提高，自己可以将分数改写，并愿以此勉励后学者不断进取。

初学"金相学"，一见钟情，不想竟终生不移。60多年来，我一直干这一行。要是在这行里有些成绩的话，应归功于兴趣所至，一往情深。

无疑，学习和研究离不开兴趣，成果离不开积累，但学习上偏废一些基础课程会使基础不够扎实，看来这学习方法大有讲究。这也启示教育工作者：教学工作宜考虑培植学习兴趣，发挥个性，加强创造思维,以及加重和拓宽基础。

(本文选自上海教育出版社 2005 年 5 月版《科学的道路》)

徐祖耀 材料科学家。1921 年 3 月 21 日生于浙江宁波,2017 年 3 月 7 日逝于宁波。1942 年毕业于国立云南大学矿冶系。上海交通大学材料科学与工程学院教授。曾任马氏体相变国际顾问委员会委员,贝氏体相变委员会委员,曾任多本国际材料学报的国际顾问编委。长期从事材料相变理论和应用研究,在马氏体相变、贝氏体相变、形状记忆材料及材料热力学诸领域研究获很多成果。揭示了无扩散的马氏体相变中存在间隙原子的扩散,由此重新定义了马氏体相变、修正了经典动力学方程;由热力学计算了铁基、铜基合金和含 ZrO_2 陶瓷的马氏体相变开始温度(Ms);运用群论分析了马氏体相变晶体学;创建了铜基合金贝氏体相变热力学;论证了贝氏体相变扩散机制并发现 ZrO_2-CeO_2 中的贝氏体相变;建立形状记忆合金的物理数学模型;发展了形状记忆材料;优化了一些实用材料的相图;推出了 Cu-Zn 相图热力学以及杂质元素在钢中分布热力学等。在国内外期刊和会议论文集中发表论文 500 余篇。科研成果获国家自然科学奖、国家科技进步奖、国家教委科技进步奖多项,2000 年获何梁何利基金"科学与技术进步奖"。曾任比利时鲁汶大学客座教授、香港城市大学、昆明理工大学,南京理工大学等校名誉教授。多次参加国际学术会议并任国际顾问委员、作主题报告人或当会议主席。1995 年当选中国科学院院士。

> 技术要发扬民主，但又不能绝对民主。要从实际情况出发，不唯上、不唯本，敢于创新。我的一贯思想是坚持实事求是，不为传统的条条框框所束缚。
>
> —— 许学彦

"东风"载我船舶情

少年的梦

在我出生的农村家中有一块匾，上书"耕读传家"四个大字，这说明了我家庭的情况。祖父是一位读书人。父亲是当时少有的上海南洋大学(上海交通大学前身)电信工程系的毕业生。母亲初中毕业后居家搞家务、教育子女。

从小父母就教育我一定要靠自己的真实本领才能生活，不能靠家产生活，更何况我们家的家产又不多。总之，要自力更生，才能立足于社会，深深印在我脑海中。因此，养成我日后自立、自信和不求人的性格。

我的青少年时代是在日寇大举侵略我国，我等学子流离失所，不断从沿海往内地撤离之中度过的。1937年抗日战争全面爆发，是年冬天，日寇打到了我的家乡——常州郑陆桥北夏墅村。当时我才13岁，母亲怕日寇屠杀，为留后代，果断地命我

许学彦 院士
（中国科学院提供）

这个大儿子只身随着几位年长些的乡亲，徒步逃往镇江，乘火车去安徽九龙岗找在外工作的父亲，她自己带着四个行走不动的幼小的弟弟留在家乡，听天由命。

我和几位乡亲逃难。一路上，国民党败兵也在撤退，飞机的轰鸣声与机枪的"格格"声混在一起，在头上作响，我吓得俯伏在地，一动也不敢动，幸未中弹。在日寇二次空袭的间隙里，才是我们徒步行走的好机会，走了约200华里，走到镇江，赶上最后一班挤满难民的火车。那辆火车开得很慢，走走停停，走了整整一个晚上，终于到达南京。幸好是晚上行车，否则定遭日机轰炸，又不知死活如何呢！当时南京城内，虽然街道上行人稀少，但秩序并未乱，还有防空部队驻扎。我曾看到白天日机来空袭，被我军高射炮击中，拖着一条长长的浓烟下坠。在南京城中，我们休息了两天，同行的乡亲均分道扬镳，我和我的一位堂兄，继续乘京芜列车去了芜湖，再渡江至北岸裕溪口转乘淮南铁路火车去九龙岗我父亲处。刚到九龙岗不久，即闻南京失陷，日寇开始大屠杀，我们后怕得出了一身冷汗，倘若我俩多逗留在南京两天，将被围在城内而遭日寇屠杀了，真是万幸呀！

不久，日寇吞并了我国半壁江山，我与父亲从九龙岗向内地逃难，辗转于安徽阜阳、河南信阳、湖北武汉、湖南常德而至贵州省。我入铜仁国立三中继续读初三。初中毕业后，又转至后方有名的国立十四中（前身为迁至贵阳的中央大学实验学校）读完高中。在这颠沛流离的数年中，养成了我不怕困难、倔强进取的性格。在升大学时，我考了四所学校，即西南联大的航空系、浙江大学的机械系、平越交大的土木系和重庆兵工学院。四所学校都录取了。后来，又有重庆交通大学用审查成绩免考的办法录取了我。有五所学校可供选择，究竟进哪所学校，倒成了一道难题。因为目睹了日寇的凶残侵略，深感我国国防太弱，外国的侵略大都从海上来，海防是第一线，我立志要为我国的海防建设尽力。加上我从小生长的乡村到处是小河或湖泊，两岸绿柳成荫，映入一潭水中，与天上浮云的倒影交相辉映，美极了。小时顽皮好玩，常带着我的弟弟去河上划船，置身于碧波荡漾的水面，欣赏大自然的风光；夏天划船出汗了，就跳入河中游泳……由此，从少年时代我就爱上了船。因此，我不假考虑地选择了重庆交大的造船系，决心要学好造船造舰的本领，为祖国建设强大的海军服务。

情系人民

在贵阳读十四中时，日寇从广西向贵阳进攻，在马路上看见我方一队队士兵拖着疲惫的身子走过，土黄色军服破旧不堪，骨瘦如柴的士兵，有的走不动路，有的贫病交加，倒地不起，真是触目惊心；相反，在内地大城市中国民党高官们却争权夺利，大吃大喝，全不把前线士兵和老百姓的死活放在心上。抗战胜利后回到上海，眼见国民党接收大员"五子登科"，奢侈腐败，发动内战，抢夺地盘，老百姓经历了日寇十四年蹂躏后，虽然胜利了，依然陷于水深火热之中。因此，我痛恨腐败透顶的国民党当局。

我们交大同学，绝大部分奋起向政府抗议，反饥饿，反内战。

我也参加了反内战游行,参加了自行开火车去南京的请愿运动。我体会到:若国家政权不掌握在人民手中,不为人民谋福利,而是由少数寡头集团所控制,只为少数寡头家族的利益服务,则国家建设得再好,又有何用?若国家四分五裂,内战连连,不能安定团结,又何能建设?何谈改善人民生活?这使一向不问政治的我,心中亦开始注重政治的大是大非了。

情系"东风"

参加工作后,我初挑的重担是主持我国第一艘自行设计、自行建造的万吨级远洋货船"东风"号。这项工作十分艰难,当时处"大跃进"年代,船的性能指标要求赶超国际先进水平,同时设计周期压缩再压缩,使得我日夜加班,睡眠不足,有时每天只睡三四个小时,整天脑子里就是"东风"号的问题。我利用前人所作的船舶性能与线形研究的资料,加上自己的研究设计和虚心听取群众有益的意见,最后完成的实船,确实达到了当时国际先进水平,备受各方赞誉,也使我得到了一次实实在在的锻炼,受益匪浅。今日回想起我下江南造船厂,于船台旁的简屋中边设计、边施工,与工人打成一片,那种苦干加实干的精神,真值得留恋。当时,整个设计尚未完,而船体已上船台总装了。总装完成,流线型的漂亮船体成形,每当晨曦初露,薄雾轻绕,站在船台旁,看着"东风"号高昂又迷人的雄姿,若隐若现,犹在如诗如画的意境中。辛勤劳动的付出,得到了满意的回报。

"远望"与创新

"文化大革命"时期,我主持了为我国远程火箭发射、人造卫星和宇宙飞船测轨用的"718"工程——三个型号远洋船舶（以下简称"三船"）的设计。当时，我国是被封锁的，唯一的参考资料是几艘国外类似船舶的外形图片，又不能出国考察，更何况涉及绝密的军品呢！三型船都是大型的复杂船舶，其中"远望号"测量船，人称"科学城"，几乎是要把具有各种系统科学设施的对火箭、卫星的陆上测量基地一个亦不能少地搬上空间相对狭小的船上。三船的所有设施和设备均不能进口，都得由我国自行研制，一切从零开始，其难度可想而知。在三船的论证设计过程中，我个人两次完成了"合型"任务，作出了一些贡献。第一次是自己提出来的，第二次是上级要求的难题，我把它完成了。三船原为国防科委的远程火箭测量船、中科院的地球卫星观测船和国家海洋局的南极考察船。六机部七院先调我与杨凤章等五人去北京搞南极考察船的方案论证，完成后该船被中央取消了。后来七院命我一人又去北京搞另两条船的方案论证，看了技术要求书后，觉得主要要求有不少相同处。因此，我构思了一个将二型合并成一型而造两条的方案，这样可以节约大量的人力、物力，尤其是设计与建造周期也可大大缩短。当时，"大跃进"的遗风还在，快速完成是船东所希望的。方案上报后不久，上级同意了，并改称该二型船为主测量船。于是，三条船变成了主测量船、远洋调查船、远洋打捞船三个设计型号，后两船称辅船。我原任主测量船的总设计师，七院组建了专门搞主测量船的机构——六四工作组，组长为属所部领导，我任副组长。打捞船和调查船分别由一室和二室管理。在该两船的方案审查会上，作了决议，要求两船合型，即二型船主尺度、线形、上甲板以下分舱、结构、主机、轴系、舵系等相同（上甲板以上因二型船的各自专业任务不同则

许学彦在"远望号"测量船上(中国科学院提供)

不同)。这样,可又好又快又省地完成该二型船任务。审查会后,认为此决议很难贯彻,一、二室管理两船的主要设计人都不同意合,各讲各的技术困难,"要合"只能对方改,向己方靠拢,自己不能向对方靠拢。技术工作不能靠行政权力压服;此决议变成难题,无法贯彻。在此情况下,所领导把我调任三型船的总设计师,统管三型船的技术工作。我只好勉为其难,冒着得罪人的后果,参与进去。经仔细计算、研究、制定标准,证明"合型"是可行的,从技术上说服了人。在重做的新方案中,体现了"合型"设计思想,审查会上获得上级好评。其后,我带领了数十名青年同仁,在所领导与六机部的领导下,走与建造厂(江南造船厂)和使用方"三结合"的道路,通过14年的艰苦努力(中间因"文革"混乱而停建),终于在1979年前三型船依次胜利完成。

1980年5月,我国首次作了向太平洋公海区发射远程火箭的试验，震惊中外，大长了国威与军威。远程火箭飞行末段的轨迹测量与弹头打捞，都是靠此三型船来完成的。

开创发展新局面

改革开放后，我国开始融入世界大家庭，我国作为劳动密集型的船舶制造与出口具有优势。上级令我负责出口船的设计工作，这又是一件从无到有的事情。由于我国长期封闭，世界各国的港口和码头对进入船舶的要求、各国政府对航行船舶的规则、国际船舶的安全公约等规定，以及众多国际公认的船舶入级验船机构，我均不清楚。我们得通过船东去摸索，搜寻到的资料自然就非常宝贵。为此，在六机部领导的支持下，我主编了"出口船设计参考资料"丛书，将收集到的资料翻译出版，供国内同行共同使用，这对我国的船舶出口，起到了重要的启蒙与推广作用。我主持设计了首批出口船的研究设计工作，克服了不少困难，也学到了不少技术。经船东验收，我们制造的出口船质量好、售价低，使他们营运能得利，因此颇为满意。随之而来的订单遍及世界主要航运国家，如希腊、挪威、意大利、英国、印度、泰国和美国等，打开了我国出口船舶蓬勃发展的局面。

在半个多世纪船舶研究设计工作中，作为总设计师、总工程师，我遇到了很多复杂的问题，亦遇到了不少矛盾、不少难题，最后都成功地解决了。这个过程锻炼了我，也提高了我，使我悟出了一些处理复杂难题的方法。例如，复杂的大问题，往往是一个系统工程，首先，要区别主要矛盾与次要矛盾，抓住主要矛盾不放，抓深抓好。其次，要把问题予以分解，将大问题分解成一系列小问题。一个大问题，笼统地看是很困难的，但如果把它拆解成若干小问题，对每个小问题往往不难解决。作为一名技术领导，善于发挥集体智慧，在研究设计中要注意集思广益，听取多方意见，然后再阐述自己的观点，供大家讨论，不断修改完善。这样，既可发现问题，改进、提高设计质量，又可相互学习，共同提高技术水平。这是发扬技术民主、发挥群众集体智慧行之有效的方法。既要发扬民主，但又不能绝对民主。要从实际情况出发，不唯上、不唯本，敢于创新。我的一贯思想是坚持实事求是，不为传统的条条框框所束缚。

（本文写于 2004 年 9 月）

许学彦 船舶设计专家。1924 年 5 月 11 日生于江苏武进，2016 年 3 月 10 日逝于上海。1948 年毕业于上海交通大学。自 1951 年始，致力于船舶设计生涯。船舶工业集团公司 708 研究所研究员。历任副总设计师、副所长、总工程师等。20 世纪 50 年代末主持设计了我国第一艘万吨级远洋货船"东风"号，在载重量、航速和燃料消耗率等方面达到当时国际先进水平。60 年代主持设计了"62 型"高速护卫艇，在海战中发挥了重要作用。70 年代主持设计了国家重点"718 工程"中的主要三型船：主测量船"远望"号、调查船"向阳红 10"号和打捞船"J121"号。"远望"号和"向阳红 10"号均获国家科技进步奖特等奖，"J121"号获国家科技进步奖一等奖。80 年代初主持设计了我国第一批万吨级出口船，为我国造船工业进入国际市场作出贡献。其中 27000 吨散货船和 700 箱全集装箱船分别获国家科技进步奖一等奖和三等奖。已出版《高性能机翼帆的开发研究》《矩形硬帆间相互干扰的试验研究》《民船的研究设计概述》等多部专著。1993 年当选中国科学院学部委员（院士）。

> 我们这一代人的一项神圣使命是爱护这个无限丰富的自然界,留给比我们更有知识、更有能力的后来人去探索去理解。
>
> ——阳含熙

朗读者　陈杰宁

爱护大自然

我爱读书。一卷在手,古今中外的人都来和我谈话,非常自由地谈话,随心所欲地或停止或继续;名山大川异方殊俗,任意游赏款接。然而,这样美好的学习经验,一旦和接触真正的自然界这部"活书"相比,那就有天壤之别了。

当你置身于大自然的原野之中,她的无限风光,丰富多彩,变幻莫测,令人目瞪口呆,顶礼膜拜,甚至忘掉自己。其实,自己也实实在在同眼前的万物一样,只是一个万能无上的"上帝"创造的大千世界的一粒"砂子"。

我走进一片天然森林,也许能认识一些树木花草,可是它们的姿态行为没有一次是完全一样的,每一次相见都发现一些前所未知的新东西。至于天上突然飞过一只小鸟,地面爬来一只昆虫,土中挖出来一些小动物,这许许多多我连名字也叫不上来的生物,与我同样都是一个"生命"。这个神奇美妙、日新月异的亿万生灵生活着的自然界,怎么可能被我这样一个"人"所理解

阳含熙 院士
（中国科学院提供）

和说明得了呢？我每一次都只能学到一点新东西，何况有时回来查阅"死书"，更懊丧原来自以为新的东西别人早已见过、说过、记录过了。我只有很快再走向大自然，进行又一次新的探索。不管我所去过的是森林、草原、荒漠、冻原、湖泊还是海洋……我都得到了同样的感受。

几十年过去了，我的精力渐渐衰退了，但我终于积累到了两点经验：其一，我一生学到的东西，实在只是无穷无尽的自然界的点点滴滴，我只是一个短暂、蒙昧的生命体；其二，科学研究是一个探索自然的过程，一个相对真理不断接近绝对真理的发展过程。20世纪的科学成就是非常卓越的，然而人类已经积累的知识，只是自然界绝对真理这一巨大冰山浮出海面的一小部分。不久的21世纪必将会有更快、更多、更大的突破。这里，我还要说一句内心深处的话，我们伟大祖国也将重新赢得

置身于大自然的原野之中，无限风光令人目瞪口呆，甚至忘掉自己（陈云华绘）

她在数百年前科学发展史上的光荣地位。

我深信，我们这一代人的一项神圣使命是爱护这个无限丰富的自然界，留给比我们更有知识、更有能力的后来人去探索去理解。我们必须谦虚谨慎，三思而行，绝不能轻率地想用一切粗糙的人为的东西来代替大地母亲几十亿年所创造的世界。

（本文选自上海教育出版社1996年5月版《中国科学院院士自述》，标题为编者所加）

阳含熙 林学家，森林生态学家。1918年4月29日生于江西南昌。2010年8月29日逝于北京。1939年毕业于金陵大学森林系，1949年获澳大利亚墨尔本大学植物学院科学硕士学位，1950年获英国牛津大学森林学硕士学位。历任浙江大学森林学系副教授，东北林学院副教授，中国林业科学院林学研究所研究员，中国科学院自然资源综合考察委员会研究员、学术委员会主任，联合国"人与生物圈计划"协调理事会副主席，中国生态学会名誉理事长，北京生态工程中心主任和《自然资源》主编等。在生态学领域中进行了许多开拓性研究，特别是对杉木进行过长期系统的生态特性和栽培技术研究，为中国森林生态学研究奠定了基础；解决了北方平原杨树造林的重要生态疑难问题；倡导并发展了中国植物数量生态学，1979年首次用微型计算机做出中国植物群落数量分类，1980年出版了《植物生态学的数量分类方法》；对长白山区阔叶红松林的数量分类、种群格局、年龄结构、更新策略和动态进行了研究。1991年当选中国科学院学部委员(院士)。

> 科学虽无国界，但科学家是有祖国的。他们的成就维系着祖国的兴衰荣辱，他们的命运是同祖国的命运休戚相关的。
>
> ——杨福家

朗读者 陈杰宁

中国是我心中世界开始的地方

在 20 世纪 60 年代初，我有幸在物理学家"朝圣"之地、原子物理的故乡——丹麦哥本哈根度过了两年。在那里，我学到了物理学的一些新知识，至今仍感到受益匪浅。但同样重要的是，我深为 20 世纪两位物理学大师之一的尼耳斯·玻尔的爱国主义情操所感染，受到了莫大的鼓舞，以至于每当讲到爱国主义，我总情不自禁地会想到这位令人尊敬的物理学家。

玻尔是在 1913 年（即从英国学习后归国的第二年）提出了永载史册的原子结构理论，并因此于 1922 年获诺贝尔物理学奖的。20 世纪物理学有两大创造：一是相对论；另一是量子力学。前者是爱因斯坦的贡献，后者则是玻尔为首的一批科学家集体努力的结果。

在 20 世纪初，丹麦几乎无物理学可言，但玻尔决心要在人口不到 500 万的国土上建立起自己的物理学中心。他婉拒了他的老师和挚友——英国的卢瑟福教授几次重金聘请，也婉拒了量子论的创始人——德国的普朗克教授提供的"一个与爱因斯坦相当的职位",而于1921年在哥本哈根创建了自己的物理研究所。即使在研究所成立之后,国外的邀请信仍像雪片那样飞来,既有英国皇家学会的,也有美国芝加哥的、费城的……但都被玻尔一一婉拒,并说了"最后的话":"在国外能得到的经济上的报酬,无论如何也补偿不了我在哥本哈根研究所内所获得的乐趣。"

杨福家 院士
(作者提供)

特别难能可贵的是,1939年初玻尔正在美国访问,希特勒燃起的战火已经烧到丹麦,对犹太人开始了疯狂的迫害。玻尔因母亲的关系而受到威胁。此时,美国每一所高校的大门都向玻尔敞开,但玻尔依然执意返回自己的祖国。玻尔高尚的爱国情操和执著的科学追求终于结出了硕果:丹麦成了当时世界上物理学的三大中心之一,成了物理学家心目中的"麦加"。笔者几次对丹麦的访问中,都深深感到丹麦人民对玻尔的爱戴。它雄辩地证明了:科学虽无国界,但科学家是有祖国的。他们的成就维系着祖国的兴衰荣辱,他们的命运是同祖国的命运休戚相关的。对一个小国是这样,对一个大国更是这样。

我为生活在一个具有五千年文明史的大国而感到自豪。不过,话要说回来,这种"自豪感"只是在新中国诞生以后的几十年间,才获得了应有的尊严。记得1963年曾听到过陈毅元帅讲的故事:陈毅在留学法国期间,一次乘无轨电车,遇上一位老太太,陈毅为她让了座，但谁也不会料到，当这位老太太知道陈毅是中国人时，竟站起来说："中国人坐过的位子我不要坐。"

这情景与我在丹麦的遭遇，真可谓天壤之别。当时的哥本哈根物理研究所只有 30 位丹麦人，外国人则有 50 位，其中除我同另两位中国人外，都是来自世界各国的学者。他们中绝大多数人渴望了解发生巨大变化的中国，邀请我们的晚会真是应接不暇，最多的一个星期竟有五个晚会。没有强大的祖国做后盾，哪有中国留学生的尊严。

玻尔一直引用丹麦童话作家安徒生的名言："丹麦是我出生的地方，是我的家乡，这里就是我心中的世界开始的地方。"并在"就是"两字下面加上着重号，以此来陶冶自己的思想情操，激励自己为祖国的昌盛，建功立业。如果"丹麦"两字改成中国，那就可算是我的人生哲学了。

中国是我心中的世界开始的地方，也是我实现人生追求的地方。

确实，中国是穷了一点。我当时就意识到，虽然我们的生活比以前好了不知多少倍，但要达到丹麦人民的生活水平，恐怕要下一代了。不过，正因为有差距，才更需要我们去努力。一国兴旺，教育是本，我们需要有炼铁成钢的炉子。因此，一方面我庆幸自己有机会在世界上第一流的实验室工作，另一方面则憧憬在不久的将来，能有自己的炼钢"炉子"，决心要在自己的国土上建立起具有国际水准的实验室，使我的祖国在世界的现代科学殿堂里也能得到她应有的席位。这似乎是一种"梦想"，然而却是一个非常诱人的"梦想"，以至于使我也在我人生的道路上，屡次婉拒国际同行们的重金相聘，为实现这个诱人的"梦想"苦苦追求不已。

从丹麦归来，由于众所周知的原因，遭受了各种曲折。但是，中国共产党人终于用自己的力量纠正了错误,使中国的历史翻开了新篇章。我在丹麦玻尔研究所的"串列静电加速器"实验室工作过,可以说是接触过串列加速器的少数中国学者之一,可是今天,在中国的大地上,至少已有十个串列加速器实验室,它们都是在80年代建立起来的。我所在的实验室,经过同事们多年的共同奋斗,终于在1989年被国内第一流专家评定为国内领先、达到国际水平的实验室,国内第一批实验核物理博士已从这里诞生。

杨福家在国际科学与艺术展中参观(2006,方鸿辉摄)

我的"梦"实现得晚了一点,曲折了一点。但曲折的途径使我见到了更多的榜样。艰难的历程更能锻炼人、磨练人。我所处的时代是英雄辈出的时代。例如,人们所尊敬的谢希德教授,

1952年从国外归来，为开创我国半导体事业费尽心血，10年的磨难并没有使她意志消沉，相反，她更积极了，为祖国的明天在日夜忙碌。又如，我在沙漠戈壁滩遇到的邓稼先教授，是那么谦虚、那么简朴。20世纪50年代初他从美国归来后就鲜为人知，但他为祖国的核科学献出了自己的毕生精力。他虽然离开了我们，但人民会永远怀念他。

安徒生、玻尔使500万人口的小国闪闪发光；同样，以邓稼先为代表的一大批中国知识分子，使我们这个千年的文明古国，在世界民族之林又重新放出青春的光华。

我的"梦"还未做完。因此，还要苦苦地追求下去。我盼望与大家一起把我们的社会主义祖国建设得更加繁荣富强，为人类的进步和幸福作出应有的贡献。

（本文写于2001年1月）

杨福家 核物理学家，教育家。1936年6月11日生于上海，原籍浙江镇海。2022年7月17日逝于上海。1958年复旦大学物理系毕业后留校工作，任该校教授、校长，中国科学院上海原子核研究所所长。2001年起受聘担任英国诺丁汉大学校长，成为出任英国著名院校校长的第一位在籍中国人。2004年在家乡创办了中国第一所中外合作的宁波诺丁汉大学，并兼任校长。曾兼任上海科协主席、中国科协副主席、中央文史研究馆馆员、《大辞海》副主编等。长期从事原子核物理学的教学和科研，领导组织并基本建成了"基于加速器的原子、原子核物理实验室"；给出复杂能级的衰变公式和图心法测量核寿命的普适公式；领导实验组用 γ 共振吸收法发现了国际上用此法找到的最窄的双重态；在国内开创离子束分析研究领域；首次采用双箔研究斜箔引起的极化转移，提出了用单晶金箔研究沟道效应对极化的影响，确认极化机制等。所著《原子物理学》获1987年国家优秀教材。1991年当选中国科学院学部委员（院士），同年当选第三世界科学院院士。

朗读者　陈杰宁

> 我从事科学研究 50 多年，一个深切的感受是，对实验现象的细致观察，对实验结果的缜密思考，是孕育创新的温床。
>
> ——杨雄里

细致观察　缜密思考

从事实验科学研究，当然要与实验打交道。所谓实验，即在设定的条件下对某种自然现象的观察，对实验结果的分析和思考，形成理性的认识，便是科学规律。

我从事科学研究 50 多年，一个深切的感受是，对实验现象的细致观察，对实验结果的缜密思考，是孕育创新的温床。

一

我从事的是关于神经系统的研究，最终目标是要了解脑和神经系统是如何工作的。更具体地说，神经科学研究要回答的问题包括：为什么我们能看、能听、有感觉、能运动？为什么我们能学习与记忆，能思考，又能说话？……人类的大脑极其复杂，单是它的构建元件——神经细胞就有上千亿个（相当于整个银河系星体的总数），这些细胞又不是独立的，而是彼此间紧密联系的，形成一个巨大的、精细的网络。任何一个简单的刺激都会触动这

杨雄里 院士
（中国科学院提供）

一网络，调动成千上万个神经细胞的呼应与活动。因此，揭示脑的奥秘，便成了人类面临的无与伦比的挑战。早在20世纪初，神经科学研究的巨擘、西班牙神经解剖学家卡赫（1906年诺贝尔奖得主）就曾说过："只要脑的奥秘尚未揭开，宇宙仍然是一个谜。"

面临如此复杂精致的脑结构，科学家曾惶惑，不知如何入手才好。但随着对脑的探索的逐渐深入，人们发现，脑其实并不如乍一看那样的杂乱无章，而是组织有序：脑的不同部位尽管执行的功能不同，但存在一些普遍适用的共同原理和规律，这些原理和规律是揭示脑的奥秘的关键。在自然科学中，对于复杂现象和问题的研究，往往是先从简化的模型开始，神经科学也不例外。

视网膜就是脑的一个简化的模型。一方面，从胚胎发育来看，视网膜实际上是中枢神经系统的一部分，所以常称"外周脑"，毕竟它具有脑的许多特点。另一方面，视网膜的神经细胞类型比较简单，排列有序，较容易入手，从而为脑科学家揭示大脑奥秘提供了一个很有价值的标本，或者说是"简化模型"。

二

1963年大学毕业后，我即从事视觉的研究，从20世纪70年代起，开始专注于视网膜神经细胞网络特性及其机理的研究。

回忆近60年的研究生涯,虽说步履维艰,但积跬成步,也略有收获。特别是在实验过程中对一些新的实验现象的发现所引起的激奋,令我久久难以忘怀。其中,在异国的一个夜晚,对长时间黑暗压抑视锥信号通路的偶然发现,至今仍记忆犹新。

在跨入视觉研究的大门时,我就知道,视觉的"二元说"是视觉生理的一块重要基石。早在1865年,德国动物学家Schultz观察到脊椎动物视网膜中存在两类外形不同的光感受器:一类呈杆形,称作视杆;另一类呈锥形,称作视锥。他又发现,在白昼活动的动物,视网膜的光感受器以视锥为主,而夜间活动的则以视杆为主。在此基础上,Schultz提出,视杆和视锥分别在不同的环境亮度所实施的功能:视杆管黄昏(弱光)视觉,视锥管白昼(强光)视觉,这便是"视觉二元说"的雏形。以后的许多实验证实了这种观点。科学家也逐渐形成共识:在暗淡的光下,视杆产生信号,经神经通路逐级传送至中枢,这一系统(视杆系统)所传递的,是关于外部世界明、暗的信息;在较亮的环境中,则是视锥产生信号,经过各级神经细胞(组成视锥系统或视锥通路)向中枢传递,不仅含有明暗信息,也包含色彩信息。

科学家早就知道,视杆系统在环境亮度达到一定水平后,其活动就趋于饱和,不再行使功能。那么,在长时间处于黑暗中的视锥系统的活动情况又怎样呢?它是像视杆系统一样处于高度的功能状态,还是蛰伏着蓄势待发?

自20世纪60年代中期以来,这些问题一直困惑着我。当时,已经有一些实验证据提示,视锥系统在长时间黑暗中可能并不是充分活动的,而是处于一种受压抑的状态,但这都是经过对实验数据的分析后得出的一些推论,缺乏直接的实验证据。

三

1980年春开放伊始，我有机会到日本国立生理学研究所金子章道教授实验室进修。金子教授长期从事视网膜神经细胞回路的研究，卓有成就。他把金鱼的视网膜从眼球中剥离出来，由生理溶液进行灌流，使之存活，然后用尖端极细(小于0.1微米)的微小电极刺入单个视网膜神经细胞，记录该细胞在光照射时产生的生物电活动(称为光反应)，再进行分析。刚进实验室跟灌流的离体视网膜标本打交道时，我遇到了一些麻烦，怎么也没法在这种标本上记录到神经细胞正常的光反应。经过多次探索，我改用了70年代在国内所建立的保持正常血液循环的眼杯标本。所谓"眼杯"，是指把眼睛的角膜和晶状体摘除后形成杯状的视网膜标本。这种标本与离体标本不同，由于实验动物(金鱼)保持正常血液循环，又未切断视网膜的中央动脉，视网膜得到充分的血供，能较长时间保持良好的状态；更重要的是，对于离体视网膜标本，因为已与色素上皮分离，光感受器中对光敏感的视色素在光照射漂白后不能复生，而对"眼杯"标本，因为视网膜未脱离色素上皮，视色素在漂白后能完全复生，因此可以经受反复的光照射，这对于研究明、暗对视网膜神经细胞活动的调节十分有用。这一标本是我当年在接受"灯光捕鱼原理"任务时，在对海水鱼视网膜电图(视网膜神经细胞的对光综合电反应)分析时创制的。利用这一"眼杯"标本，我们的实验进行得十分顺利，取得了一些有价值的研究成果。

将金鱼(或鲤鱼)的视网膜中的视杆和视锥在光照时产生的电信号，分别传送到不同类型的第二级神经细胞——水平细胞，这些水平细胞形状不同，处于视网膜中的层次也不同。也就是说，视杆通路和视锥通路在水平细胞这一层次是各自独立的，这对分别研究这两条通路提供了有利条件。在对只接收视锥信号的水平细胞在暗中对光敏感性变化（暗适应）进行研究的时候，我和我的日本同事田内雅规（当时是讲师，现为日本富山县立大学教授）就注意到，在强光照射后的暗适应的过程中，这些细胞的光反应在最初20分钟内逐渐增大，这与暗适应的一般规律相符，但之后似乎有减小的趋势。很可惜，我们当时忽略了这一趋势，误认为这只是由于细胞的状态恶化了。

四

实验进展虽顺利，但我们工作得很辛苦，常常在晚饭后还要回实验室继续做实验。在一段时间内，实验中出现了一个难以解释的现象，使我和田内十分困惑。我们屡屡发现，当吃完晚饭继续实验时，放置在光密闭实验室中的眼杯标本，其视锥水平细胞的对光反应，不论光有多强，总是只有很小幅度。起初我们推测标本在长期麻醉后状态不佳，故视网膜细胞不再产生良好的光反应，但令人不解的是，接收视杆信号的水平细胞的光反应良好。在不明原因的情况下，我们只能丢弃原标本，换上新标本完事。但为什么这种现象总是发生在晚饭时离开实验室的一段时间内呢？

我和田内开始怀疑原来的推测。会不会在我们离开实验室去用晚餐的2小时里，由于标本处于全暗的环境中才发生这种现象？接收视锥信号的这种水平细胞是否在长时间黑暗中受到了抑制？也就是说，这种水平细胞在黑暗中初期对光敏感性逐渐增高，符合暗适应的一般规律，但是否在一段时间之后受到了某种机制的压抑？应该说，这是一种大胆的思考。在生理学

思考中的杨雄里（方鸿辉摄）

教科书中总是描述"暗适应"是视觉系统在暗中对光敏感度随时间逐渐升高的现象。

难道视锥水平细胞的暗适应行为有悖于这种普遍的规律？

人们对已见于书本的理论规律，往往会有奉若神明的敬畏感。挣脱旧的理论的束缚，摒除过时的思维定式，并非易事。我和田内在一开始对此问题的上述思考无非是一种朦胧的推测，只是一次又一次出现了上述难以解释的现象，把我们逼入了困境，急于想另辟蹊径。现在看来，创新的希望往往孕育于困境之中。

1981年那个夜晚是令人难以忘怀的。我和田内在晚饭后照例在8点前后相继来到实验室。同样的现象重又发生：晚饭前离开实验室时明明显示良好光反应的视锥水平细胞，这回又只有很小的光反应。我们检查了所有的仪器设备，一切正常。田内正打算更换动物标本，我向他建议："反正这个标本不行了，我们不妨用强光连续照射，看视锥水平细胞的反应有何动静？"田内同意了。我把光刺激的强度调到最大，以每秒一次的频率照射标本。意外的情况出现了：原先只有几个毫伏的光反应，随着强光照射逐渐似有增大，我们屏住了呼吸聚精会神地注视着示波器的荧光屏，只见反应的幅度一次比一次大，最后竟然达到了 50 毫伏以上，比强光照射前大了整整 20 倍！几乎是瞬息之间，一个令人长期疑惑不解的疑团解开了：当标本置于暗中 2 小时之后，视锥水平细胞的光反应之所以小，并不是因为标本状态的恶化，而是其固有的特性。我和田内豁然开朗，兴奋极了！

那是日本中部城市冈崎的秋夜，月色如洗，金风送爽。我们跨出研究所大门，向山下望去，灯火稀疏，整座城市似乎都在酣睡之中。我和田内在一家小酒店里，喝着日本清酒，品味着新的发现带来的喜悦，也消解激奋后余下的疲劳。

以后，我们多次重复了类似的实验，得到了同样的结果。这些结果清楚无误地表明，视锥通路在暗中受到强烈的压抑，需要有一定的环境光作为背景才能使之保持良好的功能状态。多年来疑惑不解的问题现在有了答案。

视锥通路（系统）在长时间黑暗中受到压抑，显然具有重要的生理学意义。在长期进化的过程中，光感受器逐渐分化成为视杆和视锥两类，各自在不同的环境光亮度下工作。在长时间黑暗的情况下，专司明视觉的视锥系统不需要具有高的敏感性对光作出反应；处于受抑制的状态，既不至于干扰视杆系统的活动，又降低消耗，节省能量。这显然就是进化的杰作！

1982 年 4 月我在东京举行的第 59 届日本生理学大会上首次报告了这一结果，引起了广泛的关注和重视。这是视网膜视锥信号通路在长时间黑暗中受抑制的首篇报道。

几乎同时,哈佛大学 Dowling 教授及其同事也在从事类似的研究课题。他们的结果发表在 1985 年的 *Science*(《科学》)上。在 2001 年有关这一论题的国际评述文章中,人们把这一发现的原创权归于"杨·田内·金子"。

五

1985 年 4 月,Dowling 教授访沪参观我的实验室时,我介绍了这一结果。他立即告诉我,他们在鲈鱼的离体视网膜观察到了同样现象。他推测这一现象可能与视网膜中的多巴胺有关,邀请我去哈佛就此现象的机制进行合作研究。

杨雄里与诺贝尔生理学或医学奖获得者威赛尔教授交谈(2002,作者提供)

1985 年 9 月,我去哈佛大学 Dowling 教授实验室工作。我们应用灌流存活的离体鲈鱼视网膜,详细比较了长时间暗适应和短时间暗适应条件下视锥水平细胞的反应特性，并考察了多巴胺及其受体拮抗剂对这些细胞光反应及电耦合的影响。就这一合作相继在美国 Journal of Neuroscience(《神经科学杂志》)上发表了三篇论文。

1987年我在美国贝勒医学院担任客座教授期间，与 S. Wu 教授的合作研究中，这一成果得到了进一步的扩展。1988年回国后，我与同事们又对视锥水平细胞所接收的对不同色彩敏感的视锥信号，在暗中所受的压抑及其机制，进行了更深入的探讨。应该说，对于这个长期令人困惑的问题，我们已经有了部分答案。我们现在提出的是一个更普遍的问题：视觉信号在视网膜中是怎样传递和调节的？是由哪种机制实现的？在这些工作中，电生理方法已经和形态学、细胞生物学、药理学方法紧密结合起来了。同时，我们又注意应用不同层次的标本，试图在细胞、分子、系统水平上，对研究主题形成更加完整和深刻的认识。

"尽信书，不如无书"。我们在科学的一个分支中，向传统观念挑战，在创新的道路上迈出了一小步。我们最初是从一个特殊的问题着眼的，经过十余年的耕耘，开拓了一个重要的领域。在今后的岁月中，通过多学科技术和多层次的研究，我们希望在这一方向上再能有所创新。

创新是一条漫长而又荆棘丛生的道路，必然会有一个偶然的、使人豁然开朗的时刻，即所谓机遇。但只有在细致的观察中思考，又通过认真地剖析所观察到的各种现象，理解其所蕴含的意义，才有可能恰到好处地抓住机遇。经验不止一次启示我们，在科学研究中，观察和思考互为补充，相得益彰，也是创新的源头所在。

（本文选自上海教育出版社 2005 年 5 月版《科学的道路》，原标题为"细致的观察和缜密的思考孕育创新的温床"，改定于 2022 年 9 月 8 日）

杨雄里 神经生物学家、生理学家。1941 年 10 月 14 日生于上海，祖籍浙江镇海。1963 年毕业于上海科学技术大学生物化学系。1963 年至 2000 年在中国科学院上海生理研究所工作。1982 年被日本静冈大学、国立生理学研究所联合授予学术博士学位。同年回国，建立了自己的实验室，1988 年至 1999 年任中科院生理所所长。2001 年创建复旦大学神经生物学研究所并任首任所长，2006 年任复旦大学脑科学研究院首任院长。复旦大学教授、脑科学研究院学术委员会主任。*Progress in Retinal and Eye Research* 编委、《辞海》副总主编、《生理学报》主编（1988—2002）。曾任科技部"攀登项目"（脑功能及其细胞和分子机制）首席科学家、中国生理学会理事长（1998—2002）、《中国神经科学杂志》主编（1996—2005）、国家"973""脑功能和脑重大疾病的基础研究"项目首席科学家（1999—2004），自然科学基金委重大项目（神经性视觉损伤及修复机制）首席科学家（2018—2022），亚大地区生理学联合会第一副主席等。近年来致力于中国脑科学计划的筹建和推动。在视觉神经机制以及神经性致盲疾病的发病机制方面，取得了重要成果，已发表研究论文 200 余篇，论著多部。曾获中国科学院自然科学一等奖（1989）、二等奖（1996），何梁何利基金"科学与技术进步奖"（2001），教育部自然科学奖一等奖和上海市自然科学奖一等奖（2006）等。被国家人事部授予"国家级有突出贡献的中青年科技专家"并当选上海市十大科技精英之一，获上海市科普教育创新杰出人物奖（2013）。1991 年当选中国科学院学部委员（院士），2006 年当选发展中国家科学院院士。

> 稼先的一生是有方向、有意识地前进的。没有彷徨，没有矛盾。
>
> ——杨振宁

没有任何外国人参加
——追忆两弹元勋邓稼先

从"任人宰割"到"站起来了"

100年以前，甲午战争和八国联军侵华的时候，恐怕是中华民族5000年历史上最黑暗最悲惨的时候。只举1898年为例：

德国强占山东胶州湾，"租借"99年。

俄国强占辽宁旅顺大连，"租借"25年。

法国强占广东广州湾，"租借"99年。

英国强占山东威海卫与香港。前者"租借"25年，后者"租借"99年。

那是任人宰割的时代，是有亡国灭种危险的时代。

今天，一个世纪以后，中国人"站起来了"。

这是千千万万人努力的结果，是许许多多可歌可泣的英雄人物创造出来的，在20世纪人类历史上可能是最重要的，影响最深远的巨大转变。

杨振宁 院士
（中国科学院提供）

对这巨大转变作出了巨大贡献的，有一位长期以来鲜为人知的科学家：邓稼先（1924—1986）。

两弹元勋

邓稼先于1924年出生在安徽省怀宁县。在北平上小学和中学以后，于1945年自昆明西南联大毕业。1948年至1950年，在美国普渡大学读理论物理，得到博士学位后立即乘船回国。1950年10月，到中国科学院工作。1958年8月，被任命带领几十名大学毕业生开始研究原子弹制造的理论。

这以后28年间，邓稼先始终站在中国原子武器设计制造和研究的第一线，领导许多学者和技术人员，成功地设计了中国的原子弹和氢弹，把中华民族国防自卫武器引导到了世界先进水平：

1964年10月16日，中国爆炸了第一颗原子弹。

1967年6月17日，中国爆炸了第一颗氢弹。

这些日子是中华民族

"两弹一星元勋"邓稼先院士（中国科学院提供）

5000年历史上的重要日子,是中华民族完全摆脱任人宰割的时代的新生日子!

1967年以后,邓稼先继续他的工作,至死不懈,对国防武器作出了许多新的巨大贡献。

1985年8月,邓稼先做了切除直肠癌的手术。次年3月,做了第二次手术。在这期间他和于敏联合署名写了一份关于中华人民共和国核武器发展的建议书。1986年5月,邓稼先做了第三次手术,7月29日,因全身大出血而逝世。

"鞠躬尽瘁,死而后已。"正好准确地描述了他的一生。

邓稼先是中华民族核武器事业的奠基人和开拓者。张爱萍将军称他为"两弹元勋",他是当之无愧的。

邓稼先与奥本海默

抗战全面爆发以前的一年,1936年到1937年,稼先和我在北平崇德中学同学一年。后来抗战时期在西南联大,我们又是同学。以后他在美国留学的两年期间我们曾住同屋,50年的友谊,亲如兄弟。

1949年至1966年,我在普林斯顿高等学术研究所工作,前后17年的时间里所长都是物理学家奥本海默(1904—1967)。当时他是美国家喻户晓的人物,因为他曾成功地领导战时美国的原子弹制造工作。高等学术研究所是一个很小的研究所,物理教授最多的时候只有5个人,包括奥本海默,所以他和我很熟识。

奥本海默和邓稼先分别是美国和中国原子弹设计的领导人,各是两国的功臣,可是他们的性格和为人截然不同——甚至可以说他们走向了两个相反的极端。

邓稼先获博士学位后留影（中国科学院提供）

奥本海默是一个拔尖的人物，锋芒毕露。他二十几岁的时候在德国哥廷根镇做玻恩（1882—1970）的研究生。玻恩在他晚年所写的自传中说，研究生奥本海默常常在别人作学术报告时（包括玻恩作学术报告时），打断报告，走上讲台拿起粉笔说"这可以用底下的办法做得更好……"。我认识奥本海默时他已40多岁了，已经是家喻户晓的人物了，打断别人的报告，使演讲者难堪的事仍然不时出现，不过比起以前要少一些。

奥本海默的演讲十分吸引人。他善于辞令，听者往往会着迷。1964年，为了庆祝他60岁的生日，3位同事和我编辑了一期《近代物理评论》，在前言中我们写道：

他的文章不可以速读。它们包容了优雅的风格和节奏。它们描述了近世科学时代人类所面临的多种复杂的问题，详尽而奥妙。

像他的文章一样，奥本海默是一个复杂的人。佩服他、仰慕他的人很多，不喜欢他的人也不少。

邓稼先则是一个最不引人注目的人物。和他谈话几分钟就看出他是忠厚老实的人。他真诚坦白,从不骄人。他没有小心眼儿,一生喜欢"纯"字所代表的品格。在我所认识的知识分子当中,包括中国人和外国人,他是最有中国农民朴实气质的人。

我想邓稼先的气质和品格是他所以能成功地领导许许多多各阶层工作者为中华民族作了历史性贡献的原因:人们知道他没有私心,人们绝对相信他。

"文革"初期他所在的研究院(九院)成立了两派群众组织,对吵对打,和当时全国其他单位一样。而邓稼先竟有能力说服两派继续工作,于1967年6月成功地制成了氢弹。

邓稼先在四川梓潼第九研究院办公室(1984,中国科学院提供)

1971年,在他和他的同事们被"四人帮"批判围攻的时候,如果别人去工宣队、军宣队讲理,恐怕要出惨案。邓稼先去了,竟能说服工宣队、军宣队的队员。这是真正的奇迹。

邓稼先是中国几千年传统文化所孕育出来的有最高奉献精神的儿子。

邓稼先是中国共产党的理想党员。

我以为邓稼先如果是美国人，不可能成功地领导美国原子弹工程；奥本海默如果是中国人，也不可能成功地领导中国原子弹工程。当初选聘他们的人，钱三强和葛若夫斯，可谓真正有知人之明，而且对中国社会、美国社会各有深入的认识。

民族感情？友情？

1971年，我第一次访问中华人民共和国。在北京见到阔别了22年的稼先。在那以前，于1964年中国原子弹试爆以后，美国报刊上就已经再三提到稼先是此事业的重要领导人。与此同时还有一些谣言说，1948年3月去了中国的寒春（中文名字，原名Joan Hinton）曾参与中国原子弹工程。寒春曾于20世纪40年代初在洛斯阿拉姆斯武器试验室做费米的助手，参加了美国原子弹的制造，那时她是年轻的研究生。

1971年8月，在北京我看到稼先时避免问他的工作地点。他自己说"在外地工作"。我就没有再问。但我曾问他，是不是寒春曾参加中国原子弹工作，像美国谣传所说的那样。他说他觉得没有，他会再去证实一下，然后告诉我。

1971年8月16日，在我离开上海经巴黎回美国的前夕，时任上海市领导人在上海大厦请我吃饭。席中有人送了一封信给我，是稼先写的，说他已证实了，中国原子武器工程中除了最早于1959年底以前曾得到苏联极少的"援助"以外，没有任何外国人参加。

此封短短的信给了我极大的感情振荡。一时热泪满眶,不得不起身去洗手间整容。事后我追想为什么会有那样大的感情震动,为了民族的自豪?为了稼先而感到骄傲?……我始终想不清楚。

我不能走

青海、新疆、神秘的古罗布泊、马革裹尸的战场。不知道稼先有没有想起我们在昆明时一起背诵的《吊古战场》文:

浩浩乎,平沙无垠,敻不见人。河水萦带,群山纠纷。黯兮惨悴,风悲日曛。蓬断草枯,凛若霜晨。鸟飞不下,兽铤亡群。亭长告余曰:"此古战场也,常覆三军。往往鬼哭,天阴则闻。"伤心哉!秦欤汉欤?将近代欤?

不知稼先在蓬断草枯的沙漠中埋葬同事、埋葬下属的时候是什么心情?

"粗估"参数的时候,要有物理直觉;筹划昼夜不断的计算时,要有数学见地;决定方案时,既要有勇进的胆识,又要有稳健的判断。可是理论是否够准确,永远是一个问题。不知稼先在关键性的方案上签字的时候,手有没有颤抖?

戈壁滩上常常风沙呼啸,气温往往在零下30多摄氏度。核武器试验时大大小小临时的问题必层出不穷。稼先虽有"福将"之称,但意外总是不能免的。1982年,他做了核武器研究院院长以后,一次井下突然有一个信号测不到了,大家十分焦虑,人们劝他回去。他只说了一句话:"我不能走。"

假如有一天哪位导演要摄制《邓稼先传》,我要向他建议背景音乐采用"五四"时期的一首歌,我儿时从父亲口中学到的:

中国男儿,中国男儿,

邓稼先与杨振宁的合影(顾迈男提供)

要将只手撑天空。
长江大河,亚洲之东,巍巍昆仑。
古今多少奇丈夫。
碎首黄尘,燕然勒功,
至今热血犹殷红。

我父亲生于1896年,那是中华民族仍陷于任人宰割的时代。他一生都喜欢这首歌曲。

永恒的骄傲

稼先逝世以后,在我写给他夫人许鹿希的电报与书信中有下面几段话:

——稼先为人忠诚纯正,是我最敬爱的挚友。他的无私的精神与巨大的贡献是你的也是我的永恒的骄傲。

——稼先去世的消息使我想起了他和我半个世纪的友情,我知道我将永远珍惜这些记忆。希望你在此沉痛的日子里多从长远的历史角度去看稼先和你的一生，只有真正永恒的才是有价值的。

——稼先的一生是有方向、有意识地前进的。没有彷徨，没有矛盾。

——是的，如果稼先再次选择他的途径的话，他仍会走他已走过的道路。这是他的性格与品质。能这样估价自己一生的人不多，我们应为稼先庆幸！

（本文选自1993年8月21日《人民日报》）

杨振宁　物理学家。1922年10月1日生于安徽合肥。1938年考入国立西南联合大学，1942年毕业后进入清华大学研究院，1944年获硕士学位。1945年赴美国芝加哥大学留学，1948年获博士学位。1949年起任美国普林斯顿高等研究院研究员、教授。1966年起任美国纽约州立大学石溪分校理论物理研究所教授、所长。1986年起任香港中文大学博文讲座教授。1997年任清华大学高等研究中心荣誉主任。1999年自石溪分校荣休，同年任清华大学教授。曾先后获美国国家科学院、英国皇家学会、俄罗斯科学院、中国台湾"中央研究院"、教廷宗座科学院(罗马教皇学院)以及多个欧洲和拉丁美洲科学院的院士荣衔、多所大学的荣誉博士学位及特聘教授。在粒子物理学、统计力学和凝聚态物理等领域均作出里程碑式贡献。20世纪50年代与R.L.米尔斯合作提出非阿贝尔规范场理论；1956年和李政道合作提出弱相互作用中宇称不守恒定律；在粒子物理和统计物理方面做了大量开拓性工作，提出杨-巴克斯特方程，开辟量子可积系统和多体问题研究的新方向等。1957年与李政道共获诺贝尔物理学奖。1986年获美国国家科学奖，1993年获芮恩福德奖和富兰克林奖，1994年获鲍尔奖，1996年获玻戈留玻夫奖，1999年获拉斯·昂萨格奖，2001年获费萨尔国王国际奖，2019年获求是终身成就奖。被评为2021年度"感动中国"人物。1994年当选中国科学院外籍院士。2003年底回北京定居。2017年2月放弃美国国籍成为中国公民，由中国科学院外籍院士正式转为中国科学院院士。

> 培养科研兴趣不可能一蹴而就，而要通过反复实践深化对事物的认识这一过程。只有这样，对问题有了全面的了解，融会贯通，才知道应该做什么，如何去做，坚持下去，定能有所发展，有所创新……支持我一生工作的是"培养兴趣，务实求真，乐于助人，团结奉献"四句话。
>
> ——姚 鑫

我的科研步履

培养研究兴趣

1930年我从常熟初中毕业，考入苏州中学。该校师资很强，印象比较深的是生物学，这对我报考大学生物系有关。1933年考入浙江大学，四年后毕业留校，任植物学助教。

"七七"事变和淞沪抗战爆发后，随浙大西迁。1940年初到达贵州湄潭，我从植物学助教转为动物学助教，跟随系主任贝时璋教授工作。

在简陋的实验室安排就绪后，大家准备做科学研究。我做的是蟾蜍直肠寄生线虫（Cosmocerca sp.）的体细胞分化。在调研中，发现了两个现象——一是在胚胎发育早期，线虫采取了体细胞都要丢弃一些染色质的特殊方式，使生殖系细胞和体细胞分开，被称为"染色质消减现象"。1887 年 Boveri 已在马蛔中发现了，但其生物学意义是不清楚的。二是在 20 世纪 30 年代，细胞学研究已将细胞核内的染色质分为两类：常染色质和异染色质，后者在结构上是高度浓缩的，在遗传上一般认为是不活跃的，在间期核中能为某些染料所染色，有别于常染色质，称为"异染色现象"。于是，我们就把这两个现象联系起来加以研究。用线虫精母细胞成熟分裂和受精卵卵裂期形成体细胞时的第一次细胞分裂作了对比分析，发现染色体两端的异染色质的行为在两类细胞分裂中截然不同，前者每条染色体的异染色质始终与常染色质结合在一起，后者在分裂中期异染色质与各自的常染色质脱钩，留在赤道板，以后消失在染色质中，使体细胞间期核不再有异染色现象，而精母细胞后代的间期核仍然保有。这样，我们就证明了蟾蜍直肠寄生线虫在早期胚胎体细胞形成时消减的染色质是一类异染色质，这是一个全新的资料。但是，我们没有能探讨染色质消减的生物学意义。体细胞为什么要丢掉一些染色质？不同类型的分化体细胞所丢弃的异染色质的质和量是否有所不同？生殖系细胞保持全部染色质的意义又在哪里？这些在当时是无法进行研究的，虽然这现象比较特殊，但仍是细胞分化中的难题。

后来，我做了水螅口缘部细胞的诱导能力分析，以及出芽生殖中芽体口缘部细胞诱导能力的分化。

姚 鑫 院士
（中国科学院提供）

1946年，我获得了英国文化委员会奖学金去英国留学，想进修胚胎化学。到达后访问了李约瑟教授，他将我介绍给爱丁堡大学动物遗传所的魏定顿教授，但他也不再做胚胎化学了，使我有些失望，但我不想研究遗传学。最后，他建议我做了一个非传统的题目：果蝇胚胎发育的细胞化学和组织化学研究。

发现果蝇胚胎发育大体上分为两个阶段：前半段是细胞生长期，后半段是组织分化期。若以碱性磷酸酯酶的活性作标志，当组织分化期一开始，在相当于未来成蝇的胸区突然出现了一个酶活性中心，其活力逐步向周边和内部扩散。鉴于该酶与组织分化的密切关系，该区域暂名为果蝇的组织分化中心。这样，动物发育中的细胞分化问题已逐步成为我的研究兴趣所在。

从胚胎转向肿瘤研究

1949年夏，解放战争已推向西南地区，南京、上海、杭州等地已相继解放，我接到了浙大邀我回校任教的信件，就决定回国，因为这也是我出国前的想法。当年9月初离开英国，10月初到达杭州。

在浙江大学任教一年，教了发生生理学课程。翌年，随贝时璋老师到上海中国科学院实验生物学研究所工作，继续做果蝇胚胎发育和变态的研究。1952年在学习和讨论理论联系实际问题时，许多基础性研究都受到了批判。在这样背景下，和另一研究组一起转向肿瘤研究。当时，我个人的想法很单纯，认为肿瘤既是医学问题也是生物学问题，是细胞的异常生长和分化，联系实际的路会近一些。

通过调查和学习，开始筹建动物房，引进纯系小鼠和大鼠，并结合自己的实际，建立了定性和一些定量的组织化学方法，研究内分泌腺肿瘤发生发展过程中细胞内的物质变化。1958年"大跃进"，上海市肿瘤防治研究协作组将肝癌列为重点。于是，和所里的组织培养组和细胞生化组联合成立了我所的肿瘤研究室，决定以肝癌为重点开展实验研究。陈瑞铭教授的组织培养组1962年培养成功了世界上第一株人肝癌细胞系，为肝癌基础研究提供了实验材料。

1965年下乡参加"四清运动"，工作全部停顿。1966年"文化大革命"又开始了，我被隔离审查。解脱后，在动物房劳动，1970年初回实验室调研后，发现苏联科学家已在小鼠肝癌中找到了甲胎蛋白，并在1968年应用于临床诊断。我们和上海第二医学院的同志立即以流产胎儿血清为抗原，制备了抗人甲胎蛋白抗血清，临床诊断阳性率达76%。1969年，与上海杨浦区中心医院合作，在某工厂进行了两类人群的普查：一是有肝病史人群；二是正常人群的普查。我们在肝病史人群中找到了两名无任何临床症状的阳性职工，经专家会诊后建议剖腹探查，其中一名同意了，切除了2至3厘米的结节，病理诊断为肝细胞肝癌，出院后曾随访10年，生活工作均正常。另一名当时不同意手术，到第二年再要求手术，已发展为大肝癌。这就提示，用甲胎蛋白检测普查是可以发现亚临床肝癌患者的。1972年后，在启东肝癌高发区的普查发现了更多的亚临床肝癌病人。总之，我当时对普查有这样的看法：接触环境致癌因素是癌症发病的根本原因。因此，在癌症高发区以及一些接触致癌因素的工矿企业，只要相关癌症有了简便、正确、便宜的检查手段，就应该在居民或职工中定期进行普查，实现早诊、早治的方针。

在"六五"和"七五"规划期间,我曾组织和主持了人肝癌单克隆抗体的研制及其应用的任务,与组织培养组、第二军医大学免疫病理室的同志们共同实施。1985 年由谢弘同志等获得了几株能分泌专一性较好的抗人肝癌单抗杂交瘤细胞株。经国家科委组织的专家评审和鉴定,认为是国际首创,完成了任务。随后,用碘 -131 标记单抗等进行功能鉴定及临床应用时又与生化所、中山医院和第二军医大学合作。1987 年与美国科学家共同申请获得了美国国家基金会的 SBIR 基金,合作研究由谢弘同志在美国完成。单抗的临床应用研究后由谢教授研究组负责进行。

总之,1970 年以后的肝癌的早期诊断和抗肝癌单抗的研制,虽然课题和规模都很小,但在工作中所体现的相互尊重,相互支持,相互合作,为更好更快地完成任务而努力的协作和团队精神是一样的。

此外,我与张宗梁同志合作研究了巨噬细胞在肿瘤免疫中的抑制作用。1984 年发现用细菌脂多糖处理抑制巨噬细胞后,可使后者保持其抗肿瘤作用,却大大降低了它对 NK 细胞活性和 T、B 淋巴细胞增殖的抑制,提高了机体的免疫力。这种现象称为"免疫调变",其信号通路和调变巨噬细胞能分泌 IL-12 因子的机理已阐明了。

从肿瘤回到胚胎研究

1980 年,作为代表团成员之一,我去美国纽约参加中美癌症研究双边学术讨论会。代表团介绍了我国食管癌流行病学、肝癌实验和临床研究,以及中药抗癌进展等。会后参观了纽约和费城的几个研究所,在费城看到他们都在研究小鼠畸胎瘤。恶性的畸胎瘤又称"胚胎癌"，其组成细胞（EC 细胞）是一种干细胞，在体外培养能无限增殖，它既有胚胎细胞的特性，能在体内外诱导分化为不同胚层的各种细胞；又是恶性的，在同品系小鼠腹腔接种后使宿主死亡。我觉得这是很好的实验材料，可用于研究癌胚关系。费城威斯特研究所的 D. Solter 教授送给我一株 F9EC 细胞，带回上海后便成为我们新工作的起点。

姚鑫（右三）在实验室工作（1996，作者提供）

其实，癌胚关系不光是受到肿瘤学和胚胎学家的关注，到了 20 世纪 80 年代初期在病毒致癌基因被发现后，好多癌基因都在正常细胞内找到了相对应的原癌基因或细胞癌基因，其产物或是生长因子、生长因子受体，或是一些蛋白激酶，把癌细胞、胚胎细胞和成年体细胞的有关功能都绞在一起了。因此，癌胚关系的分析就变为多学科的、很复杂的问题了。

我们研究组用 F9EC 细胞先后做了一些诱导分化和亚克隆

研究，分离到对 RA 诱导剂敏感和不敏感的 F9-1 及 F9-3 两个亚株，进行了对比研究。用 129 小鼠建立了自己的畸胎癌克隆细胞株（B7-2EC 细胞），用于研究体内不同的微环境对该细胞诱导分化潜能的影响等工作。1983 年后重点转到小鼠胚胎干细胞（ES 细胞）的建系工作，用建立的 ES-8501 细胞系研究了 ES 细胞核型变化与分化潜能改变的关系。

1987 年，我们建立了一个小鼠胚胎干细胞实验室，并从无到有建立了除基因剔除技术外，所有 ES 细胞技术学方面的相关技术，包括受精卵雄性原核 DNA 显微注射和转基因胚胎的假孕鼠输卵管移植，并获得了 TGF-β1 过表达的转基因鼠。我们在小鼠 ES 细胞建系中取得的经验，也为来我所进修的同志培训了有关技术。

从 90 年代起用新建的 ES-5 细胞系开展了定向分化研究，在 1995 年和 1996 年利用 TGF-β1 过表达的 ES-T 克隆细胞用 RA 诱导产生了血管内皮细胞，直接证明了该细胞因子的协同和促进作用。还建立了小鼠胚胎生殖干细胞（EG 细胞），开展了 Oct-4 基因等与干细胞全能性有关的研究。合作参加了国家自然科学基金重大项目"异种器官移植基础研究"子课题——关于猪胚胎干细胞的建系研究，完成了五指山微型猪的 EG 细胞建系。

积极参与细胞生物学学科有关社会活动

1978 年，在邓小平同志的改革开放政策指引下，我积极参加了细胞生物学方面的学术交流和组织工作：

组建中国细胞生物学学会和亚太地区细胞生物学学会联合会。中国细胞生物学学会于 1980 年在兰州成立，历任第一届副理事长兼秘书长，第二和第六届理事长。参加了几届国际细胞生物学学会联盟学术大会，在 1980 年西柏林的第二届大会上，作为观察员列席了主席团会议，汇报了学会成立情况，1982 年得到了批准而入盟。该组织是以主权国家为会员的，学会一直坚决反对"台湾"学会以国家名义参加。在 1984 年日本的第三届大会期间，亚太地区国家代表开会酝酿成立联合会，并在 1988 年加拿大第四届大会期间正式成立，我被推选为第一届主席，决定 1990 年在上海召开第一届联合会学术大会。

出国访问和在国内召开国际会议。1979 年中科院细胞生物学代表团访问英国和瑞典以及 1981 年生物学代表团访问法国和瑞士，这是两次重要的访问，我都参加了。两次访问看到了欧洲细胞生物学基础研究的发展趋势，其特点是既与分子生物学和分子物理学相结合，又与医学相结合发展医学生物学。第一次访问的学术总结我已另外撰文作了详细介绍。第二次学术总结由过兴先同志汇总后向中国科学院作了汇报。此外，与法国国家卫生研究院签订了医学生物学方面的合作协议。

1982 年国际化学致癌机理学术讨论会是在 1981 年访法时由量子生物学家 Bernard Pullman 教授建议后组织的，出席会议的国外著名科学家 12 人，国内专家和青年科学家 63 人。会议对我国的癌症基础研究起了推动和促进作用，讨论会的学术论文出版了一本专集。

1984 年的基因组结构与基因表达调控卫星讨论会是根据在日本召开的第三届学术大会的决定而组织的。出席会议的有来自美、英、奥地利、巴西、日本的专家 13 人，国内专家 50 人。会议对我国的重组 DNA 技术、真核生物基因组结构和基因表达调控都起了促进作用。

1990年亚太地区细胞生物学学会联合会第一届学术大会出席的代表来自亚太国家及中国台湾、香港地区177名,大陆257名。会议检阅了本地区细胞生物学进展情况,促进了我国科学家和外国同行在学术和学科教学方面的广泛交流。

通过访问以及随后的国内外国际学术会议,我们广泛结识了朋友,为后来所里邀请他们来中国访问进行学术交流,派青年科学家和研究生参加国际学术会议或出国进修等都产生了实效。

出版英文期刊

为了加速我国细胞生物学的发展,应该有国际化期刊来支持。1988年开始筹备刊物,1989年定名为 *Cell Research*,1990年3月正式创刊。今天,该刊已初步达到了国际化。作为主编,这些年我确实花了不少精力。这里,要感谢中、外编委和作者的支持和贡献,要向叶敏和张爱兰两位同志致意,对她们在分担我的责任和实现期刊国际化所付出的忘我劳动表示感谢。

在我六十多年的科学生涯中,对不同阶段研究课题的变化我是这样认识的:从大学毕业后到回国前我做的工作都涉及细胞分化,自然就把它作为今后的工作方向。培养研究兴趣是很重要的,但当初我没有意识到培养兴趣不可能一蹴而就,而要通过反复实践深化对事物的认识这一过程。只有这样,对问题有了全面的了解,融会贯通,才知道应该做什么,如何去做,坚持下去,定能有所发展,有所创新。细胞分化是一个领域,用什么材料都能去做。我对早期工作没有反复实践,在碰到一些偶然因素时很容易发生转变。我从胚胎转向肿瘤研究是这样,后一次转变也类似,由于偏爱细胞分化,对胚胎癌细胞"一见钟情",转向胚胎干细胞研究。

这阶段工作比较系统，但社会活动增多，自己参与实践的机会减少了，从而使我对干细胞研究的认识和掌握有些失衡，影响了工作的开展。这一切都已经是历史了。今天，我虽已年迈，仍坚持上班，支持我一生工作的是"培养兴趣，务实求真，乐于助人，团结奉献"四句话。

搞科学研究需要一个稳定的社会环境，我很羡慕今天的中青年科学家能有现在这样好的研究环境、物质条件和经费资助，但愿大家能在国家科技发展规划目标的指引下，开展大协作，为振兴我国的科技事业而奋斗。

（本文写于 2004 年 5 月，原标题为"科研的脚步"）

姚 鑫 细胞生物学、肿瘤生物学家。1915 年 10 月 18 日生于江苏常熟，2005 年 11 月 4 日逝于上海。1937 年毕业于浙江大学生物系。1949 年获英国爱丁堡大学博士学位。1950 年任中国科学院实验生物学研究所研究员，1965 年任副所长，1978 年后任中国科学院上海细胞生物学研究所副所长、学术委员会主任，上海生命科学院生物化学与细胞生物学研究所研究员。兼任中国细胞生物学学会理事长，上海免疫学会理事长，亚太地区细胞生物学学会联合会第一任主席。早期从事实验形态学和胚胎学研究。后致力于实验和人体肝癌研究，建立了甲胎蛋白免疫检测法，首先用于人群普查，为发现亚临床肝癌作出了贡献。发现了人肝癌新的膜相关胚胎抗原。1983 年组织和主持了抗人肝癌单克隆抗体研究，在国际上首次获得了有较好选择性的抗人肝癌单克隆抗体，经用放射性碘标记后已成功地用于无手术指征肝癌患者的治疗。开展了小鼠胚胎干细胞建系、诱导分化和转基因研究，转化生长因子 b1 基因过表达的胚胎干细胞可定向诱导分化为内皮细胞及微血管，可作为研究血管发生的实验模型。后又主持猪胚胎干细胞建系研究等。参与细胞生物学学科的大量社会活动。1990 年创办了英文期刊 *Cell Research*，任主编，并获"新中国 60 年有影响力的期刊人"（科技）。1980 年当选中国科学院学部委员（院士）。

> 赵九章能鼓励并倾听学生发表不同意见,在学术上不固执己见,尤其赞赏能在学术见解上驳倒他的学生,这真是难能可贵。
>
> ——叶笃正

怀念我的老师赵九章先生

今年是我国著名的大气物理和地球物理学家赵九章先生逝世21周年。他的一生是为我国气象学和地球物理学发展作出重大贡献的一生。他的逝世是我国科学界一个极大的损失。在庆祝中国科学院建院40周年的日子里,我们无比怀念他。

赵九章先生生于1907年10月15日。浙江吴兴县人。1933年毕业于清华大学物理系,1938年获德国柏林大学气象学博士学位。1939年回国后,曾任国立西南联合大学教授,中央研究院气象研究所所长。1949年后,担任中国科学院地球物理研究所所长。1955年被选聘为中国科学院学部委员,当选中国气象学会理事长和中国地球物理学会理事长。

赵九章院士(中国科学院提供)

（一）

1928 年，我国著名气候学家和地理学家竺可桢在中央研究院内创立气象研究所，开拓了我国近代气象学。但 20 世纪 30 年代中期以前，我国气象学基本上属于地理学范畴，描述性的工作占绝大多数。我国真正把数学和物理学引入气象学，解决气象问题的第一篇论文当属赵九章的《信风带主流间的热力学》，该文用求解数学物理方程的方法，讨论了信风带的水汽和热量问题。此后，他便不断地把数学和物理学方法引入气象学中来。如 1943 年他发表的讨论摩擦层中风随高度变化规律的论文，1947 年发表的关于大气长波不稳定的理论等。他尽全力把中国气象学引到数理的道路上去，更不遗余力地引导他的后辈青年沿这个方向发展。譬如，他和学生顾震潮合作的《蒸发方程及其新解》，以及在他指导下朱岗昆发表的《东亚的大型涡能运动》等论文，都说明了这个问题。

竺可桢在 1945 年 4 月 5 日评价赵九章出任气象研究所所长时说："九章到所十月，对于所行政大事改进……研究指导有方，且物理为气象之基本训练，日后进步非从物理学着手不行，故赵代所长主持，将来希望自无限量。"对赵九章的工作和他引导气象学走数理的道路作了很好的评价。

赵九章非常注意国际上的学术动向。20 世纪 30 年代后期在气象学研究上刚出现等熵分析时，他就指定学生在这方面做毕业

叶笃正　院士
（中国科学院提供）

论文。极其重要的 Rossby 长波理论就是在 30 年代末 40 年代初问世的。40 年代中期，他对大气长波进行了研究，并把这个重要理论引进中国气象界。中华人民共和国成立后不久，在当时非常艰难的情况下，他就组织人员千方百计地在地球所内绘制成我国第一张北半球天气图。从此我国真正开始了高空气象学研究，并使我国的天气演变和遥远的其他地区联系了起来。计算机的出现，使传统的天气预报方法逐渐让位于有数理根据的数值天气预报，这个苗头是 50 年代出现的。当时，我国虽然还没有计算机，但他看到这是个生长点，就支持顾震潮进行这方面的研究，并开办了培训班，我国的数值预报就是从此开展起来的。此外，我国现在仅有的两个臭氧观测站也是由他一手扶植起来的。从现有国际臭氧观测标样看，这两个站的臭氧观测质量非常好。

长期以来，人类总希望能控制或影响天气。20 世纪 50 年代中期，国际上人工降水盛行一时，1958 年 8 月，由于抗旱需要，吉林省进行了人工降水试验。受此启发，在赵九章的倡导和支持下，由顾震潮领导一些科技人员，在当时的地球物理所开展了云雾物理和人工影响天气的研究，并在高山建立云雾观测站。他和当时的中央气象局局长、著名的气象学家涂长望一起曾亲自登上黄山，实地考察了云雾观测工作。在他们的倡导和支持下，我国的云雾物理研究蓬勃地开展起来。随之，我国的雷电研究工作以及其他各项大气物理观测试验研究也都先后在当时的地球所得到了发展。

1956 年在参加我国十二年科学技术远景规划工作时，赵九章曾这样说："从现代化的科学发展看来，气象学是一门边缘科学。一方面，联系着当地具体地理条件，有它的地域特点；另一方面，则遵循着物理变化法则，而与数理科学有共同性。因此，进一步揭露现代化气象现象的本质,必须广泛积累天气和气候的观测事实,利用现代新技术,更深入掌握大气物理现象的变化过程,运用现代科学的成就,进行分析研究,通过各学科之间的相互渗透……促进气象学的发展。"这个论述是深刻的,指出的方向是极为正确的。它不仅适用于气象学,对于其他地球科学也同样适用。他也确实把这个方针用于发展地球科学其他分支,他领导下的地球物理所就是这样做的。当时在地球所工作过的人还都记得,50年代中期,赵九章为了在地球所贯彻数学化、物理化和新技术化的方向,曾在地球所举行了论证会,经过论证才把这个方向定了下来。当时地球所党委书记兼副所长卫一清(已故)对此也给予大力支持。

赵九章是一位着重理论联系实际的科学家。学以致用的思想早在他1937年的一篇论文中就阐述得很清楚,他写道:"理论气象学的最后目的,不外利用物理之定理,以现在观测所得气象要素之分布为出发点,推测未来此种要素之变化,因而预报一短时期或长时期之天气。"

高度爱国和学以致用的思想,促使赵九章在1950年主动与当时军委气象局局长涂长望协商,合作组织了"联合天气分析预报中心"和"联合资料中心"。他毫无保留地把地球所大部分优秀气象研究人员派往这两个组织,参加领导和实际工作。在"联合天气分析预报中心"里大量引进现代化气象理论,并大批培训人员,在此基础上发展成我国现代化的预报台。"联合资料中心"也发展为气象局的资料室。这项合作为我国天气预报的发展作出了极大的贡献。

赵九章（中）与同事在外出考察途中（中国科学院提供）

（二）

在赵九章的领导下，20世纪60年代中期，地球所已发展为千人以上的大所。除气象得到了应有的发展外，地学的其他分支，如地震、物理探矿、地磁、空间物理、航天技术等研究，也都成为国内相应的科学主力军之一。他还为我国建立了海浪方面的研究。

现在科学院的大气物理所、兰州高原大气物理所、空间物理所、地球物理所、前空间中心以及地震局的地球所和前七机部五院的512所等研究单位，都是从"文化大革命"前的地球物理所分出而发展起来的。海浪工作则转到了科学院海洋所，成为该所海洋物理的生长核心。由此可见，赵九章对新中国的地球科学事业发展起了关键性的作用。

赵九章对我国空间科学和航天技术方面的贡献也是突出的。

叶笃正 怀念我的老师赵九章先生

他是我国空间科学的奠基人之一。1957年10月4日,苏联发射了世界上第一颗人造地球卫星,同年年底科学院就组织了卫星工作组,他任常务副组长,由此开始了我院同时也开展了我国空间科学和卫星技术方面的研究和组织工作。除从各临近学科抽调精干科研和技术人员组成工作班子之外,他还在中国科学技术大学创办了包括遥感、遥测、大气物理和空间物理专业在内的地球物理系,亲自兼任系主任,讲授空间物理学,为我国培养了大批大气物理、固体地球物理和空间物理方面的科技人才。他还写出了我国第一本《高空物理学》(上册),在地球所内亲自领导一个研究组,开展空间物理的科研工作。他抓住空间物理的主题,如辐射带太阳风、日地关系等,在短短的几年内写了近20篇论文,

赵九章(右)访问瑞典期间看望30年代实习时的指导老师、著名气象学家Begeron夫妇(1965,中国科学院提供)

为我国空间物理学的研究奠定了基础。

发射人造地球卫星，首先要在地面上的空间模拟实验室模拟卫星进入空间后遇到的种种物理状态，我院这方面的实验室都是在他领导下建立起来的。1965年初，赵九章给周恩来总理写信，建议开始人造卫星的研制工作，获得批准。这样，我国的人造地球卫星研制工作才迈出了重大的第一步。

（三）

赵九章于1938年回国后就担任了当时西南联大气象系教授，后为系主任；任气象所所长之后还在当时的中央大学教课；兼任中科大地球物理系主任后又在中科大授课。无论是在这些学校里，还是在研究所里，他都非常注重对青年学生的培养。因此，他手下出了大批优秀科技人才。不少曾直接受他教导或随他进行科研工作的学生，都对我国气象学、空间科学或其他科学作出了贡献。直到现在，还有不少他的学生在科研领导岗位上发挥着重要作用。

他在培养人才方面有三点值得后人学习。其一，他用人、培养人不拘一格。举几个例子：1951年地球所招进了一小批高中毕业生，他丝毫没有看不起他们学历低，而是大力加紧培养。在他们当中有现在的国家气象局气象科学研究院院长周秀骥，赵九章先将他送进北京大学学习，后又送苏联培养。地震局地球所副所长许绍燮和对地震仪器制造有重要成绩的张奕麟等也都是这批高中生。陈建奎原是地球所一名普通工人，赵九章发现他非常好学，不断在刻苦自学，认为是可造之才，就和清华大学领导联系，送他到那里就读并毕了业，陈建奎现已成为我院的科技骨干。其二，他非常爱才。有才华的人就给予特殊培养和照顾。现任大气所所长曾庆存从苏联学成归国后，他就关照要千方百计地把曾庆存要到大气所工作。曾庆存来所后，一度身体不好，他关照所里给予特殊照顾。现任海洋局预报中心主任的巢纪平和已故的著名科学家顾震潮以及其他同志也都受到赵先生特别关照。其三，他能鼓励并倾听学生发表不同意见，在学术上不固执己见，尤其赞赏能在学术见解上驳倒他的学生，这真是难能可贵。赵九章之所以能为我国培养训练出大批优秀人才，和他的这些优良品质是分不开的。每当接待青年时，总是用旧中国科学事业之落后和新中国科学事业之亟待发展，鼓励青年们为祖国科学事业贡献力量。

他的榜样激励着我们和青年们为祖国的科学事业努力奋斗，为祖国的发展而不断前进！

（本文选自《中国科学院院刊》1989年第三期）

叶笃正 气象学家。1916年2月21日生于天津，祖籍安徽安庆。2013年10月16日逝于北京。1940年毕业于国立西南联合大学，1943年获浙江大学硕士学位，1948年获美国芝加哥大学博士学位。作为全球气候变化研究的开拓者和我国现代气象学主要奠基人之一，早期从事大气环流和长波动力学研究，提出长波能量频散理论；20世纪50年代提出青藏高原在夏季是热源的见解，开拓了大地形热力作用研究和青藏高原气象学；提出北半球大气环流季节性突变并导致一系列研究；20世纪60年代对大气风场和气压场的适应理论作出重要贡献；70年代后期从事地-气关系和倡导全球变化研究。1980年任中国科学院大气物理研究所所长；1981年至1985年任中国科学院副院长；1979年至1987年任中国气象学会理事长。获2005年度国家最高科学技术奖。1980年当选中国科学院学部委员(院士)。

> 令人欣慰的是，这些弟子们许多考取公费留学名额，选读国家急需的学科，取得非常优秀的成绩，为中华争光，在祖国需要时，纷纷奔返，竭力拼搏作贡献。
>
> ——叶企孙

情系清华

我一生值得记述的事总与清华有关。

在这里，我受到很好的教育，奠定了终身从事物理学并以科学救我中华的道路；是她让我出国深造并认识当今世界的发展形势；又是在这里，与志同道合者共同教学20余载，培养出卓有贡献的爱国英才；还是在这里，与清华人共度那腥风血雨的年代，与日本法西斯、中国反动统治当局做斗争，迎来抗日胜利、北平解放，看着清华大学的新生与发展。

清华学堂创立于1911年，我是第一批学生。辛亥革命时曾停办，1913年我再度考入清华学校。次年，家父云水也到校任国文教员，课余在家父和物理学教员梅贻琦指引下，阅读了大量科学著作，尤其是科学史和古籍，得知中国受列强欺凌的原因。1915年3月18日姓布的学者在清华演说，讲道"中国者中国人之地也，中国人之地而予他人为争利场而已犹鼾睡毫无自振之精神，亦可哀矣！唯推原因，则由于实业之不振。实业之不振，则由于科学之不发达。科学分两类：一为理想的，二为实用的。理想为实用之母，实用为理想之成，望诸君毋忽视理想科学。"这使我深受教益。

记得此前不久，读本课教员徐志诚讲《鲁滨逊》一课时说："吾国青年之留学美国者，其不似鲁滨逊之造船者几稀矣！将送往美国矣，乃始于一月之中决定终身大事，欲其无误得耶！况至美国后，投考学校，一科不取，即改他科，其宗旨之无定，更有甚于以上。"这促使我想到自己离高等科毕业也仅两年多，凡事预则立，不预则废。从此，我反复考虑日后留学的方向问题，并常想徐先生之言"庚子赔款虽为美国退还，实乃中国人之血汗"，牢记我辈留学耗祖国万金巨款，一言一行必当谋祖国之福。

叶企孙 院士
（中国科学院提供）

1918年夏入美国芝加哥大学读实验物理学，是考虑到物理学乃极重要之基础科学，实验物理学是纯物理学的基础，又为各种实用科学之源。中国要振兴，就必须培养大批基础科学特别是物理学之人才。我插入芝加哥大学物理系三年级时，恰好饶毓泰在该校毕业，颜任光则获博士并留校任讲师。1920年我毕业，转到哈佛大学研究院，师从杜安和布里基曼，做普朗克常数的精确测定和高压下磁性的研究。1922年1月，吴有训也入芝加哥大学物理系深造。

1926年春，清华学校正式办大学部，聘我做新建的物理系主任，我曾设法聘颜任光等归国学者而未果，1928年终于请来吴

在清华学堂叶企孙（右二）与同学们合影（1915，资料图片）

有训、萨本栋两位到系共事，非常高兴。1930年6月，物理系二级三位毕业生请我在工字厅吃饭，酒后曾对他们道出心情。事过四十余载，他们却还记得。1974年12月28日，冯秉铨来信说我酒后之言："我教书不好对不住你们，可是有一点对得住你们的，就是我请来教你们的先生个个都比我强。"令我高兴的是，这位任华南工学院副院长的学生"青出于蓝而胜于蓝"。这位学生说："这些话成了我自从清华毕业之后四十多年来的工作指南。四十多年来，我可能犯过不少错误，但有一点可以告慰于您，那就是，我从来不搞文人相轻，从来不嫉妒比我强的人。此外，对年轻一代也比较关心和爱护。"

清华大学物理系从1926年创立到1952年被撤销，二十余年内毕业生总人数200多名，个个都很爱国，都很有成就，使清华大学享有盛誉，这全靠物理系有个非常团结合作、努力工作、热爱学生的集体，吴有训、萨本栋、赵忠尧、周培源、任之恭等教授，个个都是享誉海内外的爱国学者，品德很高，是学生们的表率。

还记得1926年3月18日晚，王淦昌等一年级学生到我家诉说当日遭到军警屠杀的情况，韦杰三被枪杀，血溅王淦昌一身，爱国竟成罪人！我不禁激动流泪，责问他："谁叫你们去的？你们知道自己的重任吗？"痛惜这些爱国热血青年的无谓牺牲，他们是祖国未来的栋梁啊！于是，我向他们讲中国的历史教训，引导他们考虑救国的有效行动，那就是在强食弱肉的世界，只有科学才能拯救中华民族。

令人欣慰的是，这些弟子们许多考取公费留学名额，选读国家急需的学科，取得非常优秀的成绩，为中华争光。在祖国需要时，纷纷奔返，竭力拼搏作贡献。半个世纪之后回顾，看到他们对中国的强盛所起的作用，确信"科学救国"之正确。如二级龚祖同在毕业后留系研究核物理，1933年我主持招考清华大学留美公费生时设了应用光学这个名额，根据他的长处，我找他谈心，他一听我说这个领域是国防急需而又是国内空白时，立刻决定改变专业方向来报考这一名额，果然他以优异成绩考取，到德国深造，成绩非常好。1937年夏，他做完博士论文正在答辩时，"七七事变"发生，他顾不上答辩，舍弃即将到手的博士学位，匆忙赶回祖国，创办起中国第一家光学工厂，为抗日生产大批国产军用望远镜。类似的例子非常多。有什么比培养出这么好的国家栋梁之材更令人高兴的呢？！

令我痛心的是两位极有才干的弟子英年惨遭不测，竟先我而离人世！一位是五级赵九章，他聪明勤奋、博学多才、品学兼优，毕业后留系任教，次年考取高空气象学的留学名额，我引荐他师从竺可桢一年，去德国深造后返清华大学任教，得以朝夕相处。他为新中国的气象、地球物理、空间科学事业的开拓和奠基都是功绩卓绝。他向周恩来总理倡议发射中国自己的人造卫星,得到批准并委他主管这一重大工程。正当他大展宏图发挥才干之际,"文化大革命"来临,他受尽诬陷迫害而离开人间,壮志未酬,真乃中华的一大损失!

另一位是七级熊大缜,由我指导他的毕业论文,当时国外刚出现红外照相技术,他竟自制成中国第一张红外底片,拍出极好的红外照相。我曾计划送他去德国攻读对国防极为重要的红外技术,因"七七事变"而未能成行。1938年春节因得知冀中抗日根据地急需科技人员,他就推迟婚礼奔赴抗日战场第一线。不久,因工作突出而被提升为冀中军区供给部长。他派刘维到天津找我,说冀中抗日急需烈性炸药和无线电收发报机等,遇到了技术和缺乏器件等困难,我就派化学系毕业生汪德熙和物理系职工阎裕昌去那里做他的助手,同时又筹款在天津生产TNT,请化学系研究生林风负责,又让物理系九级葛庭燧利用燕京大学作掩护,购买雷管和无线电元件,组织人制造收发报机,由清华大学学生李琳负责,穿越日寇封锁线,把炸药、收发报机等送到吕正操的部队。10月,因梅贻琦校长促我去昆明而离津,在海轮上因思念浴血奋战的同志,特别是弟子熊大缜,担忧他公正直言,恐遭不测,写了一诗,有句:

国土更日蹙,逃责非丈夫。

……

一朝君奋起,从军易水东。
壮士规收复,创业万难中。
从君有志士,熙维与琳风。
吾弱无能为,津沽勉相助。

俟忽已半载，成绩渐显露。
本应续助君，聊以慰私衷。
但念西南业，诸友亦望殷
……
时艰戒言语，孤行更寂寥。
终日何所思，思在易沧间。

岂料他竟于1939年夏遭诬惨死，实似"出师未捷身先死"的岳飞，每念及此不胜悲哀。今可告慰缜弟之灵的是，他的壮志已就，日寇已除，祖国的科技也已大发展。我深信党和人民一定会昭雪他的冤情，历史终将给他以公正的。

（本文选自上海教育出版社1996年5月版《中国科学院院士自述》，标题为编者所加）

叶企孙 名鸿眷，字企孙。物理学家、教育家，中国近代物理学奠基人和一代宗师。1898年7月16日生于上海，1977年1月13日逝于北京。1918年毕业于清华学校(今清华大学)。1920年在美国芝加哥大学师从实验物理学大师P. W. 布里奇曼教授（1946年诺贝尔物理学奖获得者），获理学学士学位，1923年获哈佛大学博士学位。曾任国立西南联合大学、清华大学和北京大学教授，清华大学物理系主任、校务委员会主任、理学院院长，中国科学院自然科学史研究所研究员。20世纪20年代与合作者对普朗克常数作了精确测定，其值被国际物理学界沿用16年之久。研究液压对磁体磁导率的影响，并在12000kg/cm^{2}压强下测量了铁、镍、钴和两种钢的磁导率，理论分析与实验定性相符合。创办了清华大学物理系、北京大学磁学专门组。在自然科学史方面取得多项创见性成果。著有《普朗克常数h的测定》《液压对铁、镍、钴的磁导率的影响》《初等物理实验》等专著。在培养科学人才、发展中国教育事业方面作出卓著贡献，23位"两弹一星"功臣中有9位是其弟子，堪称"大师的大师"。1948年当选中央研究院院士。1955年被选聘为中国科学院学部委员（院士）、学部常委。

> 我所从事的天文事业需要我倾注毕生的精力。人是很难两全的，若要集中精力于事业，在其他方面不得不有所放弃。我的人生目标决定了我只能作出这样的选择。
>
> ——叶叔华

朗读者 林茗清

茫茫浩宇追星座

乐在天文中

我出身于广州一户清贫的基督教牧师家庭。虽家无恒产，家父却十分重视我们子女六人的教育，除姐姐只读到中专外，兄弟四人和我都上了大学，哥哥还凭借自己多年工作的积蓄赴美攻读。我自小喜爱文学，1945年进入中山大学后，选择了天文专业。

1949年6月大学毕业时，广州尚未解放，社会动荡，无处求职。父亲介绍我和丈夫（大学同班同学）程极泰到香港德贞女中（我的母校）当数学教师。两年之中，虽然生活不错，但我们依然向往到天文台或大学工作，准备重新过中学时代（抗战期间）穿草鞋住草房的穷日子。几经周折，1951年暑假，我们终于来到上海。程极泰到复旦大学数学系工作，而我不久到了徐家汇观象台工作。进台之时，连我在内只有4名业务人员，设备简陋，工作单调。每日刻板地观测、计算、收时号、校天文钟、发时号……与我向往的探索宇宙奥秘相去甚远，一时感到无所适从。

自古以来，人们日出而作，日落而息。地球自转一周就是一昼夜，而科学地确定地球自转的周期，则要靠观测天球上的"固定标志"——恒星的位置来确定。在人们日常生活中，计时相差分、秒或许无关紧要，但在军事测量、水利矿山开发勘探、精密地图测绘、远程航海航空、人造卫星的发射跟踪等国防、生产和科研部门，要求极精确计时，误差不能超过千分之一秒甚至万分之一秒。飞往火星的飞船，千分之一秒的误差，可以使着陆点相差15千米，真可谓"失之毫厘，差之千里"。天文台要用特定的频率发布精确的时间信号供这些部门使用。

叶叔华 院士
（中国科学院提供）

一旦明白了这项工作的重要性，枯燥的数字似乎也具有了人情味，数字会说话了，就看我懂不懂了。我留意数字的千变万化，刻意查阅文献资料，逐渐走上了天文测时、地球自转的研究之路，并乐此而不倦。

我自己的经历说明，对工作感不感兴趣，实际上在于自己是否真正理解它，理解了，得其真谛，就会乐在其中了。

茫茫浩宇追星座

自1959年起，我负责建立"综合世界时"。最先只有紫金山和徐家汇的观测，以后陆续增加了武汉、北京、西安和昆明的观测，形成了全国的综合系统。由于大家的共同努力，"综合世界时"在 1963 年进入了国际先进行列，1965 年成为国家基准。

20 世纪 70 年代中期，我注意到国际上刚兴起的天文学与地学的交叉学科——天文地球动力学，以及用于这门学科的空间测量新技术——人造卫星激光测距（SLR）、甚长基线射电干涉测量（VLBI）等相继问世，这些新技术的测量精度与传统的技术相比，要提高 1 至 2 个数量级。若想要使我国的天文学研究跃入世界先进行列，必须尽早拥有这些新技术并迅速开展这一领域的研究。于是，我就积极向有关领导部门建议，并带领上海天文台的科研人员，从无到有地自行设计并研制成功各种先进的仪器与设备，使上海天文台在全国率先建立了 SLR 和 VLBI 系统，进而推动国内各天文台之间形成网络。这就为我国天文学界在新老技术的变革中，赢得了时间，取得了主动，从而提高了我国在国际天文学界的地位。

从 1980 年 8 月起，全球天文学界要开展一个重大合作项目——国际地球自转的联测。我在那年 4 月接到通知，国际上要求人造卫星测距精度达到 50 厘米才有资格参加，但那时上海天文台的测距精度为 1 米，在短短 4 个月内要使精度提高 1 倍，一般是不可能的。我想，我们不能失去这次国际科学大合作的良机，毕竟这也关系到上海天文台在国际上的声誉。于是，会同我台一批年轻科研骨干，在得到中科院上海光机所提供的新型激光器后，使老设备得到改造，测距精度一下子达到了 30 厘米，超过了规定要求，与美国史密森天文台的水平相当。中国人的飞快进步，令国际联测中心的科学家们大吃一惊。

在 1980 年至 1985 年开展的"国际地球自转联测"中，上海天文台和国内几家天文台共同参加。我作为这个项目的中国组组长,不仅圆满完成了联测任务,而且使我国成为这次联测中包括 SLR、VLBI 和月球激光测距(LLR)在内的三种新技术的全球资料处理中心。在国际联测的总结会上,我代表我国天文工作者先后作了 7 个专题报告,受到各国同行的高度赞誉,这项成果获得了中国科学院科技进步奖一等奖。

近几年来,上海天文台这几项空间技术的水平又有了新的飞跃,目前测量精度已达到 1 至 3 厘米,有时甚至小于 1 厘米,又整整提高了一个数量级,已稳居世界领先水平。

沉沉板块查地球

在我们居住的这个地球的外表,有厚度达数十千米的固体外壳,它分裂成大约 20 个板块,这些板块在地球内力的作用下,以每年几厘米的速度在运动。尽管运动十分缓慢,但给人类的生存环境带来极大的影响,板块运动产生的压力会造成地震、火山喷发、海平面上升等灾害。"现代地壳运动和地球动力学研究"就是运用最先进的空间新技术,研究现代地壳运动。精确、直接、系统、全面地测出地球的微小动态变化,为我国研究环境变迁和灾变规律,提高地震、海浸等自然灾害的预测预报水平开创一条新路。

这项有利于人类社会和科学发展的研究课题,在我胸中酝酿已久:中国处于多个板块挤压围限的特定部位,是研究板块运动和形变的最理想的区域,尤其是青藏高原更趋隆起,西部地区南北向缩短,都是各国科学家关注的热点。因此,开展中国现代地壳运动和地壳动力学研究,不但在我国,而且在全世界将产生重大影响。

经过多方努力，我推动了由中国科学院、国家地震局、国家测绘局和中国人民解放军总参测绘局四家合作，共同承担了"现代地壳运动和地球动力学研究"的项目，并纳入国家"攀登计划"，国家科委聘任我为该项目的首席科学家。经过多年努力，项目的进展速度与发展规模远远超越了立项时的预计，取得了一大批具有国际先进水平的科研成果。

1994年9月，在北京举行的由联合国经济与社会发展委员会主办的、为亚太地区持续发展的"空间技术应用"部长级会议期间，在学术讨论会上，我代表"攀登计划"项目专家组提出的"亚太地区空间地球动力学研究计划"，列为该会议的一项决议。以后，我和同事们在半年内奔走于美国、澳大利亚、日本、德国、俄罗斯等国的科研机构，与国外同行广泛商议。1995年7月，我在美国举行的国际大地测量和地球物理联合会（IUGG）大会期间，正式提出了这项跨世纪的研究计划，通过专门决议，确定此项计划由我负责组织实施。这些年来，我国在国际科研合作中，大多是参加者，而非组织者和发起者，这次我们中国的天文学家成了真正的东道主，我成了这项国际合作研究的发起人，这是我们中国科学家的骄傲，也是中国女性的骄傲！

生活中的"和声"

从1988年起，我还先后担任过全国政协委员、上海市政协副主席、全国人大常委会委员、上海市人大常委会副主任、中国科协副主席、上海市科协主席、中国天文学会名誉理事长和上海地球物理学会名誉理事长。

繁忙的科研工作，大量的社会活动，使我不得不把休息和处理家务的时间压缩到最低程度。令我感到欣慰的是,我有一位事业上支持我,生活上关心我的丈夫。

我们也都是音乐爱好者,程极泰的男高音高亢洪亮,曾是上海交通大学教工合唱团的"主力",而今我们依然唱着生活的"和声"。我俩也都非常喜爱西洋古典音乐,然而这些年来,我只能偶尔听几段世界名曲的录音,再好的音乐会也没法抽时间与丈夫同去欣赏。因为我所从事的天文事业需要我倾注毕生的精力。人是很难两全的,若要集中精力于事业,在其他方面不得不有所放弃。我的人生目标决定了我只能作出这样的选择。

(本文写于2001年8月,原标题为"追星座查地球乐此不疲",改定于2022年8月19日)

叶叔华 天文学家。1927年6月21日生于广东广州,原籍广东顺德。1949年毕业于中山大学数学天文系。1951年进入上海徐家汇观象台工作。1958年受命负责建立中国世界时综合系统,使中国世界时精度达到世界水平。1978年起担任中国科学院上海天文台研究员。1981年至1993年任中国科学院上海天文台台长。1985年当选英国皇家天文学会外籍会员。1988年至1994年任国际天文学联合会副主席。1991年至2001年任中国科协副主席。1996年至2001年任上海市科协主席。自1978年以来,积极推进有关空间新技术在我国的建立,是我国天文地球动力学的奠基人。20世纪90年代至今,负责国家攀登项目"现代地壳运动和地球动力学"研究。倡导并主持"亚太地区空间地球动力学"(APSG)国际合作计划,1996年起任该计划主席。曾获国家自然科学奖二等奖、何梁何利基金"科学与技术进步奖"等多项奖励。1994年南京紫金山天文台发现的第3241号小行星,经申报并获国际天文组织批准被命名为"叶叔华星"。1980年当选中国科学院学部委员(院士)。

> 搞科研工作，细致入微、精益求精的工作态度，博采众长、勇于开拓的工作方法，坚持真理、不断创新、不盲从权威的工作作风，是取得成就的基本保证。
>
> ——尹文英

朗读者 林茗清

追求是成功之舵

做一个有学问的人

在我的人生旅程中，尽管几次重大转折改变了我的专业或研究方向，但少年时代树立的"做一个有学问的人"的志向始终未变，并成为我长期从事科研的原动力。

我出身在一户知识分子家庭，父亲尹赞勋是著名的地质学家，终生从事地质古生物学研究，是新中国第一批中国科学院学部委员（院士）。我少年时活泼机灵，深得父亲的喜爱。父亲外出采集标本，只要有可能，就带着我一起去，让我从小扑进大自然的怀抱。每当父亲与朋友们聚会时，大人们用多种语言（如英语、法语、德语等）交谈，我也时常依偎在父亲的身边，眼睛瞪得大大的，全神贯注地"听"。好奇的求知欲和长期的环境熏陶，使我立志要做一个有学问的人，最好成为一名像父亲一样的地质学家——天穹作屋，大地为床，肩背行囊，走遍天下。

1943年，我站在了人生道路上的第一个交叉路口。由于当时国内的最高学府——国立中央大学地质系没有女生,我只好报考了与之相近的地理系。没想到,录取时生物系主任一见,就说:"尹赞勋女儿吧?你有一双好眼睛,到生物系来吧!"大笔一挥,我的名字被勾到生物系了。专业的改变并没有影响我对理想的追求,我的心情很快平静下来,适应了新的环境。我整日穿梭于教室、图书馆、实验室之间,潜心苦读了4年。在严格的淘汰制下,入学时全班12个学生,到毕业时淘汰得只剩下4位,动物学科仅剩2位,我还是唯一的女生。

尹文英 院士
(中国科学院提供)

1947年,我大学毕业,系主任决定留我当助教。但由于英国寄生虫学专家史若兰的大力推荐,我又走进了极少接纳女性的国内最高科研机构——中央研究院的大门。在中央研究院动物研究所,作为史若兰的助手,从事鱼类寄生虫和鱼病防治的研究。我接受了严格的科研训练,天天都紧张而又有序地工作,或埋在文献堆里,或坐在显微镜旁,不允许有半点马虎和松懈。这段令人难忘的工作经历对我以后养成严谨的工作作风和精益求精的工作态度是分不开的。

精益求精细致入微

回顾我数十年的科研历程,最主要的当属对原尾虫的系统分类研究了。原尾虫是一类体长仅1毫米左右的微小动物,成体为半透明的土黄色，它们生活在土壤中，不容易被人们发现。四十多年前，我国几乎没有人发现并研究过原尾虫。没想到，在一次偶然的机遇中，我发现了它们，并从此与它们结下了不解之缘。

那是在 1963 年 8 月，我调入上海昆虫研究所不久，与所长杨平澜教授及其他几位同事一起，到杭州天目山采集标本。我从随手翻阅的《昆虫采集方法》中，不经意地发现一幅陌生的昆虫图画。杨教授告诉我，这是原尾虫，中国还没有人研究过它，并讲了一些有关原尾虫的生活习性，让我试着找找看。我翻起一块块石头，仔仔细细地找起来。忽然发现褐色的泥土中，有一个小小的白点在蠕动，它会不会是原尾虫？我不敢确认，急忙喊来众人。杨教授拿出放大镜看了看，认为有点像，需要带回实验室做进一步鉴定。

在这之后的一个多星期里，我采集到二十多条原尾虫，从此开始了系统的原尾虫研究。

昆虫分类是一项耐心细致的工作，特别是像原尾虫这样细小的身体，看上去几乎一个模样，分类要靠一些细微的差别。一名研究生要看清这种小虫子的各部位特征，至少要在显微镜旁坐半年。为了进一步做分类鉴定，要将采得的原尾虫逐个做成玻片标本，在显微镜下逐一观察比较，精心绘制虫体图。那些年，为了确认一个小小的特征，会对一条虫腿连续观察几个小时，有时为了方便观察，还要对小小的虫体做解剖，将其各个部分分别装片。为了使研究结果更具有说服力，我在电子显微镜下，先后对二十多种原尾虫的精子和感觉器官进行超微结构的观察分析，所要求的精心和耐心可想而知。

随着对原尾虫研究的深入，我意识到：我国的动物分类学尚处于经典的形态分类学阶段,要达到更高水平,必须借鉴和利用其他学科(如细胞学、遗传学、分子生物学等)的研究方法,创建更为合理有效的分类方法,使建立的动物分类体系更符合自然进化规律。

1980年,我率先在我国将超微结构研究方法应用于分类学的研究。我认识到生殖细胞在进化过程中比较稳定,我和同事们克服重重困难,曾先后对8科、16属、20多种原尾虫的精子进行了超微结构的观察比较,发现它们无论在外形上还是在结构上都有多样性,从而揭示了原尾虫精子的进化路线,验证和完善了原尾虫的分类体系及各类群间的系统发生关系。这一研究结果有力地支持了我于1983年提出的观点,并将世界上已知原尾虫54属,重新建立为2亚目、8科、17亚科的新分类体系。这些成果在国际学术会议上发表后,受到与会各国专家的高度评价。

坚持真理挑战权威

事情要从1965年说起。那一年,我在上海郊区的佘山发现了一种棕红色的、形态特殊的原尾虫,它与已知的三个科的原尾虫都不一样。据此,我建立了一个新科——华蚖科,引起了国际同行的极大兴趣,日本著名原尾虫学家今立源太良称此为原尾虫研究历史上最激动人心的事件,但华蚖科与其他已知科的亲缘关系怎样,不同学者的看法不一。为此,我与我所敬佩的国际昆虫学会荣誉主席、丹麦的昆虫学者屠格森(S. L. Tuxen)产生了严重的分歧。

1979年8月,我在参加波兰的一次国际学术会议后,应邀访问丹麦,在哥本哈根大学面见屠格森。我俩就原尾虫的系统分类问题展开了激烈的争论,几乎是天天见面天天争论,谁都不轻易放弃自己的观点。在双方谁都没有说服谁的情况下,又都友好地表示继续做进一步研究，待找到新的更有力的论据再作探讨。

由于我确信自己的结论的正确性，但要说服屠格森，让他口服心服地接受我的观点，必须找到更加充分的证据。可是，什么样的证据才称得上是更充分、更具说服力的呢？我想，也许通过对生物生殖细胞的比较研究，有可能找出最具说服力的证据。因此，自1980年开始，我与国际著名的意大利西耶那大学进化生物学研究所超微结构和系统演化实验室的达莱教授合作，进行原尾虫比较精子学的研究。

我与助手们一起，在电子显微镜下先后对8科、16属、20多种原尾虫的精子进行了超微结构的观察和比较。功夫不负有心人，10年的辛勤劳动换来了丰硕的研究成果，比较精子学的研究结果有力地支持了我的分类理论。同时，达莱教授也得出了相同的结论，从而动摇了屠格森的分类主张。遗憾的是，屠格森先生未能看到这些研究成果就与世长辞了。不过，他生前已经开始转变自己原有的主张，逐渐接受了我的系统分类概念。

不断创新勇于开拓

我常常告诫我的学生，要树立远大理想，把握住人生的方向。搞科研要有献身精神，要做好吃苦耐贫的准备。否则，即使进了科研大门，也会坚持不了，半途而废的。另外，搞科研工作，要有细致入微、精益求精的工作态度，掌握博采众长、勇于开拓的工作方法，坚持真理、不断创新、不盲从权威的工作作风，是取得成就的基本保证。

近十几年来，我又在全国开展了土壤动物学的研究，不断开拓前进。

土壤动物学的研究不仅表现在无法预测的资源开发前景，仅说它们作为地球的"肥料厂"和"清洁工"，对人类已是功高至伟了。我们都知道，在人类周围还有数百万种生物共同生活在地球的表层。生物与其生存环境构成了一个大的生态系统——生物圈。在生态系统中，作为分解者的土壤生物，能把废弃的有机物质分解转化为植物生长必需的营养元素，从而达到物质的循环，使土壤健康肥沃。随着经济的发展，环境污染日趋严重，而土壤生物对土壤环境的监测和土壤污染物的降解具有不可忽视的重要作用，所以对土壤生物的进一步研究是意义深远的。

我虽年过八旬，但动物系统分类学研究正方兴未艾，对人才梯队的造就我还能尽绵薄之力。因此，我天天仍同往常一样到实验室工作。中科院院士的荣誉是终生的，我的科研工作也就应该是终生的。

（本文写于2002年2月，标题为编者所加）

尹文英 昆虫学家。1922年10月18日生于河北平乡。1947年毕业于国立中央大学生物系，以后相继在中国科学院水生生物研究所和上海昆虫研究所工作。历任上海昆虫研究所研究员、副所长。早年在寄生桡足类和鱼病防治等方面的研究取得较大成就。1963年后开始原尾虫系统分类的研究，先后报道了原尾虫164种，其中142个新种、18个新属，并建立了4个新科。1983年提出了原尾虫系统发生新概念和新的分类系统，得到国际同行的共识和广泛应用；同时发现原尾虫的形态特征与昆虫有很大差别。1996年将原尾目提升为原尾纲，与昆虫纲并列，引起国内外有关学者的关注。20世纪80年代中期开始，组织领导我国土壤动物学的系统研究，十多年来完成了不同气候带和地理区的区系分类、群落动态、生态功能和农药与重金属污染的影响等田间试验，推动了我国土壤动物学的普遍开展。1991年当选中国科学院学部委员（院士）。

朗读者 宫睿欣

中华民族不欺侮旁人，也决不受旁人欺侮，核武器是一种保障手段。

——于 敏

氢弹研究的团队效应

我是1961年在原子能研究所开始参加氢弹原理研究的。过去我一直从事基础研究，也深知自己性格适合集体性不那么强、比较自由的基础研究。1960年四季度，钱三强先生已经组织黄祖洽、何祚庥带领一些年轻同志开始工作。一天，钱先生找我，希望我也参加。这次谈话改变了我的一生。

30年中，我一直深入实际，日夜思虑，全力以赴地进行氢弹原理的研究。"中华民族不欺侮旁人，也决不受旁人欺侮，核武器是一种保障手段。"这种朴素的民族感情、爱国思想一直是我的精神动力。

我对这个领域完全陌生，抓什么课题？我一直以《矛盾论》的"内因是根据，外因是条件，外因通过内因起作用"作为研究工作的指导思想。氢弹内因是以氚-中子循环为核心的热核反应动力学，循环在高温高密度等离子体条件下进行，辐射起重要作用。掌握内因创造外因必须研究这些领域的现象和规律。在原子能研究所，有40多人先后参加，工作历时4年。我和何祚庥对科学研究观点、方法、思想一致，工作作风相辅相成，合作很好。我至今仍怀念当年热烈愉快、富有成果的工作气氛。我们研究工作的条件并不好。氢弹现象复杂,没有电子计算机辅助,工作很难进行。当时我国只有一台每秒一万次的 104 电子计算机,我们每星期只有十几个小时上机。就是在这种条件下,大家共同努力,解决了大量基础问题。实践表明,当时所抓方向是正确的,发现的现象和规律是可靠的,奠定了许多探索氢弹必不可少的基础。

于 敏 院士
(中国科学院提供)

氢弹物理设计包括原理、材料和构形三个要素,它们是建立在核武器物理基础之上的。只有重视应用基础研究,才能根深叶茂、源远流长。钱三强先生受二机部党组委托,在突破原子弹过程中,组织了氢弹原理研究,确是富有远见之举。我们在研究基础的同时,也不断探索实现氢弹的途径,解决了其中某些基本问题,提出了一些可能的技术途径并建立了相应的模型。

1964 年 10 月 16 日,我国实现了原子弹成功爆炸,氢弹研制进入新的发展阶段。1965 年 1 月,我和原子能所部分同志调到核武器研制基地——第九研究院,我任理论部副主任。理论部从 1963 年开始氢弹研究。这是一个在部主任邓稼先领导下的学术民主、作风踏实、思想活跃的团结集体。我们对氢弹进行了多路探索,这些探索对我思想颇有启发。在这里我学习并掌握了必要的原子弹知识。氢弹毕竟是复杂系统,探索过程中"山重水复疑无路"是常事。

1965 年 9 月下旬,我奉派带领理论部十三室部分同志去上海,

于敏在思索（侯艺兵摄）

任务是利用华东计算机研究所501计算机对旧模型进行优化设计，力求达到高当量。和我一起去上海的大部分是年轻同志，他们不熟悉氢弹基本知识，我深感有责任结合工作，提高他们的水平。于是，对几个典型计算结果作了系统分析，结合理论作了系列学术报告。这对我自己也是教学相长的机会。通过把基础理论与计算机实验相结合，丰富了对规律的认识，找到了问题的关键，明确了要充分进行热核反应，只有想办法利用原子弹。原子弹难于控制，如何利用，需要解决高难度物理问题。这里我得益于过去在基础研究中积累的对复杂问题进行物理分解的研究经验。从原子弹起爆开始，氢弹动作过程是由几个阶段组成的。各个阶段既互相区别又互相联系。每一阶段由前一阶段提供条件，环环相扣。各阶段都显示出标志特征的物理现象，这些现象是由互相矛盾着的物理因素决定的。解决问题的方法就在于恰当地分解物理阶段，全面地分析起作用的诸种物理因素，掌握它们量的界限。这些因素有的起好作用，有的起坏作用。要想办法选用性能合适的材料，采取精巧构形，促进好因素，抑制坏因素。这就是核武器的原理、材料、构形三要素。基础是核武器物理。

我边对问题进行物理分解，边报告、讨论。理论部十三室是一支朝气蓬勃的队伍，在孟昭利同志组织下，在继续深入研究既定任务的同时，立即开辟新的课题。首先试算了两个模型，得到十分满意的结果。继续进行系统工作，发现了一批重要物理现象和规律。在众多同志多年艰辛探索基础上，通过这段工作，终于形成一套从原理到构形基本完整的物理方案。大家的兴奋心情，难以描述。

邓稼先同志闻讯赶赴上海。稼先既是杰出的科学领导，又是认真细致的实干家。在他的领导下，理论部反复讨论，集思广益，方案更为完善。不久，我们去了青海基地。我作了关于新方案的学术报告。理论和实验组同志们讨论了技术和试验测试问题。领导作出了采用此新方案的决策。当时，我最担心的是几个技术问题。我很佩服九院实验组同志，短短半年，他们便解决了这些技术难题。1966年12月28日，我国氢弹原理试验成功，1967年6月17日进行了威力为300万吨TNT当量空投试验。我国突破了氢弹。

（本文选自上海教育出版社1996年5月版《中国科学院院士自述》，标题为编者所加）

于 敏 核物理学家。1926年8月16日生于河北宁河（现天津市宁河），2019年1月16日逝于北京。1949年毕业于北京大学物理系。中国工程物理研究院副院长、研究员、高级科学顾问。在我国氢弹原理突破中解决了一系列基础问题，提出了从原理到构形基本完整的设想，起了关键作用。长期领导核武器理论研究与设计，解决了大量理论问题。对我国核武器进一步发展到国际先进水平作出了重要贡献。从20世纪70年代起，在倡导并推动若干高科技项目研究中，发挥了重要作用。1982年获国家自然科学奖一等奖。1985年、1987年和1989年三次获国家科技进步奖特等奖。1994年求是基金"杰出科学家奖"。1999年被授予"两弹一星功勋奖章"。1985年荣获"五一劳动奖章"。1987年获"全国劳动模范"称号。2014年获国家最高科学技术奖。2018年被党中央、国务院授予"改革先锋"称号，颁授"改革先锋"奖章。2019年9月17日，国家主席签署主席令，授予"共和国勋章"。1980年当选中国科学院学部委员（院士）。

> 音乐不仅给人们美的享受,而且也能洗净人们心灵中的污浊!在乐曲中给我最大影响的还是贝多芬的作品……
>
> 听完贝多芬的作品后,"贝多芬力量"令人不能忘怀。
>
> ——曾融生

朗读者 杨逸萱

音乐能洗净人们心灵中的污浊

音乐欣赏不仅是我的业余爱好,而且是我生活的重要组成部分。我的音乐欣赏已有将近 50 年的历史。由于在前北平研究院物理研究所的单身宿舍里,邻居是一位音乐欣赏迷,受他的影响,我便逐渐购置了手摇唱机,并收集旧唱片。那时,饭后到东单逛旧货摊,买唱片成了我日常的业余爱好。不仅选乐曲,而且对指挥及独奏音乐家也十分挑剔。听到有位朋友谈到在抗日战争时,他自重庆逃难到昆明,一路上虽然丢弃不少书籍和行李,但却背着一套沉重的贝多芬九大交响曲唱片。对他这种"敬业"精神,我是十分钦佩的!

解放初期,群众运动迭起,在经过轰轰烈烈的场面之后,唱片欣赏成了我的精神小王国,对我产生重要的精神调节作用。"文化大革命"时,我的唱片没有被没收,已是极大的幸运,在众目睽睽的监视下,我哪敢冒犯众怒,公开听唱片?但是到了后期,我已按捺不住了，有时只得关好门窗，在宿舍里独自享受唱片欣赏的乐趣！

1989年，我的老伴趁在国外工作的机会，为我配备了一台带有激光的音箱和几盘激光唱片。这下子，我的音乐欣赏跃进到另一个新的阶段。此后，寻找便宜的密纹唱片或激光唱片便成了我的附加任务。

我获悉中国科学院青岛海洋所曾呈奎老先生也酷爱唱片欣赏。有一次偶然的机会与他同住一屋，听到他哼着贝多芬交响曲。以后每遇到他时，我就不禁会注意他的喉咙是否又响着美妙的音乐。许多科学家与音乐有缘分，爱因斯坦是突出的例子。在数千人参加的国际大地测量与地球物理联合会（IUGG）国际会议上，开幕式常演奏一段精彩的音乐，它比开幕式的讲演更吸引人，令参加者产生一种肃穆、庄严的感觉。近年来，中国科学院学部联合办公室曾在新春举办音乐欣赏会，邀请中央交响乐团、北京交响乐团及著名指挥光临演奏，这在国内是一种有意义的创举。

音乐不仅给人们美的享受，而且也能洗净人们

曾融生 院士
（中国科学院提供）

曾融生与音乐有缘分（陈云华绘）

心灵中的污浊！在乐曲中给我最大影响的还是贝多芬的作品。虽然莫扎特轻快华丽的乐曲和舒伯特柔情缠绵的音符令人心醉，但我和许多人有同感，听完贝多芬的作品后，"贝多芬力量"令人不能忘怀，如果立刻再听别的主调，便觉乏味。莫扎特、舒伯特的过早逝世，令人惋惜；很多音乐大师的坎坷生平也令人嗟叹不已！但是，正因为他们所经历的艰苦生涯，反而铸造了他们坚韧不拔和超然独特的性格！

前两年中央交响乐团差点散伙，古典音乐得不到应有的支持，令人感到茫然！幸好，半年来舆论界重新对所谓"高雅音乐"予以肯定，并大力支持。这对弘扬精神文明将会产生深刻的影响！

（本文选自上海教育出版社1996年5月版《中国科学院院士自述》，标题为编者所加）

曾融生 固体地球物理学家。1924年8月16日生于福建福清，祖籍福建平潭。2019年10月22日逝于北京。1946年毕业于厦门大学数理系。国家地震局地球物理研究所研究员。是中国地球深部构造研究工作的开创者。在中国首先应用地震面波的相速度研究地壳构造，提出地壳的分区。发现1974年5月云南昭通大地震的多重性。与合作者发现华北地幔顶部另有一个界面，和莫霍界面同为薄层顶面。深入研究唐山和华北盆地以及唐山震源区的深部构造，提出张性盆地和盆地中震源的统一动力学模式。1990年起承担中美合作的青藏高原深部探测任务，并提出印度-欧亚大陆碰撞过程，也适用于其他的陆-陆碰撞带。后又着力研究大陆岩石圈构造和地震成因等问题。出版《固体地球物理学导论》等多部专著。论文《唐山震区的岩石圈构造及伸张盆地的动力学过程研究》获国家自然科学奖三等奖。1980年当选中国科学院学部委员（院士）。

> 我觉得可以把自己研究中的一些体会总结成十六个字,它们是:"敏于观察,勤于思考,善于综合,勇于创新。"
>
> ——张文佑

科研追求的目标
——发明与发现

在我开始走上地质研究道路的最初阶段,对我教益极大、影响最深的要算李四光先生了。那时李先生已开始用力学的方法解决地质问题。中学时代,我对数学、物理等功课有着浓厚的兴趣,为我接受李先生的观点和方法提供了方便。出于对李先生的观点、方法的学习和追求,大学毕业时,摆在我面前有两种选择:一是跟随李先生,但薪金不高;另外是不跟随李先生,薪金高。我选择了跟随李先生的道路。

在北京大学上学期间,李先生和葛利普教授等给了我很好的基本功训练。这为我后来的地质研究工作打下了很好的基础。在此,我觉得应向青年朋友强调的是野外实习的重要性。我上大学那时,学生不多,野外实习时甚至由李四光先生等著名教授亲自带着做实地考察。那不仅是实习,而且是实实在在的考察。因为那时的旧中国,到处都是空白,出去考察的结果也是以后研究工作的原始材料。这样,老师们很严谨地培养和训练了我的野外工

张文佑 院士
(中国科学院提供)

作基本功(包括采集标本、记录数据、野外填图等)。这对于一个地质工作者是极其重要的。今天技术的发展,许多地质研究在实验室内进行,反而常常忽视了实地的训练。近年出访时,我碰到许多国外新一代地质工作者,发现他们之中有些人很缺乏这方面的训练。他们实验室的工作做得不错,但是不知道怎样去应用,不是不去应用,便是用不到点子上。

地质工作离不开实地工作,离开实地工作的地质就不能称为地质学。前面已强调了要练好野外调查的基本功。一方面,总的说来,老一辈的野外工作的基本功比年轻的一代好,希望年轻的一代向老一辈学习。另一方面,野外工作的经验靠自己不断总结和积累,是很"活"的东西,没有什么固定的教条。只有在不断地总结自己和别人的经验中去丰富自己。

地质工作的理论研究有自己的特点。地质现象很复杂,地质的多数理论还处于发展阶段,还很不完善,既有正确的东西,又存在着一些问题。它们不像数、理、化等学科中的理论那样完善。数、理、化等学科的理论,从提出到证实或推翻,所用的时间不会很长。几个理论同时并存的局面亦不会维持多久。地质理论就不一样,由于所涉及的问题很复杂(空间结构的复杂性加上时间上相互作用的复杂性),几个理论或假说并存的局面经常出现。因而在做地质研究时,需要把握地质理论的这种特点,对于某一理论，一方面要学习它，应用它；另一方面要通过实际应用，继承正确的东西，不断地发展它。例如，我们所提出来的"断块理论"就是对世界上广为接受的"板块理论"的丰富和发展。板块理论有不少的成功，但并不意味它是最终的理论。原始的板块理论过于简化，把地壳简化为几大板块，但是实际情况并不如此简单。在每个板块内有许多大的断裂。因此，板块中有断块，板块本身也应是断块，是大的断块。地球上共有几大板块？每个板块界限在哪里？是什么力量推动板块的运动？对于这些问题或者没有回答，或者存在争议。我们的断块理论对于其中的一些问题以及断块断裂规律作了一些尝试性回答，提出了我们的见解。总之，研究工作中要敢于创新，只要有事实根据就要敢于发展新的理论。当然，亦要承认前人的工作，不可抹杀前人理论的意义。

我觉得可以把自己研究中的一些体会总结成十六个字，它们是："敏于观察，勤于思考，善于综合，勇于创新。"

首先对各种现象要有敏锐的洞察能力，"别人没有看到的，我先看到""别人没有注意到的，我先注意到"。这里面就需要细心，有透过现象提出问题，看到本质的能力。例如，梯田和一般农田的田埂走向，表面上是人造的东西，似乎

离开实地工作的地质就不能称为地质学（陈云华绘）

张文佑在讲解地质构造（中国科学院提供）

不与"地壳现象"发生关系。其实不然，个别田埂确实人为性很大，但是大片土地或大片梯田的走向就与地质有关了。因为人为造田，只有"顺应"土层以及土层下面的岩层，才最省力。因此，梯田的走向就在一定程度上反映了下面岩层的情况。又如，河流常常沿着断裂方向走，这是因为断裂是薄弱环节，水流常年冲刷，最容易将断裂处冲成河床，因而河流为我们提供了追溯断裂走向的线索。

在"敏于观察"的基础上要"勤于思考"，没有"勤于思考"，也做不到"敏于观察"。例如，大地震之后，在一片被地震破坏的废墟之上，看到一些未被地震破坏的建筑，这种现象似乎很平常，如果不加思考，很容易放过去。但是稍加思考，勤问几个为什么，就能抓住那些未被破坏的建筑反映出来的地下原因或建筑本身的原因，也只有"勤于思考"才能分析出到底是哪个原因起了主要作用。如果未被破坏的建筑成片，多半是地下、地基的原因；如果未被破坏的建筑有特点，那么原因多半在于建筑物本身，亦能从中找到建筑方面抗震能力的启示。

在思考时，要善于分析。其中学会对比很重要，然后是善于综合。因为，综合并不是把问题简单罗列，而是质的提高，抓住了本质。在综合时，要全面考虑，重点或者说主要矛盾要突出出来。当矛盾已充分暴露时就要敢想、敢干。

要敢于创新，敢于打破旧观念、旧框框，做到"别人没想到的我先想到""别人没做到的我先做到"。第一个想到，第一个做到就是发现、发明，这并不神秘！发明、发现就是我们研究的成果，就是科学研究所追求的目的。

以上的点滴经验，希望对青年朋友有所助益。希望在大家的努力下，有更多的地质人才在不久的将来造就出来。

（本文由张文佑之子——张肇西先生摘自其父亲发表于《著名科学家谈智力开发》中的文稿）

张文佑 地质学家。1909年8月31日生于河北唐山，1985年2月11日逝于北京。1934年毕业于北京大学地质系。历任中央研究院地质研究所专任研究员，中国地质工作计划指导委员会委员，中国科学院地质研究所所长、名誉所长。曾兼任中央大学、北京地质学院、北京大学、中国科学技术大学教授，国务院学位委员会委员，中国能源委员会顾问，中国地质学会、中国石油学会副理事长等。应用地质力学和地质历史分析相结合的方法，概观全球和中国的地质构造运动的规律，积累几十年地质工作的经验，在板块学说的基础上，创立了断裂体系和断块大地构造学说，对断块理论和地质力学作出重要贡献。参加了将我国油气勘探基地由西部东移的战略决策，提出的"定凹探边""定凹探隆"的建议，为大庆和其他油田的开发作出了贡献。代表作有《中国大地构造图》《中国大地构造纲要》《中国及邻区海陆大地构造图》和《断块构造导论》等。作为以李四光院士为首发现大庆油田的地学工作者群体中最主要成员之一，曾荣获国家自然科学奖一等奖，多项国家自然科学奖二、三等奖。一生为国家培养了众多的优秀地质人才。1955年被选聘为中国科学院学部委员（院士）。

> 要成为一个成功的实验室,研究人员之间的交流是至关重要的……在这些实验间歇的休闲场合,相互间的自由交谈往往会产生一些好的想法,甚至是全新的灵感。
>
> ——张友尚

负笈剑桥分子生物学实验室

改革开放后,国家派出了大量留学生到国外学习。近年来,自费出国读大学和研究生的年轻人更是与日俱增。现在留学已经是很平常的事。不过,我下面要说的是20世纪60年代中期,我在英国剑桥医学研究委员会分子生物学实验室(Medical Research Council Laboratory of Molecular Biology,简称MRCLMB)进修的一段不寻常的经历,因为那是一个比较特殊的年代,那个实验室又是举世闻名、独一无二的。有人说那里是分子生物学的发源地,也有人说那里是诺贝尔奖的摇篮。能在那里进修,对我而言是可遇而不可求的难得机遇。

说实话,我在中科院上海生物化学研究所蛋白质专业研究生毕业(没有学位,那时学位是批判对象)后,只想在生化所好好工作,并不奢望到苏联或东欧留学。实际上,当时国内研究生毕业的能到中科院生化所进修就像出国一样。至于到资本主义国家留学更是不可能的事。然而那时，不可能成为现实。由于中苏关系恶化，国家开始考虑向已经与我国建交的资本主义国家派遣留学生。当王应睐所长和曹天钦副所长告诉我，要派我去英国剑桥分子生物学实验室进修时，我的反应是完全出乎意料的惊喜，同时也感到十分紧张，深恐有负国家和人民的厚望，特别是在资本主义国家的复杂环境里。

张友尚 院士
（2007，方鸿辉摄）

1963年我到北京，与准备赴英的杨士林、许孔时、许振嘉、陈佳洱等会合，由中科院人事局的孟汇丽同志安排接受国际形势和外事方面的教育。当时，我国驻英代办熊向晖同志正好在国内，他向我们介绍了英国的一些情况。我记得他说："你们到了那里就是到了一个花花世界，你们要努力学习英国先进的科学技术，而不要受不良环境的影响。"然而到了快出发前，所里通知我由于LMB当时实验室的空间有限，暂缓赴英。于是，我又回所继续工作，一直到1964年9月，才与生理所的吴建屏一起赴英。我在LMB进修至1965年12月。1966年初，在伦敦大学国王学院生物物理实验室进修，于1966年4月"文化大革命"前回国。

MRC分子生物学实验室是马克斯·佩鲁茨（Max Perutz）于1962年创立的，其前身是英国医学研究委员会于1947年在剑桥大学物理系的卡文迪许实验室建立的分子生物学单位(Molecular Biology Unit，MBU)。MBU位于用预制件搭建的简陋棚屋内。

在那里，马克斯·佩鲁茨与他的研究生约翰·肯德鲁（John Kendrew）潜心研究血红蛋白和肌红蛋白的晶体结构，弗朗西斯·克里克（Francis Crick）和来自美国的吉姆·沃森（Jim Watson）共同探索基因的结构，休·赫胥黎（Hugh Huxley）则研究肌肉的收缩。他们经过长期不懈的努力，终于有所突破。1953年，弗朗西斯·克里克和吉姆·沃森发现了DNA的双螺旋结构，马克斯·佩鲁茨找到了解析蛋白质晶体结构的重原子同晶置换法，休·赫胥黎发现了蛋白纤维滑动的肌肉收缩机制。1957年，来自南非的悉尼·布伦纳（Sydney Brenner）发现了信使核糖核酸和遗传密码的三联体构造，约翰·肯德鲁利用马克斯·佩鲁茨的方法测定了肌红蛋白晶体的三维结构。结果，克里克和沃森获1962年诺贝尔生理学或医学奖，佩鲁茨和肯德鲁获1962年诺贝尔化学奖。同年，MRC MBU成为MRC LMB，从棚屋迁到南郊新建的现代化四层楼房内。

新成立的MRC LMB吸引了更多的一流科学家，其中有来自剑桥大学生化系的弗雷德·桑格尔（Fred Sanger，因测定胰岛素的一级结构已于1958年获诺贝尔化学奖）、来自伦敦大学伯克贝克学院（Birkbeck College）的亚伦·克卢格（Aaron Klug）和来自阿根廷的塞萨尔·米尔斯坦（Cesar Milstein）等。此外，还有来自许多国家像我一样的访问学者。我在LMB一年多的时间内主要是在休·赫胥黎的指导下用电子显微镜研究肌动球蛋白的收缩机制，得到了一些有兴趣的结果并写成论文。当时休·赫胥黎已改用X射线衍射研究蛙肌的收缩，没有直接参与我的工作。因此，他要我将文章单独署名送《自然》（*Nature*）发表。但是，按照国家那时的规定，只有和外国作者共同署名的文章才能在国外的刊物上发表，所以我没有将文章投《自然》，准备回国后投《中国科学》。没有想到回国后正赶上"文化大革命"，于是我花费很多精力完成的工作只能束之高阁，始终没有发表，这是我深感遗憾的。

使我稍感欣慰的是，我在较短时间内参加的另一项工作，在我1966年回国后却在《自然》上发表了。那是我和亚伦·克卢格、约翰·芬奇（John Finch）、鲁宾·利伯曼（Rubin Leberman）一起做的。当时亚伦·克卢格和约翰·芬奇主要是利用植物病毒的二维高分辨电子显微镜图像研究球状病毒的三维结构。虽然一些球状病毒分子不难结晶，但是那时还不可能用X射线衍射解析如此巨大病毒分子的三维结构，除非病毒的蛋白亚基能形成相对分子质量较小的寡聚体结晶。当时已经知道烟草花叶病毒（TMV）解聚成蛋白亚基后可以形成小的双层饼。罗伊·马卡姆（Roy Markham）根据电镜观察认为每层饼有16个亚基。后来鲁宾·利伯曼得到了很漂亮的双层饼结晶。于是，我就学习用X射线照相机摄取结晶的衍射图像。虽然这只是解晶体结构的第一步，但有意思的是衍射图像本身已经说明双层饼的亚基数是34，每层饼的亚基数是17而不是16，因为与双层饼垂直方向的衍射图像，在强度上具有34重对称性。由于双层饼的相对分子质量仍然高达60万，因此又过了十一二年，亚伦·克卢格等才解出了全部结构。

尽管我在LMB只工作了一年半不到，但是那里的学术氛围和孜孜不倦攀登科学高峰的精神对我以后科学道路的影响是很深远的。

1982年7月，我去英国参加中英生化学会的双边会议，因而有机会重访LMB。我记得是桑格尔亲自开车把我们从火车站接

张友尚接待英国首相撒切尔夫人访问上海生化所（1980，中国科学院提供）

到 LMB。在此以前不到两年，正是桑格尔又因首创 DNA 测序法再次获得 1980 年的诺贝尔化学奖。虽然获得了这样高的荣誉，一向讷于言而敏于行的桑格尔还是那样地平易近人。在 LMB 除去一般的参观访问外，我和克卢格做了较长时间的交谈。当时，我们都没有想到过了几个月后克卢格又因阐明病毒及核小体等核酸蛋白质复合物的结构而获得 1982 年的诺贝尔化学奖。两年以后，塞萨尔·米尔斯坦（Cesar Milstein）和乔治·科勒（Georges Kohler）又因首创单克隆抗体技术而获得 1984 年的诺贝尔生理学或医学奖。LMB 在成立之初就汇集了五位诺贝尔奖得主（包括客座的沃森），成立后又接二连三地产生诺奖得主（包括客座的科勒），这样的业绩实属罕见。人们不禁要问：马克斯·佩鲁茨

1964年在伦敦我国驻英代办处附近，从左至右为张友尚、陈佳洱、杨士林和许振嘉（许孔时摄）

领导 LMB 到底有什么诀窍呢？

马克斯·佩鲁茨告诉我们：管理 LMB 有一个六人小组，他担任小组的 Chairman 而不是 Director。我在的时候，小组由佩鲁茨、肯德鲁、赫胥黎、桑格尔、克里克和布伦纳组成。小组从不干预实验室的研究工作，只放手让有才能的研究人员充分发挥他们的聪明才智。作为 Chairman 的佩鲁茨经常在实验室出现，或在实验台前和 X 射线机旁亲自做实验，或关心其他人的研究并给予帮助。

佩鲁茨还告诉我们：要成为一个成功的实验室，研究人员之间的交流是至关重要的。在 LMB，屋顶上有一个餐厅，由他的夫人吉塞拉（Gisela）亲自打理。在那里，上、下午分别有 morning coffee 和 afternoon tea。中午，大家都在餐厅吃饭。在这些实验间歇的休闲场合，相互间的自由交谈往往会产生一些好的想法，甚至是全新的灵感。

时至 21 世纪，生命科学已进入后基因组时代。当前生命科学和生物技术的飞速发展，如果没有 LMB 及其前身 MBU 在基础研究上的突破和贡献是不可能实现的。对于我国的基础研究而言，LMB 的成功经验也可以起到借鉴作用。

（本文写于 2007 年 5 月，原标题为"幸运的铺路石子"）

张友尚 生物化学与分子生物学家。1925 年 11 月 2 日生于湖南长沙，2022 年 12 月 23 日逝于上海。1948 年毕业于浙江大学化工系，之后在湘雅医学院、北京医学院、兰州医学院从教。1957 年考入中科院上海生物化学研究所（现为生物化学与细胞生物学研究所），1961 年获硕士学位。1964 年赴英国，在剑桥分子生物学研究所及伦敦生物物理研究所进修，1966 年回国。1979 年至 1987 年担任生化所副所长，1987 年至 1990 年担任分子生物学国家重点实验室主任。兼任中国生物化学会理事，上海生物化学会理事，中华医学会内分泌委员会委员，医学遗传学国家重点实验室学术委员会委员，*Acta Biochimica et Biophysica Sinica* 主编。长期从事蛋白质结构与功能的研究：从粗产物中分离纯化结晶的重合成胰岛素，表明重合成分子具有天然胰岛素分子的三维结构；利用酶促方法合成结晶的胰岛素活力碎片；创立猪胰岛素制备的新工艺并研究胰岛素的分子进化；重组人胰岛素在酵母细胞中的高表达并研究胰岛素的蛋白质工程；酶促方法合成表皮生长因子及其类似物；研究烟草花叶病毒蛋白亚基的晶体结构。先后获中国科学院自然科学奖二等奖、三等奖，中国科学院技术进步奖三等奖等。2001 年当选中国科学院院士。

> 对于年轻人来说，我觉得不必追求热门的课题，只要留心周围的事物，按照客观需要和自己的兴趣，就会找到适当的研究课题。
>
> ——章梓雄

想得深 看得远

我生在上海，童年是在上海和天津度过的。1954年从天津培才小学毕业后，我考进江苏省立上海中学，开始了在学校的六年寄宿生活。最初，我对寄宿生活很不习惯，时常想家，后来慢慢习惯了集体生活，而且培养了自立守纪和互相合作的精神。上海中学有优秀的教师群体，重视基础教育，实验设备也很齐全，这为我以后的教育和科研奠定了深厚的基础。

1960年在上海中学毕业后，我参加了全国高等学校统一考试。虽然我六门科目的总成绩在540分以上，平均每科90分，但因为我父亲在境外从商，在当时的情况下，却未能进入我理想中的清华大学。1961年暑假，到香港与我父母团聚。当时，香港的学校多数是以英语教学的，而我在上海中学时所学的外语是俄语，所以对英语一窍不通，只好花了几个月时间从头开始学。

1962年初，我进入香港珠海书院开始了我的大学生涯。原本

章梓雄 院士
(中国科学院提供)

打算在大学时攻读物理学，因为我在上海中学读高中时的班主任是物理老师，在他严谨的指导下，我对物理学产生了浓厚的兴趣，可是父亲一直劝我学习土木工程。他说只要有一技之长，尤其是会造房子，在香港就会永远有饭吃。折中的结果是我在珠海书院选读了机械工程，而课程中的热力学和力学，尤其是流体力学成了我最喜欢的学科。虽然当时珠海书院的教学水平一般，但我还是很感激它提供了我读完大学的机会。在珠海书院的三年半时间内，我拼命利用课余时间看书，吸取最新的科学知识，扩展我的视野，培养我对科研的兴趣，提高了我的学术水平。1965年，我终于以机械工程系第一名的成绩从珠海书院毕业。

1965年7月，我从香港出发，乘坐"克里夫兰总统号"邮轮经过19天的航程到达了大西洋彼岸的加拿大，进入萨斯克其温大学(University of Saskatchewan)攻读机械工程硕士学位，开始了我人生中一段具有里程碑意义的新旅程。萨斯克其温省地处加拿大的中西部，属于大陆性气候。冬天寒冷且为时很长，一年中几乎有六个月的时间为冬天。春天到来时道路上的积冰开始融化，使路面不平并产生很多裂缝和小洞。我的硕士研究课题就是有关相位变化的热传输问题。在研修了热力学、热传导、热对流和热辐射等课程后，我设计了一部模拟计算机（Analog computer）以预报结冰和融化时地面的温度分布。在此基础上我完成了硕士论文，甚得指导教授 McDonald 博士的赞赏。在硕士研究过程中，我也首次接触到数字计算机（Digital computer），还学会了计算机程序语言、Fortran 语言。当时的电子计算机几乎都是 IBM 主机，体积很大，占了大半个房间的位置。整个大学也只有两三部而已。我们要用打孔机把计算程序打在一大沓卡片上，然后把整叠卡片送入计算机的读卡槽内，计算机会根据大学计算中心制定的优先秩序，依次执行所有输入程序的指令。一般都要等上半天或一天才能得到输出的报告。有时报告会没有结果，就表明程序有误，这就得花上很多时间去寻找错误。改正错误后得重新打卡并输入计算机，等待下一次的输出报告。因此，要获得到正确的数字计算结果，有时需要在办公室与大学计算中心之间来回跑很多天。在寒冷的冬季，这对一位研究生来说也该算是一种运动吧。1967 年暑假，我以最优异成绩拿到硕士学位后，就转到世界著名的美国加州理工学院攻读博士学位。

加州理工学院位于加州南部的帕萨迪纳市，气候温暖，环境优美，学术气氛浓厚，是世界顶尖的研究型大学。当时全校只有 750 名本科生，750 名研究生，大约有 300 位教授和 300 位研究员，教授中大概有 60 位美国科学院或工程院院士，全校有 10 多位诺贝尔奖得主。加州理工学院的流体力学专业在应用力学大师冯·卡门教授的带领下排名居世界首位。杰出的钱学森院士和林家翘院士也都是在冯·卡门教授指导下，在加州理工学院完成博士学位的。进入加州理工学院后，我选择吴耀祖教授作为我的博士论文指导教师。

在越南战争的拖累下，20 世纪 60 年代后期美国正处于经济危机状态。航空业和汽车业不景气，很多大学毕业生找不到工作，毕业就是失业。我也开始考虑流体力学专业未来的研究方向，是否一定要在航空界里找出路。吴耀祖教授建议我在生物医学或者地质物理学方面寻找新的流体力学研究课题。1968年美国著名游泳运动员马克·施皮茨（Mark Spitz）在墨西哥城举行的奥林匹克运动会取得两枚金牌、一枚银牌、一枚铜牌（他后来又在1972年德国慕尼黑举行的奥林匹克运动会上获得七枚游泳金牌）。根据他所创下的世界游泳纪录，我发现他每秒钟游泳的距离为他本身长度的1.1倍。而海豚则可以每秒钟游过它身体长度的10倍。有一种名为Vibrio comma（逗号弧菌，即霍乱弧菌）的螺旋状细菌虽然身体短小，只有在显微镜下才能看到，但它能每秒钟游过自身长度40倍的距离。由此，我对微生物和细菌的运动产生了浓厚的兴趣，并决定以此作为我博士论文的研究课题。

为了弥补在生物学方面知识的不足，我开始旁听遗传学、生物物理学、生物化学和分子生物学等课程。加州理工学院要求所有工学院的研究生具有深厚的物理学基础，主修工程的研究生需要辅修物理学。为此，我还修读了经典力学、电磁学、量子力学和相对论。由于我对理论研究的兴趣，除了有关流体力学和固体力学的课程外，我也选修了所有应用数学的研究生课程。1969年秋，加州理工学院的Max Delbrück教授荣获诺贝尔生理学或医学奖。那一年正好由他讲授生物物理学。在一堂课中他讲到了一种名为Spirillum的细菌(螺菌)的运动，它有一种避开黑暗、趋向光亮的特性。虽然当时Delbrück教授已得到诺贝尔奖，但他说他无法解释这种细菌在转变方向时为什么会突然翻转它的鞭毛。下课后，我去了Delbrück教授的办公室，向他讲述了我从物理力学的观点上所提供的解释。他听后颇为满意，也惊讶一位机械工程的博士生会去旁听他的生物物理课，还能提供了连他也无法解释的细菌运动现象。后来，他也就成了我博士论文考试委员会的五位成员之一。1971年在我取得博士学位前，我在英国皇家学会的会刊上（B分卷，生物科学）发表了我生平第一篇名为《关于微生物螺旋式运动》的文章。我的博士论文也以"由鞭毛推进微生物的螺旋式运动"为名。1971年我的博士论文答辩顺利通过，成功取得加州理工学院的机械工程博士学位。

博士毕业后，我继续留校做科研。研究细菌和微生物运动时需要有低雷诺数流体运动的理论基础。于是，我开始深入进行低雷诺数流动的研究。在20世纪70年代中期，我和指导老师吴耀祖教授在国际著名的流体力学学报（JFM）上发表了一系列文章，首次导出了用于解决斯托克斯内流问题的一套新的基本奇点，从而可以应用这些基本奇点，求得不同类型流动的精确解，而其系数被称为"章—吴常数"（Chwang-Wu Constants）。在处理非平面边界附近的黏性流动时，我建立了多调和函数球面反演理论，从而建立了黏性奇点对应于曲面的镜像系统。东京大学前著名物理学家Hasimoto教授把这一理论命名为"章氏定理"（Chwang's Theorem），与Kelvin爵士关于调和函数的定理并列，突显该理论的重要性。我还应用奇点法以环形物体的旋转运动和二阶流动流过椭球体来模拟血球的运动，所求得的椭球体在二阶流动中的运动轨迹被称为"章氏轨迹"（Chwang's Trajectories）。这些都是具有首创性的研究工作。

1974年，我获得了美国约翰·西蒙·古根海姆学者奖（John Simon Guggenheim Fellowship），去了英国剑桥大学，在应用数学与理论物理系作为高级访问学者，与世界顶尖的应用数学和流体力学大师 James Lighthill 教授合作研究了一年。Lighthill 教授曾对我说，做研究工作要脚踏实地，循序渐进，一步步地来做。先做简单的，然后再做复杂的，千万不能好高骛远。他的教导对我以后进行的科研工作起了很大的作用。在剑桥大学的一年使我获益良多，不但见到了如 G. I. Taylor 教授和 Harold Jeffreys 教授等世界级的大师，而且与当时应用数学与理论物理系系主任 George Batchelor 教授交上朋友。回到加州理工学院后，我有幸与当时国际地震学会会长 George Housner 教授合作，第一次得到地震水压力作用于斜坡坝面的精确解，从而可以确定上游坝面水动压力分布和水平、垂直、法向的坝面总荷载。

加州理工学院的学术气氛非常浓厚，即使在吃饭和喝咖啡休息时间，大家交谈讨论的话题大多数也是学术性的问题。在 1977 年 6 月的一天上午，看到报纸上提起美国爱达荷州（Idaho）的 Teton 坝垮坝一周年的事件，这次事件最终造成 14 人死亡和接近 10 亿美元的财产损失。当天下午喝咖啡时，我就和 Housner 教授聊及此事，也聊到 1976 年 7 月 28 日的唐山大地震。Teton 坝是一个土石坝，当时除了用有限元数值解外，没有精确的理论解可以求得由地震所引起的斜坡坝面上的水动压力。于是，我就开始做这方面的研究，发表了一系列关于地震所引起的水动压力文章，还首次研究了水库中流体分层对坝面水动压力的影响，后来又被称为"章氏方法"（Chwang's Method）。

1978 年，我转到美国爱荷华大学（The University of Iowa）水利研究所接替准备退休的船舶水动力学家 Lou Landweber 教授，并于 1981 年正式提升为教授。在爱荷华大学水利研究所的 13 年内，我开始从事有关水利方面的研究。1983 年，我首次发展了透水造波机理论。在此基础上与访问学者李炜教授共同研究了等水深半无限长水槽端部附近活塞式透水造波板所产生的表面波，发现当造波板与槽端距离为半波长的整数倍时将不会有向无穷远处传播的波，并将此现象称为"波陷"。后来与清华大学水利系访问学者董曾南教授进一步发现当固定透水板与槽端距离为四分之一入射波长加半波长的整数倍时反射系数将有最小值。此后，我与研究生及博士后们在此领域发表了多篇论文，研究波浪通过透水垂直板、透水圆形板、透水斜板等的变化。在这些研究中提出的波浪影响参数被称为"章氏参数"（Chwang's Parameter）。此外，我也进行了水下声学、船舶水动力学、圆柱形孤立波及两物体相互作用水动力学的研究，并取得显著成果。

1991年，我从美国回到了香港，受聘任香港大学何东机械工程讲座教授兼机械系主任。香港当年是世界上最繁忙的货运港口，每年吞吐量为1600万个集装箱。随着船舶交通量的增加，香港维多利亚港湾逐渐出现波浪问题。在港口周围进行的填海工程，加上现有的实心垂直海堤，使得波浪问题更加严重。结果，货轮装卸作业、码头停泊以及类似的运作变得越来越困难，小型客轮的航行变得越来越不舒适。有鉴于此，香港土木工程署展开了一项关于内港波浪及其消减的综合研究。1995年，我所领导的水动力学研究组以丰富的理论积累和在波浪研究方面的优势，在香港行政当局向全世界招标的竞争中，成功取得了香港维多利亚港湾波浪及其削减问题的研究任务。通过大量现场观测、理论分析、数值模拟和模型试验的研究工作，探明了维多利亚港内波浪恶化的主要原因是港内行船所造成的船行波。为此，提出需优化和控制行船，并改造目前已有海墙的治理方案。根据我们研究的透水介质与波浪相互作用理论,设计透水海墙以吸收波能,减低港湾内的波浪。这一研究成果和实施方案已被香港行政当局采纳,并于2003年完成了113米透水海墙的建造。

很荣幸,我能在2001年当选香港工程科学院院士,在2003年当选中国科学院院士。回顾过去,我体会到一个人只要有理想、肯上进,并能不断努力,持之以恒,总会有成功的一天。科学研究需要付出代价,牺牲个人的时间和精力,不屈不挠,最后一定会有成果。对年轻人来说,我觉得不必追求热门的课题,只要留心周围的事物,按照客观需要和自己的兴趣,就会找到适当的研究课题。在进行研究的过程中,不能满足于表面,一定要深入思考,想得深,看得远,非把事情弄得水落石出,问题完全搞清楚为止。我想这就是研究科学应该有的精神。

(本文选自上海教育出版社2005年5月版《科学的道路》)

章梓雄 流体力学、水动力学专家。1944年11月7日生于上海,原籍浙江鄞县。2007年6月13日逝于香港。1965年毕业于香港珠海书院机械工程系,1967年获加拿大Saskatchewan大学机械工程系硕士学位,1971年获美国加州理工学院博士学位。中国香港大学机械工程系何东机械工程讲座教授、非线性力学中心主任。长期从事黏性流动、波浪理论、水动力学问题的研究。研究低雷诺数流动时求得不同类型流动的精确解,其系数被称为"章—吴常数";研究黏性流动时建立了多调和函数球面反演理论,被称为"章氏定理";研究血球运动时得到椭球体在二阶流动中的运动轨迹,被称为"章氏轨迹";研究波动与透水介质相互作用时发现了波陷现象,提出波浪影响系数,被称为"章氏参数",此理论已被用于解决香港维多利亚港湾的波浪削减问题。在国际杂志和重要国际学术会议上发表了290多篇论文,出版专著4部,应邀在世界各地作过110多场学术报告。2001年当选中国香港工程科学院院士,2003年当选中国科学院院士。

> 在生命科学的舞台上，我愿意做一个用生命而舞，为生命而舞的舞者，去追求那止于至善的人生境界，即使没有掌声、鲜花、喝彩一路相伴，在这片天地里，我都会生命不息，跳动不止！
>
> ——赵玉芬

朗读者　宫睿欣

为生命起舞

1979年，结束了在美国8年的留学生活，收拾好行囊，我踏上了回归之旅。与以往不同，这次我并不是回到养育我的台湾，而是与它隔海相望的大陆。得知这一消息，在台湾的母亲和弟妹们热切企盼的眼神化为了不解和失望："美国那么好的条件你舍弃了，在台湾的骨肉亲情也不能留住你，大陆究竟有什么能比得过这些呢？"对不起母亲，对不起弟弟妹妹，是与台湾隔海相望的大陆让我找到了生命之根，也找到了事业之根。

20多年来，我也会在闲暇时回想我一路经历的风景。几十年的生命历程就像一本略有泛黄的生命之书，在一页一页轻轻翻过……

寻根之旅

1971年，我从台湾新竹清华大学毕业，考取了杨振宁教授所

赵玉芬 院士
（中国科学院提供）

在的美国纽约州立大学石溪分校的化学专业研究生。对即将展开的灿烂新生活，我心怀憧憬，到美国继续从事热爱的化学专业的学习和研究，是我做梦都难以想象的事。

20世纪六七十年代我国台湾地区曾兴起过一次留学潮，不少有条件的家庭纷纷送子女出洋留学。对家境贫寒的我来说，从来都没有过这样的奢望。这次能够凭自己的实力考到美国去留学，是多么幸运！

当我提着大大小小的行李离开台湾的时候，到火车站送行的母亲满眼都是不舍："美国人用奖学金就把你买走了吗？我养了你20年啊！你是不是一去就再也不回来了……"看着母亲噙满热泪的双眼，重重的离愁，使我几乎无法迈动一步。我心里在说："母亲，从小您就告诉我，要学一个有用的专业，能直接创造财富的。中学时代的几位女化学老师为我打开了化学科学那扇神奇的大门，让我从此立下以化学研究作为自己毕生研究的志向。如今我正走在这条通向实现理想的大路上，母亲，您为什么会有这样的疑问呢？"

刹那间，我仿佛又看到了这样的情景：全家8口人挤住在台湾彰化农村田中镇肖家祠堂的两间小厢房；为了省鞋子，夏天我总是光着脚跑二十多分钟路去上学；一放学我就帮着妈妈照看五个弟妹；拿到美国的入学通知书，家里却没钱买飞机票，迫不得已，我只好把美国寄来的奖学金证书作为证明，以到美国后每月偿还航空公司30美元的方式才拿到机票……

年轻的我,哪能读透母亲话语里的层层含义。我只是在心里说:"化学是实用科学,我学成之后一定要为自己的同胞做点事,为社会创造财富。"我绝没有想到这竟然是自己和母亲的诀别,这一走竟然会25年没有再回台湾……

对家乡亲人的牵挂很快就被美国繁忙、艰辛的留学生活取代。由于入学成绩优异,我取得了直接攻读博士的资格,1975年获得博士学位以后又在该校石溪分校和纽约大学化学系进行博士后研究工作。

在美留学期间,两件事对我的人生历程产生了重大影响。1971年,美籍华人杨振宁教授回纽约州立大学石溪分校作有关中国见闻的演讲,说道:"中国科学的春天就要来临了,祖国需要大批的科研人才……"杨振宁教授带来的这一信息在留美学生中激起了波澜,当时几乎所有在美国留学的台湾留学生都赶到石溪分校去分享杨振宁教授的讲座,这位获诺贝尔物理学奖的科学家对祖国的挚爱深深地打动了在座的每位台湾留学生。1972年,中国一个科学家代表团访问美国,在石溪分校访问时,我作为中国台湾地区留学生代表向代表团团长、中国生命科学界元老贝时璋教授献了花,与大陆同胞的第一次近距离接触,让"祖国"这个陌生但又让我魂牵梦绕的地方不再遥远,一下变得真实而亲切。

1978年,我从美国一位亲戚处得知河南淇县的地址,经多方联系,一直未有音讯的老家终于来信了。20多年来第一次接到大陆老家的来信,家乡故土这个模糊不清的概念一下有了清晰的线索,这封信勾起了我的思乡病。"回家,回家,回家!"成了我心底挥之不去的情结,也改变了我的生命轨迹。

1978年夏天，我按捺不住激动踏上了"故乡行"的征途，那是20多年来父母一直未了的心愿。一个多月的时间，我到河南探望了外公外婆、姨妈姑姑、叔叔舅舅等亲人。外公是前清秀才，90多岁了还身体硬朗，见到我禁不住泼墨挥毫，写诗抒怀。

此后，我参观了北大、南开等几所大学以及中科院的化学研究所。出乎我意料的是：我在美国做实验的主要设备，这些高校和研究所都有，但是当时国内物质的贫乏也让我震惊。20世纪70年代的美国纽约已经是一座摩天大楼高高耸立、夜晚灯火辉煌的城市，美国人把牛奶当水喝……但同是商业中心的北京王府井，却只有一些低矮陈旧的店铺，商品匮乏，连塑料袋、纸杯这样极普通的东西都没有，更不用说喝牛奶。在物质方面，和美国的条件反差真是太大了。我心里在说："上帝啊，你为什么这样不公平？"

这次"故乡行"让我真切地感受到血脉之根的吸引，那是自己的生命之根，"只有到了老家，我才知道我从哪里来"。那是几千年华夏文明的传承之根，河南殷墟甲骨文出土遗址，让我那样直观而又深切地感受到了来自中华文化五千年绵延不绝的吸引力。于是，我作了一个大胆的决定：回大陆工作，为自己的同胞尽一分力。

我的导师，世界著名核酸化学家夏皮洛教授（R. Shapiro）说："你的决定很勇敢，但你回去是我们美国人的损失（Chinese gain, American loss.）。"当时，我已经完成了自己的博士后研究，并加盟了纽约大学化学系夏皮洛教授研究小组，从事核酸化学研究，在生命有机磷化学研究方面开始崭露头角。

1979年，就在中国改革开放后派出的第一批50名留学生刚刚踏上美国的土地时，已经在美国奋斗了8年的我却悄然踏上了回归祖国的直通车。我们走在方向相反的征途上,却都心情急切,步履匆匆。因为我们都有着相同的目标:为了中国的强大——以祖国的名义!

生命的追问

如果说,我的回国是那一次寻根之旅故乡行的结果,那么在自己的研究领域,我则想做一次更艰难的终极追问,那是生命起源问题的寻根之旅,那是整个人类生命的追问。

赵玉芬在清华大学生命科学院实验室介绍有机磷化学(2001,中国科学院提供)

在生命科学的研究中,活性氨基酸和生命起源的关系一直是一个难题。自1924年,苏联科学家奥巴林出版《生命的起源》一书起,关于前生命化学进化中先有核酸还是先有蛋白的问题犹如

"先有鸡还是先有蛋"的"鸡蛋悖论"一样，一直困惑着生命科学界。这次，我就是要以此为目标，寻求自己的答案，破译其中的生命密码。

磷元素就是我选中的突破口。对于一般人来说，磷常常会让人联想起夜晚的坟地里频频跳动的小火苗，但对我来说，磷却是生命之火律动的根本原因。1991年，我以大量的实验结果和严密的理论论证：氨基酸和磷的化合物——磷酰化氨基酸是生命起源的种子，并提出"磷元素是生命活动调控的中心"。我认为：

作为生命本质的 DNA，其 9% 是由磷元素构成的。大自然选择了磷作为生命体的中心元素，原因何在？因为磷在元素周期表中的特殊位置，使其在温和条件下易发生四面体、三角锥、正八面体等结构的快速互变，并具有一定的方向性，从而导致生物体系中磷的功能的多样性及有序性。

从磷的角度来认识生命，可以在化学层面上从本质上来进行，这是最为重要的。

从此，在生命起源领域传统的蛋白派、核酸派这两大派别之外，我提出了中国科学家的见解——"蛋白质和核酸共同起源、进化"的新学说。通俗地说，就是磷酰化氨基酸能够同时生成蛋白与核酸，即磷酰化氨基酸是"鸡"和"蛋"的共同母体，这使生命科学的这一前沿研究领域出现了重大突破。

与此同时，我研究发现"有机磷试剂在合成杂环化合物中的应用'N-磷酰化氨基酸的新性质'"等 10 余项科研成果，先后获中国科学院、教育部科技奖。40 多年来，在国内外发表了 1000 多篇的学术论文……

1991 年，我当选中国科学院学部委员（院士），1994 年担任清华大学生命科学与工程研究院副院长，1995年荣任国际科学院俄罗斯部院士。

共筑科技长城

2000年11月，我来到厦门参加全国有机化学会议。厦门大学优美的环境、宜人的气候，与台湾隔海相望、相同的风土人情……都让我一下找到了自己儿时的记忆，而更吸引我的则是厦门大学化学系雄厚的科研实力。

厦门大学化学学科发展至今已有百年历史，拥有蔡启瑞、田昭武、黄本立、张乾二、万惠霖等国内化学界成绩斐然的中科院院士，纪育沣、傅鹰、卢嘉锡、蔡镏生、钱人元等中国科学院诸位学部委员及陈国珍等教授曾在化学系执教，为化学系特别是物理化学和分析化学学科的发展奠定了坚实的基础。这里上下同心，一心为科研的学术研究氛围深深打动了我。厦门大学化学系2001年新当选的中科院院士郑兰荪的话或许能说明这一点："我们回国最大的心愿就是筑起中国的科技长城。"在厦门大学的力邀下，我加盟厦门大学，与这里的同行们一起共筑中国化学界的科技长城。

被马克思称为"近代实验科学的真正始祖"的培根说："千百年来的一切学问，是否曾做出过一个小小的发明而使我们的福利得到增进呢？在这点上，似乎学者的贡献还不如工匠的一些偶然发明。"对于研究生命科学的我来说，越来越感到原始性创新成果转化为产业的重要。唯其如此，科学研究才能真正造福大众，才不会仅仅只是书斋里、实验室里的论文和成果，生命科学的研究才能真正成为为生命健康服务的有用技术。

因此，我把研究视线从科研延伸到了产业链的开发利用。在我看来，基础研究是整个产业链条中最重要的一个环节，但基础研究和产业化的关系已经越来越密切，这就要求科学家必须认识到科学研究的原始性创新和产业界联系的重要性，科学家和企业界联起手来，推动原始性创新的产业化，积极参与国际化市场竞争。

在 2002 年的全国政协委员的提案中，我提出：厦门要建成"海峡化学生物科技带"。在国家产业政策的大力推动下，我国化学生物技术在众多领域处于国际领先地位。但是，受观念、信息、人才和投资等因素的制约，以及大型企业组织的缺乏，我国的化学生物科技产业仍存在着诸多问题。例如，产业化程度低，许多科研成果尚未转化为生产力；开发周期长，速度慢；技术水平和装备水平还有待进一步提高；缺少一支强大的化学生物技术企业队伍，缺失良好的投资环境；对化学生物科技产品的开发投资还不够，且投资渠道单一，缺乏应有的经济支撑。因此，中国化学生物经济的发展必须要有超前意识，政府应从机制、税收、金融等方面予以扶持，创造出良好的投资环境，以促进我国的化学生物科技产业的独立、自主的可持续发展，促进产业竞争力的提升，迎接竞争国际化的挑战。

为此，我提出："化学生物经济是 21 世纪最具发展前景的领域，而厦门在化学、生物学方面有着全国领先的实力水平，应有效整合福建省以及周边地区强大的科研力量，建设'海峡化学生物科技带'，借鉴美国圣地亚哥模式——通过丰富的生物科技资源、旅游资源等带动通信、软件业以及整个地区的发展，充分发掘厦门独特的地理位置、人力资源优势，建成化学生物科技城，积极吸纳国内外优秀的经贸与科技人才，有效推动与我国港、澳、台地区及马来西亚等地的经贸与科技交流，掌握全球科技发展的主流趋势，彰显大陆的科技实力，强化我国在化学生物科技产业领域的国际竞争力。"

这项提案得到了国家科技部、教育部、福建省、台湾化学生物学界和相关企业，以及海外留学生与校友等多方面的积极支持和响应，仅仅一年时间，已经有了很大进展。2003年4月，厦门举办了首届海峡化学生物学与生技、医药研讨会。

2017年10月，为支持学生创业，我来到宁波慈溪，宁波的产业环境和行事速度深深打动了我，新药开发周期很长、成本投入很大，离不开产业界的支持，而宁波具备这样的产业环境，可谓"创新创业的热土"。受宁波帮的感召，我全职加盟宁波大学"二次创业"，创建新药技术研究院，以推动宁波生物医药产业发展，促进我国药物研发创新能力的长足进步。

2018年5月，为积极响应国家有关参与和主导国际大科学计划和工程的号召，中国空间技术研究院成立了太空探索实验科学委员会，我与13位院士一起担任共同主席，发起了"太空探索实验合作倡议"。与此同时，我提出"在宁波发展航天生物医药产业"，在宁波市政府、宁波大学和相关企业及行业专家的支持下，宁波大学和中国空间技术研究院（钱学森空间技术实验室和航天神舟生物科技集团有限公司）联合成立"天体化学与空间生命——钱学森空间科学协同研究中心"，并于2019年12月12日揭牌成立，真正开启了宁波探索航天生命科学研究之路。2020年底，钱学森实验室太空探索实验第一次科学委员会会议在宁波成功举办。

回顾自己的人生之旅，我有自己的体会：河南是我生命的根，台湾是我发芽的地方，美国是我启蒙的地方，祖国大陆是我的事业长成大树的地方。这几个地方就好像对一粒有生命的种子，在其生长的不同阶段和生命历程中作了浓缩与概括。

如今，我正带领着自己的研究团队在生命科学的领地做着又一次生命之旅。每次看到厦门大学的校训"自强不息，止于至善"的时候，我总会想，我自己是不可能做到止于至善的，那是需要一代又一代的人前赴后继，才会达到的最高目标。

在生命科学的舞台上，我愿意做一个用生命起舞，为生命而舞的舞者，去追求那止于至善的人生境界，即使没有掌声、鲜花、喝彩一路相伴，在这片天地里，我都会生命不息，跳动不止！

（本文写于 2004 年，改定于 2022 年 8 月 4 日）

赵玉芬　有机化学家。1948 年 12 月生于湖北汉口，祖籍河南淇县。1971 年从我国台湾新竹清华大学毕业并考取美国纽约州立大学石溪分校化学专业研究生，1975 年获得博士学位后继续在该校和纽约大学化学系进行博士后研究。1979 年进入中国科学院化学研究所工作；1988 年调任清华大学化学系教授；1991 年当选中国科学院学部委员（院士）；1993 年任生命有机磷化学教育部重点实验室主任；1994 年任清华大学生命科学与工程研究院副院长；1995 年当选俄罗斯国际科学院外籍院士；2000 年进入厦门大学化学化工学院；2006 年任厦门大学药学系主任；2017 年任宁波大学新药技术研究院院长，2019 年任天体化学与空间生命——钱学森空间科学协同研究中心主任。作为中国生命科学界权威之一，创建了"磷酰化氨基酸是蛋白质和核酸的共同起源"的新理论体系以解释生命起源，该理论被世界生命化学界广为引用，推动了世界磷化学和生命化学的进步。主要研究领域为天体生物学、生命起源、生命有机磷化学、药物化学、化学生物学、生物信息学。受中国科学院委托主持"磷科学战略"咨询项目 4 项，主编《磷科学前沿与技术丛书》（化工出版社），主持和参与"973"项目 3 项、国家自然重点 2 项、面上 2 项，出版专著 8 部，授权 51 项国家发明专利，3 项国际专利，证证 2 项，发表论文 1000 余篇。2015 年获国际阿布佐夫奖——有机磷化学领域、2017 年获卢嘉锡化学奖，2019 年获南强杰出贡献奖。

朗读者　宫睿欣

唯一可以自慰的是，60多年来，我一直在为祖国兢兢业业工作，说老实话，做老实事，没有谋取私利，没有虚度光阴。

——赵忠尧

兢兢业业为祖国工作

我出生于20世纪初。父母亲老年得子，又加我身体瘦弱，对我管教格外严厉。不许我上体操课，体操成绩因此总是零分。我从小只是体育场边的观众。50多岁时，才迫切感到锻炼身体的需要，开始学游泳、滑冰，虽然晚了一些，仍然受益匪浅。

15岁那年，我进入诸暨县立中学读书。四年后中学毕业，报考南京高等师范学校，1920年秋进入数理化部就读。1924年春，我提前半年修完南京高等师范学校的学分。次年，取得了东南大学毕业资格。

1925年夏，北京清华学堂筹办大学本科，请叶企孙教授前往任教。他邀我和施汝为一同前往清华。叶企孙教授为人严肃庄重，教书极为认真，对我的教学、科研都有很深的影响。

看到国内水平与国外的差距，我决定出国留学。靠自筹经费于1927年去美国留学。除三年教书的工资结余及师友借助外，还

赵忠尧 院士
（中国科学院提供）

申请到清华大学的国外生活半费补助金每月 40 美元。到美国后，我进入加州理工学院研究院，师从密立根 (R. A. Millikan) 教授进行实验物理研究。

密立根教授起初给我一个利用光学干涉仪的论文题目。两年内得出结果，就可以取得学位。我感到这样的研究过分顺利，把这个意思告诉密立根教授，问他能否换一个可以学到更多东西的题目。密立根教授尽管感到意外，但还是给我换了一个"硬 γ 射线通过物质时的吸收系数"的题目，并说："这个题目你考虑一下。"说是这么说，这次实际上是不容我再考虑的。偏偏我过分老实，觉得测量吸收系数还嫌简单，竟回答说："好，我考虑一下。"密立根教授一听，当场就发火了，说道："这个题目很有意思，相当重要。我们看了你的成绩，觉得你做还比较合适。你要是不做，告诉我就是了，不必再考虑。"我连忙表示愿意接受这个题目。回想起来，密立根教授为我选择的这个题目，不仅能学到实验技术，物理上也是极有意义的。这一点，我在以后才逐渐有深刻体会。

我便开始作硬 γ 射线吸收系数的测量。实验室工作紧张时，我常常是上午上课，下午准备仪器，乘晚上夜深人静，通宵取数据。1929 年底我将实验结果整理成论文。但由于结果与密立根教授预期的不相符，他不甚相信。文章交他之后两三个月仍无回音，我心中甚为焦急。幸而替密立根教授代管研究生工作的鲍文 (I. S.

1929年赵忠尧在美国加州理工大学留学时与导师合影（前排右四正后方为赵忠尧，资料图片）

Bowen)教授十分了解该实验的全过程，

他向密立根教授保证了实验结果的可靠性，文章才得以于1930年5月在美国的《国家科学院院报》上发表。

当我在加州作硬γ射线吸收系数测量时，英、德两国有几位物理学家也在进行这一测量。三处同时分别发现了硬γ射线在重元素上的反常吸收，并都认为可能是原子核的作用所引起的。

吸收系数的测量结束后，我想进一步研究γ射线与物质相互作用的机制，打算设计一个新的实验，观察并测量重元素对硬γ的散射。当时虽然离毕业只有大半年时间了，但由于有了第一个实验的经验，我还是决心一试。

从1930年春天开始，我用高气压电离室和真空静电计进行测量。这个实验一直忙到当年9月才算结束。实验结果首次发现，伴随着硬γ射线在重元素中的反常吸收,还存在一种特殊辐射,并且测得了这种特殊辐射的能量大约等于一个电子的质量,它的角分布大致为各向同性。我将这一结果写成第二篇论文《硬γ射线的散射》,于1930年10月发表于美国的《物理评论》杂志。

说来有趣,在评论论文时,密立根教授还记得我挑论文题目的事。他说:"这个人不知天高地厚,我那时给他这个题目,他还说要考虑考虑。"惹得同事们哈哈大笑。不过,他们对我的论文是满意的。后来,密立根教授在他1946年出版的专著《电子、质子、光子、中子、介子和宇宙线》中还多处引述了我论文中的结果。

反常吸收和特殊辐射揭示了一种新的相互作用机制。但是,当时还不能认识到这些现象的具体机理。与我同时在加州理工学院攻读博士的还有安德孙(C. D. Anderson),他对这些结果很感兴趣。到1932年,安德孙在宇宙线的云雾室照片中发现了正电子径迹,人们才逐步认识到:三个实验组同时发现的反常吸收是由于部分硬γ射线经过原子核附近时转化为正负电子对;而我发现的特殊辐射则是一对正负电子湮灭,并转化为一对光子的湮灭辐射。

对我这部分工作的评价,由于种种历史原因,一直没有得到应有的重视。近年来,杨振宁教授花了不少精力,收集整理资料,于1989年写成文章发表,帮助澄清这段历史,我十分感激杨先生为此所做的许多努力。

赵忠尧在美国求学时留影(资料图片)

1931年"九一八"事变时我尚在国外，国难当头，心中焦急，决心尽速回国，回到清华大学任教。当时，清华大学正在成长过程中，师生全都非常积极。叶企孙教授从理学院调任校务委员会主任。物理系还有萨本栋、周培源等多位教授。这个时期，在极为简陋的条件下，大家齐心协力，进行教学和科研，办好物理系，实为难得。

"七七"事变之后第二年，清华大学、北京大学、南开大学三校共同在昆明成立了国立西南联合大学，我便在那里任教。这期间，我还与张文裕教授用盖革-密勒计数器作了一些宇宙线方面的研究工作。可是，随着战局紧张，生活变得很不安定。由于物价飞涨，教授们不得不想办法挣钱贴补家用，我自制些肥皂出售，方能勉强维持。加上日寇飞机狂轰滥炸，课程进行中，警报一响，大家就得立即收拾书包，骑车去找防空洞。家人则更是扶老携幼逃往城外。开始人们以为很安全的城墙根很快被炸为废墟，华罗庚先生甚至被爆炸的土块埋住后逃生。尽管如此，西南联大还是聚集了各地的许多人才，教学工作在师生的共同努力下一直坚持进行，也的确培养出不少有用人才。

1945年冬，我应中央大学吴有训校长邀请，离开西南联大，赴重庆担任了中央大学物理系主任。

1946年夏，美国在太平洋的比基尼岛进行原子弹试验。我受中央研究院的推荐，作为科学家代表去参观。那时中央研究院的总干事萨本栋先生托我在参观完毕以后，买回一些研究核物理用的器材。钱的数量实在太少，不可能购买任何完整的设备，唯一可行的办法是自行设计一台加速器，购买国内难于买到的部件和其他少量的核物理器材。照这个计划，我首先在麻省理工学院学习静电加速器的制造。半年后,为了进一步学习离子源的技术,我转去华盛顿卡内基地磁研究所访问。当时,毕德显先生正准备回国,我挽留他多待半年,一起继续进行静电加速器的设计,并采购电子学及其他零星器材。毕德显先生为人极其忠厚,工作踏实,又有电子技术方面的实践经验,对加速器的设计工作起了很大作用。半年后,为了寻找厂家定制加速器部件,我又重返麻省理工学院的宇宙线研究室。该研究室主任罗西(Rossi)欢迎我到他那里工作,因为他很了解我的工作。1952年他的专著《高能粒子》中就引用了不少我拍的云雾室照片。

与此同时,我还替中央大学定制了一个多板云雾室,并且买好了与此配套的照相设备。其间,我曾在几个加速器、宇宙线实验室义务工作,以换取学习与咨询的方便,也换得了一批代制的电子学仪器和其他零星器材,节约了购置设备的开支。这项制造和购买器材的工作花了整整两年时间。

1949年,我开始做回国的准备工作。对我来说,最重要的自然是那批花了几年心血定制的加速器部件与核物理实验器材。我利用1949年至1950年初,中美之间短暂的通航时期,重新联系轮船公司,设法将器材从与国民党有联系的仓库里取出来,办理托运回新中国的手续。没想到,联邦调查局却盯上了这批仪器设备。他们不但派人私自到运输公司开箱检查,还到加州理工学院去调查。幸好,加州理工学院的杜曼(Dumand)教授为人正直,告诉他们这些器材与原子武器毫无关系。虽然如此,他们仍然扣去了部分器材。就这样,我在美国定制的这批器材装了大小30多箱,总算能装船起运了。

1950年春天,我准备返回祖国。但是,这时中美之间的通航

赵忠尧一上船，联邦调查局的人又来找麻烦（陈云华绘）

却已中止了。经过5个多月的等待，我与一批急于回国的留美人员终于得到了签证，于8月底在洛杉矶登上了开往中国的"威尔逊总统号"海轮。

可是，一上船，联邦调查局的人又来找麻烦，把我的行李翻了一遍，偏偏扣留了我最宝贵的物理书籍和期刊。轮船终于开动了，旅途的磨难还远没有结束。船到横滨，我和另外两位从加州理工学院回来的人（沈善炯、罗时钧）又被美军便衣人员叫去检查，硬说我们可能带有秘密资料，连随身行李也一件件细查，我的工作笔记本都被抄走了。三个人就这样被关进了日本的巢鸭监狱。同时，台湾当局则派各方代表威胁利诱，说只要愿意回美国或去中国台湾，一切都好商量。

我那时回祖国大陆的决心已定，反正除了祖国大陆我哪儿也不去。同年11月，在祖国人民和国际科学界同行的声援下，我们才获得释放。经历数月的磨难，我终于回到了祖国大陆。

一方面，我在美国费尽心机与艰难购置的一点器材，大都安全运回了国内。1955年装配完成我国第一台700keV质子静电加速器。同时，我们还研制了一台2.5MeV的高气压型质子静电加速器。在建立实验室和研制加速器的过程中，我们不仅学习了真空技术、高电压技术、离子源技术、核物理实验方法，而且在工作中培养了踏实严谨、一丝不苟的科学作风，一批中青年科技骨干迅速成长起来。

另一方面，为了迅速扩大科研队伍，提高队伍的素质，中国科学院于1958年建立中国科学技术大学，我兼任了近代物理系的主任。由于与研究所的密切联系，使近代物理系得以较快地建立起专业实验室，开设了β谱仪、气泡室、γ共振散射、穆斯堡尔效应、

赵忠尧（中）与钱三强（左）在苏联参观考察（1957，资料图片）

赵忠尧（前排中）与高能物理所实验物理部同志合影（资料图片）

核反应等较先进的实验。我们很注意培养方法，尽可能使学生在理论和实验两方面都得到发展，培养出一批理论实验并重的人才。中国科学技术大学能在较短的时间内与国内一流大学获同等声誉，实非易事，广大师生员工为此作出了艰巨的努力。

在"文化大革命"中，我因"特嫌"而被隔离审查。被审查期间，我写了几万字的材料，也对自己走过的道路重新进行回顾与思考。我想，一个人能做多少事情，很大程度上是时代决定的。由于我才能微薄，加上条件有限，没有做出多少成绩。唯一可以自慰的是，60多年来，我一直在为祖国兢兢业业地工作，说老实话，做老实事，没有谋取私利，没有虚度光阴。

1973年，高能物理研究所成立，看着中国自己的高能加速器破土动工、建成出束，看到中青年科技人员成长起来，队伍不断壮大，真是感慨万千！

回想自己一生，经历过许多坎坷，唯一希望的就是祖国繁荣昌盛，科学发达。我们已经尽了自己的力量，但国家尚未摆脱贫穷与落后，尚需当今与后世无私的有为青年再接再厉，继续努力。

（本文选自上海教育出版社1996年5月版《中国科学院院士自述》，标题为编者所加）

赵忠尧 物理学家，中国核物理研究和加速器建造事业的开拓者。1902年6月27日生于浙江诸暨，1998年5月28日逝于北京。1920年考入南京高等师范学校（东南大学前身）。1930年获美国加州理工学院博士学位。1931年回国后历任清华大学、云南大学、西南联大、中央大学等校教授。1946年赴美进行核物理和宇宙线研究，并为国内设计、加工质子静电加速器选购并订制实验设备。1950年冲破重重困难回国并带回当时国内尚无条件制备的核物理实验器材。先后担任中国科学院物理研究所、原子能研究所和高能物理研究所的副所长，中国物理学会副理事长、中国核学会名誉理事长。曾主持建立中国科学技术大学近代物理系。长期从事核物理研究，特别是硬 γ 射线与物质相互作用，主持建成中国第一、第二台质子静电加速器，并进行原子核反应研究。是人类物理学史上第一次发现正电子存在的科学家。发表《硬 γ 射线和原子核的相互作用》《硬 γ 射线的散射》《混合宇宙线簇射》等研究论文数十篇，主编《原子能的原理和应用》等专著。与叶企孙老师共同培养了一大批为中国原子能事业作出重要贡献的人才：王淦昌、彭桓武、钱三强、邓稼先、朱光亚、周光召、程开甲、唐孝威等。1948年当选为中央研究院院士。1955年被选聘为中国科学院学部委员（院士）。

> 当时兰州市内没有像样的马路，无风三尺土，有雨一街泥。交通工具是马车，黄河上漂流的是羊皮筏子，但只能顺流而下，不能逆水而上，所以我到西北师院兼课时，上午乘马车到十里店，下午乘羊皮筏子在黄河铁桥边上岸回校。
>
> ——郑国锠

朗读者 李奚渔

效力祖国何惧艰苦

1948年初，我到美国田纳西大学学习。学校位于美国南方的一个州，当时种族隔离很厉害，影院、饭店、车站、公共汽车等公共场所"黑白分明"，不能混杂在一起。我们是黄皮肤，虽不被当黑人对待，但无形的压力也很大。看到住房招租广告，我们去租时被问："是日本人吗？"回答是"中国人"，就吃"闭门羹"。那时，尽管中国是战胜国，但在美国，中国的地位远远不如战败的日本，这是由于当时的政府腐败无能、依赖美援、丧权辱国所致。

同年7月，我转学到北方的威斯康星大学细胞学研究室。该室主任是英籍赫斯金斯（C. L. Huskins）教授。这年他刚好发现体细胞减数的现象，做了大量显微镜切片，没人观察、整理和分析。我去之后，就把这个任务交给了我，希望我能在圣诞节前完成。同时又请了西雅图华盛顿大学许元龙教授来审核他的发现。许教

郑国锠 院士
（中国科学院提供）

授也请我帮他做片子。因在假期中，没有上课，我就夜以继日地干起来，不到两个月就完成了一个学期的工作。当我把整理好的材料、统计数据和照片交给赫斯金斯教授时，他非常惊奇。怕我草率从事，他仔细检查了我交给他的资料，又把照片与显微镜下的图像亲自核对，都无差错后，才说了一个"Wonderful！"。此后，他对我就另眼看待了，非常关心我的生活，还询问我的家庭情况。当他得知我的妻子是我同班同学，也是博物系毕业的，为了使我安心工作和学习，就主动提出给我妻子仝允栩一份奖学金，并代办了入境和入学手续。于是，从1949年1月起，仝允栩就和我在同一研究室学习和工作了。

1949年10月，中华人民共和国成立，伍修权到联合国发表演说，美国报纸刊登照片，说伍修权像是被压的弹簧，轰动了全美。我兴高采烈，感到脸上有了光彩，身板挺直了。再去租房子，常常迎来的是笑脸。可是好景不长，美国人民虽然对我们友好、热情，但在蒋介石被赶出大陆后，杜鲁门就调美国第七舰队封锁台湾海峡，阻止中国人民解放军解放台湾。1950年6月又发动侵朝战争，一直打到鸭绿江边，美帝国主义的狰狞面目暴露无遗。不少同学坚决要求回国，我和允栩也决定尽快回来。在我的博士论文答辩完毕的同时，回国的手续也办妥了。

1951年1月临行前告知我们的导师赫斯金斯教授时，他非常希望我继续留下来。我再三申述祖国百废待举，我要尽快回国效力的心情后，导师说："我们英国是最早承认新中国的国家之一，现在美朝打仗了，你们回去是应该的。"就这样，师生依依惜别。导师送给我包含他一生心血的大部著作，为我们举行欢送会，还签给我一张旅行支票，那些都使我终生难忘。遗憾的是，赫斯金斯教授于1953年因心脏病去世了！

当时，回国并不是一件简单的事情，每月只有一班轮船，美国政府又重重阻挠。1950年底先我一航班回国的钱学森教授几经周折，到1955年才回来。与我一班同船的中国留学人员36位还算顺利，2月上旬从旧金山上船，下旬到香港，乘一艘小船到澳门，再由广州开来的专轮把我们接回广州。我回来后第二个月，中国留学生的回国申请就不批了。回想起来，真是万幸！

回国以后，要我去任教的单位很多，真是天南海北任君选。住在江苏常熟老家的父母要我们留在上海，亲戚朋友也劝我们留在条件较好的沿海。经过再三思考，我选择了兰州。我是这样想的：如果为了优越的条件，可以留在美国。我回来就是要到最需要我的地方去。兰州大学不断来信来电，又寄旅费，又托人劝说，不正说明那里确实需要我吗？

我们一家三口，一路辗转西行。到了兰州一看，山是秃的，连草都不长。我们是坐在马车上，摇摇晃晃进了兰州大学的。第二天植物系开欢迎会，听会上介绍，才知道全系只有6位教师（包括两位兼职的），14名学生。动物系的师生和设备情况与植物系差不多。两系学生加在一起不到30人。系里的设备少得可怜，只有一台不能切片的切片机，一个不保温的保温箱，显微镜虽有几架，但性能很差，能在显微镜下观察的片子也很少，图书只装

了半个小书架，全系的图书和切片还不及我带回来的多。实验室也没有几间。面对这种情况，我没有丧气，"五一"节一过，就开始上课。

当时兰州市居民用水是从黄河里挑来的，白天晚上经常停电，做饭取暖都用煤砖。我们来的当天，学生们就帮我们买了水缸、明矾、煤油灯、煤油、煤砖等。我还纳闷，要这些东西干什么？果然第二天停电了，煤油灯发挥了作用。以后晚上备课经常在煤油灯下进行。市内没有像样的马路，无风三尺土，有雨一街泥。交通工具是马车，黄河上漂流的是羊皮筏子，但只能顺流而下，不能逆水而上，所以我到西北师院兼课时，上

一家三口一路辗转西行，是坐在马车上摇摇晃晃进了兰州大学的（陈云华绘）

20世纪90年代在兰州大学办公室

与研究生一起观看烟草和胡萝卜细胞融合体生长情况（1992，作者提供）

午乘马车到十里店,下午乘羊皮筏子在黄河铁桥边上岸回校。

那时至今整整42年,感受最深的,就是我对祖国教育和科学事业的选择和热爱至今不悔。

(本文选自上海教育出版社1996年5月版《中国科学院院士自述》,标题为编者所加)

郑国锠 细胞生物学家、教育家。1914年3月30日生于江苏常熟,2012年10月12日逝于兰州。1943年毕业于国立中央大学博物系。1950年获美国威斯康星大学博士学位。历任兰州大学生物系教授、系主任,曾任中国细胞生物学会副理事长,《中国大百科全书·生物学卷·细胞学》副主编。有关体细胞染色体减数的论文阐明了体细胞同源染色体在前期分离、后期形成双纺锤体,最后成为4个单倍体核,是当时国际上关于体细胞内出现的染色体减数的机理之一;对细胞融合的研究,首先肯定花粉母细胞间染色质穿壁运动是自发的正常生理现象,发现核液的运动和收缩蛋白与染色质穿壁运动有密切关系,而染色质穿壁运动后出现的染色体畸变又与核型进化和B染色体的起源有关;20世纪70年代开展了植物细胞工程研究,在体细胞胚胎发生、原生质体培养、花粉和未授粉子房培养、抗盐作物品种的筛选和遗传转化等方面取得不少成就。发表百余篇论文和《细胞生物学》《生物显微技术》等专著。1980年当选中国科学院学部委员(院士)。

读北宋司马光主编的《资治通鉴》令我懂得德与才的关系："才者，德之资也；德者，才之帅也。"一生追求德与才而无悔。

——郑时龄

朗读者　李奚渔

寻求"德之资"与"才之帅"

理想与素养

我一直认为，中学阶段对于一个人的成长有着重要的作用。这是青少年渴求知识的阶段，努力接受新事物的阶段，对于其性格和素养的形成十分关键。在上海复兴中学学习的六年，给我最大的感受是老师们激励学生的全面发展。每一位老师都是那个领域的专家。直到今天，老师们的音容笑貌依然历历在目。那时候，同学们都如饥似渴地吸收知识。"知识就是力量"是当时流传的口号，苏联杂志《知识就是力量》的中文版，成了我们接触科学与技术的启蒙老师。

中学时代接受的是理想教育，努力把自己培养成全面发展的人。语文课诵读司马迁、李白、杜甫、韩愈、柳宗元、苏轼等的作品，课外读的是《青春之歌》《真正的人》《远离莫斯科的地方》等，还有俄罗斯文学，契诃夫、果戈理、托尔斯泰、普希金的作品；

再就是惊心动魄的描写探险家的书，例如南森、阿蒙森等；对西方文学的了解也就限于马克·吐温的《汤姆·索耶历险记》、儒勒·凡尔纳的《海底两万里》《格兰特船长的儿女》等，真正接触西方文学要到读大学的时候。这些文学作品所描写的环境可能对于今天的学生来说，已经相差十万八千里了。可是，我还是以为我们应当有些理想主义色彩，充满乐观精神去面对困难与挑战，对于事业要执著地投入，不悲观不气馁，不怨天尤人也不轻言放弃。

郑时龄 院士
(2008，方鸿辉摄)

我很庆幸在人生发展最重要的阶段遇到了许多好老师，班主任胡冠琼老师把学生当作自己的子女来培养和教育。那时的素质培养具有潜移默化的作用。老师们信奉"教育者必先受教育"，向往的是何其芳的诗句"去以心去发现心，以自己的火去点燃旁人的火"。他们在各方面都首先是学生的楷模，言传身教。我们那时的功课可能没有今天的学生这么繁重，但这丝毫不影响我们的学习质量，注重自学能力和独立思考能力的培养，使我们终身受用。中学老师教给我们的不仅是知识，更重要的是学习的方法和读书的哲理。胡老师教我们数学，高中毕业读大学，班上有10位同学选择了数学，其中三位在复旦大学数学系。复兴中学培养了许多人才，语文老师朱健夫十分热爱文学，组织了学校话剧团，当时排演一部根据苏联小说改编的《米拉姑娘》，培养了一些日后著名的演员。朱老师在上课时倾注了深厚的感情,动情之处激动着每一位学生。当年的课文像明代文学家归有光的《项脊轩志》、清代姚鼐的《登泰山记》等至今还能朗朗上口。高中毕业时,语文老师陈衡粹极力鼓励我报考复旦大学中文系。尽管以后走上了不同的道路,但我一直深受中国文学的熏陶,执著地爱着蕴含深厚的人文精神和传统伦理的文学,尤其是其中的做人和做学问之道。读北宋司马光的《资治通鉴》令我懂得德与才的关系:"才者,德之资也;德者,才之帅也。"一生追求德与才而无悔。

领略大自然之美

中学毕业后选择学建筑似乎有点随机。语文课写作文的时候,每个人都要写自己的理想,那时我的理想是当一名远洋船长。在青少年心目中,当一名远洋船长是很酷的,又很浪漫。可是我的眼睛近视,当不了船长。当不了船长就想成为造船工程师,当时曾经有一部苏联电影,讲述列宁格勒一位造船工程师的经历,令我神往,不过我不喜欢枯燥的数学。语文老师认为我应当成为文学家,美术老师建议我去学美术。我心动了,想要报考文学系。由于家人和亲朋好友的一致反对,我只能选择既不是文科专业,又需要形象思维的建筑学。毕竟我从小喜欢画画,大家认为建筑学可能适合我,文学、美术都与建筑有缘。

我的大学生活也充满了酸甜苦辣,在那个特殊然而又充满理想和憧憬的年代,经历过"三年困难时期"、劳动锻炼、"四清"运动等,住过工地的工棚,也住过农村和农场的茅屋。六年的大学生活中只有不到三分之二的时间用来读书,很多时间花在去工厂和农村劳动锻炼。越是没有时间读书,就越是促使自己抓紧时间读书，虽然曾被戴上"走白专道路"的帽子，但始终无法改悔。建筑学需要开阔视野，拓宽知识面，交叉多学科，学的课程自然也比较多，尤其注重美学理论。为此，我尽力读遍当年凡能找到的十分有限的书籍。1965年7月，我从同济大学建筑学专业毕业。

毕业后，我被分配到第一机械工业部第二设计院在贵州遵义的筹建处锻炼一年。不久，遇上"文化大革命"，我所在的设计院筹建处被撤销了，随单位返回上海参加"文革"。我并没有参加造反，先是参加铜管乐队，学吹单簧管，后来得了肺炎，就"退休"了。由于我们读建筑的都学过美术，就随搞建筑的同事参加了"红画笔"，专门画毛主席像，也做过雕塑，布置过展览会。有一段难忘的经历，当年"红画笔"的办公场所就在设计院食堂的图书室内，那时的图书室已经不开放了，但我们可以偷偷地把书带回家看。这下，我贪婪地读了许多小说。在这特殊的年月，没有思考建筑深层次问题的氛围，但我又不甘心放弃。因此，当别人在"抓革命"的时候，我一直在"促生产"。我曾赴北京、杭州、济南、沈阳、十堰、贵阳等地参加现场设计，走遍了大江南北，游历了滇池、武当山、长城、泰山和长江三峡……生活条件虽然艰苦，却初涉建筑设计实践，也充分领略了大自然之美。

在设计院里，还曾在老工程师指导下翻译过有关建筑和设备方面的资料，1975年至1978年间，我还翻译过一些机床和汽车的说明书，搞过一些新材料和构造的研究，也曾为院刊写有关建筑设计的文章和报告。为了设计杭州锅炉厂的X光探伤室，翻译了国外关于X射线和γ射线防护的资料。尽管这些领域与我的专业有很大差距，却拓宽了我的学科视野，同时也没让外语荒废了。

1978年，全国开始研究生招收工作，由于扩大了招生年限，我才有机会报考。当时,我正在杭州锅炉厂参加现场设计和施工,从报名到考试只有一个多月的时间,只好边工作、边复习,但那时并没有考试大纲,也就不知道考试范围,复习也毫无头绪。只能抓紧时间,复习多少算多少。星期天跑到龙井风景区去复习,那时的龙井不通汽车,环境很清静。我也很走运,远在贵州遵义的单位领导很支持我报考研究生,杭州的招生办和同济大学的研究生招生办也都同意我在来不及办妥手续的情况下先报名,这下才让我得以参加考试。连考了三天,顺利通过初试与复试。同年10月,我回到同济大学建筑系攻读硕士研究生,师从黄家骅和庄秉权先生。那时候的学习条件远不如今天,最后提交的论文是自己用钢笔仔仔细细一个字一个字地将10万字的论文抄在透明的绘图纸上,所有的插图和图表也都是用手绘后,再拿去晒图,装订成册的。当年,全系只有9名研究生,几乎都有实际工作经验,有些研究生一家三口都同时在读书。在脱离学校13年后再回到书桌旁,每个人都如饥似渴,系里的老师也都十分关心我们,年迈的老师还陪我们四处调研,协助我们为毕业论文收集资料。

研究生毕业后,我留校任建筑系教师。由于队伍的断层,我成了最年轻的教师。相继担任过教研室秘书、计划生育宣传员、教研室主任、副系主任、副院长、院长、副校长等,也相继开设了建筑设计、建筑历史、建筑理论、艺术史、专业外语等课程。随堂授课对自己是一种提高,促使我去思考问题,不断充实理论水平和实践知识。至今,我仍在为本科生上课,同时也为研究生开课。

1982年春,系主任送我去留德预备部强化德语,那年我已41岁了,记忆力和精力已无法与年轻人相比,只好"笨鸟先飞"。待到通过国家考试,决定让我去意大利进修后,又去北京语言学

读书与思考是一生嗜好（方鸿辉摄）

院学习了半年意大利语。可见，我这一辈子几乎没有间断过学习，6年小学，6年中学，6年大学，3年硕士研究生，3年半博士研究生，1年学德语，半年学意大利语，半年党校学习，我成了地地道道"光学"专业的学生了。

为诗意栖居而努力

1984年，我去意大利佛罗伦萨大学建筑学院做了两年访问学者，旨在研究当代建筑理论。暑假期间，在锡耶纳大学强化意大利语学习，同时进修意大利艺术史。佛罗伦萨是文艺复兴的发源地，人文精神和文艺复兴艺术深深地感染了我，这两年的访问与研修对我学术思想影响极大。导师希望我研修结束时能留在意大利攻读博士学位，但我还是按计划回国工作。1989年初，我又应邀去美国伊利诺伊大学艺术与应用艺术学院担任一个学期的乔治·密勒讲座教授,在美国的讲学经历使我能将欧洲古典与北美现代的建筑作比较研究,学术眼界更开阔了。

1990年,当我师从罗小未教授攻读建筑历史与理论专业博士学位时,已经担任学院的院长和校长助理了。既要处理行政事务,又要参加教学工作。撰写论文就好比是上海人所说的"生煤球炉子",火刚扇旺又不得不搁下,等到回过头来去写论文时,又要重新把炉火扇旺。思考建筑的根本问题(尤其是中国当代建筑的本质)时,我意识到最根本的是建筑的价值体系和符号体系,这就成了我博士学位论文的核心。1993年,我在52岁时获得博士学位。2007年,意大利罗马大学授予我名誉博士学位时,我已经66岁了。

参加1997年上海科技论坛,我的课题是探讨上海城市未来空间的发展。我认为上海城市空间的发展,应当结合上海的特色,充分利用黄浦江和苏州河提供的滨水空间。历史上,人们大多从运输和生产功能来看待黄浦江和苏州河,并没有从生活空间来思考。从长远着眼,滨水空间一定会从生产空间转换为公共空间。上海的特点也是高度的城市化、丰富的社会历史文化资源以及优秀的历史建筑,只有紧紧抓住上海城市空间的核心,才能使上海在未来再度成为国际城市。

作为一名建筑师,我曾主持了南浦大桥的建筑设计,并主持了朱屺瞻艺术馆、浙江海宁钱君匋艺术研究馆、复兴高级中学、南京路步行街城市设计、格致中学、多伦路文化名人街、杭州中国财税博物馆和外滩公共服务中心(今天的国际集团办公楼)等50多项工程的设计。自1998年担任上海市规划委员会城市空间与环境专业委员会主任以来,更关注上海的城市发展,参与了上海和全国各地许多重要工程项目的评审、策划和咨询工作,关注新生的建筑和城市公共空间。

自 1992 年起,在教授建筑学专业高年级的建筑评论课时,我萌发了撰写《建筑批评学》的念头。那年秋天我在德国蒂宾根的内卡河畔诗人荷尔德林的故居旁,想到了他那首被人们广泛引用的关于诗意地栖居的诗,后来在雅典的帕提农神庙前联想到艺术与建筑的关系,这本书的雏形和它的结构渐渐在脑海中形成。历经 9 年,这本书才写完并出版,2014 年又出了第二版,成为大学面向 21 世纪的课程教材。从 1994 年开始,我把研究的重点放在上海的历史建筑保护上。经过 5 年的研究,撰写了《上海近代建筑风格》,2021 年又重写,出了新版。直至今天,我仍然在关注这个领域,并担任上海市规划委员会历史文化风貌区和优秀历史建筑保护专业委员会主任,努力保持上海的特色。

自 2000 年始,我参与了 2010 年上海世博会的申办和主题演绎的策划和研究工作,参加在法国、德国就西班牙举行的国际会

由郑时龄设计的外滩公共服务中心(今天的国际集团办公楼,作者提供)

议时，我也努力宣传上海和上海世博会。世博会后，我还有幸参与世博园区的后世博规划……

有机会从事上述各项工作，得以不断地学习与思考，无论是课堂教学还是案头研究，无论是远景规划还是具体设计，无论是城市建设项目策划还是其他形形色色的社会工作，都需要我密切关注上海的发展，关注世博会，关注历史建筑保护……为市民的诗意栖居而努力。我以为，无论从事什么工作，都需要有不倦的敬业精神，都需要做长期努力的打算，毕竟每一项工作都将是下一项工作的准备。如果是另一种命运，让我从事其他专业或其他工作，可以相信我依然会很努力地去做。

（本文写于2008年1月，改定于2022年9月10日）

郑时龄 建筑学家，建筑与城市规划学家。1941年11月12日生于四川成都，原籍广东惠阳。1965年从同济大学建筑学专业本科毕业后进入机械工业部第二设计研究院，担任工程师。1981年从同济大学建筑系硕士毕业后留校任教，先后担任同济大学建筑系副教授、教授，建筑系副主任、建筑与城市规划学院副院长、院长。1984年在意大利佛罗伦萨大学建筑学院做访问学者。1989年担任美国伊利诺伊大学艺术与应用艺术学院乔治·密勒讲座教授。1992年担任同济大学建筑与城市规划学院院长。1993年获同济大学建筑历史与理论专业博士学位。1995年担任同济大学副校长，2000年担任该校建筑与城市空间研究所所长，2012至2021年任该校学术委员会主任。长期从事建筑理论研究、建筑教学和建筑创作活动，致力于将设计与建筑理论相结合，追求创作活动的学术价值，并将学术思想融于建筑教学之中，形成自成一体的建筑教学思想。主持设计了上海南京路步行街、朱屺瞻艺术馆、上海外滩公共服务中心等一系列项目。发表了《建筑理性论》《建筑批评学》《上海近代建筑风格》《世博会规划设计研究》《建筑与艺术》等专著。1998年当选法国建筑科学院院士，2001年当选中国科学院院士，2002年当选美国建筑师学会荣誉资深会员，2007年获意大利罗马大学名誉博士学位，同年获意大利仁惠之星骑士勋章。

> 我信奉"洋为中用"与"自力更生",
> 科研要走自己的路。
>
> ——钟万勰

科研要走独立自主之路

1993年,我当选了中国科学院院士。回顾以往,跌宕起伏。我想还是讲讲自己近年来的研究进展与体会吧。

因我对应用力学的相关学科比较关心,对动态规划、控制理论等,略有所知。"他山之石,可以攻玉。"我在20世纪80年代中期,采用与控制理论的学科交错方法,提出了**参变量变分原理**及**参变量二次规划**求解。虽然打开了一个口子,但意犹未尽,感到还有更多的内容。当时,我对周期结构的分析很感兴趣。

我曾用动态规划解决了公路桥梁车列的最不利加载问题。动态规划与线性二次控制理论都是现代控制论的基础内容,我感到这两方面与结构力学有更深刻的内在关联性。既然有问题在胸,当然就很感兴趣,于是努力探讨。自选课题,有何不可?既然有兴趣,就下决心上!这类课题乃为自找,没有任何保证一定能出成果。若能做出来,必然会很高兴,也相信有重要意义。所谓做学问的第一层境界:

钟万勰 院士
（中国科学院提供）

> 昨夜西风凋碧树，独上高楼，望尽天涯路。

这一段研究虽然费时数年，并放下了其他方面很多机会，但仍冲不开迷雾，反复很多，目标若即若离。这个时期是辛劳而苦闷的。所谓做学问的第二层境界：

> 衣带渐宽终不悔，为伊消得人憔悴。

碰到困难，不可轻易放弃。虽然有多次反复，但每次均有所领会。好在我的兴趣比较多，不是盯住了一样东西硬做。我自选课题的探讨，成功与失败之间，失败的成分是很大的，关键是心态要平稳，所谓平常心。1989年，我终于有了成果。认识到原来线性二次控制理论与结构力学之间有模拟关系，这是自己悟出来的，是国货。真所谓：

> 众里寻他千百度，蓦然回首，那人却在灯火阑珊处。

心中真是非常痛快，有成就感，别人是体会不到的。这套理论所用到的数学是很基本的，乍一看没有什么东西，但其含义丰富，是新的境界。其实，基本理论问题往往是很普通的，就在不起眼处，而且往往是高手的盲点。为什么年轻人有突破？就是因为他们框框少，能想人之所未想，而不是盲目跟随。但我当年已经是55岁了。

虽然初步有了认识突破，但还是很肤浅的，亟待深化。所以说，辛苦多少年，提出的问题比解决的问题要多得多。基础就是这样，练内功。不是立竿见影，而是气息悠长。

此前，我已在计算力学方面工作了 20 多年。深知应用力学理论虽好，如果不能提供数值计算结果以供实用，那多半也会落空。所以，在建立了结构力学与最优控制的模拟关系之后，注意力就转到其数值计算方面。精细积分法就是在这样的基点上得以发展的。国内外以前已经出版了很多常微分方程数值求解的书，但往往是从第一页到最后一页全是差分法近似。因为状态空间的分析需要求解一阶线性常微分方程组，适合于发展精细积分算法，其关键处就在于指数矩阵的计算。我看过 1972 年出版的一本书，讲到过算法，但直接运用有问题，有一个盲点。我又针对性地分析了其产生的原因并设法解决了该盲点，就给出了精细积分算法，其数值结果直逼计算机上的精确解。其实，精细积分法数学上也是非常简单、普通而又浅显的，但它却曾经是一个大问题。"山不在高，有仙则名"，不是要"深入浅出"嘛。正因为精细积分法浅显易懂，所以现在采用的人很多。看过金庸的小说吗？其中讲过一个"珍珑"棋局，曾难倒了多少高手，后来破解棋局的竟是一个常人。吴清源在对局中也有盲点，不过他自己及时破解了。高！

后来我才知道，1978 年有一篇评论文章，*Nineteen dubious ways to compute the exponential of a matrix*，总结过 19 种可疑的矩阵指数算法。其中之一是 2^n 算法，但未能成功，其实只缺少了一步，所以被称为"可疑"。精细积分法补上了这小小的一步。人家是"为山九仞"，但缺一点也不行而成为可疑，我只是"功成一篑"而已。

常微分方程组的数值积分有两类：（1）初值问题的积分；（2）两点边值问题的积分。后者对控制理论很有用。Kalman-Bucy 滤波，线性二次控制，都需要求解 Riccati 微分方程，它是非线性的。随着初值问题精细积分法的解决，采用同样的手段，两点边值问题的积分以及 Riccati 微分方程也顺利地得到解决。进一步，Kalman-Bucy 滤波方程的精细积分法也得到了解决。1993 年末我出版一本书，《计算结构力学与最优控制》介绍了模拟理论及精细积分法。同年，我被选为中国科学院院士。

在应用力学方面，模拟理论当然也有很多发挥。我在大学年代就注意到弹性力学最基础的圣维南问题，求解用半解析凑合法，当然不能满意。1953 年钱伟长院士著文研讨过该问题，意图改变其凑合求解法的状况。1957 年在全国力学大会还讨论过该问题。那时我做钱伟长院士的助教，也是跃跃欲试，当然是失败而归。问题哽在心中有 30 多年。直至找到了结构力学与控制理论的模拟关系后，交错学科的视角告诉我，多年来横亘心头的问题解开了，可用状态空间法来处理之。解决圣维南问题凑合法求解的途径已经有了。随后我于 1995 年出版了《弹性力学求解新体系》一书。

交错学科的研究提供了很多机会，其中有趣的一段是鲁棒控制理论。我既然找到了结构力学与控制的模拟理论，当然想进一步研究点什么，就碰到了这个理论。当时我看文献给搞得稀里糊涂，太艰深了，老实说就是看不懂。只好暂时放下，但又岂能忘怀。后来出访时买了两本书再读。我既然掌握了模拟理论，就有了另一个视角。我不是按已有的老路，跟着洋人再走一遍，这既费劲又乏味，且缺少新意。而是从应用力学模拟的角度切入，就发现了一些新的提法。于是，我又找到了鲁棒控制理论的关键参数原来是与结构稳定性的欧拉临界值一致的。后来还找到了分散系统控制理论，就相当于计算结构力学的子结构分析等。可谓都是另辟蹊径。其实我不是控制领域的人，看问题总是从另一个角度出发，偶有一得。既是缺点，但也有好处。结合起来方好。

我出身于书香门第，父亲钟兆琳是交通大学著名教授。我自幼喜欢自学与阅读。中学是上海市南洋模范中学，1956年在同济大学毕业，自学数学、力学等多门学科，并得到李国豪院士等老师的指点。1956起在中国科学院力学研究所师从胡海昌院士从事固体力学、流体力学、变分原理方面的研究，拓宽并加深了理论基础和跨学科的研究能力。钱伟长院士指定我在"工程力学研究班"为他助教。1959年，我被钱学森院士指派在中国科大近代力学系讲授《理论力学》，而模拟理论的基础正是**分析力学**。

1962年，经胡海昌院士推荐，钱令希院士将我调入大连工学院（现大连理工大学）任助手。所以说，我曾得多位名师指点，受益匪浅。"师傅领进门，修行靠自身。"我跟随钱令希先生工作如鱼得水，研究工作进展顺利。1963年我俩合作的《极限分析的一般变分原理》的论文，在力学界引起了很大反响。"学好数理化，走遍天下都不怕"，我想单纯从科技领域来看，此话还是有道理的，意在打好基础。感谢多年的自学，为我随后的研究工作打下了扎实的数理基础。自学打基础不为赚钱，**切不可急功近利，只图短平快立竿见影。扎基础来不得半点浮躁**。我的经验是，基础扎实受益极大，学到的基础知识大都能用上。

我最重要的研究工作大多是自选课题，因为我不知道是否能做出来。即使我已经找到了模拟关系，申请科学基金也是连战连败，人家就是不同意。自然科学基金要有5人评审，这种跨学科的研究，不是大家都熟悉的，人家不敢支持你。评审者可能喜欢支持他熟悉的课题。根据评审回执给一个平均分数，跨学科研究就大大不利了。精细积分也是迭经磨难。不过即使申请到的基金慢半拍，也是很有帮助的，我的研究工作又不是到此为止，还有下一步呢。

不过老是支持大家熟悉的课题,突破就很难了。

报道总是讲成功的。似乎科学研究总是取得成功,似乎满眼鲜花在等着您——名。现在还有轿车洋房——利。给几十万年薪,科研就一定上去了吗?有时反而将一支好队伍拆散了。科学研究要准备失败,成功只占少数。心态一定要平衡。即使有了成果,别人未必马上就能理解。碰到失败也要淡然处之,不气馁。

正其义不谋其利,明其道不计其功。

钟万勰与钱令希院士(右)在探讨(1994,中国科学院提供)

我国习惯于计划经济,科研也计划。恨不能立竿见影,马上出成果——浮躁。研究人员被逼得做一些短平快。报成果使人烦厌,往往是干扰。来一个"国际先进水平"好交差。回顾自认为最好的工作,多在不起眼的普通中文杂志发表。好杂志很慢,往往莫名其妙还给你打回来。近年来,一检查就是SCI有多少,我做研究又不是为了给他们看。工作好否还要从实用及其前景来考虑。实践是检验真理的标准，我从不去追求洋人的批准，弄一个什么 SCI，而是该做什么就做什么。只要我的文章是正确的，洋人将文章打回来，并不一定就是坏事，很可能是人家没看懂。等到大家明白过来，会欣赏的。恰恰表明该文有新意。

是非审诸于己，毁誉听诸于人。

别因人家说几句就动摇了。

文章并不是用英语写的就一定比用中文写的有价值。其实，我国自己的杂志审查也是很严格的，我看水平不低。片面贬低自己的杂志而抬高英语杂志，心理上有见洋人矮一级，实在缺乏根据，是病态。影响极坏。

研究要力争主动。研究并不是要取悦于人。向洋人学习先进的东西是必要的，但学习并不意味着总要跟着洋人的路子走。难道我们就必定不能走出自己的路子来吗？

中国学者到了外国，好像忽然就变得特别有本事了。一回国报效好像就矮了些，土学位就赶不上洋学位，真是咄咄怪事。难怪学生人心外向。不知领导机关是怎么想的，这样好吗？高手岂必出豪门，"王侯将相，宁有种乎？"我是土包子，没学位，但我从未看不起自己。人必自重而后人重之，这一点是很重要的。

听说日本更重视他们本国的学位，不能也向他们学一学吗？

当年彭德怀好像也没有留过学，用今天的话说没多少 SCI，打仗一定就败吗？

1998 年 1 月，全世界诺贝尔奖获得者在巴黎发表宣言，第一句话就是："如果人类要在 21 世纪生存下去，必须回首 2500 年去汲取孔子的智慧。"（见光明日报 2003 年 6 月 19 日，B1 版）中国古典哲学值得细细品味。洋人倒蛮推崇中国哲学的。看他们电视剧里的法官，要戴一顶黄色卷发帽，挺时髦。不过老百姓还是喜欢包公的，这就是中华文化嘛。

还想说一点意见。"**科学计算已经同理论与实验共同构成当代科学研究三大支柱**"。美国前总统老布什上台时就提出发展 HPCC(高效计算与通信)作为其科技国策，力求领先全球。请看他们十几年来在海湾、科索沃、阿富汗、伊拉克战争中的表现，力学、航空航天、控制与通信正是其手中王牌，力学绝不是"夕阳学科"。

很遗憾，我国对待计算力学可不当回事。美国非常重视有限元程序系统，我国却放任不顾，变成程序系统靠进口。美其名曰"与国际接口"，人家承认。结果是人家给你多少，你就只会多少。真正重要的程序模块，禁运！长此以往，何时才能赶上去？虽然程序系统出不了多少论文，显示度不够，但这是工程应用不可缺少的基础环节。现在是，用进口程序解决不了的硬骨头，才找自己人去啃。此等体制实在太短视。没有自己的体系，永远受制于人，何日才能翻身？

这些话可能不大中听，真抱歉。然我信奉"洋为中用，自力更生"，走自己的路。

钱学森指出，"总起来一句话：今日的力学要充分利用计算机和现代计算技术去回答一切宏观的实际科学技术问题，计算方法非常重要；另一个辅助手段是巧妙设计的实验"。

我在《弹性力学求解新体系》书中，引用了"**中行独复，以从道也**"(《易经·复卦六四》)以及"**一阴一阳之谓道**"(《易经·系辞》)。以下是我的理解。

"中行"，跟着人家走不应是永远的；更重要的是"独复"，得走自己的路。"一阴一阳"，洋人的提法是"对偶"。对偶体系也是中华哲学所指引的。我得益匪浅。

后来，我又写了《应用力学对偶体系》一书。可在教学、科研中通过实践加以完善。总之，要敢于创新，要走自己的路。

寄语年轻人：人生不会一帆风顺，难免有不如意之事。把握住自己的方向，毋为一时得失所惑。切要，切要。

（本文选自上海教育出版社2005年5月版《科学的道路》）

钟万勰 工程力学、计算力学专家。1934年2月24日生于上海，祖籍浙江德清。1956年毕业于同济大学桥梁与隧道专业。大连理工大学工程力学研究所教授、所长，兼任计算机科学与工程系主任。还兼任上海交通大学工程力学系教授、同济大学桥梁系教授，英国威尔士大学等名誉教授。曾任中国计算力学委员会主任、中国力学学会副理事长。长期从事工程力学研究与应用。结合国情发展了多种软件技术；在群论、极限分析、参变量变分原理等方面均提出了重要的理论与方法；组织开发了多种大型结构分析系统，如JIGFEX，DDJ/W等，对于推动计算力学在我国工程界广泛应用起了重大作用。研究成果曾获国家自然科学奖三项，2001年获何梁何利基金"科学与技术进步奖"。出版专著12部，发表论文300多篇。1993年当选中国科学院学部委员（院士）。

"生物进化论"不仅有重要的学术意义,还具有很强的哲学性和思想性,能帮助开拓思路、扩大视野,因而不仅为生物科学或地质科学工作者所必备,甚至对于其他自然科学与人文学科的研究者也大有裨益。

——周明镇

后知后觉话专业

"人生七十古来稀",这是我国一句尽人皆知的俗语。十分遗憾甚至可笑的是:我似乎到了古稀之年,才意识到自己早已进入了人生的老年时期。这真可以说是"后知后觉"了。难怪去年一张报纸上刊登的一篇采访我的文章,用了"童心依依"的标题。这个用词虽然显得有些夸张,但是还是多少可以作为我部分性格和趣味的写照。

我6岁就进幼稚园当住宿生,一直到大学毕业和留学,过了整整20年的学生生活。直到1952年,在我毕生从事的工作开始之前,我还没有选定我的专业方向。抗日战争时,由于一些偶然的因素和机遇,我进入了重庆大学地质系,在系里当了四年学生和三年助教。入学以前,我几乎连地质学这门学科的名字都从未注意过,入学后对许多地质课程的兴趣也不高。但是,地质历史时期的各种古代动物，特别是恐龙等一些类群众多、形态与生活习性异常特殊的动物，它们的进化历程以及生物进化的理论，都深深地吸引了我。无奈当时在中国几乎无法找到一个可以学习或从事古脊椎动物学（包括古人类学）的工作单位。

1947年，我在美国一所大学的地质系当研究生时，被要求补修一门"生物进化论"课程。在美国的大学里，生物与人类发展的历史和"生物进化论"，被认为是人类认识自然界、认识地球和它的历史，以及人类了解自身的起源与发展的过程（"从鱼到人"的进化历史）十分必要的基础知识。这些知识不仅有重要的学术意义，还具有很强的哲学性和思想性，能帮助开拓思路、扩大视野，因而不仅为生物科学或地质科学工作者所必备，甚至对其他自然科学与人文学科的研究者也大有裨益。对一个从事与进化论有关学科研究的科学工作者，如果缺少了进化论思想，或是进化观念不强，他的研究工作就像缺失了某种"催化剂"或"微量元素"，会使他减弱或缺少创造性思考的活力。对于各种应用技术，人们通常都容易看到其效益和用途，所以易于认识到它的价值和意义，而对一些具有潜在的理性效益的（即公益性的）学科，其价值和意义则常常容易被忽视。

在修习了生物史和进化论的课程之后，我更深切地感到古脊椎动物学研究的真正魅力和它的文化与科学价值。于是，我一方

周明镇 院士
（中国科学院提供）

面为了保持奖学金和早日取得学位,不得不完成地质系要求修习的课程;另一方面我全力选修了有关古脊椎动物学研究的基础课和有关的生物学课程,准备改行,从一个地质(石油地质!)工作者变为一个研究"从鱼到人"发展史与进化论的古脊椎动物学者。

以上关于个人经历方面的只言片语和生活琐事,对我来说正好回答了过去40多年中,在我与亲友和熟人接触时最常被询问的一个问题:"你是怎么会去学习和研究这么一门没有用处的冷门科学的?"一个最生动的例子是:1946年,当我在上海准备出国留学时,不少亲友听说我要去美国学"古生物"的时候,都用惊骇的目光和口气问道:"难道十四年抗战在后方的'苦生活'(沪语中"苦生活"与"古生物"发音相近),你还没有尝够吗?"有人甚至以为我是"着了魔"或"中了邪"。

20世纪40年代,我在美国当研究生时,全美仅有10来所大学可以授予古脊椎动物学专业的博士学位,今天这类学校至少已超过50所了,同时还有上千个与古脊椎动物学有关的专业职位。在欧洲,几乎所有的综合性大学都开设有古脊椎动物学(生物发展史)课程。另外,有好几位我过去的学生,在国外完成博士后学习后,在大学里当了专家、教授。而在国内,除在西北的一所大学里还设有"古脊椎动物学"课程外,在首都和沿海发达地区众多的名牌大学里,都没有开设这门课程,只是在少数大学的生物系里开设"进化论"这门课程,但仅是作为一门选修课。想到这些,未免使我心中惘然若失。

尽管如此,当我回顾自己一生的经历时,仍然真切地感到在我平凡的一生中最值得庆幸的两件大事是:第一,偶然的机缘使我走上了古脊椎动物学研究的道路;第二,1951年回国,同年夏

周明镇接受采访（中国科学院提供）

天参加了山东莱阳恐龙化石的发掘工作，而且在年底，发表了我的第一篇科学论文，即关于莱阳恐龙与恐龙蛋化石的文章。这样，就使我开始加入了开发中国古脊椎动物与古人类学事业的队伍。

最后，我想提一件小事。1993年夏天一个幽静的下午，美国堪萨斯大学的苗德岁博士回国内探亲，在我的北京寓所与我谈了整整一个下午。他要我回顾我作为古脊椎动物学家的一生。我告诉他，我在我的事业的不同阶段，分别扮演了三种不同的角色。在那个浮躁的青年时代，我扮演了"运动员"的角色，虽然也获得了几块奖牌（包括一枚本学科的"奥林匹克"金奖——罗美尔-辛普森奖章），但并不曾打破任何世界纪录。年龄大些以后，我扮演了"教练"的角色，招收和培养了一批出色的运动员，有一些达到了国际一流水平。现在我是一名"啦啦"队长，愿为年轻的专家队员和一些"初生之犊"的优秀青年学子，呐喊助威，可算是人老心未老。我希望还能在这个岗位上多干几年。

（本文选自上海教育出版社1996年5月版《中国科学院院士自述》，标题为编者所加）

周明镇 古生物学家。1918年11月9日生于上海，1996年1月4日逝于北京。1946年毕业于重庆大学。1948年获美国迈阿密大学硕士学位，1950年获美国里海大学博士学位，1949年至1951年为美国普林斯顿大学博士后、研究员。1952年至1996年任中国科学院古脊椎动物与古人类研究所副研究员、研究员。作为早第三纪地层与哺乳动物群研究的中国创建人，数十年组织领导并发现了一直认为中国缺失的古新统地层和脊椎动物群，建立了包括不同层位的典型剖面和哺乳动物群组合，对中国早第三纪哺乳动物群和陆相地层的研究取得了重大突破和进展。曾任全国政协第六、七届委员以及九三学社中央常委。历任北京自然博物馆馆长，中国自然科学博物馆协会理事长，中国古生物学会理事长，《古生物学报》副主编，《古脊椎动物与古人类学报》《化石》杂志主编等职。兼任国际古生物协会副主席、美国古脊椎动物学会名誉会员、莫斯科自然博物馆协会外籍委员、美国人类起源研究所名誉研究员。发表学术论著190余篇（部），主持编译专业论著4部，还撰写了《我国的古动物》《动物的发展与人类的起源》《脊椎动物进化史》等科普著作。1993年获得有"古脊椎动物学界诺贝尔奖"之称的罗美尔-辛普森奖章，是北美地区外获此殊荣第一人。1980年当选中国科学院学部委员（院士）。

> 对于任何问题，譬如在对待科研工作中的论据和论点的科学性方面，我都十分注意实事求是，不能浮夸，不能掺入半点虚假。
>
> ——周培源

独立思考 实事求是
锲而不舍 以勤补拙

常言道："三句话不离本行。"我是做科学工作和教育工作的，自然一开口也离不开科学问题和教育问题。我做科学工作、做教育工作和"做人"的"秘诀"，也就是我数十年所信奉的格言："独立思考，实事求是，锲而不舍，以勤补拙。"

自从我在清华学校（今清华大学）高等科（相当于目前的大学一二年级）学习期间进行三分角的科学研究开始，近70年来我所研究的近百个科研课题，几乎全都是我自己独立思考选定的。我还清楚地记得，1928年我在美国准备博士论文时，曾有一位英国教授向我建议了一个博士论文题目。但是，我经过考虑之后，没有采用这位英国教授的题目，而是自己选定了一个题目，并围绕这个题目写出了一篇好的博士论文，加之平时学习和科学研究成果特别突出，因而获得了美国加利福尼亚州理工学院的最高荣誉奖。

对于任何问题，譬如在对待科研工作中的论据和论点的科学性

周培源 院士
（中国科学院提供）

方面，我都十分注意实事求是，不能浮夸，不能掺入半点虚假。为此，我曾提出一个新的科学理论所必须同时满足的三个条件：一要能够说明旧的科学理论所能说明的科学现象，二要能够解释旧的科学理论所不能解释的科学现象，三要能够预见新的科学现象并能够用科学实验证明它。如果某个理论或结论有不实之处，或人为地掺入了非科学成分，就不可能同时满足这三个条件，特别是第三个条件。我想以此来检验我的科研工作结果的"纯度"。

20世纪20年代，我曾提出爱因斯坦广义相对论引力论研究中的"坐标有关论"的观点，这许多年来，"坐标无关论"与"坐标有关论"老是各执一词，直至20世纪80年代后期，"坐标有关论"观点终于获得科学实验的支持。在流体力学的湍流理论研究中，我作出的均匀各向同性湍流运动的二元速度关联函数与实验结果相符，其三元速度关联函数理论结果发表10年之后，才被两个外国学者的实验所证实；1975年，我曾提出研究湍流理论的"准相似性条件"，1986年已在北京大学湍流实验室中被证实；70年代后期我采用近似方法算出的湍流各阶的关联函数等理论结果，与当时国际上30多年来所发表的实验数据基本符合。在湍流理论研究中，40年代我提出了联立求解平均运动方程与脉动方程的新方法，直到高速电子计算机发明之后，在80年代末才想到用逐级迭代法来实现这种联立求解，等等。这些都是实事求是的科学例子，同时也是符合我提出的新科学理论的三条件的，即这些科学理论或论点，是符合科学实际的、实事求是的，它们可以在当时或许多年之后获得科学实验的证实。

当然，独立思考与兼听众议是并不矛盾的，而是互相促进、互为补充的两个侧面，须在实践中恰如其分地掌握运用。我自己有的思考也是前人思考的进一步发展。实事求是是马列主义思想路线的基本点。做科学工作、做教育工作和人生旅行，离开了这一条就会走入歧途。

众所周知，国内外历史上，有的人不实事求是，靠耍阴谋、玩骗术、施诡计得逞于一时，但在人类历史的长河中必遗臭万年。

锲而不舍或许可以说是人生能够办成几件实事的要诀之一。我记得，在20世纪20至30年代，我选定了爱因斯坦广义相对论引力论和流体力学的湍流理论作为科研和教学的主攻方向，近70年来，我的科研与教学指向始终沿着这个方向，从未动摇和转移；20年代，我曾研究过广义相对论引力论并取得了一些成果，在40多年专事流体力学的研究之后，又回过头来继续广义相对论引力论的研究。在引力论研究中，20年代我曾提出"坐标有关论"；直到90年代仍在进行科学实验以充分地证实它；1975年我提出了湍流理论研究中的"准相似性条件"，直到1986年还在进行实验验证工作；1945年我提出湍流理论研究中联立求解平均运动方程与脉动方程这一困难课题，直至90年代仍在进行研究并已取得可喜进展。做学问就要像锥子一样，数十年紧紧地锥住它，就是钢板也会被锥出个孔来。如果一个人有这样的精神和毅力，总是可以做好几件事情的。

以勤补拙。简言之，就是要多干，要勤奋，不偷懒。86岁时，工作又忙，但为了国家科学决策需要，我毫不犹豫地答应了全国政协的委托，率领182位全国政协委员前往湖北省和四川省有关地区实地考察长江三峡水利工程的有关问题。我当时没有选取偷懒图逸之举。

我今已年近90，社会工作很多，但我还想多做一点事，仍坚持进行科学研究和亲自培养博士研究生等工作。人的智力和体力都是有差别的，但只要肯下功夫、多下功夫、下苦功夫，时刻勤奋，数十年如一日地顽强进取，就算是一个"拙"者，也定会做成几件像样的成果。节节上进，为国家为民族为人类作出自己的贡献。

（本文写于1991年6月20日，曾载于《中学语文教学》1991年第9期）

周培源　理论物理、流体力学家、教育家和社会活动家。1902年8月28日生于江苏宜兴，1993年11月24日逝于北京。1924年毕业于清华学校（今清华大学）。1926年获美国芝加哥大学硕士学位。1928年获美国加州理工学院理学博士学位。1929年回国后任清华大学物理系教授。曾任清华大学教务长、校务委员会副主任，北京大学教务长、副校长和校长，中国科学院副院长。兼任中国科学技术协会主席、名誉主席，中国物理学会名誉理事长，中国力学学会名誉理事长。任第五届全国人大常委会委员；政协第三、第四届全国委员会常务委员；九三学社中央副主席、主席、名誉主席。是我国近代力学奠基人之一。1936年至1937年在美国参加爱因斯坦领导的广义相对论讨论班。长期从事流体力学中的湍流理论和广义相对论中的引力论的研究并取得突出成果。奠定了湍流模式理论的基础。研究并初步证实了广义相对论引力论中"坐标有关"的重要论点。在组织领导我国学术界活动，发展科教事业诸方面均作出重要贡献。发表《理论力学》《空间、时间和引力的理论》《开发西部》等专著。从事高等教育工作60多年，培养了几代力学家和物理学家，如王竹溪、彭桓武、林家翘、胡宁等。1993年经国家有关部门批准成立"周培源基金会"。1955年被选聘为中国科学院学部委员（院士）。

竺可桢　求是精神与牺牲精神

> 求是：就是学习客观规律，并尽力向好的方向扭转它。
>
> 民族精英：必须肩负比一般人更重的担子，必须以民族兴亡为己任。
>
> ——竺可桢

朗读者　李奚渔

求是精神与牺牲精神

诸君进到本校，适值抗日战争方烈，因为统一招生，发表较迟，又以交通不便，以致报到很是参差不齐，比旧同学迟到了一个月，才正式开课。诸君到浙大来，一方面要知道浙大的历史，另一方面也要知道诸位到浙大来所负的使命。

浙江大学本在杭州，前身是求是书院……到如今"求是"已定为我们的校训。何谓"求是"？英文是 Faith of Truth。美国最老的大学哈佛大学的校训亦是"求是"，可谓不约而同。

人生由野蛮时代以渐进于文明，所倚以能进步者全赖几个先觉，就是领袖。而所贵于领袖者，因其能知众人所未知，为众人所不敢为。欧美之所以有今日的物质文明，也全靠几个先知先觉，排万难冒百死以求真知。

在 16 世纪时，欧美文明远不及中国，这不但从中世纪时代游历家如马可波罗到过中国的游记里可看出，就是现代眼光远大的历史学家如威尔斯，亦是这样说法。中世纪欧洲尚属神权时代，

竺可桢 院士
（中国科学院提供）

迷信一切事物为上帝所造，信地球为宇宙之中心，日月星辰均绕之而行。当时意大利的布鲁诺（Bruno）倡议地球绕太阳而被烧死于十字架；物理学家伽利略（Galileo）以将近古稀之年亦下狱，被迫改正学说。但教会与国王淫威虽能生杀予夺，而不能减损先知先觉的"求是"之心。结果开普勒（Keplev）、牛顿（Newton）辈先后研究，凭自己之良心，甘冒不韪，而真理卒以大明。19世纪"进化论"之所以能成立，亦是千辛万苦中奋斗出来的。当时一般人尚信人类是上帝所造，而主张进化论的达尔文、赫胥黎等为举世所唾骂，但是他们有那不屈不挠的"求是"精神，卒能得最后胜利。

求是：就是学习客观规律，并尽力向好的方向扭转它

所谓"求是"，不仅限为埋头读书或是实验室做实验。"求是"的路径，《中庸》说得最好，就是"博学之，审问之，慎思之，明辨之，笃行之"。单是博学审问还不够，必须深思熟虑，自出心裁，来研辨是非得失。既能把是非得失了然于心，然后尽吾力以行之，诸葛武侯所谓"鞠躬尽瘁，死而后已"，成败利钝，非所逆睹。我再可以用历史上事实来做几个笃行的引证。

第一，16世纪时，一般人士均信地是平的，地中海是在地之中，所以叫地中海，意大利人哥伦布（C. Columbus）根据希腊哲学家的学说，再加上自己的研究，相信地球是圆的。他不但相信，而且能根据他的信仰以达到新大陆。哥伦布的一生梦想就是想到达新大陆。但意大利王和欧洲一般人都不热心，最后还是西班牙王给了他钱，装了三船的囚犯，向大西洋冒险出发，卒达美洲，这才可称为"求是"。

第二，中国的往史不乏这样的例子，雍正、乾隆两代"文字狱"是一个明证。至于实行革命，更是难能。唯有中山先生不但动员革命，而且实行革命，这革命精神，正是源于"求是"的精神。

第三，浙江大学原在杭州。诸位到过杭州的，晓得杭州苏堤南端有一古墓，是明末张苍水先生（名煌言）的墓。自李闯入京，崇祯缢死煤山，吴三桂请清兵入关。张苍水是宁波一举人。明亡屡起义兵，及鲁王亡，张名振亦殁，而郑成功居海上抗清，受桂王册封，公亦遥奉桂王。其时桂王已势衰走云南，清军方致力于西南。张公逐乘机和台湾郑成功联军攻长江，下芜湖等27州县，从镇江逼南京，因郑成功轻敌深入，败于南京。公知事不可为，乃潜居于南田小岛上，为汉奸所卖被逮，劝降不屈，从容就义于杭州。他给劝降的赵廷臣说道："盖有舍生以取义，未闻求生以害仁。"又说道："义所当死，死贤于生。"像张苍水这样杀身成仁，也是为了"求是"。

以上是讲浙大校训"求是"的精神，这是我们所悬鹄的，应视为我们的共同目标。其次，就要讲诸位到本校来的使命。

民族精英：必须肩负比一般人更重的担子，必须以民族兴亡为己任

在和平时期，我国国立大学每个学生，政府须花费一千五百

1939年,竺可桢提议以"求是"为浙江大学校训(中国科学院提供)

元的费用。在战时,虽是种种节省,但诸位因沦陷区域接济来源断绝的同学,还要靠贷款来周济。所以,每个学生所用国家的钱,仍需一千元左右。现在国家财源已经到了极困难的时候,最大的国库收入,以往是关税,现在大为减色,其次盐税,因为两淮和芦盐区的陷落,以及两粤交通的不方便,亦已减收大半。

在这国家经费困难的时候,还要花数百万一年的经费来培养大学的学生,这绝不仅仅为了想让你们得到一点专门学识,毕业以后可以自立谋生而已。而且现在战场上要的是青年生力军,不叫你们到前线去在枪林弹雨之中过日子,而让你们在后方。虽则各大学校的设备不能与平时那样舒服,但是你们无论如何,总得有三餐白饭,八小时的睡眠,是前线将士们不能比拟的。就与我

竺可桢在阅读（中国科学院提供）

们同在一地的军官学校的学生相比，也要舒服多了。他们常要跑到野外练习战术，有时48小时没有睡眠，整个白天没得饭吃，行军的时候，一天要跑120里，背上还要负荷二三十斤的粮食军需。国家既如此优待诸君，诸君决不能妄自菲薄，忽视报国之道。

　　国家给你们的使命，就是希望你们每个人学成以后将来能为社会服务，做各界的领军人物，使我国能建设起来，成为世界第一等强国，使日本或旁的国家再也不敢侵略我们。诸位，你们不要自暴自弃说负不起这样的重任。因为国家用这许多钱，不派你们上前线而在后方读书，若不把这种重大责任担负起来，你们怎能对得起国家，对得起前方拼命的将士？

慕尼黑会议：英法的军事力量远远超过德国，但英法的民族精英贪图舒适的生活，使英法丧权辱国

你们要做将来的领军人物，不仅求得了一点专门的知识就足够了，必须具有清醒而富有理智的头脑，明辨是非而不徇利害的气概，深思远虑而不肯盲从的习惯，且同时还要有健全的体格，肯吃苦耐劳、牺牲自己、努力为公的精神。这几点是做领袖所不可缺乏的条件。去年，英国全国学生联合会，在诺丁汉开会，他们的报告已经出版，在新出的《民族》杂志上，就有一篇简单的节略。从这份报告可看到英国的学生觉得，在现时欧洲群雄争强，有一触即发之势（爆发战争）。

他们所需要的：第一是专门技术，使他们一毕业即在社会上成为有用的分子；第二是要有清醒头脑，对于世界大事有相当认识。这固然是不错的，但我以为第三点是要能吃苦耐劳和肯牺牲自己，这是更不可少的要素。去年九月的慕尼黑会议，就可以做一个很好的例子。

慕尼黑会议的结果，无疑是希特勒很大的成功，而是英法两国可耻的失败，白白牺牲了英法与捷克斯拉夫。但是，为什么英法尤其是英国会甘心屈服呢？一般人以为英法俄捷四国合起来的军备不及德意两国。这是大大不然。据去年12月份《十九世纪》（The Ninteenth Century）杂志上沙卜德少校所发表的统计就可知，欧洲各大国陆军数如下：（数字略）海军则英国3倍于德意志，而意国海军尚不及法，俄国姑不论。空军则战争开始，德国可出3000架飞机，意大利2500架，后备者两国合计约3000架。而英法俄最初即可加入7000架，后备3000架。英法既在海陆空三方都占到绝对优势，何以张伯伦会忍耻受辱作明兴（慕尼黑）之盟。

果然如沙卜德所云，德国可以于3个月内征服罗马尼亚或波兰，而英法欲救捷克，则非征服德国北部不可，但如假以时日，英法终能取得最后之胜利。而英法为什么会屈服，甘弃捷克于不顾呢？

这明显是由于英国保守党和一般资产阶级的人士不肯牺牲自己的安全舒适的生活，来为国家保持威信。所以，当8月间欧洲各国剑拔弩张一触即发的时候，英法诸国统下了动员令。起初民气激昂，但不久因为母别其子，妇别其夫，物价高涨；儿童防德国飞机来袭，统统移乡下去了；一般人民眼看到伦敦利物浦纸醉金迷笙歌太平的世界，一刹那间就要变成德国飞机轰炸的目的物；于是，不到两星期民气就消沉下来。所以，等到张伯伦从明兴得到和平回来，英国人民如释重负，甚至感激流涕，而大英国的威信如何，在所不惜了！

法国威根将军说，德国这样狂妄自大，着实可恶，而其人民之能万众一心，公而忘私，却值得法国人之钦佩与模仿的。所以做领袖人物，不但要有专门的技术，清醒的头脑，而且要肯吃苦，能牺牲一己之利以卫护大众与国家的利益。

唯有靠自己拯救中国

中国现在的情形，类似于19世纪初期（被拿破仑灭国）的德意志。德意志自从大腓烈特（Frederick the Great）为国王以后，渐有国家的观念。不久法国拿破仑当国，自从1796至1813年10余年间侵略德意志，得寸进尺，不但尽割莱茵河以西之地，并且蚕食易北河以西沿海一带尽归法国之版图。爱国志士如费希德（Fichte）等，大声疾呼，改良德国教育制度，废除奴籍整顿考试制度，卒能于短期间造成富强统一之德意志。

费希德在其告德意志民众的演说中有云:"历史的教训告诉我们,没有他人,没有上帝,没有其他可能的种种力量,能够拯救我们。如果我们希望拯救,只有靠我们自己的力量。"诸位,现在我们若要拯救我们的中华民族,亦唯有靠我们自己的力量,培养我们的力量来拯救我们的祖国。这才是诸位到浙江大学来的共同使命。

(本文是1939年2月4日作者对浙江大学一年级新生的讲话)

竺可桢 中国近代气象学家、地理学家、教育家。1890年3月7日生于浙江绍兴。1974年2月7日逝于北京。1909年考入唐山路矿学堂(今西南交通大学)学习土木工程。1910年公费留学美国,1918年获哈佛大学博士学位。1920年应聘南京高等师范学校。作为中国物候学的创始人,对中国气候的形成、特点、区划与变迁,以及对地理学和自然科学史都有深入研究,尤注重历史气候变迁和历史物候学。对现代气象科学、历史地震学、自然科学史及"可持续发展"思想以及人才培养诸方面均作出重大贡献。曾在国内建立40多个气象站和100多个雨量测量站的中国气象观测网。一生重视物候的观察与记录,同宛敏渭合撰的《物候学》收集了丰富的历史物候资料和研究成果,世界罕见。1929年起多次被选为中国气象学会会长,1934年参与创建中国地理学会。1936年起任浙江大学校长,历时13年,为国家培育如钱人元、程开甲、胡济民、叶笃正、谷超豪等大批栋梁之材。1949年担任中国地理学会理事长,中国科学院副院长、中国科学院生物学地学部主任;1950年当选中华全国自然科学专门学会联合会全国委员会委员、中华全国科学技术普及协会副主席。1955年被选聘为中国科学院学部委员(院士)。

> 教师的任务就在于要用自己的光和热,通过连锁反应,使每一位学生都成为自己会发光发热的有用人才,而且能比教师发的光和热还要强和多。
>
> ——庄逢辰

我的科研历程

踏上征途

上小学时我的幻想很多,特别想当科学家。在中学时,变得务实了一些,想当工程师。但在大学时,离毕业还有两年却当上了大学老师。现在想来,一个人一生搞什么,除了自己必须努力外,在很大程度上是由时代和机遇决定的。

1949年中华人民共和国成立了,我抱着"工业强国"的愿望,考入浙江大学机械工程系。1950年,时任松江省(位于现黑龙江省南部)人民政府主席兼哈尔滨工业大学校长的冯仲云将军来浙江大学作了一个报告,谈到经中央决定,哈工大聘请苏联专家直接授课,欢迎有志青年来哈工大学习与工作。抱着能尽快学到苏联先进科学技术的愿望,我违背了父母的意愿,离开了美丽的西子湖畔,来到了远离故乡的哈尔滨工业大学机器制造系学习。

1954年,三大动力厂在哈尔滨开建,国家迫切需要培养这方

庄逢辰 院士
（中国科学院提供）

面的建设人才，学校一个命令，我被调派当上了老师，参加筹建动力机械系锅炉专业。其间，我对锅炉燃烧发生了兴趣并开始钻研。1960年，我又被派往苏联莫斯科动力学院学习燃烧理论。1961年4月12日，苏联发射了世界上第一艘载人飞船。我想，总有一天我们也会发射我国自己的载人飞船。我谢绝了苏联导师要我改读副博士学位的要求，翌年回到祖国，调到新成立的近代力学系火箭发动机教研室工作，学校让我给学生讲液体火箭发动机燃烧理论。

当时，国外虽然已经研制成功许多火箭发动机的型号，但这些型号的研制是采用大量的反反复复试车赶制出来的，设计方法基本上都处于试验形式的边试边改方式，对于如何控制发动机的燃烧性能，尤其是不稳定燃烧，几乎没有什么理论分析的方法指导。这种边试边改的方式使研制代价极其高昂。如美国在研制登月火箭"土星V"的F-1发动机时，频繁出现高频不稳定燃烧，导致发动机烧蚀和爆炸。为了解决这个问题，仅在研制过程中，就反复试车3000多次，耗掉了2000多台发动机。"阿波罗"飞船登月发动机的喷注器研制曾进行了100次的改进设计，周期长达5年。一直到了20世纪90年代，这个问题在各国仍未得到很好解决。例如，1991年美国研制22 N姿控发动机时，还是频繁出现不稳定燃烧。正如德国著名火箭专家冯·布劳恩所说的："液体火箭发动机发生燃烧不稳定性是紧紧围绕发动机出现的幽灵。"

20世纪60年代，我国在研制液体火箭发动机时，同其他国家类似，也遇到了不稳定燃烧的问题。当时，钱学森将此形象地比喻为发动机中有"鬼"，并号召大家去捉"鬼"。尽管这个问题最终通过大量试车，在工程上得到了解决，但燃烧性能降低了，而且在研制新的型号时又不可避免地会出现不稳定燃烧。对于不稳定燃烧理论上能否预测和防止，仍是个不解之谜。

那时，强烈的责任感和好胜心，使我对解决液体火箭发动机不稳定燃烧问题产生了浓厚的兴趣。我收集了当时凡能找到的燃烧不稳定的研究文献，认真调研，发现所有研究都只从气体动力学和经典控制理论出发，而对液体火箭发动机实际燃烧过程仅作假定和猜想，特别是缺乏定量分析。我认为，液体火箭发动机的不稳定燃烧和稳定燃烧是一对矛盾的共同体，在一定条件下会互相转化。为此，我们必须把稳态燃烧过程研究清楚。要解决这个问题，不能急功近利，首先必须把液体火箭发动机的真正燃烧历程及其速率控制过程研究清楚，尽管这种研究需要有多门学科基础理论知识的交叉与融合，还有待各种先进科学计算技术的发展，才有望提出适用的计算模型并得出定量的计算结果。同时，还需要建立各种试验装置和掌握各种先进的燃烧诊断技术，以借助模型验证，而且最终必须在型号研制中得到实际应用。这就涉及众多条条块块，而且保密性又都很强，风险必定很大。关于这方面的航天燃烧科研，实际上世界著名燃烧专家 F. A. Williams 在1972年美国出版的 *Liquid Propellant Rocket Combustion Instability*, *NASA SP-194* 巨著中写道："液体火箭发动机在稳态工作中发生的各个过程的具体进展情况，我们从未得到过完整的知识。液体推进剂燃烧过程是相当复杂的，很难对其进行严谨的分析描述。"这也许就是为什么长期以来，液体火箭发动机燃烧室的研制主要依靠 Test-Fail-Fix- Cycle（测试—失败—修复—循环）的大量试验来完成的原因。

明知山有虎，偏向虎山行。我决心在液体火箭发动机燃烧研究领域作上下求索。从此，走上了一条漫长的研究征途。我后来才知道，法国在20世纪80年代初研制"阿瑞安"火箭时也发生不稳定燃烧导致发射失败。法国宇航局在当时也已认识到这个问题，认为必须从液体火箭发动机稳态燃烧的研究开始，并制定了一个长达10年的研究计划。

其实，我那时的想法多少有点不自量力。但我也有有利的一面，按照当时推行的"教育必须为无产阶级政治服务、教育要与生产劳动相结合"的教育方针，这与我的科研工作和教学工作是完全一致的。"液体火箭发动机燃烧"既是我的科研方向，也是液体火箭发动机专业的主干课程，学生既是我的授课对象，也是我的科研助手和团队成员。"神舟五号"载人飞船工程总指挥、军委委员李继耐当时就在我科研组学习和工作，他当时也对液体火箭发动机燃烧研究有极高的兴趣。我到各液体火箭发动机研究所和有关工厂了解情况，承担了提高"红旗型号"火箭发动机性能的研究工作，制订了液体火箭发动机燃烧研究的规划，编写了液体火箭发动机燃烧讲义，建立了发动机喷注器雾化试验台、推进剂液滴燃烧试验台、自燃推进剂液相反应试验台、火焰传播试验台和扩散燃烧试验台、发动机试车台等。很可惜，到1966年，由于"文化大革命"的开始，我们的研究工作不得不暂时中断。

矢志不渝 循序而进

20世纪70年代初，我从哈尔滨工业大学被调到长沙工学院（国防科技大学前身）。1972年大学恢复招生。当时提的口号是"开门办学"和"典型产品带教学"。那时"理论研究"被作为批判对象，"液体火箭发动机燃烧理论"课程被砍掉了，但我坚信这个问题在液体火箭发动机型号研制中是回避不了的。我深入到航天部有关院所调研，向设计人员和工人师傅学习，了解发动机设计，特别是燃烧设计中存在的问题和试车的情况，掌握了不少资料，对从事燃烧科研更有了信心。我编写了《液体火箭发动机推力室设计基础》的教材，有别于国外教材中燃烧问题述之甚少的情况，其中有关液体火箭发动机燃烧设计的内容就有5章。为此，我曾遭到有些人的批评，但我没去理他，并继续我的燃烧研究工作。在这期间，我还主持了航天部委托的"变推力火箭发动机"研制。

1976年后，理论工作得到了应有的重视。我写的这部书稿也正式印刷出版了。国防科技大学正式组建了燃烧理论和热学教研室，我担任教研室主任。1978年10月，我在中国工程热物理学会成立大会暨第一次学术会议上发表了"应用液体火箭发动机燃烧模型在计算机上对某型号发动机的燃烧过程进行数值模拟计算"的报告，并附有全部计算框图和程序，得出了燃烧具体历程及其与发动机结构参数、工作参数、推进剂物性参数的影响关系，与实际型号的试车结果比较符合，开始受到研制单位的重视。

1981年3月，时任国防科工委副主任钱学森来学校指导工作，并向国防科大提出了17项国防前沿迫切需要研究的课题，其中第一项就是液体火箭发动机燃烧。当时，我有幸能向钱老请教，钱老又进一步说，不同的推进剂燃烧性能不一样，能否算一算？液体火箭发动机燃烧不稳定性需要进一步研究,现在还没有掌握其规律。当时我还向钱老说起,我大学学的是机械工程,后来调到动力机械系工作搞锅炉燃烧,现在又搞航天,是否转行跨度太大了。钱老笑着说:"锅炉好啊!我大学学的是火车头,也是锅炉呢!"接着又说:"锅炉和液体火箭发动机只是研究的工程对象不一样,但很多基础理论是相通的;你不光可以研究液体火箭发动机燃烧,火箭导弹中的很多问题你都能够研究。"钱副主任的这些话给了我极大的鼓舞。同时,航天工业部制定的1981至1990年液体火箭发动机技术发展规划也提出要加强基础理论研究,实现液体火箭发动机设计的理论化、系统化和规范化。为使理论与实践的结合能发挥更大的作用,国防科大将燃烧理论和热学教研室与液体火箭发动机教研室合并,组建火箭推进技术教研室,我任教研室主任。"科学的春天"为全国科技人员创造了良好的环境,我制定了一个液体火箭发动机燃烧过程综合模型的理论和实验研究规划,提出了要研究的8个模型、相应的试验装置以及4种计算方法。

1983年9月,我邀请F. A. Williams教授来校讲学,开办了一个燃烧理论学习班以提高我校和我国的燃烧理论水平,并请他参观我的实验室并向他介绍我的研究规划,Williams教授对我们的燃烧研究规划充分肯定,并说这在理论和实践上都是一个庞大的计划。

我的教学和科研是相辅相成的,经过我和我指导的研究生群体共同努力,根据我国液体火箭发动机研制工作的需要,针对当时我国液体火箭发动机的工作特点,首先建成了自燃推进剂高压蒸发/燃烧试验装置,以后又建成高压点火装置、喷注器雾化特性的试验研究装置和各个分过程的试验研究装置,创立了液体推进剂高压蒸发和燃烧模型。那时的试验条件可困难了,实验室没

向 Williams 教授介绍液体火箭发动机燃烧过程综合模型的理论和实验研究规划（作者提供）

有煤气罐，我用自己家里的液化气罐，每天拿到班上，下班再拿回家。在此期间，我的爱人还甲胎蛋白化验两次阳性，怀疑肝癌而住院，而我自己又发现了肾脏有占位性病变，301医院怀疑是肿瘤，建议手术探查。我经受了心理上的重大压力，但将这一切都埋在心头，拼搏依旧。

为了争取液体火箭发动机燃烧过程综合模型研究规划的顺利实现，我在各种学术会议上作报告，介绍我们的研究成果，请航天部的领导参观我的实验室。任新民同志很支持这项工作，并指出"单靠你们的力量是难以完成这一项研究任务的，必须联合航天部的有关力量"。当时，他还设想在航天部筹建一个液体火箭发动机研究院，设立这一方面的专门研究所。我到液体火箭发动机研究所了解研制情况，商谈研究课题，差不多每一个新型号的研制，我都积极参加。我应用创建的自燃推进剂高压蒸发和燃烧模型，进一步研究成功自燃推进剂火箭发动机高压燃烧过程的计算模型，并与研制单位合作，应用建立的模型对正在研制的 331 工程 FY-20 发动机的方案选择和燃烧性能及烧蚀现象进行计算分析，找出了故障性质和产生的原因，减少了试车次数，缩短了研制周期，还节省了研制经费，为我国第一颗同步通信卫星（东方红 2 号）的成功发射作了些贡献。这个项目获得了国家科技进步奖三等奖。

1986 年，我参加第 21 届国际燃烧会议，应邀在德国亚琛工业大学就自燃推进剂高压蒸发和燃烧模型作了学术报告，该校的应用力学系主任 G. Adomeit 教授说："听了您的报告就明白为什么你们有能力为瑞典和美国发射卫星了。"以后，我又根据我国卫星和运载火箭发展的需要，参加了上海 801 所承担的远地点发动机推进剂选择和喷注器设计的预研工作，并将研究工作从自燃推进剂转向氢氧推进剂，与北京 11 所签订了"气氢液氧同轴式大流量喷嘴的理论和试验研究""气氢液氧同轴式单喷嘴燃烧室热态模拟计算""YF-75 发动机燃烧室燃烧过程仿真计算"的合作课题，建成气液同轴式喷注器雾化特性多功能试验装置，研究成功氢氧发动机燃烧过程模型和设计软件，为我国新一代氢氧发动机研制提供了重要的试验手段和分析工具。这个项目获得了军队科技进步奖一等奖。

夙愿初成

20 世纪 90 年代初，我从国防科大转到现在的航天工程大学前身——国防科工委指挥技术学院，装备指挥技术学院。这时，我除了要用一部分精力指导军事航天指挥专业的研究生外，主要做两件事：一是着眼于 21 世纪，将我 30 多年的科研成果和教学成果进行再创造、再提高，撰写一本详细论述液体火箭发动机性能计算的专著，以推动液体火箭发动机新设计方法的应用和学科发展；二是如何把液体火箭发动机燃烧过程的研究，从稳态性能计算扩展到不稳定燃烧分析。我充分利用了在北京调研资料和找各方面专家的便利。1991 年，我查阅了第 27 届 AIAA 联合推进会议论文，发现尽管前几届会议上没有关于研究液体火箭发动机燃烧不稳定性的论文，但这届会议上竟突然冒出了 19 篇之多；尽管所有论文中采用的燃烧模型都比较简单，但其中所用的 CFD 方法是可取的。因而，如何不失时机地将国际上已有的 CFD 技术和我在稳态燃烧研究中已有很多研究的 CCD 技术引入液体火箭发动机燃烧稳定性研究，不但是液体火箭发动机研制方法学的历史发展必然，而且实现的条件亦日趋成熟。

庄逢辰在装备指挥学院办公室（1999，中国科学院提供）

第27届AIAA联合推进会议是1991年6月24日召开的，9月28日我即写信给当时主管863航天高技术办公室的国防科工委五局田锡亭处长，请他将信件转交专家委员会，建议在航天高技术项目中正式列入液体火箭发动机燃烧稳定性研究课题。这一建议果然得到了专家委员会的大力支持。

1992年，我国开始启动921工程，载人航天对液体火箭发动机的燃烧稳定性提出了更高的要求。于是，1992年我开始向"液体火箭发动机燃烧稳定性研究"大踏步进军了。1995年，我的《液体火箭发动机喷雾燃烧的理论、模型和应用》专著也终于出版。1999年该书获得了国家科学技术进步奖二等奖。其实，这本书我是早就想写的，只是因为新任务一个接一个，被拖延了下来。

1993年12月14日那天，北京刚下过雪，我骑车从国防科工委情报所到中国科学技术情报所途中不慎摔倒，导致股骨颈骨折。很多人说，像我这把年纪，要让折断的骨头愈合，概率很小，而且很易发生股骨头坏死。我想，即使1%的概率我也要争取让它长上，因为我心中有很多想做的工作还没做呢。这段时间我无法出差，不能争取更多新的科研任务，心里确实很难受，但这段时间也正好是我完成这本专著的好时机。卧床期间，我把30多年来所写的液体火箭发动机燃烧讲义、讲稿、研究报告、发表的100多篇论文以及其他有关文献再阅读了一遍，构思了新的写作计划与书稿框架，刚能坐起来，就坐在轮椅上埋头写作了，每天至少12小时，兴致高时常工作至凌晨2点多还不愿停笔。就这样，1994年8月终于交稿。此后，我还应邀就此书中的内容多次到我国各液体火箭发动机研究所讲学，得到了较好的评价，被认为"该书是我国第一部系统建立和详细介绍液体火箭发动机喷雾燃烧理

学术讨论会（左起：801所所长黄瑞生、庄逢辰、Vigor Yang、任新民）

论及其应用的专著，既有先进性，又有实用性，深受我所欢迎"。任新民老总还亲笔写下评语，认为该书是我国第一部系统建立和详细介绍液体火箭发动机喷雾燃烧理论及燃烧性能计算的专著，可以反映当前世界上对这一专题所达到的水平。

1997年和1998年，我还应邀分别在美国宾夕法尼亚州立大学推进研究中心和俄罗斯莫斯科航空大学就此书内容作了介绍。美国宾州大学推进研究中心杰出教授，*Jet Propulsion Power* 的主编 Vigor Yang 对这本著述的评价："The volume obviously is the first and the most comprehensive of its kind to date in the propulsion field."（显然，这本书是迄今推进领域第一本也是最全面的著述）。而莫斯科航空大学液体火箭发动机教研室主任 A. A. Sergienko 教授的评价：我们特别感兴趣的是您关于汽化相关问题的描述。在您的著述中，我们获悉了对这个领域最新进展情况的理想描述，以及您自己的研究结果。您的主要成就之一是将不同的理论和实验材料整合在一本著述中,其中理论基础通过实例予以逻辑扩展。著述中对计算解的描述也是我们数值建模小组很感兴趣的。

此后,我的主要精力又转入液体火箭发动机燃烧稳定性研究。当时,正是我国研制飞船轨控发动机的关键时刻,发动机研制在模样阶段首次试车就发生了不稳定燃烧,被列为载人飞船系统关键技术之一。那时,我们在氢氧发动机燃烧稳定性评定技术的研究方面已初获成功,但是飞船轨控发动机采用的推进剂是MMH/NTO,这种发动机的燃烧过程和不稳定燃烧的控制方法与氢氧发动机的不一样,即使到目前为止,国际上也尚未见有关这种发动机燃烧稳定性的数值分析报道。我到上海航天技术研究院属下的801所了解情况,并向国防科工委司令部申报了"921工程2500N轨控发动机燃烧稳定性分析技术"的研究课题,将我指导的部分博士生从国防科大调到指挥技术学院从事这项研究工作。

我的科研风格不是只担任主持和指导,而是一定要亲自检查程序、核实数据。为了制定好方案和解决具体问题,我还必须阅读很多资料,而为了尽快看到这些资料,我总要亲自到各情报所查阅。由于情报所中午都要闭馆休息2小时,我觉得浪费这2小时太可惜了,中午仍留在情报所内继续查找。虽然累一些,但我总为能及时找到重要的资料和得到解决问题的思路而万分高兴。

根据研究的要求,我又申报了一个航天863课题,并为落实此课题而不断奔走。1996年2月刚写完申请书,觉得身体特别乏力,到医院一检查,GPT 800以上,黄疸指数100。春节前两天,我不得不住进了北京302医院,黄疸指数又急剧上升至200,确诊为戊肝。但我这个人总是得到"上帝"的保佑,我申请的"863"

庄逢辰院士在演讲（资料图片）

课题在同年6月批下来时，我的肝功能指标也已正常了。

无论是股骨颈骨折还是戊肝，都给了我很大的打击，但这些"关"我都闯过来了。我想，搞科研的强烈愿望和乐趣肯定是战胜疾病的良方。出院时，尽管医生反复叮嘱"要再全休半年"，但我马上就赶到801所介绍我们已有的研究成果，结合801所在研制过程中的实际问题，签订了"小推力液体火箭发动机燃烧不稳定性试验研究"和"飞船150N和25N姿控发动机燃烧稳定性理论分析技术"两个合作课题，在与801所戴德海、张中光等研制人员的紧密合作下，经过我在国防科大和指挥技术学院的两支科研队伍的共同努力，又花了三年的理论和试验研究，终于完成了"MMH/NTO火箭发动机燃烧声学不稳定性和声腔阻尼的数值评定技术"。

应用这项成果对研制过程中的"神舟"飞船轨控发动机和姿控发动机的燃烧稳定性进行了理论评定和预测，给出了燃烧稳定性边界范围和设计改进意见，提高了燃烧稳定性的裕度，试验结果与理论预测完全一致。在"神舟"系列1至4号试验飞船和2003年10月15日我国首次载人航天飞行中，飞船轨控发动机和姿控发动机的燃烧非常稳定，保证了飞船的成功变轨和返回。这项工作获得了军队科技进步奖一等奖。

尽管我的研究工作与型号研制的大工程相比，只是沧海一粟，但我为液体火箭发动机燃烧稳定性设计和评定提供了理论分析依据和技术支持，并对我国"神舟"飞船轨控、姿控发动机的研制作出了自己的微薄贡献，为此而感到欣慰，更为我国成功发射自行研制的载人飞船而深感自豪。我在20世纪60年代初的愿望终于在20世纪末和21世纪初有了结果。

我有幸在20世纪60年代初投身于我国的航天事业，从事液体火箭发动机燃烧研究。40多年来，有坦途，亦有坎坷；有喜悦，亦有艰辛。但总的来讲，我是幸运的。我一直在教学第一线工作，单位又几经变迁，科研工作所以能坚持下来并取得一些成绩，完全得益于我国科教政策的正确指引和航天事业发展的需要。我特别感谢支持我科研工作的所有领导和研制单位的许多同行，没有他们的帮助和支持，我是很难有所作为的。

回顾20世纪90年代，有些人还认为液体火箭发动燃烧性能是不可计算的，但随着科学技术的发展，目前液体火箭发动机喷雾燃烧模型和数值模拟方法，已经可以在不同层次上应用于各种液体火箭发动机的研究、分析和设计。我在20世纪六七十年代开始研究的液体火箭发动机喷雾燃烧模型和数值仿真方法终于得到更多的承认，我也于2001年被选为中国科学院院士。我想这不单单是对我的肯定，更是对这一研究方向的肯定。尽管如此，现在还只是夙愿初成。研究一个成功的液体火箭发动机喷雾燃烧模型和计算机仿真软件，是一个不断应用、不断改进的过程。在20世纪国内没有任何有关液体火箭发动机的商业软件，现在虽然已进口了许多商业软件，但我要提醒的是，我们还应该不断发展我们自己的软件，并且还要应用到更新更多的推进技术研究中。因此，还有很多工作要做。

在研究的征途中，我最欣慰的还是通过我的科研工作培养了一批优秀学生，他们也是我科研工作的直接参与者，艰难的岁月我们是一起走过来的。50多年来，我辗转很多单位，工作专业也几经变化，但从未脱离教师岗位。尽管我的职称和职务几经变化，不管是当教研室主任，还是当选院士后；不管是我正在教的学生，还是早已毕业的学生；尽管他们现在已是教授、所长、院长、工程总指挥或将军；他们都还是叫我"庄老师"。有人说，教师像蜡烛，燃烧了自己，照亮了别人，但我并不觉得自己被燃烧了，教师的任务也绝不在于仅能照亮别人，而在于他能点燃学生心中的火种，激发学生发出自己的光和热。用燃烧的术语来讲，有些系统在光的照射下，系统中的一般分子会变成活化分子，开始燃烧，释放出巨大的能量。教师的任务就在于要用自己的光和热，通过连锁反应，使每一位学生都成为自己会发热发光的有用人才，而且能比教师发的光和热还要强得多。昔日孔夫子有弟子三千、贤人七十二，但孔夫子的弟子中没有一个超过孔夫子的，而我的弟子中已有很多位超过了我。"青出于蓝而胜于蓝"，这是历史的规律，他们现在已成为时代的主角、各部门和单位的领导。再说，现在国家的条件要比过去好得多，相信他们一定会与时俱进、开拓创新。他们的征途会谱写出更灿烂的篇章。中国的明天也将更美好！

最后我用以下128字表述我一生的思想、工作和追求：

一名教员，从事科研。党的教导，祖国需要。

忠诚使命，追求理想。学实践论，深入实际。

学矛盾论，潜心钻研。勤学苦练，自己领悟。

看准方向，迎难而上。哲人指点，好友相助。

漫漫长路，上下求索。功夫到家，终有所获。

以研促教，以教促研。教书育人，教学相长。

培育后生，今已胜蓝。科研成果，用于航天。

夙愿虽遂，仅是初步。航天强国，尚需奋蹄。

（本文曾刊于上海教育出版社2005年5月版《科学的道路》，改定于2022年7月16日）

庄逢辰 液体火箭发动机和工程热物理专家。1932年1月28日生于江苏常州。1956年毕业于哈尔滨工业大学动力机械系。1954年至1960年在哈尔滨工业大学动力机械系工作。1960年至1962年在苏联莫斯科动力学院进修燃烧理论。回国后先后在哈尔滨工业大学、国防科技大学担任过教学负责人、燃烧及热学教研室主任、火箭推进技术教研室主任等，装备指挥技术学院推进技术研究中心学术委员会主任，现为航天工程大学院士工作站教授。长期从事工程热物理和液体火箭推进的应用基础研究，创立了液体推进剂高压蒸发模型，研究了高压相平衡和流体热力学性质的非理想性、气液界面运动和过程的非定常性以及推进剂的分解和离解反应。作为我国液体火箭发动机学科首批博士点和硕士点的奠基人之一，提出了多项液体火箭发动机燃烧模型和数值仿真方法，所著的《液体火箭发动机喷雾燃烧理论、模型及应用》是我国也是当今国际推进界第一部详细论述液体火箭发动机燃烧性能计算的专著，对我国液体火箭发动机新设计方法的应用和发展起了重大推动作用。获国家科学技术进步奖二、三等奖各1项，军队和部委级一等奖4项，二等奖5项和中国人民解放军专业技术重大贡献奖，中国工程热物理学会杰出贡献奖。2001年当选中国科学院院士。

> 在科学上要有所成就，特别是如果要有重大成就，需要一个人贡献自己的全部生命，仅靠每周40小时工作而没有废寝忘食地全身心投入的精神，也是不可能成为一名好科学家的。
>
> ——邹承鲁

科学研究五十年的点滴体会

我一生做学问所遵循的基本原则可以归纳为：努力追求科学真理，避免追求新闻价值，跟踪最新发展前沿，不断提高水平，勤奋工作，永不自满。能形成这一思想，与我在从中学到研究生时期所有老师的教导是密不可分的。

我在重庆南开中学读书时期，奠定了理科各门以及中文、英语的良好基础，这些在国立西南联合大学的学习时期又都得到巩固和提高。更重要的是养成自学习惯和踏踏实实勤奋工作的学风。中学时期理科各位老师在教学和考试中，都着重强调理解，而不强求死记硬背。对于科学上的规律性知识，只有理解了，才是真正掌握了，也才能为自己所用。但是，我也不是一概反对背诵。在中学时期，语文老师都强调要背诵一些语文名篇，我至今仍能背诵一些古文名篇，如前后出师表、李陵答苏武书，以及不少唐诗宋词。英文方面的一些名篇，如林肯的南北战争胜利演说等。

邹承鲁 院士
（中国科学院提供）

背诵这些中英文名篇，当时是一件苦事，但也不得不承认，至今对我中英文写作都有很大的益处。从我大学毕业时的论文导师——西南联大化学系主任杨石先教授那里，学到的是要解决生命的奥秘，最好的途径是从化学入手的思想。因而，决定了我一生从事生物化学的研究。

大学毕业后，我有幸考取了公费留学生，有机会去英国留学。当时，英国文化委员会方面安排我去伯明翰大学化学系从事糖化学研究。伯明翰大学化学系无疑是世界一流的系，系主任 Harworth 教授由于在糖化学方面的贡献而获得诺贝尔化学奖。但是，我的兴趣已经是生物化学。当时，生物化学的热点是酶的研究。出国前，由王应睐教授介绍去剑桥大学师从 Keilin 教授。我去剑桥大学面试之后被录取了。我做这个选择可以说完全是慕名。当时的生物化学领域，剑桥大学是世界上最主要的研究中心之一。入学之后，剑桥大学没有研究生必修课程，研究生直接进入课题研究。由于我是化学系毕业，Keilin 教授给我三个月时间自学生物化学和酶学基础知识。完成之后，一面旁听必要的基础课程，一面开始研究工作。

研究生学习期间，在 Keilin 教授的指导下，我在酶学方面做出了一些有价值的工作。三年的研究生期间共发表了七篇研究论文，其中六篇是由我作为单一作者署名的，另一篇是和一位博士后合作完成的。Keilin 教授十分注意鼓励学生发挥自己的创造性，他给了我第一个研究题目，完成后，第一篇论文于 1949 年在英国 Nature 杂志发表，他让我单独署名。完成第一项工作后，他鼓励我自己提出设想，设计方案，进行研究。我在研究生期间发表的论文中三篇是导师给的题目，其余是自己提出的设想，除其中一篇与人合作外，其余都是独立完成并单独署名发表的。但是，在这些单独署名的论文中，也同样浸透了导师的心血。

除研究工作外，更为重要的是向 Keilin 教授学到了对科学研究工作的态度、勤奋工作和高标准严要求的工作作风。当时 Keilin 教授已经年过六旬，又患有气喘病，但他每天都准时到实验室工作，除指导学生工作外，还经常亲自动手做实验。他的实验室固定人员很少，主要由研究生和博士后构成。他要求我们每隔一定时间给他交一份工作报告。工作报告和论文稿都在星期六上午给他，他看过后一定在星期一早晨退还我们，并会提出详细意见，这表明他周末周日也总是在工作的。他的意见经常是详细、尖锐和中肯的。这些意见对我一生的科学研究起了极大的作用。研究论文完成后，哪怕只有一些细节问题他认为不够满意，他也不会同意发表的。一篇研究论文无论他署名与否，都要先经过老学生审阅，然后他自己再看过，经过多次反复修改后，才最终送出投稿。虽然当时有不少人要求 Keilin 教授写书，但是他总是回答说在他身体健康仍能进行研究工作时，写书是浪费时间。在我毕业离校后，Keilin 教授终于在退休后写了一本书。虽然我毕业后几十年来，多次改变研究领域，但始终努力勤奋工作，努力跟踪学科的最新发展，不断提高水平，并努力保持高标准严要求的工作作风，也以此要求我自己的学生们。

研究生期间，还应该强调学习实验室的传统和向周围的同学们学习。我入学之后有幸被分配和师兄 E. C. Slater 在同一实验室工作。E. C. Slater 当时是研究生最后一年，毕业后去美国完成博士后学习，1953 年被 Keilin 教授推荐去荷兰阿姆斯特丹大学担任生化教授 30 余年，在阿姆斯特丹大学创建了后来以他的名字命名的国际上知名的研究所，曾担任国际生物化学学会联合会主席，是生物能方面的著名科学家。在我完成生物化学和酶学基础知识的学习后，开始研究工作前，他建议我阅读 Keilin 教授实验室全部生物化学方面的论文，并详细阅读那些与我自己课题有密切关系的论文。我用了几个月时间这样做了，受益匪浅。当我完成第一篇论文后，导师要我自行选题时，仔细阅读这些论文对我自行选题起了很大的作用。

我在英国学习期间适值"二次"大战之后，英国的工作和生活条件都比较艰苦，这对我是很好的锻炼，Keilin 教授非常强调要在简单的实验条件下做出优秀的工作。他也强调研究工作主要靠创新的学术思想，善于在工作中发现问题，而不是依靠大量的先进仪器设备收集大量各种数据。他自己一生影响最大的贡献之一的细胞色素系统的发现，就是依靠一台普通的手持分光镜和一台普通显微镜联用完成的。分光光度计在成为常用仪器之后的很长时间，他的实验室都没有，只是在我进入他的实验室作为研究生的初期才买了一台贝克曼分光光度计，成为全实验室的宝贝。在我整个研究生期间，他的实验室都没有可控温的离心机，这对于大量进行酶学研究的实验室是十分不方便的。整个实验室没有冷室，有的实验只能冬天在楼顶进行。楼顶既是我们整个实验室公用的冷室，又是公用的大通风柜。在我毕业前终于买了一台可控温的离心机，那时我已完成全部实验工作，没有享用的福分了，

邹承鲁在实验室做实验（1990，中国科学院提供）

但这一切都没有阻止他的实验室每年都有高水平论文的发表，并成为全世界最著名的实验室之一。他还给我们讲过一个故事，说有一位富有国家的科学家来访问他，这位科学家说他自己的实验室已经装备了这样那样的最先进的仪器，他问 Keilin 教授他应该进行什么工作。Keilin 教授回答说，所有的先进仪器你用钱都可以买到，但是先进的创新学术思想是用钱买不到的。我国现在还远远不算富有，但是花费国家大量财力，引进了先进仪器而不知道应该做什么工作，甚至不知道如何使用这些先进仪器的情况，还是屡见不鲜的。Keilin 教授的故事难道不值得我国手中掌握财权的领导同志们认真思考，究竟是首先资助提出先进学术思想的科学家，还是提出购买先进仪器的科学家呢？

当然，这完全不是说，实验科学不需要一定的条件，没有必要的条件，先进的创新学术思想有时是难以实现的。但是，要在科学上取得重大突破，先进的创新学术思想和勤奋工作，毕竟是第一位的，是工作取得进展的内因；先进仪器只能是第二位的，只能是工作取得进展的外因和重要条件，在任何情况下，都不能代替先进的创新学术思想以及勤奋工作去实现这些思想以取得重大突破。

我1951年回国，在中国科学院上海生物化学研究所建立了自己的研究组。在一个工作已经顺利开展、成果不断涌现的集体中，特别是在导师指导下进行工作，与在一个新的实验室自行创业，独立工作，是完全不同的经历，有完全不同的要求。有一个很生动的比喻：把一个黑煤球投入一个旺火炉中，很容易烧红；如果要从头生火，把一个黑煤球烧红，就不那么容易了。加之当时国内的实验条件比较简陋，但是在剑桥大学工作的经验对我是极好的训练。当时的生物化学所也同样只有一台分光光度计，也没有可控温的离心机。我历尽艰辛，从头创业，因陋就简，终于建立了自己的研究组，能开展工作，并开始取得有价值的成果。在创业过程中得力助手是一个极为重要的因素，王应睐教授把刚从中山大学毕业的伍钦荣同志分配到实验室帮助我工作，伍钦荣同志思想活跃，创新能力强，又善于动手做实验，对当时工作的开展，起了极大的作用。伍钦荣同志不幸在"文化大革命"灾难中去世，这不仅是生物化学所，也是我国生物化学的一大损失。

1970年我由上海调到北京生物物理所工作。当时正是"文化大革命"期间，我离开了在上海辛勤建立的研究集体，只身一人来到北京，完全没有助手，面临第二次创业。当时的工作条件更差，既没有分光光度计，更没有可控温的离心机，再加上"文化大革命"的影响，所遇到的困难远远超过第一次创业。当时，我甚至没有一间实验室可以进行工作。幸亏在中美建交之后，我的师兄——美国的 E. Smith 教授率领第一个美国科学家代表团访问我国，来前他向中国科学院领导要求参观我的实验室。但是，当时我根本没有实验室。于是，在他抵京前三个星期，在中国科学院院领导指令下，生物物理所领导才给了我一间实验室。我只得到处借实验台柜、玻璃器皿等，连夜进行布置。在 Smith 教授访问当天，所有的试剂瓶，无论标签是什么，里面都是自来水。幸运的是 Smith 教授访问后，我被允许保留这间实验室，这才有了一个容身之地。Smith 教授回国后，一些熟人向他问起我的情况，由于对我国表示友好，他总是回答说，看来还不错。但若干年后，我有机会访问美国，再次见到 Smith 教授，在谈起这件事时，他说，我当然一眼就看出来，你什么也没干。

我只是在改革开放后才有可能逐渐开始工作。经过努力，我终于再次把煤炉烧旺，从 1951 年回国到 1977 年改革开放的 26 年中，由于政治运动不断，真正能够进行研究工作的时间，前后断断续续不过 12 年。自改革开放开始，我才逐渐得到一些简单的设备。我在剑桥大学的经历，在许多意想不到的方面对我帮助很大，除习惯于在简陋条件下进行工作外，我的实验室得以陆续得到一些最基本的装备，得益于我的一些师兄弟先后来访，其中比较起作用的是前面提到的 Smith 教授率领的第一个美国科学家代表团、Slater 教授率领的国际生物化学学会联合会代表团，以及师弟 A. Tissiers 率领的第一个瑞士科学家代表团等。

自从在我做研究生时代的第一篇论文在英国《自然》杂志发表以来，已经过了半个世纪。我想对这半个世纪的经验作一些回顾，也许会对青年朋友们有一些帮助。

基础研究重在积累，没有多年连续性的工作是很难取得突破性成果的。我自1951年回国后，当时强调的是理论联系实际，强调科学研究的实用价值。对于基础研究动辄以"理论脱离实际""藏身于象牙之塔""文献缝里找题目"等予以指责、批判。根据我个人经历，自1951年回国开始，到改革开放止，一共是26年时间，其中可以做一些基础研究工作的时间断断续续，前后相加也不过12年。其中最长的一段连续时间是1961年开始"调整、巩固、充实、提高"至1965年"四清"运动开始的四年。我还想强调，在科学上如果要取得突破，必须要依靠工作积累。在当前全世界范围内，科学研究竞争激烈的条件下，打打停停，断断续续工作，是不可能超越别人取得重大成果的。此外，在科学上要有所成就，特别是如果要有重大成就，需要一个人贡献自己的全部生命，仅靠每周40小时工作而没有废寝忘食地全身心投入的精神，也是不可能成为一名好科学家的。对于一个真正的科学家而言，第二职业是不可想象的。我所遵循的格言是"业余爱好不可无，第二职业不可有"。在当前我们的社会条件下，科学家确实是很清贫的，但只有那些安贫乐道、热爱科学、对科学富有献身精神、不追求高官厚禄的人，才能几十年如一日孜孜不倦地追求科学真理，探索人类未来，攀登科学顶峰，为我国科学的繁荣进步作出贡献。对一位真正的科学家而言，一个科学上的设想，经过不懈的努力而终于得以实现，就是他最大的安慰和幸福。

50年的科学研究工作，既有艰辛，也有欢娱；既有失败的痛苦，也有成功的满足。总之，科学研究的道路是不平坦的，沿途充满了荆棘，但每到达一个中途站，回想途中经过的努力，其欢乐之情，也是语言难以描述的。我记得，年轻时读过一位科学家的回忆录，他把自己比作是在海边沙滩上玩耍的一个孩子，偶尔会拾到一些美丽的贝壳，而每拾到一个美丽的贝壳，都会给他极大的安慰。我自己确信，如果我有再生活一次的机会，我仍然将选择科学研究作为我终身的职业。

（本文节选自 2001 年 32 卷第三期《生理科学进展》）

邹承鲁 生物化学家。1923 年 5 月 17 日生于山东青岛，祖籍江苏无锡。2006 年 11 月 23 日逝于北京。1945 年毕业于国立西南联合大学化学系。1946 年公费赴英国留学，师从著名生物化学家 D. Keilin 从事呼吸链还原酶研究，1951 年获剑桥大学生物化学博士学位。历任中国科学院生物化学研究所、生物物理研究所研究员、室主任，生物物理所副所长，生物大分子国家重点实验室主任，中国科学院学部主席团成员、生物学部主任，美国生物化学与分子生物学会荣誉会员等。作为中国近代生物化学的奠基人之一，在该领域做出了具有重大意义的开创性工作。在国际上最早尝试用蛋白水解酶部分水解的方法研究蛋白质结构与功能的关系；发现了细胞色素 C1 与线粒体结合前后性质发生很大变化；证明细胞色素 B 与琥珀酸脱氢酶不是同一个物质；建立了蛋白质必需基团的化学修饰和活性丧失的定量关系公式和作图法，被称为"邹氏公式"和"邹氏作图法"；参与人工合成胰岛素以及蛋白质必需基团的化学修饰和酶活性丧失的定量关系工作等。为中国生物学界培养了一大批人才，其中不少已成为国内外知名科学家，有的成了中国科学院院士。在国内外重要杂志发表科学论文 200 余篇，仅被 *Science* 收录就有 98 篇，被引用 3200 余次。学术成果曾多次获国家自然科学奖一、二、三等奖。1989 年获陈嘉庚奖，1992 年获第三世界科学院"生物学奖"。1980 年当选中国科学院学部委员(院士)。1992 年当选第三世界科学院院士。

> 振兴我国微电子产业，开辟我国自主的芯片设计、制造与封装测试产业化的通衢大道，一直是我的期待，更是我应该身体力行、奋斗终身的事业。
>
> ——邹世昌

开辟我国微电子产业的"芯"路

在我刚懂事的时候，"八一三"淞沪抗战爆发了。目睹日本帝国主义的侵略暴行，在十分艰难的条件下，我依靠助学金得以继续求学，也懂得了我国之所以受侵略遭压迫，国力不强与技术落后是一个很重要的原因。

1949年初，我从上海格致中学毕业后考入了由申新纱厂创办的中国纺织工学院，期望毕业后可以直接进入申新所属工厂就业。上海解放以后，我开始接触新的思想，迫切追求进步，决心投身到国家经济建设高潮中去。于是，舍近求远，转学唐山交通大学冶金工程系，这是我应国家建设与重工业发展的需要作出的一次人生选择。1952年，我从唐山交通大学毕业后，有幸被分配到中国科学院上海冶金研究所，开始了科研生涯。

科学研究与生产实际相结合是中国科学院上海冶金研究所创办70多年来一贯坚持的优良传统。我庆幸能在好的学校中受到了严格的训练,出了校门又投身到严师门下,老一辈科学家的献身精神和言传身教,使我能沿着正确的轨道健康成长。后来,我也被推上了领导科研工作和培养青年科技人员的岗位,为年轻人铺路,将自己的知识与经验传给他们。培养年轻一代科技人员,是我义不容辞的责任。

邹世昌 院士
(2006,方鸿辉摄)

大力协同研制"真空阀门"

天然铀中,核燃料铀-235的含量只占0.7%,其余99.3%是铀-238。用于制造核武器的浓缩铀中,铀-235的丰度要达到90%以上。分离铀同位素是一项十分关键的技术,因为铀的两个同位素铀-238和铀-235的物理和化学性质都极相似。在20世纪60年代唯一可行的工业规模分离铀同位素的技术是气体扩散法。这种分离技术的关键元件是分离膜。当时只有美国、英国、苏联掌握制造分离膜的技术,但均被列为国防重点机密,严禁扩散。苏联把这种分离膜称为"社会主义阵营安全的心脏",可见其重要性。

1960年8月,苏联专家撤完的前几天,我正在长春出差,一封紧急电报把我召到了北京原子能所。一机部副部长、原子能所所长钱三强亲自向我们下达了研制"甲种分离膜"的任务。钱副部长说:"有人扬言,苏联专家走后,中国的浓缩铀工厂将成为一堆废铜烂铁。其中关键之一就是我们不会制造分离铀-235的分离膜元件。这个技术是绝密的,不可能得到任何资料。党和国家决定把研制分离膜的任务交给你们去完成。"听了这些话,大家深感责任重大。回到上海后,立即组织人力,开展"甲种分离膜"(代号"真空阀门")的研制。同时,由沈阳金属所、复旦大学连同原子能所与本所,共四个单位分头开展这项研究。

鉴于任务的迫切性,1961年决定把各单位相关科研人员和设备集中到上海冶金所联合攻关。副所长吴自良兼任室主任,下设三个大组。充满奉献精神、学科齐全、团结合作的科学群体通过夜以继日的攻关,逐步攻克了分离膜元件研制的一个个技术难关。

我领导的第二大组负责分离膜元件制造工艺的研究,包括粉末成型、压力加工、热处理、焊接、物理性能测量等环节,经过无数次试验,确定了有关设备、工艺和参数,并对技术路线进行了优选。在原子能所、金属研究所、丽新织造厂、上海电器科学研究所各路人马的协作攻关下,1963年终于制成了合乎要求的分离膜元件。试用结果表明,性能超过了苏联的元件。1965年通过了国家鉴定并于同年建成了生产厂,大批量生产,使中国成为世界上除美、英、苏以外第四个独立掌握浓缩铀生产技术的国家。为我国核工业的建设与原子弹的爆炸作出了重要贡献。

10多年的应用表明,分离膜的使用效果比预期的还要好。这项技术在1984年被授予国家发明奖一等奖。

开拓离子束技术及其应用

20世纪70年代初,经历了"文化大革命"的批判,我又回到了科研岗位,但我的研究领域已转向研究离子束与固体材料的相互作用及其在半导体材料与器件方面的应用。那时,"文化大革命"还在继续,能用的设备仅是国内制造的第一台20万电子伏特能量离子注入机，性能很不稳定。1974年与上海原子核所合作，在该离子注入机上配置束流准直器及精密定角器，建立了背散射能谱测量及沟道效应分析系统，应用于离子注入半导体的表面层组分浓度分布的测定、晶格损伤的分析以及掺杂原子晶格定位，于1975年完成了氖离子背面注入损伤吸收硅中重杂质以改善p-n结反向漏电特性的研究工作。同年9月，我在德国卡尔斯鲁厄"离子束表面分析"国际学术会议上发表了这篇论文，引起国际同行惊讶。国际上一般都要用百万以上电子伏特能量加速器及精密仪器进行的实验，中国竟在自制的低能量设备上完成了。

1978年，我们又与中科院上海光机所合作，在国内率先开展了半导体激光退火等一系列研究工作。我们又利用离子束开展新型半导体材料的合成研究，其中一项科研成果——SOI材料，近年来已被我的学生建立的公司实现了产业化。1984年，我被推选并担任了国际离子束领域两个主要学术会议（离子注入技术和离子束材料改性）的国际委员会委员。

致力于建立我国半导体产业

我是怀着"振兴中国微电子产业"的愿望，在1997年来到上海浦东地区参加集成电路产业建设的，可谓受命于创业之际。在我国的重大科技项目中，20世纪60年代的"两弹一星"与集成电路研制形成了强烈的反差。"两弹一星"使我国一举跻身少数拥有核武器的国家行列，而当时起步并不晚的集成电路却与国际集成电路产业的发展渐行渐远。说来也巧，我倒是极少数同时参与了这两个重大国家项目的科技人员之一。遥想当年，意气风发的年轻人——我作为"两弹一星"研制体系大家庭的一员，曾为"两弹一星"付出辛劳与汗水。可在集成电路与半导体材料领域我也摸爬滚打了近30年，由于种种原因，我国仍未建立起规模经营的半导体产业。早在1965年，上海冶金所和上海元件五厂就共同研究试制出上海第一块集成电路，几乎与日本同步。30年过去后，当我看到起步比我国晚得多的新加坡甚至马来西亚的半导体产业都后来居上了，更感到寝食不安。出于这种不甘落后的心态，1997年当我从研究所所长岗位退下来时，又接受重任，从科研转向产业，从浦西转移到浦东，投身到建设我国微电子产业的高潮中，至今也快10年了。

邹世昌院士接受采访（中国科学院提供）

当时，原电子工业部和上海市正着手组建国家909工程项目之一的我国第一条8英寸集成电路生产线华虹NEC公司，受市政府的派遣我参与了筹建。合资的华虹 NEC 公司比计划提前 7 个月，于 1999 年初投片生产，标志着我国从此有了自己的深亚微米超大规模集成电路生产线。华虹 NEC 建立了自己的知识产权和技术队伍，设计制作了交通一卡通、社保卡、身份证卡的芯片，走出了一条半导体企业成功之路。

随着 909 工程项目的成功建设，中芯国际、宏力半导体等一批半导体制造线相继落户浦东地区。2001 年，我担任了新建的上海市集成电路行业协会会长。2003 年，我又被调到国内另一家集成电路生产企业——上海宏力半导体制造有限公司工作，该公司目前月产能约 25000 片，其中 0.15 至 0.18 微米以下产品占了一半以上。相比国际先进工艺已达到 32 纳米 (0.032 微米)，且技术已经成熟。可见，我们的技术与产能是远远落后的。

经过近年来的快速发展，上海集成电路产业已形成了由电路设计、晶圆制造、封装测试、设备材料、智能卡等不同领域 300 余家企业构建的完整产业链，产能约占全国的一半。据上海市集成电路行业协会对近百家会员单位的统计，2005 年上海集成电路产业总销售额约为 303 亿元人民币，出口 60 亿美元。但是，发展微电子产业仍然任重而道远。面临的问题是这些生产线 80% 以上的产能是为国外设计公司服务的，并没有为我们国家的电子信息产业提供自己设计的芯片产品。去年，我国集成电路市场规模在世界上已跃居第一位，但我们的自供比例始终保持在 15% 左右而没有获得提升。

引进是手段，创新是目的。今后我国在扩大集成电路产业的生产规模的同时，更要重视推动产业链间的互动和合作，应该把整机、集成电路设计和制造有机地连接起来。这是我作为上海市集成电路行业协会会长和浦东新区科协主席一直在奔走、呼吁与推动的事情。我国的信息技术需要进一步发展，不光会制造，还要能自行设计。目前，好多产品还靠从国外引进，这是解决核心竞争力必须攻克的难题。也就是说，要实现可持续发展，突破口是在如何设计并制造出更多有自主知识产权的芯片。我国集成电路芯片约80%依赖进口，在这方面所消耗的外汇已超过了石油，成为第一外汇消耗大户。如果以这样的方式来发展我国的信息化产业，今后会受到方方面面的限制，一些核心技术国外是很难转移出来的。自己不发展的话，这个核心技术还是在人家手里。

产业有没有竞争能力，除了硬件，归根结底取决于队伍的素养与水准。为了培养急需的科研与生产紧密结合并具有技术集成能力的实用人才，我正在实施由宏力半导体与中科院微系统所联合培养博士研究生的计划。学生进公司第一年与生产线上工程师同等工作与考核，以提高他们的动手能力。博士论文题目是来自生产第一线需要解决的技术问题，期望研究成果能对生产起到指导作用。已经走了这条路线所培养的第一批三名学生，于今年6月通过博士论文答辩，答辩委员会的专家们对在集成电路生产线上培养学生做博士论文的方式给予了充分肯定，经考评认为论文的研究工作结合生产实际，紧贴目前集成电路产业中工艺技术发展的实际需要，研究结果对于集成电路制造工艺的理论基础和制造技术都有较大的实际意义，是三篇理论结合实际的优秀博士论文。这批学生已经开始在宏力半导体公司正式工作，他们与从学校和研究所直接招来的博士生相比较，动手能力明显增强，并且能很快适应工作要求。

有人说，上面你讲的是"老将'芯'语"。其实，振兴我国微电子产业，开辟我国自主的芯片设计、制造与封装测试产业化的通衢大道，一直是我的期待，更是我应该身体力行、奋斗终身的事业。

（本文写于 2006 年 8 月，改定于 2022 年 8 月 3 日）

邹世昌　材料科学家。1931 年 7 月 27 日生于上海，原籍江苏太仓。1952 年毕业于北方交通大学唐山工学院（现西南交通大学）冶金工程系。1958 年获莫斯科有色金属学院副博士学位。历任中国科学院上海冶金研究所研究员、所长，上海微系统研究所研究员，上海华虹 NEC 电子有限公司副董事长、上海宏力半导体制造有限公司董事长。兼任上海市集成电路行业协会会长，国际离子注入材料改性学术会议的国际委员，上海浦东新区科学技术协会第一届主席等。长期从事材料科学研究，20 世纪 60 年代负责国防重点任务浓缩铀甲种分离膜加工成形部分工作，对技术路线进行优选决策，成果获 1984 年国家发明奖一等奖。70 年代以后在离子束与固体相互作用以及离子束材料改性、合成、加工和分析等方面进行了系统研究。独创用二氧化碳激光背面辐照获得了离子注入损伤的增强退火效应，用全离子注入技术研制成中国第一块 120 门砷化镓门阵列电路，用反应离子束加工成中国第一批闪光全息光栅。研究 SOI 材料并制成 CMOS/SOI 电路。发展了离子束增强沉积技术并合成了氮化硅、氮化钛薄膜。曾获国家和中国科学院自然科学奖、科技进步奖、发明奖等 14 项，发表学术论文 200 多篇，培养博士 30 多名。1991 年当选中国科学院学部委员（院士）。

版权所有

图书在版编目（CIP）数据

中国科学院院士述情怀 / 方鸿辉编. — 上海：上海教育出版社，2023.2
ISBN 978-7-5720-1688-2

Ⅰ.①中… Ⅱ.①方… Ⅲ.①中国科学院－院士－事迹－现代 Ⅳ.①K826.1

中国国家版本馆CIP数据核字(2023)第029472号

责任编辑　徐建飞
美术编辑　金一哲

中国科学院院士述情怀
方鸿辉　编

出版发行	上海教育出版社有限公司
官　　网	www.seph.com.cn
地　　址	上海市闵行区号景路159弄C座
邮　　编	201101
印　　刷	上海中华商务联合印刷有限公司
开　　本	890×1240　1/32　印张 21.25　插页 4
字　　数	476 千字
版　　次	2023年2月第1版
印　　次	2023年2月第1次印刷
印　　数	1—5,200 册
书　　号	ISBN 978-7-5720-1688-2/I·0137
定　　价	120.00 元

如发现质量问题，读者可向本社调换　　电话：021-64373213